선종영가집 강해

禪宗永嘉集
講解

禪宗永嘉集
講解

선종영가집
강해

한자경 지음

불광출판사

우리는 늘 분별하면서 산다. 나와 너를 분별하고 인간과 자연을 분별한다. 좋은 것과 나쁜 것을 분별하고 맞는 것과 틀린 것을 분별한다. 눈과 귀의 총명, 두뇌의 명석을 우리는 모두 분별을 위해 사용한다. 그 분별 속에서 우리는 어제보다는 오늘, 과거보다는 현재가 더 발전한 단계라고 믿고, 그 안에서 저들보다는 우리, 너보다는 내가 더 나아야 한다고 여긴다.

분별은 같음을 배제하고 다름에 주목하는 것이다. 사과가 자신을 배와 분별하기 시작하면 사과는 자신이 배와 마찬가지로 과일이라는 사실을 망각하고는 배와 공유하는 부분을 모두 제외하고 배와의 차이에서 자기정체성을 찾으려고 할 것이다. 그런 식으로 인간이 다른 생명체와 공유하는 부분을 모두 제외하고 다른 생명체와의 차이에서 자기정체성을 찾는다면, 그 인간의 삶은 얼마나 궁핍하고 또 얼마나 피곤하겠는가? 자신을 타인과 자연과 우주 만물과 하나로 아는 자비(慈悲)와 인(仁)의 마음, 하나로 소통하는 공감 능력을 모두 상실하고 나면, 그 삶 어디에 기쁨이 있고 평화가 있고 사랑이 있겠는가?

현대사회는 분별사회다. 분별 이전의 공통의 기반은 부정되고 잊혀진 지 오래다. 인간은 자연으로부터 멀리, 우리는 저들로부터 멀리, 나는 타인으로부터 멀리, 너무 멀리 떨어져 나왔다. 분별을 통해 전진하는 것은 마치 한 계단씩 올라가면서 그 기반이 되는 바로 아래 계단을 치워버리는 것과 같다. 그렇게 우리는 허공중에 떠 있고 바닥으로 내려갈 길을 잃어버리고 말았다. 오로지 위만 보고 그다음 분별을 향해 나아갈 뿐이다. 분별은 승패를 가르기 위한 노력이며, 그래서 분별사회는 결국 경쟁사회다. 우리는 끊임없이 경쟁을 위해, 승리하기 위해 전력 질주하고 있을 뿐이다. 창조, 창발, 진화, 발전, 이런 개념만을 되뇔 뿐이다. 허공에서 추는 춤, 어지럽지 않은가? 분별로 얻어낸 나, 표층에 떠도는 하나의 점, 외롭지 않은가?

허공에서 춤추다가 어느 한 순간 우리는 문득 이러한 일체 분별이 모두 허망분별이라는 것, 우리가 만든 개념의 분화를 따라 긋고 지우고 또 긋고 지우는 허망한 줄긋기에 지나지 않는다는 것, 그렇게 그려지고 그렇게 집착된 나는 허공 속에 피어난 환상의 꽃, 하룻밤 꿈속 주인공에 지나지 않는다는 것을 알아차리게 된다. 내가 나라고 여겨온 그 나가 허공 속 환화, 꿈속 주인공에 지나지 않는다는 것, 내가 그렇게 무아(無我)이고 공(空)이라는 것을 알게 된다.

그렇다면 내가 나라고 여겨온 그 나가 허공 속 환화이고 꿈속 주인공이라는 것을 아는 그 앎, 무아의 앎은 어떤 앎인가? 그것을 아는 마음은 어떤 마음인가?『선종영가집』은 바로 이 물음에 대한 답을 제시하는 책이라고 생각한다.『선종영가집』은 주객분별에 따라 대상을 반연하여 일어나는 대상의식(제6의식)은 우리의 개념에 따라 일어나는 허망분별의 식이라는 것을 분명히 하며, 그러한 허망분별이 아닌 지

㈜, 참된 지를 일체의 주객분별과 자타분별을 넘어선 차원에서 찾는다. 그리고 그 참된 지를 이원화된 주와 객, 자와 타를 모두 포괄하는 텅 빈 마음의 지, 텅 비고 고요한 공적(空寂)이 생생하게 깨어 자신을 아는 영지(靈知)로 설명한다. 우리의 본래 마음은 일체의 상(相)을 여읜 성(性)이 스스로를 신령하게 아는 성자신해(性自神解)의 마음, 공적영지(空寂靈知)의 마음이다. 이 공적영지의 마음으로 우리는 일체 분별이 허망분별에 지나지 않는다는 것을 안다. 그리고 우리 모두가 표층의식에서는 서로 다른 나와 너로 각각 분리되어 존재하지만, 심층마음에서는 그러한 분별과 분리 너머 하나로 숨 쉬고 하나로 공명하며 하나로 소통한다는 것을 안다. 『선종영가집』은 우리가 일체의 분별심을 내려놓고 고요한 마음으로 깨어 있는 적적성성(寂寂惺惺)을 유지하면 그러한 심층의 소통을 알아차릴 수 있음을 일깨워준다.

『선종영가집』은 선(禪)으로써 선정과 반야, 지(止)와 관(觀), 정(定)과 혜(慧)를 포섭한다. 선종의 초조 달마는 9년 면벽하였다. 내가 벽을 보다가 내가 벽이 되어 벽이 나를 보면 선이 완성된다. 벽은 곧 공(空)이다. 내가 공의 마음이 되는 것, 그 공의 마음으로 그 공 안의 일체를 보는 것, 이것이 선의 지향점이다. 마음이 공이 되는 것이 사마타(śamatha), 지(止)이고 정(定)이며, 그 공의 마음으로 공 안에 등장하는 세계를 보는 것이 비파사나(vipaśyanā), 관(觀)이고 혜(慧)이다. 공의 마음이 되어 적적(寂寂)하고 공의 마음으로 세계를 관하여 성성(惺惺)한 것, 그렇게 적적과 성성의 균형을 유지하는 것이 우필차(upekkhā), 중도(中道)이다. 『선종영가집』은 세 개의 장에서 각각 사마타, 비파사나, 우필차를 논한다.

『선종영가집』 전체는 10개의 장으로 되어 있다. 세 장에 걸쳐 사마타와 비파사나와 우필차를 논하고 나머지 일곱 장에서는 불교적 삶의 바른 자세, 신구의(身口意) 3업(業), 계정혜(戒定慧) 3학(學), 공가중(空假中) 3관(觀), 삼승점차(三乘漸次), 리사불이(理事不二), 진속불이(眞俗不二) 등 불교의 핵심사상을 모두 설명하고 있다. 이 점에서 『선종영가집』은 불교가 무엇인지를 간단하고도 명료하게 정리하여 보여주는 불교 교과서 같은 책이라고 생각된다.

이 강해의 원고는 본래 철학과 대학원 수업을 위해 만들었던 강의노트다. 불교사상이 아주 체계적으로 짜임새 있게 정리되어 있으면서도 또한 상당히 치밀한 논리성과 내용적 심오함을 갖춘 책이라는 생각이 들어 대학원 수업에서 『선종영가집』을 읽었던 것이다. 세종의 한글 창제 이후 세조가 간경도감에서 불경언해본을 펴낼 때 『능엄경언해』, 『법화경언해』 등과 더불어 『선종영가집언해』를 간행하였다는 사실도 『선종영가집』을 더 친근하게 느끼게 한 것 같다. 그만큼 예전부터 이 땅에서 읽혀온 책이라는 것, 스님이나 불자들뿐 아니라 어쩌면 조선의 유학자들도 이 책을 읽었을지 모른다는 것, 그만큼 우리 역사에 깊이 들어와 있는 책이라는 것이 『선종영가집』의 가치를 더해준다고 생각한다.

『선종영가집』은 현각(玄覺)의 글이 기본이며 거기에 구절마다 행정(行靖)의 주가 붙어 있고 부분적으로 함허(涵虛)의 주가 더해져 있다. 이 책에서는 우선 현각의 원문을 번역하고 그 내용을 철학적으로 설명해보고자 노력하였다. 그 설명을 좀 더 간단명료하게 표현해보고자 도표화를 시도하였는데, 그것이 독자들의 이해에 조금이라도 보탬이 되었으면 한다. 행정의 주와 함허의 설의는 문단을 새로 시작하면서 행정이라는 단어 또는 함허라는 단어로 시작하도록 문단을 나누었다. 『선종영가집』 원문만 읽거나 그 원문에 대한 강해만 읽고 싶으면 행정이나 함허의 주를 생략하고 읽어도 좋을 것이다. 행정은 현각의 글에 구절마다 주를 달면서 주에서 많은 글들을 인용하고 있다. 그에 반해 함허는 거의 인용을 하지 않고 자신의 논리로 설명하고 있는데, 행정보다 좀 더 명확하게 철학적으로 내용을 분석하거나 행정의 주에서 잘못된 부분을 지적하기도 하고 현각의 글을 문맥에 맞춰 수정하기도 하였다.

수업시간 학생들과의 대화는 내게 늘 신선한 자극이 된다. 그들에게 감사한다. 씨베타 찾는 데 도움을 준 윤수민 씨와 글 전체를 읽고 코멘트를 해준 신상후 씨 그리고 한마음선원의 김용환 선생님께도 감사한다. 특히 이 강해를 처음부터 끝까지 세밀하게 읽고 많은 도움을 준, 나의 좋은 도반 남편 팽철호 교수에게 진심으로 고맙게 생각한다. 많은 사람들과의 고마운 인연 덕분에 이 책이 나오게 되었다. 이 책을 읽는 독자들과도 좋은 인연 짓게 되기를 희망한다.

2016년 2월
한자경

9

일러두기

1. 본서에 나오는 원문은 다음의 책을 저본으로 삼았다.

- 함허(涵虛)의 〈선종영가집 서설〉: 『한국불교전서』, 권7, 170하~171중
- 위정(魏靜)의 〈선종영가집 서〉: 『한국불교전서』, 권7, 171하~175상
- 현각(玄覺)의 〈선종영가집〉: 『한국불교전서』, 권7, 175상~215하(행정과 함허의 주 포함)

2. 현각과 행정(行靖)과 함허가 인용한 글의 출처는 『대정신수대장경』을 따라 밝혀 놓았다.

3. 『한국불교전서』에 나오는 이체자들은 보다 일반적인 글자로 교감하였다. 즉 박(博)은 박(博)으로, 형(逈)은 형(逈)으로, 정(㝎)은 정(定)으로, 염(灨)은 염(灨)으로, 허(虚)는 허(虛)로, 진(珎)은 진(珍)으로, 왕(徃)은 왕(往)으로, 경(京)은 경(京)으로, 염(肰)은 염(脈)으로, 치(耻)는 치(恥)로, 사(虵)는 사(蛇)로, 맥(脉)은 맥(脈)으로, 취(臰)는 취(臭)로, 격(闗)은 격(闋)으로, 침(沉)은 침(沈)으로, 토(兔)는 토(兔)로, 발(鉢)은 발(鉢)로, 치(腦)는 뇌(惱)로, 파(泊)는 박(泊)으로 수정하였다.

목차

『선종영가집 강해』에 앞서 ｜ 5

해제 : 『선종영가집』의 세계

1. 『선종영가집』은 어떤 책인가? ｜ 23
2. 『선종영가집』의 세계관 ｜ 26
3. 『선종영가집』의 체제 ｜ 33

선종영가집 서설(序說)

1. 『선종영가집』의 특징 ｜ 39
2. 각 장에 붙이는 게송(偈頌) ｜ 44

선종영가집 서(序)

1. 지혜의 문과 깨달음의 길 ｜ 57
2. 석가모니를 기림 ｜ 62
3. 현각 대사를 기림 ｜ 68
   1) 대사의 해(解) ｜ 69
   2) 대사의 행(行) ｜ 70
   3) 대사의 위대함 ｜ 79

4. 현각 대사 사후 글의 편찬 ｜ 84

선종영가집 (禪宗永嘉集)

서문 : 각 장의 요지를 밝힘 | 93

제1장 도를 사모하는 뜻과 자세 | 113

1. 도를 추구하는 바른 자세 | 113
2. 믿음에 입각한 한결같은 뜻 | 121

제2장 교만하고 사치스런 뜻을 경계함 | 126

1. 의복과 음식에서 검소해야 하는 이유 | 126
   1) 다른 생명체의 손상 | 126
   2) 타인의 노동력에 빚짐 | 128

2. 검소함으로 수행을 준비 | 129

제3장 3업을 청정하게 닦음 | 133

1. 신업(身業) | 136
   1) 신업을 닦음 | 136
      (1) 불살생(不殺生) | 137
      (2) 불투도(不偸盜) | 139

(3) 불사음(不邪婬) ㅣ 143

    a. 고관(苦觀) ㅣ 144

    b. 부정관(不淨觀) ㅣ 147

2) 신업을 대치하는 방법 ㅣ 151

  (1) 방생 · 보시 · 범행 ㅣ 151

  (2) 3견법(堅法) : 신견 · 명견 · 재견 ㅣ 153

  (3) 무아관(無我觀) ㅣ 154

3) 몸을 대하는 바른 자세 : 소욕 두타행 ㅣ 159

2. 구업(口業) ㅣ 164

1) 구업을 대치하는 말 : 실어(實語) ㅣ 164

  (1) 기어(거짓말)를 대치하는 정직어 : 칭법어 · 칭리어 ㅣ 166

  (2) 악구(거친 말)를 대치하는 유연어 : 안위어 · 궁상청아어 ㅣ 167

  (3) 양설(이간하는 말)을 대치하는 화합어 : 사화합어 · 리화합어 ㅣ 168

  (4) 망어(틀린 말)를 대치하는 여실어 : 사실어 · 리실어 ㅣ 170

2) 구업의 근원 : 마음 ㅣ 172

3. 의업(意業) ㅣ 177

1) 만법의 근원으로서의 마음 ㅣ 177

2) 삿된 생각[邪念] : 62견(見)과 98번뇌 ㅣ 179

3) 사념(邪念)을 대치하는 정관(正觀) : 불이관(不二觀) ㅣ 186

제4장 사마타송 : 지(止) ǀ 193

1. 수행 방식 : 그치기[止] ǀ 195

   1) 생각을 멈추기[息念]와 대상을 잊기[忘塵] ǀ 195

     (1) 식념(息念)과 망진(忘塵)의 순환 ǀ 195

     (2) 순환 너머 능소무분별로 ǀ 198

     (3) 명적(冥寂)의 묘성: 성성적적의 영지(靈知) ǀ 201

   2) 연지(緣知)에서 무연지(無緣知)로 ǀ 203

     (1) 연지 1 : 대상지 ǀ 206

     (2) 연지 2 : 반성적 자기지 ǀ 208

     (3) 무연지 : 영지 ǀ 210

2. 초심에서 계합까지의 점진적 단계 ǀ 213

   1) 초심처에 들기 : 상속지(相續知)에서 찰나지(刹那知)로 ǀ 213

     (1) 상속지 1 : 대상지(감각) ǀ 213

     (2) 상속지 2 : 자기지(지각) ǀ 215

     (3) 찰나지 : 영지(靈知) ǀ 220

   2) 3성(性)을 여읨 : 선 · 악 · 무기 ǀ 226

   3) 3학(學)을 갖춤 ǀ 228

     (1) 계(戒) : 섭률의계 · 섭선법계 · 요익중생계 ǀ 228

     (2) 정(定) : 안주정 · 인기정 · 판사정 ǀ 230

     (3) 혜(慧) : 인공혜 · 법공혜 · 공공혜 ǀ 233

   4) 3견(見)을 앎 : 공견 · 불공견 · 성공견 ǀ 236

   5) 치우침[偏]과 원만함[圓]을 구분함 ǀ 240

(1) 치우침[偏]을 가림 ¦ 240

   a. 2승의 치우침 : 법신 · 반야 · 해탈 중 하나에 치우침 ¦ 240

   b. 대승 권교의 치우침 : 법신 · 반야 · 해탈 중 둘에 치우침 ¦ 243

(2) 원만함[圓]을 밝힘 ¦ 245

   a. 인위(因位)의 3덕(德) : 법신 · 반야 · 해탈 ¦ 245

   b. 과위(果位)의 3덕(德) : 단덕 · 지덕 · 은덕 ¦ 250

3. 입문자의 수행 ¦ 260

  1) 5념(念)을 앎 : 고기념 · 관습념 · 접속념 · 별생념 · 즉정념 ¦ 260

  2) 여섯 가지 가려냄[料簡] ¦ 267

    (1) 병을 앎 : 연려 · 혼미 ¦ 268

    (2) 약을 앎 : 적적 · 성성 ¦ 269

    (3) 다스림을 앎 ¦ 270

    (4) 지나침의 발생을 앎 ¦ 271

    (5) 옳음과 그름을 앎 ¦ 272

    (6) 주와 보조를 앎 ¦ 273

  3) 5온(蘊)을 밝힘 ¦ 278

제5장 비파사나송 : 관(觀) ¦ 286

1. 수행 방식 : 관하기[觀] ¦ 286

  1) 지혜의 생성[智生]과 경계의 요달[了境] ¦ 286

    (1) 지생(智生)과 료경(了境)의 순환 ¦ 286

    (2) 순환 너머 지경명합(智境冥合)으로 ¦ 291

    (3) 유무쌍조의 묘오(妙悟) ¦ 295

  2) 공 · 가 · 중 3관(觀) ˈ 299

   (1) 공관 : 경공지(境空智) ˈ 301

   (2) 가관 : 지공지(智空智) ˈ 303

   (3) 중관 : 구공지(俱空智) ˈ 304

2. 공과 연기를 함께 관함 ˈ 307

  1) 만법의 공성 ˈ 307

  2) 현상적 차별상 : 범부와 성인의 차이 ˈ 309

  3) 공과 연기의 관계 ˈ 312

3. 지혜와 경계의 불이(不二) : 지경명합 ˈ 315

제6장 우필차송 : 중도(中道) ˈ 323

1. 진과 속의 불이(不二) ˈ 323

2. 선정과 지혜의 중도 ˈ 332

3. 관심10문(觀心十門) ˈ 339

  1) '항상 그러함'[法爾]을 말함 ˈ 341

   (1) 심성[眞如]과 현상[萬法]의 불이 ˈ 341

   (2) 3안(眼) : 혜안 · 법안 · 불안 ˈ 344

   (3) 3덕(德) : 법신 · 반야 · 해탈 ˈ 347

   (4) 일심(一心)으로 귀의 : 진속불이 ˈ 353

2) 관하는 본체를 드러냄 ㅣ 360

3) 상응을 말함 ㅣ 361

   (1) 공과 상응 ㅣ 363

   (2) 공 · 불공과 상응 ㅣ 365

   (3) 공 · 불공 · 비공 · 비불공과 상응 ㅣ 367

4) 교만을 경계함 ㅣ 369

5) 게으름을 경계함 ㅣ 370

6) 관하는 본체를 다시 드러냄 ㅣ 372

7) 옳고 그름을 밝힘 ㅣ 373

   (1) 주장 ㅣ 374

   (2) 병 : 타시(시유 · 시무) · 타비(비유 · 비무) ㅣ 375

   (3) 병을 타파하는 약 : 비시 · 비비 ㅣ 379

   (4) 약의 한계 ㅣ 384

   (5) 시비의 미혹을 넘어섬 ㅣ 387

8) 언전[詮]과 취지[旨]를 가려냄 ㅣ 389

9) 닿는 곳마다 관(觀)을 이룸 ㅣ 395

10) 현묘한 근원에 계합함 ㅣ 399

제7장 3승의 점차 ㅣ 402

1. 3승의 구분 ㅣ 402

  1) 성문(聲聞) ㅣ 407

  2) 연각(緣覺) ㅣ 414

   3) 보살 ᅵ 422

     (1) 보살의 특징 ᅵ 422

     (2) 보살의 6바라밀(波羅蜜) ᅵ 425

     (3) 보살행 : 중생제도 ᅵ 431

2. 하나의 법(法)과 3승(乘)의 관계 ᅵ 436

   1) 하나와 셋의 관계 ᅵ 436

   2) 하나의 강과 세 짐승의 비유 ᅵ 442

   3) 4성제를 깨닫는 세 가지 길 ᅵ 448

3. 범부 · 2승 · 대승의 비교 ᅵ 455

   1) 2승의 능력과 한계 ᅵ 455

     (1) 2승의 능력 : 3명 6통 ᅵ 455

     (2) 2승의 한계 : 무명 ᅵ 460

   2) 범부의 한계 : 견혹과 애혹 ᅵ 464

   3) 보살의 태도 ᅵ 469

제8장 사(事)와 리(理)가 둘이 아님 ᅵ 479

1. 진리[理]와 사물[事]의 원융 ᅵ 479

   1) 유(有)와 무(無)의 중도 ᅵ 479

   2) 가(假)의 언어 ᅵ 487

   3) 진실[眞]과 허망[妄] ᅵ 494

2. 이름[名]과 본체[體] | 496

  1) 판별의 어려움 | 496

  2) 두 가지 경우 | 499

    (1) 유명무체(有名無體) | 500

      a. 본체를 타파(破) | 500

      b. 이름을 타파 | 501

      c. 본체와 이름을 타파 | 502

    (2) 유체유명(有體有名) : 인체시명(因體施名) | 504

      a. 본체를 세움[立] | 506

      b. 이름을 세움 | 507

      c. 이름과 본체를 세움 | 508

3. 본체와 인연, 법성과 무명 | 509

  1) 본체와 인연의 상호의존성 | 509

  2) 본체와 인연 : 비유비무(非有非無) | 518

제9장 친구에게 권하는 편지 | 525

친구가 보낸 편지 | 525

현각의 답변 | 528

1. 인사말 | 528

2. 처소와 무관한 마음의 고요 | 531

  1) 바른 수행의 길 | 531

  2) 단순 은거의 의미 없음 | 536

  3) 마음의 고요가 우선 | 538

3. 속세에 머무름의 의미 ' 541

   1) 속세에서 지혜와 자비의 완성 ' 541

   2) 물아명일(物我冥一), 진속불이(眞俗不二)의 경지 ' 547

   3) 자유자재의 마음 ' 553

제10장 발원문 ' 561

1. 불 · 법 · 승 3보(寶)에의 귀의 ' 561

2. 자신에 대한 서원 ' 566

3. 일체 중생을 위한 서원 ' 579

색인 ' 585

『선종영가집』의 세계

1. 『선종영가집』은 어떤 책인가?

『선종영가집』은 당나라 현각(玄覺. 665~713)이 쓴 것을 위정이 펴낸 책이다. 현각의 성은 대(戴), 이름은 명도(明道)이며 온주 지방 영가현 사람이어서 영가(永嘉)라고 불린다. 8살에 출가하여 경전을 두루 읽었고 특히 천태지관의 원묘법문에 뛰어났으며 『유마경』을 읽고서 깨달음을 얻었다고 한다. 31세에 선종의 제6조 혜능(638~713)을 찾아가 법거량을 하였으며, 하룻밤 쉬어갔다고 일숙각(一宿覺)이라는 별명을 얻었다고 한다.

『선종영가집』에서 현각은 천태의 지관(止觀) 수행을 가지고 선(禪) 수행을 설명하고 있다. 그러므로 이 책은 중국에서 불교가 천태종, 화엄종, 선종 등 다양한 종파로 분열되면서 크게는 교(敎)와 선(禪)으로 양분되기 시작할 무렵 현각이 불교의 으뜸 종지 하나를 잡아 천태와 선, 교와 선의 종합을 진지하게 모색한 책이라고 할 수 있다. 그가 붙잡은 불교 종지의 핵심은 역시 마음, 즉심즉불(卽心卽佛)의 마음이다. 다시 말해 대상에 이끌려 다니는 객진번뇌의 마음이 아니라, 객진번뇌를 번뇌로 알아차림으로써 번뇌를 지혜로 녹여낼 수 있는 마음, 그 자체는 일체의 념(念)을 떠나 허공처럼 비어 적적(寂寂)하되 그 허공 속 꽃인 현실을 환(幻)으로 바라보며 성성(惺惺)하게 깨어 있는 마음, 한마디로 적적성성의 마음이다.

먼지 구름에 가려 보이지 않아도 해가 하늘에서 사라진 적이 없듯이, 무명 번뇌로 물든 각 개체의 중생심 안에 온 우주를 밝게 비추는 진여심(眞如心)이 잠든 적이 없다는 것, 자타분별적 표층의식보다 더 깊은 심층에서 일체를 나와 하나로 아는 주객무분별적 심층마음의 활동이 멈춘 적이 없다는 것, 이것이 영가집의 근본 통찰이다. 일체 중생을 이 깨달음으로 이끄는 것, 누구나 자신 안의 진여심을 자각하고 그 진여심을 실현하는 삶을 살게 하는 것, 이것이 영가집의 근본 취지이다. 이를 위해 현각은 천태의 공·가·중 3관(觀)으로 사마타와 비파사나와 우필차를 논하지만, 이것은 결국 중생심 안의 진여심을 자각하여 부처가 되는 길, 즉 선종의 견성성불(見性成佛)의 길과 다르지 않다.

현각의 대표 저서는『증도가』와『영가집』이다.『증도가』는 현각이 혜능과의 대화를 통해 증득한 깨달음의 경지를 814자의 게송으로 읊은 것이다. 여기에 송나라 남명 법천이 계송(繼頌)한『남명천화상송증도가(南明泉和尙頌證道歌)』(1076년 중국에서 첫 간행)가 우리나라에는 고려 말에 전해지고 조선 초에 언해되었다. 선의 깨달음의 경지를 노래한 증도가는 최근까지도 성철 스님, 무비 스님 등 많은 스님들이 중시하며 그 해설서를 내놓았다.

『선종영가집』은 현각이 남겨놓은 글을 당나라 자사(刺史) 위정(魏靜)이 편찬하고 서를 쓴 것에다 송나라 석벽(石壁) 행정(行靖)이 주를 달고 송나라 진수(晉水) 정원(淨源)이 문단을 나누고 소제목들을 붙여 간행한 책이다.

> 당의 현각(665~713) : 영가집 찬술(撰述)
> 당의 위정(? ~ ?) : 편찬(編纂)하고 서(序)를 씀
> 송의 행정(? ~ ?) : 주(註)를 쓰고 석음(釋音)을 닮
> 송의 정원(1011~1088) : 수정과문(修定科文)함

『선종영가집』이 우리나라에 처음 들어온 것은 고려 말 나옹 혜근(懶翁 慧勤, 1320~1376) 때이며, 1381년(고려 우왕7년) 충주 청룡사에서 목판

으로 처음 간행되었다고 추정된다. 그 후 1472년(조선 성종3년) 청룡사 판에 김수온의 발문을 덧붙인 200부가 재간행되었다. 조선시대에 함허 득통(涵虛 得通, 1376~1433)이 영가집에 서설(序說)과 설의(說誼)를 썼다.

우리말로 번역한 『선종영가집언해』는 1464년(세조10년) 세조가 직접 구결하고 신미가 번역하여 간경도감에서 간행되었는데, 이것을 원간 본이라고 한다. 1520년(중종15년) 이 언해 원간본을 경상도 장수사에서 다시 복간하였는데, 이것을 중간본 내지 복간본이라고 한다.

国内 유입 : 고려 말 나옹 혜근에 의해 국내 유입
国内 간행 : 1381년(고려 우왕7년) 청룡사에서 목판 간행
              1472년(조선 성종 3년) 청룡사 유판에 김수온 발문 더해 간행
国内 주석 : 함허가 서설(序說)과 설의(說誼)를 씀
国内 번역 : 1464년(세조10년), 『선종영가집언해』, 세조 구결, 신미 번역 ── 원간본
              1520년(중종15년)   ── 복간본

이 책 『선종영가집 강해』는 현각의 『선종영가집』을 철학적으로 풀이하고자 한다. 이를 위해 『선종영가집』 원문을 번역하는데, 저본은 『한국불교전서』에서 취하였다. 『한국불교전서』에는 함허 득통의 『선종영가집 서설』과 위정의 『선종영가집 서』에 이어 현각의 『선종영가집』 본문이 실려 있는데, 위정의 서와 현각의 본문에는 송나라 행정의 주와 함께 조선 함허의 설의가 덧붙여져 있으며, 정원에 의해 문단이 나뉘고 소제목이 붙여졌다. 그러나 이 책에서는 정원의 문단 나눔과 소제목을 따르지 않고, 내용에 따라 문단을 나누고 거기에 맞는 제목도 새로 붙였다. 그렇게 해서 이 책 『선종영가집 강해』는 다음과 같은 체제를 갖는다.

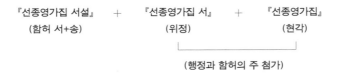

『선종영가집 서설』   +   『선종영가집 서』   +   『선종영가집』
(함허 서+송)   (위정)   (현각)

(행정과 함허의 주 첨가)

　　『선종영가집』의 현대적 번역으로는 혜업 스님이 편역한『선종영
가집』(불광출판사, 1977)이 있고, 탄허 스님이 번역한『영가집』(탄허불교문화재
단, 2001)이 있다. 언해본 번역은 최동호·전경옥·이창희가 편역한『선
종영가집』(세계사, 1996. 함허 설의 포함)이 있고, 세종대왕기념사업회에서 나
온『역주 선종영가집언해 상·하』(세종대왕기념사업회, 2007)가 있다.

2.『선종영가집』의 세계관

우리는 흔히 우리 마음활동의 기본 전제를 주객분별이라고 생각한
다. 눈에 사물이 거리 취함 없이 바싹 붙어 있으면 볼 수 없고, 보지
않으면 눈으로 활동하고 있는 것이 아니듯이, 마음이 마음으로 활동
하려면 마음과 구별되는 어떤 것이 마음에 일정한 거리를 두고 마음
의 대상으로 주어져야 한다고 여긴다. 마음은 마음 아닌 대상을 통해
비로소 마음으로 작동한다고 여기는 것이다.

　　이렇게 해서 우리는 마음을 대상을 반연(攀緣)하여 일어나는 연기
(緣起)의 산물로 간주한다. 즉 마음을 물질이든 관념이든 주어지는 대
상을 붙잡고[攀] 그것을 인식[緣]함으로써 비로소 생겨나는 것, 또는 인
식기관인 근(根)과 인식대상인 경(境)의 접촉이라는 조건(인연)에 따라

비로소 일어나는 것으로 간주한다. 마음을 자연 진화의 산물, 두뇌신경세포의 활성화 산물로 여기는 오늘날의 견해는 대개 이러한 마음 이해에 기반한 것이다.

그런데 불교는 대상을 반연하는 마음인 반연심(攀緣心)은 우리의 마음이 드러나는 한 가지 양상일 뿐 그것이 우리 마음의 근본 활동은 아니라고 본다. 대상을 반연하는 마음활동이 바로 의식(제6의식)이므로, 반연심이 마음의 근본 활동이 아니라는 말은 곧 제6의식보다 더 근본적인 심층의 마음활동이 존재한다는 말이다. 무엇인가를 대상으로 반연하기 전, 주객이원화에 따라 자타분별하기 전, 대상을 지각 또는 사량분별하기 전, 대상이 야기하는 느낌에 따라 호오의 감정을 일으키기 전, 그때에도 마음은 이미 마음으로 활동하고 있다는 것이다. 의식보다 더 깊은 심층에서 작동하는 마음, 따라서 의식의 대상이 없어도 깨어 있는 마음, 그 마음의 활동이 바로 우리 마음의 근본 활동이라는 것이다.

반연심으로서의 마음활동보다 더 근본적인 마음활동이 과연 있는가? 마음은 곧잘 거울에 비유된다. 거울은 그 앞에 대상이 주어지면 그 대상을 비추어 그것의 상(象)을 그려낸다. 대상a가 주어지면 상a를 그려내고, 대상b가 주어지면 상b를 그려낸다. 거울이 대상을 따라 상을 그려내는 것을 갖고 마음을 설명하면, 마음은 곧 대상을 반연하여 일어나는 반연심으로서의 마음, 따라서 의식되는 대상이 없으면 의식하는 마음도 없는 그런 마음, 한마디로 제6의식으로 간주된다. 사물이 없으면 거울의 상이 그려지지 않듯이, 의식 대상이 없으면 의식은 잠들고 마음의 활동은 멈춘다고 여겨지며, 그렇듯 마음은 대상(물질)의 산물로 간주된다.

그러나 거울이 상을 그려내는 작용이 어찌 그 앞의 대상으로 인해 생겨난 것이겠는가? 대상이 그런 작용을 만드는 것이라면, 돌 앞의 대상은 왜 돌로 하여금 대상을 비추게 하지 못하는가? 거울이 상을 그려낼 수 있는 것은 거울이 본래 비춤의 작용을 갖고 있기 때문이다. 거울은 그 앞에 대상이 있든 없든 비추고 있다. 그 본래 비춤의 힘에 의해 대상을 비추어 상을 그려내는 작용 또한 가능해지는 것이다. 그렇듯 마음 또한 본래 비춤의 작용을 갖고 있다. 대상을 반연하는 반연심으로서의 제6의식이 마음활동의 전부가 아니고, 그보다 더 깊은 심층에서 성성하게 깨어 있는 마음의 근본 활동이 있는 것이다. 그러한 마음의 근본 활동의 힘에 의해 대상을 반연하는 의식작용도 비로소 가능해진다.

의식보다 더 깊은 심층에서 고요하게 깨어 있는 마음! 불교가 밝히고자 하는 것은 결국 이것 하나이다. 이 마음은 대상을 반연하지 않고 의식 차원의 주객분별을 넘어선 마음이기에 적적(寂寂)한 마음이고, 그럼에도 불구하고 잠들지 않고 깨어 있는 마음이기에 성성(惺惺)한 마음이다. 이 적적성성의 마음을 나의 본래 마음으로 알아차리는 것이 불교의 지향점이다. 이것을 깨달아 알면 마음은 그 본래자리에 머무르므로 반연되는 세상 만물을 따라 전전하지 않게 되고, 이것을 깨닫지 못하면 마음이 대상과 얽혀 전전하므로 고통의 생사를 반복하게 된다. 초기불교에서 대승불교까지, 교(敎)에서 선(禪)까지, 인도에서 한국까지, 불교의 모든 추구는 바로 이 마음 한 자리를 바로 깨달으려는 것이다. 마음의 본래자리를 바로 알아야 그 마음에 들어오는 일체 우주 만물의 실상을 여실하게 알 수 있기 때문이다. 이 마음이 바로 일체 상(相)을 여읜 성(性)이 스스로를 신령하게 아는 성자신해

(性自神解)의 마음이며, 텅 비어 고요하되 신령하게 아는 공적영지(空寂靈知)의 마음, 곧 본각(本覺)의 마음이다.

영가집에서 현각이 보여주고자 하는 세계도 바로 이러한 성성적적(惺惺寂寂)의 마음 세계이다. 주와 객, 식(識)과 경(境)이 서로 대립하는 우리의 일상적 표층의식으로부터 그 둘의 분리와 대립을 넘어 그들을 하나로 포괄하는 심층마음으로 나아가는 길은 과연 무엇일까? 일상의 의식은 대상으로 인해 의식이 있고, 의식으로 인해 대상이 확인되는 그런 순환을 보인다. 그러한 순환을 벗어나 마음 본래자리로 나아가는 길은 무엇인가? 그 길은 순환 안에서는 찾아지지 않는다. 길은 단 하나. 순환을 알아차리는 바로 그 순간, 알아차리고 있는 마음 자체에 단도직입하는 길밖에 없다. 마음이 일으킨 모든 생각과 개념, 서술과 논증은 그 마음자리를 지시하는 기호, 달을 가리키는 손가락일 뿐이다. 단도직입하여 그 마음자리에 서면 일체가 그 마음 안에서 인연 따라 일어나는 연기의 소산이며 무자성의 공으로 드러난다. 인식이 있어도 인식하는 나와 인식되는 대상이 따로 분리되어 있지 않다. 본래의 마음자리에서 보면 나와 세계, 아(我)와 법(法), 주와 객의 분별은 모두 마음속 허망분별에 지나지 않는다.

이와 같이 영가집은 우리의 마음활동이 주객분별적 표층의식 활동에 그치지 않고, 주객무분별적 심층마음의 활동이 있음을 보여주고자 한다. 우리가 세계를 아는 방식이 주객분별적 표층의식의 방식뿐 아니라, 주객미분의 심층마음의 방식도 있다는 것이다. 나와 너를 분별하지 않고 아는 심층마음의 자각방식은 표층의식의 의식(意識)과 구분해서 심식(心識)이라고 이름 붙일 수 있다. 표층의 제6의식은 세계를 자신 아닌 것으로 객관 대상으로 분별해서 안다. 즉 의식한다.

반면 심층마음은 세계를 주객무분별의 방식으로 안다. 즉 '심식'한다. 마음 본래자리에서 세계를 아는 방식은 심식이다. 심식은 의식보다 더 깊은 자각, 즉 주객분별적 의식이 아닌 주객무분별적 자각을 말한다. 영가집은 우리의 마음활동이 의식에서 심식으로 깊어지도록 유도한다. 표층의식보다 심층에서 깨어 있는 마음활동을 나의 마음으로 자각하게 하는 것이다.

나의 일상의식의 한계를 벗어나 나의 마음을 적적성성의 마음, 공적영지의 마음으로 자각하고자 하는 것이 사마타 수행이다. 대상을 반연하는 표층의식 활동을 그침[止]으로써 일체의 매임으로부터 풀려나 마음을 텅 빈 허공 같이 만드는 것이다. 이로써 마음은 분별적 표층의식에서 물러나 심층으로 내려간다. 심층의 마음 본래자리에서 성성하게 깨어 있게 된다.

사마타 수행을 통해 마음이 빈 허공과 같은 마음이 되면, 그 빈 마음 안에 일체가 드러난다. 그 마음 본래자리에서 마음에 드러나는 일체 현상을 표층의식적 사려분별작용 없이 여실하게 바라보는 관(觀)이 비파사나 수행이다. 관은 분별적 의식으로 보는 것이 아니라, 무분별적 심식(心識)으로 보는 것이다. 즉 마음이 사물과 거리를 취하고 그것을 나 아닌 대상으로 객관화하여 의식하는 것이 아니라, 마음이 그대로 사물이 되어 아는 것, 즉 심식하는 것이다. 이러한 비파사나는 우선 몸에서부터 시작할 수 있다. 나의 손을 대상으로 관찰하는 것이 아니라, 내적으로 손을 알아차리는 념(念)이 바로 비파사나다. 그때 나의 마음은 손이 되어야 한다. 마음의 파동이 손의 파동과 하나가 되어야 내가 손을 심식할 수 있다. 즉 자각할 수 있다. 느낌과 마음에 대해서도 그렇게 하고, 마지막으로 법에 대해서도 그렇게 한다. 일체를 객관화하여 의식하는 것이 아니라, 공명하여 심식하는 것이다. 아는 것이 아니라 되는 것이다. 분리하는 것이 아니라 하나가 되는 것이다. 관조(觀照)나 요달(了達)은 모두 이러한 심식활동을 뜻한다. 영가집은 이렇게 심층에서 하나가 되는 것을 명합(冥合)이라고 부른다.

사마타가 마음을 가라앉혀 심층 빈 마음의 본래자리로 나아가는 것이라면, 비파사나는 그 마음자리에서 일체 현상세계를 관하는 것이다. 표층의식으로 세계를 보면 세계는 의식 너머 실유(實有)이지만, 심층마음으로 세계를 보면 세계는 마음이 그린 가유(假有)이다. 사마타는 마음을 비워 공(空)으로 나아가고, 비파사나는 공의 마음 안에 일어나는 가(假)를 관한다. 그러나 이 둘은 동전의 양면과도 같다. 공으로 나아가는 것은 세계의 실상을 바로 보기 위해서이며, 세계를 가로 관하는 것은 마음이 공에 머물기 때문에 가능하다. 그러므로 사마타와 비파사나는 어느 하나에 치우침이 없이 함께 행해져야 한다. 이것이 바로 공과 가를 함께 닦는 중도(中道)의 우필차 수행이다. 그래서 영가집에서는 사마타와 비파사나에 이어 우필차를 논한다. 공으로 나아가는 사마타와 가로 나아가는 비파사나를 함께 닦지 않고 어느 하나에만 치우치면, 수행자는 혼침과도 같은 고요한 선정에 빠지거나, 아니면 표층의식의 성성함만을 지닌 채 망분별에 빠지게 된다. 이 양극단의 치우침을 떠나 적적과 성성의 중도를 유지하는 것이 우필차이다.

영가집은 이상과 같이 사마타와 비파사나와 우필차를 통해 우리 심층마음의 활동성을 자각하게 하고, 그 심층의 마음자리에서 일체 현상을 관하게 한다. 마음의 눈을 표층이 아니라 심층에서 뜨게 하고, 일체 현상세계를 의식이 아니라 심식의 방식으로 자각하게 하는 것이다. 의식은 세계를 나 아닌 대상으로 분별하지만, 심식은 세계를 나 아닌 것이 없는 것으로 자각한다. 의식은 사물을 자신 바깥의 객관으로 의식하지만, 심식은 사물을 자신과 함께 공명하는 것으로 심식한다. 의식이 보는 세계는 각각의 사물이 서로 분리된 입자의 세계이지만, 심식이 보는 세계는 각각의 사물이 하나의 파동으로 엮여 있는 파동의 세계이다.

불교는 이런 세계를 '인드라망'이라고 부른다. 일체가 하나로 엮여 함께 공명하는 파동의 세계이다. 심식의 눈으로 보면 일체는 자아이든 사물이든, 아(我)든 법(法)이든 모두 자기 자성이 없는 공(空)이다. 그래서 아공(我空)이고 법공(法空)이다. 일체 현상사물은 모두 실체가 아니라 연기(緣起)의 산물이다. 만물은 자성을 가진 실체, 분리된 입자가 아니라 하나로 공명하는 파동, 에너지 흐름이다. 현상세계는 심층마음의 에너지, 업력의 에너지가 형성하는 파동의 세계이다. 영가집이 보여주는 세계는 바로 이와 같은 인드라망의 세계이다. 주와 객이 분리되지 않고, 자와 타가 둘이 아닌 세계, 의식이 보는 입자의 세계 너머 심식이 감지하는 파동의 세계이다. 실체 너머 연기, 입자 너머 파동, 이러한 존재의 실상을 여실하게 감지하도록 영가집은 우리의 마음의 눈을 표층의식에서부터 심층마음으로 이끌어간다.

3. 『선종영가집』의 체제

영가집은 영가 현각의 10편의 글을 위정이 엮어서 한 권의 책으로 만든 것이다. 현각의 글 앞에 위정의 서가 있다. 우리나라에서는 함허가 그 앞에 서설을 덧붙였기에 이 강해에서는 함께 엮었다. 함허는 서설에서 영가집의 특징을 간단히 언급한 다음 영가집 각 편에 게송 하나씩을 붙여 총 10개의 게송으로써 영가집 전체의 뜻을 대략 살펴볼 수 있게 하였다. 위정은 관리로 있으면서 현각을 가까이 모셨던 적이 있어 현각의 사상뿐 아니라 현각의 실제 인품을 잘 알았던 사람이다. 그는 서에서 현각의 위대함을 칭송함과 더불어 책을 펴내게 된 과정을 설명하였다.

영가집 자체는 10편의 글로 되어 있는데, 이 책『선종영가집 강해』에서는 각 편을 각 장으로 삼았다. 영가집은 무명의 중생으로 하여금 마음의 본래자리로 돌아가 일체 허망분별을 넘어 자유자재한 삶을 살게 하고자 한다. 나와 남을 가르고, 주와 객을 분리하는 모든 번뇌의 장벽을 뛰어넘어 우주 만물을 하나로 포괄하는 텅 빈 마음, 한마음의 빛, 진여법신의 품으로 이끌고자 하는 것이다. 이를 위해 영가집은 구체적 수행의 전단계로서 서서히 준비운동을 시키고(제1·제2·제3장), 이어 본격적 수행을 제시한 후(제4·제5·제6장), 그 수행의 의미를 정리하고(제7·제8장), 마지막으로 그에 합당한 삶의 방식을 제시하고 발원한다(제9·제10장).

처음 세 개의 장은 본격 수행에 들어가기 전의 준비 과정이다. 제1장에서는 도를 닦고자 하는 마음자세를 논하고, 제2장에서는 구체적인 삶의 태도를 이야기하며, 제3장에서는 본격 수행에 들어가기 전에 신(身)·구(口)·의(意) 3업(業)을 청정히 해야 함을 논한다.

이어지는 세 개의 장은 영가집의 핵심 부분이다. 제4장 사마타송에서는 주객분별을 넘어 경식쌍망(境識雙忘)의 영지(靈知)로 나아가는 길을 밝히고, 제5장 비파사나송에서는 그 절대의 관점에서 다시 일체현상을 바라보는 방식을 논하고, 제6장 우필차송에서는 사마타와 비파사나, 지(止)와 관(觀), 둘을 함께 취하고 또 함께 버리는 중도의 길을 제시한다. 이 셋은 곧 천태의 공관(空觀), 가관(假觀), 중도관(中道觀)에 해당한다.

이렇게 하여 공·가·중이 갖추어지고 나면 제7장에서는 하나의 불법임에도 불구하고 성립하는 3승(乘) '점진적 차례'[漸次]에 관하여 논하고, 제8장에서는 진(眞)과 속(俗), 리(理)와 사(事)는 결국 둘이 아니라는 불이(不二) 법문을 제시한다. 이 두 개의 장은 앞의 세 개의 장과 더불어 영가집의 본론을 구성한다고 볼 수 있다.

본론 이후 마지막 두 개의 장은 전체 글의 마무리라고 볼 수 있다. 제9장은 친구에게 보낸 편지글로서 진정한 불이의 삶은 마음가짐에 달려 있다는 것을 강조하며, 제10장은 수행자 현각이 자기 자신과 타인에 대해 무엇을 발원하는지를 보여준다. 이와 같은 10개의 장 전체를 6바라밀과 계·정·혜 3학과 연관지어 정리하면 다음과 같다.

	10장		6바라밀[行]	3학(學)
서론	제1장. 도를 사모함	─ 믿음[信]		
	제2장. 교만 · 사치를 없앰		보시바라밀	
	제3장. 3업(業)을 맑게 함		지계바라밀	계(戒)
			인욕바라밀	
			정진바라밀	
본론	제4장. 삼매를 닦음 : 사마타	지(止)+정(定)	선정바라밀	정(定)
	제5장. 지혜를 얻음 : 비파사나	관(觀)+혜(慧)	반야바라밀	혜(慧)
	제6장. 중도에 머묾 : 우필차	중도		정혜쌍수
	제7장. 3승점차	─ 불일(不一)		
	제8장. 사리불이	─ 불이(不二)		
결론	제9장. 친구에게 권고	─ 개인에 국(局)		
	제10장. 대중에게 발원	─ 모두에 통(通)		

선종영가집 서설(序說)

○

함허 득통(涵虛 得通) 지음

이 부분은 조선의 함허 득통이 영가집에 붙인 서설이다. 영가집이 석가의 가르침과 선종의 핵심을 간단명료하게 10장의 글로 정리하고 있다는 것을 밝히고, 각 장에 대해 게송을 읊고 있다.

1. 『선종영가집』의 특징

이 일은 혹 한마디 말로 다할 수도 있고 혹 장광설로도 다하기 어렵다. 말이 장황한가 간략한가는 사람에 따른 것이지 법과는 무관하다.
此事或一言而可盡, 或廣說而難既. 廣略由人, 不關於法.

이 일이라는 것은 영가집이 주제로 삼아 다루고자 하는 일로서, 선종에서 인생의 최대 중대사로 여기는 그 일이다. 이 일은 곧 석가모니가 출가하여 알고자 한 그 일이며 수행을 통해 깨닫고 난 후 모든 중생에게 알려 중생으로 하여금 깨닫게 하고자 한 그 일이다. 이일은 인생의 최대 중대사로서 누구나 가장 궁금해하면서 가슴속에 품고 사는 문제이다. 따라서 이 일은 한마디 말로써 지시될 수도 있지만, 또한 팔만대장경 전체가 바로 이 일을 밝히는 것이기도 하다. 그러므로 이 일은 한마디 말로 다할 수도 있고 장황한 말로도 다 못할 수도 있다.

이 일은 과연 무엇인가? 불교는 이것을 '생사(生死)문제'라고 말한다. 내가 태어나기는 했는데 어디서 왔는지를 알 수 없고, 내가 분명

죽기는 할 텐데 어디로 가는지를 알 수 없으니, 살고는 있지만 그 삶의 시작과 끝이 가려져 있음이 마치 주변이 안개에 뒤덮여 내가 선 자리가 어디인지를 알 수 없는 것과 같다. 그러므로 살아 있는 자에게 생사문제는 이미 해결된 문제가 아니라 삶을 통해 스스로 해결해야만 하는 당면과제인 것이다. 내가 전 생을 걸고, 목숨을 걸고 밝혀내야만 하는 것이 바로 이 생사문제이다.

문제를 지시하는 것은 한마디 말로 족하다. 그러나 그 문제의 정체를 밝히고 해답을 찾는 것, 문제를 해결하는 것은 수천수만의 말로도 부족할 수 있다. 문제 자체가 언설의 차원을 넘어선 것이기 때문이다. 따라서 이 생사문제는 단번에 해결될 수도 있고 평생을 두고 답을 찾아 헤매어도 끝내 해결되지 못할 수 있다. 함허는 그 차이가 인간으로 인한 것이지 법으로 인한 것이 아니라고 말한다. 해결해야 할 문제는 누구에게나 공통적인 하나의 문제, 하나의 생사문제이지만, 인간이 어떤 마음으로 그 문제에 직면하는가에 따라 그 문제의 해결방식이 천차만별일 수 있기 때문이다.

여래께서는 오랜 겁 동안 닦아서 얻은 법문을 널리 3승(乘)과 5성(姓)을 위하여 49년에 걸쳐 열어 보였다. 그런데 대사께서는 단지 10장의 글로써 평생 말해온 것을 포괄하여 처음부터 끝까지 모두 갖추어 빠뜨린 것이 없다.

如來曠劫修得底法門, 普爲三乘五姓, 歷四十九年而開演. 而大師但以十章之文, 攝一代之所說, 該始末而無遺.

3승(乘) : 성문, 연각, 보살
5종성(種姓) : 불보살종성, 연각종성, 성문종성, 부정(不定)종성, 무(無)종성

　석가도 현각도 모두 이 일을 밝히고자 한 것이다. 석가는 49년에 걸쳐 설법하였고 그 가르침이 팔만대장경에 실려 있는 데 비해, 현각은 석가 가르침의 핵심인 이 일에 대해 자신이 평생 말해온 것을 단 10장의 글로 정리하여 놓았다.

　3승(乘)은 성문(聲聞), 연각(緣覺), 보살(菩薩)이고, 5성(姓)은 그와 관련된 다섯 부류의 인간을 말한다. 즉 부처나 보살이 될 '불보살종성', 연각이 될 '연각종성', 성문이 될 '성문종성', 앞의 세 가지 중 어떤 인간이 될지 정해지지 않은 '부정(不定)종성', 앞의 세 가지 중 어느 하나도 될 가능성이 없는 '무(無)종성'이 그것이다. 이는 결국 모든 종류의 인간을 다 포괄한다는 의미이다.

　본래 대승정신에 따르면 중생은 누구나 부처가 될 가능성(종자)인 불성 내지 여래장을 갖고 있으므로 엄격한 의미의 무종성은 있을 수 없다. 그렇다면 5종성 안에 무종성이 들어 있는 까닭은 무엇인가? 유학에서 누구나 성인(聖人)이 될 수 있지만 자신이 성인이 될 수 있다는 것을 부정하는 자포자기의 경우는 예외라고 말하듯이, 불교에서도 누구나 부처가 될 가능성을 갖고 있지만 그 믿음을 갖고 있지 않은 사람은 예외라고 말할 것이다. 무종성이란 바로 그런 인간을 지칭하는 것이라고 볼 수 있다. 대승이 강조하는 믿음은 바로 자신 안의 불성에 대한 믿음이다. 누구나 불성을 갖고 있고, 누구나 수행하면 부처가 될 수 있지만, 전제조건은 믿음이다. 부처가 될 수 있다는 믿음 없이 부처가 된다는 것은 불가능한 일이기 때문이다.

구절마다 못을 끊고 쇠를 자르는 듯하며 말마다 명백하고 간단하니, 여래의 대지혜광명으로 하여금 세상을 다시 밝게 비춰 사바세계의 무거운 혼미함을 깨고 먼 길의 지름길을 제시하게 하였다. 오호라! 49년간 종횡으로 설파한 오묘한 요지가 마음과 눈에 분명하여 언어의 형상 안에서 묵묵히 깨달을 수가 있다.

句句斬釘截鐵, 言言明白簡易, 使如來大知慧光明, 而得復明於世, 破重昏於沙界, 指逕路之脩途. 於戲! 四十九年縱說橫說之妙旨, 昭昭於心目之間, 而可以默得於言象之際矣.

현각은 석가가 드러낸 진리를 간단명료한 10장의 글로 담아내었다. 그리하여 석가가 제시한 진리의 빛을 다시 밝혀 중생의 미혹을 제거해주고자 하였다. 석가가 긴 세월 동안 설법하였던 것은 종횡으로 무진하여 팔만대장경을 이루므로 어리석은 범부는 그 언설에 갇혀 그만 길을 잃고 방황하기 쉽다. 이에 현각이 그 가르침의 요지만 일목요연하게 정리하여 누구나 쉽게 알아볼 수 있도록 제시하였다는 것이다. 함허는 영가집의 가르침을 석가의 종횡무진한 가르침 중에서 핵심만 뽑아내어 인생의 근본문제에 이르는 지름길을 제시한 것으로 간주하면서, 영가집의 각 문장이 함축한 의미는 심오하지만 그 표현은 분명하고 정확하다는 것을 강조한다.

다만 조계에서 하룻밤 묵으며 홀로 전수받아 바로 지시해준 진리의 종지가 여기에 과연 있겠는가, 없겠는가? 안목을 갖춘 뛰어난 자들은 한번 눈여겨보라.

只如一宿曹溪, 單傳直指之眞宗, 果在是歟, 不在是歟? 具眼勝流, 試著
眼看.

앞에서는 현각의 영가집이 석가의 49년간의 가르침의 핵심을 간
단하게 요약 정리한 것임을 밝혔다면, 여기에서는 영가집이 달마에
서 혜능으로 이어지는 선종(禪宗)의 기본 종지를 담고 있다고 말한다.
현각은 조계(曹溪)의 남화사(南華寺)에서 혜능을 만나 하룻밤 묵으며 선
(禪)을 논하였으며, 영가집의 가르침은 언설 너머 진리에 직접 나아가
고자 하는 선종의 가르침과 다를 바가 없다. 그래서 선종의 선사들은
영가집의 내용을 선종의 요지로 간주하여 영가집 제목을 『선종영가
집』이라고 불렀다. 함허는 영가집이 과연 선종의 핵심을 그대로 담고
있는지 아닌지를 눈여겨 살펴보라고 말한다.

문인 도암이 이 글을 읽고서 장마다의 게송(偈頌)을 부탁하기에 10
장의 각 장마다 하나의 게송을 지어 영가의 마음을 천백 년 후까
지 드러내고자 하니, 후세에 아마도 이로 인해 알아보는 자가 있
을 것이다.
門人道菴, 因讀是錄, 隨章請偈, 而於十章, 各著一頌, 發永嘉之心於
千百年之後, 後世容有以此而賞音者矣.

함허가 이 책의 각 장에 게송을 붙이게 된 연유를 밝히고 있다.
제자 중의 도암이란 사람이 영가집을 읽고 각 장에 대해 게송(偈頌)을
지어달라고 함허에게 부탁하기에 10개의 게송을 짓게 되었다는 것이

다. 이로써 현각의 정신이 언제까지나 널리 퍼져나가기를 희망한다고 말한다.

2. 각 장에 붙이는 게송(偈頌)

제1장 도를 사모하는 뜻과 자세 : 모도지의(慕道志儀)

풀을 헤치고 바람을 바라봄은 무슨 까닭인가?
길을 따라 고향 집에 도달하기 위해서이다.
세속을 뛰어넘어 큰 도를 얻음은 스승을 따라야 가능하니,
진퇴와 돌아다님에는 반드시 항상됨(기준)이 있다.
撥草瞻風緣底事? 爲從途路達家鄉.
高超退擧從師得, 進退周旋必有常.

길을 따라 고향 집에 도달한다는 것은 수행을 통해 번뇌와 무명을 제거하여 불과(佛果)에 이른다는 것, 깨달음을 얻는다는 것, 생사문제를 해결한다는 것을 뜻한다. 깨달음을 얻어 생사문제를 해결한다는 것, 부처가 된다는 것은 이 세계 너머 별천지에 이른다거나 생사를 버리고 열반에 이른다는 것이 아니다. 그것은 오히려 나의 본래자리로 되돌아가고, 나의 본래면목을 되찾는 것이다. 세계 안에서 세계의 근원으로 돌아가고, 생사 안에서 열반에 이르는 것이다. 그래서 '고향 집에 도달한다'고 말한다.

나의 본래면목을 되찾는 길, 고향 집으로 나아가는 길은 덕을 쌓고 공적을 더함으로써가 아니다. 고향 집처럼 본래면목은 본래 그 모습 그대로 언제나 거기 그렇게 있는 것이기에 현재의 나에게 무엇인가를 더함으로써가 아니라 오히려 나로부터 무엇인가를 덜어냄으로써 얻어진다. 나의 본래면목을 가리는 풀을 헤치고 거기에 생겨나는 빈 자리를 바라봄으로써 비로소 본래면목의 회복이 가능해진다. 그래서 '풀을 헤치고 바람을 바라본다'고 말한다. 모양이 없는 바람, 시작을 알 수 없는 바람, 그 바람을 봄으로써 비로소 나를 보게 된다.

고향 집에 이른다는 것은 그냥 그 자리에 주저앉는다는 말이 아니다. 멀리 떨어져 왔을수록 멀리 나아가야 하고, 멀리 가기 위해서는 또 높이 올라야 한다. 이를 위해 바른 길을 인도할 스승의 지도와 점검이 반드시 필요하다. 그래야 삿된 길로 빠지는 것을 방지할 수 있기 때문이다.

제2장 교만하고 사치스러운 뜻을 경계함 : 계교사의(戒憍奢意)

조사모삼은 허망한 객진을 따를 뿐,
세 가지 필수 조건이 부족한 것은 맑은 진실에 부합한다.
오직 검소한 뜻을 굳게 지킴이 3학(學)의 바탕이 되니,
삿된 마음이 일신을 망치도록 내버려두지 말 것이다.
朝四暮三逐妄塵, 三常不足合淸眞.
但堅儉志資三學, 莫縱邪心誤一身.

3상(常) : 삶을 이루는 세 가지 필수조건인 의·식·주
3학(學) : 계(戒)·정(定)·혜(慧)

    도를 이루고자 하면 우선 교만과 사치를 경계해야 한다. 교만은 자신이 남들보다 낫다고 마음속으로 생각하는 것이고, 사치는 그렇게 남들보다 나아 보이기 위해 외적으로 자신을 꾸미는 것을 말한다. 이것은 모두 본성의 본래 평등함을 망각하고 인연 따라 일어난 차별상에 집착하여 허망한 마음을 일으키는 것이므로 오히려 자신의 본래면목을 가리고 마음을 도(道)로부터 멀어지게 만든다.

    그러므로 도를 이루고자 하면 내적으로 교만심이 없어야 하고 외적으로 의·식·주 3상(常)에서의 사치스러움을 없애 검소함을 유지해야 한다. 겸손함과 검소함이 기본 바탕으로 갖추어져야 그때 비로소 계·정·혜 3학(學)을 닦을 수 있다. 계(戒)는 계율을 지킴이고 정(定)은 마음을 고요하게 가라앉힘이고 혜(慧)는 진리를 관찰하는 지혜이다. 영가집의 제3장은 계, 제4장은 정, 제5장은 혜를 논한다.

3학(學) :
  1. 계학 : 신·구·의 3업을 청정하게 함   — 제3장
  2. 정학 : 고요하게 마음을 가라앉힘   — 제4장
  3. 혜학 : 진리를 관조함   — 제5장

제3장 3업(業)을 청정하게 닦음 : 정수삼업(淨修三業)

3업(業)은 화(禍)의 뿌리이고 또한 도(道)의 근원이니,
화는 모름지기 멸하고 도는 모름지기 원만하게 해야 한다.

7지(支)를 제거하여 몸과 입을 단정히 하고,
3수(受)를 고요하게 하여 심원(心源)을 청정하게 한다.
三是禍根亦道元, 禍須令滅道須圓.
掃除七支端身口, 寂然三受淨心源.

〈3업(業)〉	〈10업(業)〉	
의업 :	탐 · 진 · 치	─ 3수(락수 · 고수 · 사수)
구업 :	망언 · 기어 · 양설 · 악구	┐ 7지
신업 :	살 · 도 · 음	┘

　　겸손과 검소의 바탕 위에서 닦아나가야 할 공부가 바로 계·정·혜 3학이다. 제3장에서 논하는 계는 곧 신·구·의 3업을 청정하게 유지하는 것을 뜻한다. 신·구·의가 염오(染汚)로 물들어 집착의 업을 짓게 되면 중생은 그 업력에 따라 6도 윤회하게 되고, 신·구·의가 집착과 무명을 벗어 청정해지면 그로써 본래자리에 이르게 되니, 도를 이루고자 하면 우선 신·구·의 3업을 청정하게 닦아야 함을 강조한다.

제4장 지(止) : 사마타(奢摩他)

미혹의 구름이 한번 일어나면 본성의 허공이 어두워지니,
지혜의 해가 광채를 잃어 밝은 형상이 희미해진다.
홀연히 청풍을 만나 구름이 모두 다 흩어져버리면,
공(空)은 무수한 색을 머금고 하늘의 바다에 비추인다.
迷雲一作性空暗, 慧日沈輝景像微.
忽遇淸風雲散盡, 空含衆色映天池.

　　본성을 가리는 미혹을 걷어 내는 것이 사마타 수행이다. 사마타
는 마음의 움직임을 그치는 지(止)를 의미하며, 이로써 고요함에 머무
는 선정[定]에 이른다. 이것은 마치 해를 가리는 구름을 걷어내는 청
풍과 같은 역할을 한다. 청풍이 구름을 걷어내면 해가 드러나고 밝은
허공이 드러나듯이, 사마타 수행으로 미혹의 구름이 걷히면 지혜의
해가 빛나는 허공이 밝게 드러난다. 이것이 곧 중생의 고요한 마음의
실상이다. 이와 같이 사마타 수행은 고요하게 빈 마음의 본래면목을
자각하기 위한 공부이다.

제5장 관(觀) : 비파사나(毗婆舍那)

병든 눈으로 허공을 보면 꽃이 어지럽게 떨어지고,
현묘한 눈동자로 달을 바라보면 달은 둘이 아니다.
두뇌를 굴리는 것은 여전히 옳지 않고,
현묘한 문을 통과하면 하나 또한 잊는다.
病眼見空花亂墜, 玄眸望月月非雙
廻頭轉腦還非是, 透過玄關一亦忘.

48

번뇌와 미혹을 벗은 본래의 눈을 회복해서 세상을 있는 그대로 바라보는 것이 비파사나 수행이다. 비파사나는 있는 그대로를 여실하게 아는 관(觀)을 의미하며, 이로써 일체 존재에 대한 지혜[慧]를 얻는다. 여기서 관은 두뇌의 개념적 분별에 따라 대상화하여 고찰하는 관찰(觀察)이 아니라, 현묘한 마음의 눈으로 실상을 있는 그대로 여실하게 보는 관조(觀照)를 뜻한다. 현묘한 법계로 들어가는 현관문을 통과하고 나면 어느 것 하나에도 매이지 않고 자유자재하게 일체를 있는 그대로 알아보게 된다.

제6장 중도(中道) : 우필차(優畢叉)

달이 허공에 오르지 않으면 허공이 밝지 않고,
구름이 사물을 윤택하게 하지 않으면 사물이 자라지 않는다.
비와 해가 조화한 후에 시절이 비로소 태평해지니,
허공에 달이 높이 떠서 빛나야 우주가 맑아진다.
月不昇空空不明, 雲無潤物物無榮.
雨暘和後時方泰, 空月騰輝宇宙淸.

달과 해 ── 사마타 수행으로 확인
　　　　　　　　　　　　　　　　　　　　　둘을 함께 행함 - 우필차
구름과 비 ── 비파사나 수행으로 관찰

구름을 걷어내고 빈 허공 속에 드러나는 해와 달을 통해 허공의 밝음, 마음의 본래면목을 확인하는 것이 사마타 수행이라면, 그 바탕의 심성에 기반을 두고 다시 그 바탕의 허공 안에 구름이 빚어내는 일체 현상세계를 드러나는 모습 그대로 바라보는 것이 비파사나 수행이다. 사마타와 비파사나 둘 중 어느 하나에 치우치지 않고 평등하게 함께 닦아나가는 것이 우필차 수행이다. 우필차는 양변 중 어느 하나에 치우치지 않고 조화와 균형을 유지하는 중도(中道)를 의미한다. 사마타 수행으로 허공을 밝혀주는 해와 달을 확인하고, 비파사나 수행으로 허공 속에서 현상세계를 형성하는 구름과 비를 관찰해야 한다. 그러므로 달과 구름이 함께해야 하고, 해와 비가 조화해야 한다고 말한다.

제7장 3승의 점진적 차례 : 삼승점차(三乘漸次)

멀리 간 나그네의 귀향은 느리고 빠름의 차이가 있고,
하나의 강의 세 짐승은 짧고 김이 서로 다르다.
기초를 잘 닦은 후에 나아가야 진실로 허망하지 않은데,
어찌 용렬한 무리를 수승한 무리에 견주려 하겠는가?
遠客歸鄕遲速異, 一河三獸短長殊.
盈科後進誠非妄, 肯把庸流擬上流?

하나의 불법(佛法)	하나의 강
불법 따라 귀향하는 나그네	강을 건너는 세 짐승
(3승 : 성문, 연각, 보살)	(세 짐승 : 토끼, 말, 코끼리)
귀향 시간의 차이	다리 길이의 차이

하나의 동일한 강을 건넘에 다리의 길고 짧음 따라 차이가 나는

동물들, 예를 들어 토끼와 말과 코끼리는 그 강을 건너는 속도나 방식에서 차이를 보인다. 그렇듯 하나의 동일한 불법을 깨닫는 데도 근기에 따라 성문·연각·보살 3승(乘)의 차이가 있다. 그러나 근기에 따라 3승의 차이가 있다고 해도 그들이 깨달은 진리 자체에는 차이가 있을 수 없다. 강을 건너는 짐승이 서로 다르다고 해서 그들이 건너는 강도 다른 것이라고 할 수 없는 것과 같다.

제8장 사(事)와 리(理)가 둘이 아님 : 사리불이(事理不二)

하늘의 진리는 만들어진 것이 아니어서 경륜을 끊지만,
지위의 차례는 분명하여 반드시 순서가 있다.
궁상이 함께 조화되는 곳을 알고자 하는가,
새가 울고 꽃이 피는 보통의 봄일 뿐이다.
天眞非造絶經綸, 位次分明必有倫.
欲識宮商同調處, 鳥啼花笑一般春.

인생의 중대사 생사문제를 관통하여 진리를 깨달았다고 해도 그 진리가 생사를 넘어선 다른 세계의 이치일 수는 없다. 봄에 꽃이 피고 바람이 불고 새가 우는 현상세계의 모든 질서가 바로 그 진리의 드러남이 아닐 수 없기 때문이다. 그렇듯 현상세계 각각의 사물은 세계를 움직이는 보편적 진리의 실현이다. 즉 사물과 진리, 사(事)와 리(理)는 둘이 아니다. 이로써 중생과 부처가 둘이 아니고, 생사와 열반이 둘이 아니라는 대승의 불이(不二) 정신이 드러난다.

제9장 친구에게 권하는 편지 : 권우인서(勸友人書)

동쪽 집 부싯돌을 부딪혀 불씨를 얻어서,
서쪽 집에 나누어 비추어도 밝음에 막힘이 없다.
자리와 이타가 수승한 정진을 이루니,
깊은 못의 학이 구천까지 소리를 보낸다.
東家攢燧遂得金星, 分照西家不碍明.
自利利他成勝進, 九皐禽送九天聲.

　　인간은 주변 환경이나 이웃 사람들로부터 분리되어 홀로 생겨난 존재도 아니며 또 홀로 살아갈 수 있는 존재도 아니다. 모든 생명체는 처음부터 끝까지 전체와 서로 얽혀 있는 하나의 연결망 속에서 살아간다. 그러므로 물리적 차원에서든 심리적 차원에서든 일정한 경계선을 그어놓고 여기까지가 나이고 저기부터가 남이라고 자타분별 또는 주객분별을 행하는 것은 전체 연결성을 망각한 허망분별일 뿐이다. 나를 위하는 것이 곧 남을 위하는 것이 되기도 하고, 남을 해치는 것이 곧 나를 해치는 것이 되기도 하는 것이 삶의 실상이다. 자리와 이타가 실은 하나인 것이다. 그러므로 내가 생사문제를 돌파하여 깨달음에 이르기를 구하듯 친구 또한 궁극의 깨달음에 이르기를 희망한다.

제10장 발원하는 글 : 발원문(發願文)

넓은 마음 큰 뜻을 누가 견주겠는가,
붕새가 만 리의 하늘을 치는 듯하다.
그가 바람을 일으키며 멀리 날아오르는 곳을 바라보니
4생(生)을 자식으로 삼고 삼천 세계를 집으로 삼는다.
寬腸大肚孰齊肩. 活似鵬搏萬里天.
觀彼飄然退舉處, 四生爲子宅三千.

4생(生) : 태생(胎生), 난생(卵生), 습생(濕生), 화생(化生)

생사문제를 해결하면 삶의 활력이 넘칠 것이다. 마음이 온 우주에 가득하여 온 천하 만물에 나 아닌 것이 없다는 그런 자비(慈悲)와 인(仁)의 마음을 갖게 된다. 4생(生)은 모태에서 태어나는 태생, 알로 태어나는 난생, 습한 곳에 태어나는 습생, 업력으로 천(天)이나 지옥에 태어나는 화생으로서 6도윤회 하는 모든 중생을 의미한다. 4생을 자식으로 삼는다는 것은 모든 중생을 내 자식처럼 아끼고 사랑하는 것을 의미하며, 삼천 세계를 집으로 삼는다는 것은 전 우주를 내 집처럼 소중하게 간수하는 것을 의미한다.

선종영가집 서(序)

○

위정(魏靜) 지음

이 부분은 당나라 위정(魏靜)이 현각 대사의 글을 모아『영가집』이라는 한 권의 책으로 엮어 내면서 덧붙인 서(序)이다. 불법(佛法)을 편석가를 찬탄하고 자신의 스승이신 현각 대사의 학풍과 인품 등을 간단히 서술한 후, 그의 글을 모아 책을 펴내게 된 동기를 밝히고 있다.

행정은 위정이 지은 서문의 '서'에 대해 "서(序)는 실마리 서(緖)이다. 고치에서 실마리를 얻으면 한 고치의 실을 다 정리하듯이, 이 책이 실마리를 얻어 한 권의 책의 일을 다 정리한다."[1]고 설명한다. 위정의 서가 현각의 영가집 전체의 뜻을 바르게 정리하여 제시하고 있음을 말한다.

1. 지혜의 문과 깨달음의 길

듣건대 무릇 지혜[慧]의 문이 넓게 열리니 진리[理]가 색상의 끝에서 끊어지고, 깨달음[覺]의 길이 멀리 올라가니 자취가 명언(名言)의 밖에서 사라진다.
聞夫慧門廣闢, 理絕色相之端, 覺路遙登, 跡晦名言之表.

지혜[慧]와 진리[理]	↔	색상(色相): 사물 · 물리 차원
깨달음[覺]과 자취[修行]	↔	명언(名言): 개념 · 심리 차원

지혜를 통해 밝혀지는 진리는 '현상세계의 드러난 모습'[色相] 너머

---

1) 행정, 171하, "序者, 緖也. 如繭得緖, 緖盡一繭之絲, 玆集得緖, 緖盡一集之事."

로 그 본래의 모습을 드러내고, 깨달음에 이르기까지의 수행 과정은 '추상적 개념'[名言] 너머로 그 내면의 핵심을 드러낸다. 지혜와 깨달음이 완성될 때 비로소 우리는 달을 지시하는 손가락을 통과하여 그 너머에 지시된 달을 보게 된다. 현상세계에서 우리가 보는 사물들의 색상과 우리가 생각하는 명언들은 모두 손가락들이다. 달을 보기 위해서는 색상과 명언을 통과하여 그 너머로 나아가야 한다. 그렇게 지혜가 넓어지고 깨달음이 높아져야 비로소 색상과 명언 너머의 달을 스스로 증득할 수 있다. 이처럼 지혜가 넓어져서 색상 너머로 나아가는 것을 '진리가 색상의 끝에서 끊어진다'라고 말하고, 수행을 통한 깨달음이 높아져서 그 수행의 자취가 명언 밖으로 나아가는 것을 '자취가 명언의 밖에서 사라진다'라고 말한다.

행정은 첫 구절 '지혜의 문이 넓게 열리니 진리가 색상의 끝에서 끊어진다'[慧門廣闢, 理絶色相之端]에 대해 이렇게 설명한다. "'지혜의 문'[慧門]은 반야가 가로로 비춰 모든 법이 맑고 밝아 실오라기 하나도 어둡지 않은 것이다. 그러므로 '넓게 열린다'고 말한다. '진리가 끊어진다'[理絶]는 것은 법신(法身)이 홀로 서서 색상이 의거할 바가 없는 것이다. 하택 선사는 '연을 따라 생긴 것도 아니고 경계로 인해 일어난 것도 아니다'라고 하였다."[2] 법신이 홀로 선다는 것은 법신이 그 자체로 존

---

2) 행정, 172상, "慧門則般若橫照, 諸法冷然, 不昧絲毫. 故云廣闢. 理絶則法身獨立, 色相忘階. 荷澤云, '不從緣生, 不因境起.'" 여기에서의 인용문은 행정이 종밀의 『선원제전집도서』 권상2(『대정장』 권48, 403상), "心本自知, 不藉緣生, 不因境起."에서 가져온 것으로 보인다. 하택 신회(684~758)는 당나라 승려로 혜능(638~713)의 문하에서 공부하고 혜능6조설을 확립하였다. 지(知)를 강조하는 신회의 사상은 이후 종밀로 이어진다. 규봉 종밀(780~840)은 당나라 승려로 화엄 제5조이며 『원각경도량수증의(圓覺經道場修證儀)』, 『대방광불화엄경소(大方廣佛華嚴經疏)』, 『선원제전집도서(禪源諸詮集都序)』 등을 저술하였다.

재하는 것이지, 특정 존재를 원인[因]으로 해서 생겨나거나 현상적인 조건[緣]에 따라 생겨나는 것이 아님을 뜻한다. 불교에서 법신은 우주 만물의 존재와 생성의 근원이며 인식과 진리의 근원을 의미한다. 우주 만물이 그것으로부터 생겨나므로 존재의 근원이고, 또 그렇게 존재하는 우주 만물을 우리가 인식할 수 있는 지혜의 빛도 그것으로부터 생겨나므로 인식과 진리의 근원이다. 이러한 존재와 진리 인식의 근원을 '법의 바탕[體]' 내지 '법의 몸'이란 의미에서 '법신(法身)'이라고 부른다. 이 법신은 스스로 존재하는 근원적 존재라는 말이다. 우리가 수행을 통해 궁극적으로 깨닫고자 하는 것이 바로 이 법신이다. 법신을 증득하여 우주 만물의 근원을 깨달아야 비로소 생사문제가 해결될 수 있다.

행정은 둘째 구절 '깨달음의 길이 멀리 올라가니 자취가 명언의 밖에서 사라진다'[覺路遙登, 跡晦名言之表]에 대해 이렇게 설명한다. "'깨달음의 길'[覺路]은 해탈하여 흐름을 돌이킨 것으로 지위가 멀리 나아간 것에 해당한다. 원인을 다해서 결과로 나아가므로, 의미에 따라 '멀리 올라간다'[遙登]라고 말한다. '자취가 사라진다'[跡晦]는 것은 성인의 수행이 이미 확립되어 명언에 의거하지 않음을 말한다. 『마하지관(摩訶止觀)』에서 '스스로 증득한 법은 말로 할 수 없다'고 하였다."[3] 깨달음을 통해 얻는 경지는 언어적 분별을 넘어선 것이므로 스스로 증득하

---

3) 행정, 172상, "覺路則解脫返流, 位當遠涉. 因窮趣果, 義說遙登. 跡晦則聖行已立, 不藉名言. 止觀云, '自證法不可說.'" 여기에서의 인용문은 행정이 천태 지의의 『마하지관』 권5(『대정장』 권46, 61중)에서 가져온 것이다. 지의(538~597)는 수나라 승려로 574년 북조(北周) 무제(武帝)의 법란(法難)이 일어나자 절강성 천태산에 들어가 천태학을 확립한 천태 초조이다. 그는 5시8교의 천태교관을 확립하였고, 『법화문구(法華文句)』, 『묘법연화경현의(妙法蓮華經玄義)』, 『마하지관(摩訶止觀)』, 『원돈지관(圓頓止觀)』 등을 저술하였다.

여 알 뿐임을 강조하는 말이다.

함허는 위의 네 구절에 대해 좀 더 상세히 설명한다. '지혜의 문이 넓게 열린다'[慧門廣闢]에 대해 이렇게 말한다. "중생이 무명(無明)으로 깨닫지 못함을 어리석음이라고 하고, 밝게 비추어 미혹이 없는 것을 지혜라고 하니, 어리석음의 반대가 지혜이다. 문이라고 하는 것은 집과 방을 바라보고 하는 말이니, 믿고 이해함이 문이고 증득한 결과가 방이며 중간의 수행의 지위가 집이다. '믿고 이해함'[信解]이라고 하는 것은 깨우침[悟]이라고 이름하며, 크게 깨우친 자는 소견이 넓어 자잘한 절도에 얽매이지 않으므로 '넓게 열린'고 말한다."[4] 불교는 무명에서 지혜로 나아가는 과정을 믿음[信], 이해[解], 수행[行], 증득[證]의 4단계로 구분하는데, 함허는 이 과정을 대문[信]과 중문[解]을 열고 집[行]에 들어가 방[證]에 이르기까지의 과정으로 비유한 것이다.

지혜[慧]를 얻는 과정 :
　① 믿음[信] → ② 이해[解]=깨우침[悟] → ③ 수행[行] → ④ 증득[證]=깨달음[覺]
　　대문[門]　　　　　　중문[門]　　　　　　당(堂)　　　　　실(室)

함허는 '진리가 색상의 끝에서 끊어진다'[理絶色相之端]에 대해 이렇게 설명한다. "리(理)는 깨우친 진리이다. 진리가 현전하면 눈앞에 법이 없고 귓가에 소리가 없어 모두가 전부 진리이고 곳곳이 모두 도량[果]이다. 다시 볼 수 있는 색상이 없고 들을 수 있는 음성이 없어 성색이 없는 곳에 하나의 진리가 독로하니, 그러므로 '理絶色相之端'이

---

4) 함허, 172상, "衆生無明不覺名之爲癡, 照鑑無惑名之爲慧, 則反癡名慧. 所謂門者, 望堂室而言也, 則信解爲門, 證果爲室, 中間行位爲堂. 所謂信解名之爲悟, 大悟之者, 所見廣博, 不拘小節, 故云廣闢."

라고 말한다. '미혹하면 산과 강이 경계가 되지만, 깨우치면 먼지먼지가 온전한 몸이다'가 그것이다."[5] 진리는 차별적으로 드러난 색깔과 소리 너머 보편적 원리로서 드러난다. 그러므로 특정한 색과 소리가 모두 끊어져 보이는 것도 들리는 것도 없는 그곳에 오로지 하나의 진리만이 홀로 드러나게 된다. 그러나 그렇게 상(相) 너머 성(性)으로서 진리가 독로하면, 그렇게 밝혀진 진리의 빛 안에서 일체는 다시 진리의 드러남으로 포용된다. 깨닫고 보면 일체 시간과 일체 공간이 모두 진리여서 진리 아닌 것이 없게 된다.

함허는 '깨달음의 길이 멀리 올라간다'[覺路遙登]에 대해 이렇게 설명한다. "깨달음[覺]이라고 하는 것은 자각(自覺)—각타(覺他)—각행(覺行)이 원만해진 큰 깨달음이다. 이 깨달음의 지위에 오르는 것은 반드시 신묘한 수행으로 인한다. 이해로 인해 수행이 일어나고, 수행으로 인해 증득을 얻는다. 멀어서 정(情)으로 도달되는 것도 아니고, 지(智)로 알려지는 것도 아니니, 그러므로 '멀리 오른다'고 말한다."[6] 멀리 나아감은 믿음과 이해에 바탕을 두고 실제로 수행함으로써 얻어진다. 수행으로 멀리 나아감으로써만 비로소 증득하여 깨달음을 얻을 수 있다. 함허는 이 수행 과정이 감정을 따라가는 것도 아니고, 개념적 사유를 따라가는 것도 아니라는 것을 강조한다. 개념적 사유는 이해[解]와 깨우침[悟]을 얻기까지 필요한 것이고, 그다음 단계의 수행은 그것을 넘어서서 더 멀리 나아가는 과정이기 때문이다. 이와 같이 수

---

5) 함허, 172상, "理者所悟之眞理. 眞理現前, 目前無法, 耳畔無聲, 頭頭全眞, 處處皆渠. 更無色相可見, 亦無音可聞, 聲色無處, 一眞獨露, 故云理絶云云. '迷則山河爲所境, 悟來塵塵是全身,' 是也."

6) 함허, 172중, "所謂覺者, 自覺他覺行, 圓滿之大覺也. 登此覺位, 必因妙行. 因解起行, 因行得證. 逈然非情所到, 非智所知, 故云遙登."

행은 감정이나 개념적 사유를 넘어선 것이므로 그러한 수행을 통해 얻은 깨달음은 명언의 범위를 넘어선다. '자취가 명언의 밖에서 사라진다'[跡晦名言之表]에 대해 함허는 "큰 깨달음의 경계는 범부가 추측할 수 있는 것이 아니고 또한 2승이 알 수 있는 것도 아니며 오직 부처만이 홀로 아는 경계이다."[7]라고 말한다. 궁극의 진리를 증득하여 깨달은 자가 바로 부처이다.

2. 석가모니를 기림

아! 석가가 나타나서 응하고 화함에 일정함이 없었다.
悲夫! 能仁示現, 應化無方.

불교를 창시한 사람이 고타마 싯다르타(Gautama Siddhārtha, BC 563년경~BC 483년경)인데, 그를 지칭하는 여러 이름 중의 하나가 능인(能人)이다. 또 다른 이름 석가모니(Śakyamuni)는 석가족(釋迦族)의 수도자라는 뜻이고, 부처·붓다·불타(佛陀, Buddha)는 '깨달은 자'라는 뜻이다. 이 밖에도 여래(如來), 세존(世尊), 사주(師主) 등 여러 존호(尊號)가 있다.

석가모니는 법신(法身)이 응신(應身) 내지 화신(化身)으로 등장한 응신불 내지 화신불이다. 화신은 시공간적 제한 안에 현현한 개인을 의미하고, 응신은 그렇게 화신으로 등장한 석가모니가 지닌 32상 80종호

---

7) 함허, 172중, "大覺境界, 非凡夫所測, 亦非二乘所知, 唯佛獨知之境界."

까지를 모두 포함한 개념이다. 여기서는 석가모니가 이 세상에 응신 내지 화신으로 나타남에 고정된 일정함이 있지 않았다는 것을 말한 다. '아!'로 번역한 '슬프다!'[悲夫]의 탄식은 뒤에 계속되는 문장과 이어 져서 석가가 결국 돌아가신 것에 대한 탄식이라고 볼 수 있다.

행정은 "범어로는 '석가'이고, 여기서는 '능인'으로 번역하였다. 갖 가지로 나타나서 만물을 인도함에 일정함이 없으니, 응하고 화하는 몸 이 나타남에 항상된 규준이 없다. '방(方)'은 항상됨이다."[8]라고 말한다.

함허는 '응하고 화함에 일정함이 없다'[應化無方]에 대해 이렇게 설 명한다. "스스로 경계를 증득하면 미혹과 깨우침의 자취도 없고 성인 과 범부도 모두 사라진다. 다만 중생이 미혹하여 본래의 명(明)을 등 지고 오르내림에 끝이 없는 것을 보고는 이러한 중생을 제도하여 열 반의 언덕에 오르게 하고자 원하여서 대비심을 갖고 몸을 구름같이 일으켜, 혹 큰 모습이나 작은 모습으로 나타나고, 혹 원교나 점교를 설하니, 대와 소를 정하지 않고 점과 돈의 규정이 없었다. 이와 같이 나타나 규준의 항상됨이 없으므로 이렇게 말한 것이다. '금전옥당에 머무르지 않고, 털옷을 입고 운운'이라고 한 것이 이것이다."[9] 석가가

---

8) 행정, 172중, "梵云釋迦. 此飜能仁. 種種示現, 誘物無方, 應化之身, 現無常準. 方, 常也."
9) 함허, 172중, "自證境界, 迷悟無迹, 聖凡俱沈. 但見衆生, 迷背本明, 昇沈無際, 而欲度如是 衆生, 登涅槃衆, 故興大悲而起身雲, 或現大相小相, 或說圓教漸教, 大小無定, 頓漸無方. 如 是示現, 無有準常, 故云爾. '金殿玉堂留不住, 被毛云云.' 是也." 여기에서의 인용문은 함허 가 남명 법천(南明 法泉)의 『남명천화상송증도가(南明泉和尙頌證道歌)』(『만자속장경』 권65, 442하), "金殿玉堂留不住, 披毛戴角又重來."에서 가져온 것이다. 이 책은 송나라 승 려 법천이 영가 현각의 『증도가』에 320편 계송 (繼頌)하여 펴낸 책으로 흔히 『증도가송』 이라고 불리며, 1076년 중국 절강성에서 처음 간행되었다. 이 책은 고려 고종 26년(1239 년)에 기존의 금속활자본을 번각하여 다시 간행할 정도로 그 이전부터 우리나라에서도 널리 읽힌 책이다. 언해본은 세종이 직접 일부를 번역하다가 완성하지 못하고 남겨놓은 것을 성종13년(1482년)에 학조가 마저 하여 『영가대사증도가남명천선사계송』(남명집언 해)으로 간행되었다.

중생을 위해 자비심을 일으켜서 각각의 상황에 맞게 자유자재하게 몸을 나투고, 또 중생을 위해 갖가지 방식으로 가르침을 폈음을 말하는 것이다.

'신묘한 법'[妙典]을 3승(乘)에 열고, '진실된 말씀'[眞詮]을 8부(部)에 폈다.

開妙典於三乘, 暢眞詮於八部.

> (일승) 묘전(妙典) ↔ 3승 : 성문·연각·보살 = 권(權)
> 　　　진전(眞詮) ↔ 8부 : 천중·용중·야차·건달바·아수라·가루라·긴나라·마후라가

석가는 근본적으로 미묘한 법문인 일승 법문을 설하였지만, 듣는 대중의 근기가 상이하다 보니 다시 각 근기에 맞춰 다양한 교설을 펴게 되었고 결국 성문, 연각, 보살의 3승이 출현했다. 8부는 8부대중의 준말로 인간의 의식으로는 지각할 수 없는 일체 중생을 말한다.[10] '진실된 말씀을 8부에 폈다'는 것은 석가의 교화가 인간에게뿐 아니라 생명을 가진 중생 모두에게 미친다는 것을 뜻한다. 우주의 진리를 밝게 비추니, 온갖 종류의 중생이 각각 자신의 근기에 맞게 이익을 취한다는 것이다.

행정은 3승의 출현에 대해 이렇게 설명한다. "부처가 처음 성도해

---

10) 팔부대중은 천중(14천계의 신), 용중(물에 사는 축생의 왕), 야차(공중을 나는 귀신), 건달바(향기로 사는 신), 아수라(非天, 제석천과 전투하는 신), 가루라(금시조), 긴나라(非人, 음악신), 마후라가(배로 걷는 地龍)이다. 최동호 등 역, 『선종영가집』, 681쪽, 주20 참조.

서 우선 화엄을 설하였는데, 숙세의 상근기는 듣고 모두 깨우쳐 들어 갔지만 오직 2승만은 그 까닭을 알지 못하였다. 그래서 부처가 적멸 도량에서 움직이지 않고 녹야원으로 가서 일승의 묘전을 열어 3승의 권종(權宗)을 만들었다.'[11] 석가가 깨닫고 나서 처음 설한 것은 대승 화 엄의 일승 묘법이었는데, 듣는 사람 중에 근기가 낮아 이를 잘 알아 듣지 못하는 사람이 있어서 석가가 그들을 위해 다시 다양한 방편을 써서 여러 가지 방식으로 설하였다는 것이다. 성문, 연각의 2승과 대 승보살을 합한 3승의 구분은 바로 이러한 방편 교설인 권(權)에 해당 한다. 권은 방편을 뜻하며, 실질을 의미하는 실(實)의 반대개념이다. 행정은 이렇게 덧붙인다. "화엄에서 시작해 반야에 이르기까지 근기 에 머무는 것이 무르익지 않아 본래 마음에 둔 것을 펴지 못하였다. 영취산에 이르러 일대사를 드러내니, 2승이 수기를 얻을 뿐 아니라 8 부대중에게도 모두 열어 보였다. 『법화경』에서 '너희들이 행한 것이 보살도이다'라고 하였다."[12] 이상 행정의 설명은 천태의 5시교판에 따른 것으로, 이는 석가의 가르침 내용을 40년간의 설법 시기별로 나 눠 구분한 것이다.

천태의 5시(時)교판 :
 1. 화엄시(華嚴時):처음 21일간 화엄경을 설함
 2. 녹원시(鹿苑時):12년간 녹야원에서 아함경을 설함
 3. 방등시(方等時):8년간 대승시교(始教)의 유마경, 능가경, 승만경, 아미타경 등을 설함

---

11) 행정, 172중하, "佛初成道, 先說華嚴, 宿世上根, 聞皆悟入, 唯有二乘, 不知所以, 故佛不動 寂場, 而遊鹿苑, 開一乘之妙典, 爲三乘之權宗."
12) 행정, 172하, "始自華嚴, 曁乎般若, 逗機未熟, 不暢本懷. 至於靈峯, 一大事顯, 非唯二乘獲 記, 抑亦八部俱開. 法華云, '汝等所行, 是菩薩道.'" 여기에서의 인용문은 행정이 『묘법연 화경(妙法蓮華經)』(이하 『법화경』) 권3(『대정장』 권9, 20중)에서 가져온 것이다.

4. 반야시(般若時): 22년간 대승 반야경을 설함

5. 법화열반시(法華涅槃時): 8년간 법화경을 설하고 마지막 하루 열반경을 설함

그리하여 지극히 심오한 것을 밝혀 깨끗한 해를 혼미한 거리에 내걸고, 큰 길을 밝게 비추어 선(禪)의 파도를 욕망의 풍랑에 띄웠다.
所以發揮至賾, 懸梵景於昏衢, 光闡大猷, 泛禪波於欲浪.

	〈진(眞)〉		〈속(俗)〉
지색(至賾, 심오함)을 밝힘 →	해=범경(梵景)	↔	혼구(昏衢)
대유(大猷, 큰길)를 밝게 비춤 →	선=선파(禪波)	↔	욕랑(欲浪)

석가가 설하여 밝혀준 심오한 지혜로 인해 중생의 혼미함이 덜어지고, 석가가 제시한 선의 수행을 통해 중생의 욕망의 파도가 잠잠해질 수 있었다.

행정은 석가의 교화에 대해 이렇게 설명한다. "석가[大雄]가 만물을 교화함에 법도가 모두 그러하였다. 우선 실(實)을 위해 권(權)을 펴고, 후에 권을 모아 실에 들어갔다. 이와 같이 드러내니 지극한 진리가 훤하였다. 따라서 중생들의 지혜의 해가 높이 달려 어두운 거리가 크게 밝아졌다. 색(賾)은 '그윽한 깊음'[幽深]이다."[13] 선 수행에 대해서도 이렇게 설명한다. "여래가 대도를 광양하여 교화가 삼천세계에 펼쳐졌다. 이에 중생이 선정의 맑은 파도를 타고 애욕의 탁한 풍랑을 멈추었다."[14]

---

13) 행정, 172하, "大雄化物, 軌則皆然. 先則爲實施權, 後則會權入實. 如是顯發, 至理洞然. 故群生智日高懸, 昏衢大朗. 賾, 幽深也."

14) 행정, 172하, "如來光揚大道, 化亘三千. 於是衆生汎禪定之淸波, 止愛欲之濁浪."

함허는 석가의 중생교화에 대해 이렇게 설명한다. "미혹하여 본래의 명(明)을 등지고 오르내림이 끝이 없을 때, 미혹의 안개는 어둡고 욕망의 파도는 도도하였다. 부처의 가르침을 만나 바른 지견을 얻어서 허망을 버리고 진실에 귀의하며 경계를 등지고 깨달음에 합치하니, 지혜의 해가 밝고 밝으며 선의 파도가 넘실거렸다."[15]

이렇게 하여 금관이 빛을 가리고 옥호가 광채를 거두었다.
是以金棺揜耀, 玉毫收彩.

교화를 마치고서 석가모니가 마침내 열반에 들었음을 기술한다. 열반에 드니 시신을 넣은 관이 살아 있을 때의 빛을 가리고, 미간 사이의 털이 살아 있을 때의 광채를 거두어 들였다는 것이다.

행정은 석가가 열반에 든 것에 대해 "만물을 교화함이 이미 다하니 재가 멸함과 같음을 보여준다."[16]고 말한다.

함허는 "부처가 세상에 출현한 것은 오직 중생을 제도하기 위한 것이다. 이제 중생제도가 이미 끝나고 교화하는 인연이 이미 다하니, 빛을 가리고 광채를 거두어 마침내 근원으로 돌아갔음을 보여준다."[17]고 설명한다.

---

15) 함허, 172하~173상, "迷背本明, 昇沈無際之時, 惑霧暗然, 欲浪滔滔. 遇佛開示, 得正知見, 捨妄歸眞, 背塵合覺, 智日昭昭, 禪波瀁艶."
16) 행정, 173상, "化物旣周, 示同灰滅."
17) 함허, 173상, "佛出於世, 只爲度生. 今者度生已畢, 化緣已周, 揜耀收彩, 遂示還源."

3. 현각 대사를 기림

영취산의 정수를 홀로 드러내고 거룩한 일[成麟之業]을 홀로 떠맡은 이는 오직 대사일 뿐인가? 대사의 속가의 성은 대(戴)이고, 영가(永嘉) 사람이다.

孤標靈鷲之英, 獨負成麟之業者, 其唯大師歟? 大師俗姓戴氏, 永嘉人也.

　석가모니가 밝힌 불법을 드러내고 전하는 일을 제대로 하는 사람은 바로 영가 현각 대사 한 사람뿐이라고 말한다. 영취(靈鷲)는 영취산이다. 영취산은 중인도 마갈타국 왕사성 부근의 산으로 석가모니가 설법한 곳이다. 그 산이 '영취'라고 불리는 이유는 신선과 독수리가 많기 때문이라는 설도 있고, 신령한 독수리가 많기 때문이라는 설도 있고, 또 산의 모양이 독수리 머리와 비슷하게 생겼기 때문이라는 설도 있다. 대사가 태어난 지역인 영가현(永嘉縣)은 중국 온주 지방에 속한 현이다. 현각 대사가 여기서 태어났기에 '영가'라고 불리고 그의 책이 '영가집'이라고 불린다.

　함허는 현각이 "영취산에서의 대승의 지극한 설법을 들어 올리고, 대승의 근기를 성취할 큰 일을 떠맡았다."[18]고 말한다.

---

18) 함허, 173상, "擧揚靈峯大乘之極唱, 荷擔成就大根之鴻業."

1) 대사의 해(解)

젊어서 '생이지지'가 뛰어나 배움에 생각을 더하지 않았다. 어려서는 3장(藏)에 마음을 두고, 커서는 대승에 통달하려는 뜻을 두었다.

少挺生知, 學不加思. 幼則遊心三藏, 長則通志大乘.

> 3장(藏):
> 1. 경장(經藏) : 부처님의 말씀을 담은 책
> 2. 율장(律藏) : 승가의 계율을 담은 책
> 3. 논장(論藏) : 경서나 율서를 논한 책

위정이 판단하기에 현각 대사는 능력이 특출하여 배우지 않아도 저절로 아는 '생이지지자(生而知之者)'이다. 또한 들으면 그 즉시 이해하여 알고 또 안 것은 잊지 않으니, 이해하거나 기억하기 위해 이런저런 생각을 더할 필요가 없다는 것이다. 그렇게 생이지지자인 현각이 불교를 공부한 과정을 다시 둘로 구분해서, 처음에는 소승의 경·율·론 3장(藏)을 공부하였고, 나중에는 대승을 공부하고 대승사상을 펴는 데에 뜻을 두었다고 말한다. 결과적으로 소승과 대승에 두루 능통하였다는 말이다.

행정은 "본 것은 잊어버리지 않으니, 심사(尋伺)를 더하지 않는다. 공자는 '생이지지자는 최상이다'라고 말했다."[19]고 설명하며, 이어 "3장은 경장, 율장, 논장이다. 그 이름은 대와 소에 통하지만 여기에서

---

19) 행정, 193상, "所覽無遺, 不加尋伺. 仲尼云, '生而知之者, 上也.'" 여기서의 인용문은 행정이 『논어(論語)』「계씨(季氏)」, "生而知之者, 上也. 學而知之者, 次也. 困而學之, 又其次也. 困而不學, 民斯爲下矣."에서 가져온 것이다.

는 소승만을 뜻한다. 료의(了義)의 말씀을 말없이 알아차렸다.”[20]고 설
명한다. 현각 대사가 어려서는 3장을 공부하고, 커서는 대승을 공부
했다고 하니까 여기서는 3장이 2승의 3장을 뜻한다는 것이다. ‘료의’
는 불법을 남김없이 밝힌 궁극의 가르침이고, ‘불료의’는 궁극을 남겨
놓은 방편의 가르침이다.

> 료의(了義) : 불법을 모두 밝힌 궁극의 가르침
> 불료의(不了義) : 궁극을 남겨놓은 방편의 가르침

2) 대사의 행(行)

3업을 부지런히 닦으며 특히 선관(禪觀)을 널리 펴서, 경계[境]와 지
혜[智]가 모두 고요하고 선정[定]과 지혜[慧]가 함께 원융하였다.
三業精勤, 偏弘禪觀, 境智俱寂, 定慧雙融.

```
3학(學) :        계(戒)  +   정(定)  +  혜(慧)
               3업 닦음      └──────┬──────┘        ┌ 경지구적(境智俱寂)
                              선관(禪觀) ────── │
                                                   └ 정혜쌍융(定慧雙融)
```

현각 대사가 계·정·혜 3학(學)을 두루 갖추었음을 말한다. 계(戒)는
신(身)·구(口)·의(意) 3업을 닦는 것이고, 계가 완성되면 정(定)과 혜(慧)를
닦는다. 여기서는 선관(禪觀)을 통해 선정과 지혜를 함께 갖추었다고
말한다. 선관은 좌선하면서 관조하는 것이다. 선관을 닦음으로써 주

---

20) 행정, 173상중, “三藏謂經律論. 名通大小, 此乃小乘. 了義言詮, 默而識之.”

와 객, 능과 소의 대립을 넘어서게 되고, 그런 식으로 주관의 지(智)와
객관의 경(境)이 모두 고요해지는 것을 '경지구적(境智俱寂)'이라고 한다.
그렇게 주객이 모두 고요하여 마음의 동요가 없어지는 것이 정(定)이
고, 그러한 고요함 속에서도 마음이 밝게 깨어 있어 진리를 아는 것
이 혜(慧)이다. 이처럼 정과 혜를 함께 갖춤을 '정혜쌍융(定慧雙融)'이라
고 한다. 이것은 선관을 통해 깨달음에 이른 현각 대사의 경지를 나
타낸 것이다.

   행정은 "경과 지는 주관[能]과 객관[所]의 둘을 다 없애므로 '함께 고
요하다'고 말한다. 정과 혜는 고요함과 비춤이 한 모습이므로 '함께
융합한다'고 말한다."[21]고 설명한다.

경지구적(境智俱寂) – 능소양거(能所兩祛)
정혜쌍융(定慧雙融) – 적조일상(寂照一相)

마침내 혼미한 거리의 먼지를 고요하게 하고 현묘한 바다의 파도
를 맑아지게 하였다.
遂使塵靜昏衢, 波澄玄海.

　　　　〈석가의 교화〉　　　　　　　〈현각의 교화〉
혼구 ↔ 범경(梵景)을 내걸어 혼구를 비춤 – 혼구의 먼지를 고요하게 함 ← 객관의 측면
욕랑 ↔ 선파(禪波)를 띄워 욕랑을 덮음 – 욕랑의 파도를 맑아지게 함 ← 주관의 측면

---

21) 행정, 173중, "境智則能所兩祛, 故云俱寂. 定慧則寂照一相, 乃曰雙融."

앞에서는 석가의 가르침이 깨끗한 해가 되어 혼미한 거리를 비추고, 선의 파도가 되어 욕망의 풍랑을 덮는다고 하였다. 이제 여기에서는 현각의 가르침이 퍼져 나가서 혼미한 거리의 먼지를 가라앉히고 욕망의 파도를 맑아지게 한다고 말한다. 혼미한 거리나 먼지[塵]는 대상세계를 뜻한다. 혼미한 거리에서 먼지가 고요해졌다는 것은 대상이 고요해졌음을 말한다. 바다나 파도는 바람에 따라 출렁이는 주관의 마음을 뜻한다. 파도가 맑아졌다는 것은 마음 내지 지혜가 고요해졌음을 뜻한다. 앞서 말한 '경지구적'의 경지를 서술한 것이다.

행정은 "대상 경계가 미혹한 거리에서 끊어지므로 '먼지가 고요해짐'이라고 칭하고, 능히 반연함이 지혜의 바다에서 그치므로 '파도가 맑아짐'에 비유하였다."[22]고 설명한다. 허망한 주객분별을 거둬들임으로써 객관화된 경계가 사라지고 주관의 능연작용이 멈추는 것을 뜻한다.

'마음의 구슬'(심주)과 '도의 종자'(도종)가 7정(淨)을 밝게 하여 서로 빛을 낸다.

心珠道種, 瑩七淨以交輝.

7정(淨) = 7정화(淨華) : 청정한 행동을 꽃에 비유한 것
  1. 계(戒)정화
  2. 심(心)정화
  3. 견(見)정화
  4. 단의(斷疑)정화 : 견도에 들어 견혹(見惑)을 끊음

---

22) 행정, 173중, "所境絶於迷衢, 稱之塵靜, 能緣息於智海, 況以波澄."

5. 분별(分別)정화 : 수도에 들어 사혹(思惑)을 끊음
6. 행(行)정화 : 사혹을 끊어 이해와 수행이 모두 깨끗해짐
7. 열반(涅槃)정화

　　우리가 보는 세계는 우리 마음의 구슬에 비친 세계이다. 그 마음 안에 영겁의 세월 동안 심겨진 업의 세력인 종자(種子)가 내장되어 있다. 세계는 그 종자가 그려내는 세계이다. 종자가 탁하면 탁한 세계가, 종자가 맑으면 맑은 세계가 그려진다. 여기에서는 수행을 통해 심겨지는 종자가 염오의 업종자가 아니라 우리의 마음을 맑게 하여 불도를 이루어나갈 종자인 '도의 종자'라는 의미에서 '도종(道種)'이라고 하였다. 마음의 빛과 그 안의 종자가 함께 힘을 발해 일곱 가지 깨끗함을 더욱 밝게 한다는 것이다.

　　행정은 "심을 여래의 구슬에 비유하니, 비춤이 6합(合)을 포괄한다. 도는 과거의 종자를 뜻하니, 훈습이 3아승기(阿僧祇)를 거친 것이다. 7정(淨)이 서로 장엄하여 수행이 한 가지가 아니니, 마치 별과 달이 서로 비추는 것과 같다."[23]라고 말한다. 6합은 동서남북상하로서 전 세계를 뜻하고, 3아승기는 무한한 시간을 말한다. 중생의 마음은 전 세계를 비추는 구슬과 같다. 현각의 수행이 어느 한 가지 수행에 국한되지 않고 온갖 수행 방식을 모두 포괄한다는 것을 강조한 말이다.

계율의 달과 자비의 꽃이 3공(空)을 비추어 밝게 빛난다.
戒月悲花, 耿三空而列耀.

---

23) 행정, 173중, "心比如珠, 鑒包六合. 道論宿種, 熏歷三祇. 七淨互嚴, 修之不一, 如星月之交輝."

73

해 – 석가의 지혜
달 – 현각의 계(戒)
꽃 – 현각의 자비(慈悲)

3공(空) :
1. 아공(我空) : 자아가 공함
2. 법공(法空) : 제법이 공함
3. 구공(俱空) : 아와 법이 함께 공함 또는 공 또한 공함

현각 대사의 계를 지키는 정신과 자비의 마음을 각각 달과 꽃으로 비유하였다. 앞에서는 석가의 지혜를 해에 비유하였고, 여기서는 현각의 계(戒)를 달에, 현각의 자비를 꽃에 비유한다. 현각의 계의 정신과 자비의 마음이 해탈에 이르는 수행의 길을 널리 밝게 비춘다는 것이다.

행정은 "계를 지킴은 달과 같이 청정하여 볼 수 있으며, 자비를 수행함은 꽃과 같이 아름다워 모두 사모한다."[24]고 말한다.

함허는 계와 자비의 관계에 대해 이렇게 설명한다. "미혹한 자가 계를 지키되 아상(我相)을 아직 버리지 못하면 자비를 일으켜도 오히려 애견(愛見)을 이루지만, 이제 계를 지키되 아상이 있지 않으면 자비를 일으키지 애견을 낳지 않는다. 능과 소가 함께 공이고 이 공 또한 공이다."[25] 애견은 감정적 욕망 내지 애착에 따른 애혹(愛惑)과 분별적 사유 내지 견해에 따른 견혹(見惑)을 뜻한다. 계를 지키되 중요한 것은 '나 자신에 대한 상'(아상)이 있는가 아닌가이다. 계를 지키되 아상을 버리지 못하면 자비를 일으켜도 감정적으로나 이성적으로나 애혹 또

---

24) 행정, 173중, "持戒如月, 淨而可觀, 行悲若花, 美而皆慕."
25) 함허, 173중, "迷者持戒, 我相未忘, 興悲反成愛見, 今則持戒, 而無有我相, 興悲而不生愛見. 能所俱空, 是空亦空."

는 견혹의 번뇌만 더 깊어지게 된다. 반면 아상을 갖고 있지 않다면 계를 지키며 선을 행하는 것이 곧 자비행이 된다.

지계 ＋ ─┌─ (아상이 있으면) 애견 : 애혹 + 견혹
         └─ (아상이 없으면) 자비

또한 서리 맞은 소나무 같은 청결한 지조와 물에 비친 달 같은 빈 마음이다.
加復霜松潔操, 水月虛襟.

나무들이 잎을 모두 떨구고 난 추운 겨울날, 서리를 맞으면서도 푸름을 유지하는 소나무는 지조와 절개의 상징이다. 현각 대사의 지조 높음을 말한 것이다. 물에 달이 그대로 밝게 비치는 것은 물이 맑게 비어 있기 때문이다. 그처럼 현각 대사의 마음이 맑고 깨끗하게 비어 있다는 것, 내면의 불성이 그대로 드러나 빛을 발한다는 것을 말한다.

행정은 "청결한 지조가 서리 맞은 소나무 같으니 수행을 알 만하고, 빈 마음이 물에 비친 달 같으니 헤아림을 알 만하다."[26]라고 말한다.

---

26) 행정, 173하, "潔操如霜松, 行可知矣, 虛襟如水月, 量可知矣."

베옷과 나물밥으로 몸을 잊고 법을 위하며, 중생(含識)을 불쌍히 여기니 만물이 이에 편안해진다.

布衣蔬食, 忘身爲法, 愍傷含識, 物物斯安.

현각 대사가 도에만 관심을 둘 뿐 세상 부귀영화에는 관심이 없었으므로 입는 것과 먹는 것이 극히 검소하였음을 말한다. 탐·진·치를 여의었기에 일신의 안락을 위하지 않고 법을 위한 삶을 산 것이다. 아만과 아애를 떠나 일체 중생을 자비심으로 대하므로 모든 중생이 이에 편안해했음을 말한다.

행정은 이렇게 설명한다. "사치를 버리고 검소를 좇으며, 도를 중히 여기고 목숨을 가볍게 여긴다. 이상의 모든 선을 닦음은 중생이 일체의 고통을 여의고 구경의 즐거움을 얻게 하고자 해서이다."[27) 현각의 삶이 일체 중생의 이고득락(離苦得樂)을 지향하는 자비의 삶이었음을 강조한 말이다. 다만 현각이 중생에게서 덜어주고 싶어 한 고는 고락의 고(상대적 고)가 아니라 상대적 고와 락을 모두 포함한 일체고이며, 따라서 중생이 얻기를 희망한 락은 고락의 락(상대적 락)이 아니라 상대적 고와 락을 넘어선 절대의 구경락(究竟樂)임을 밝힌다.

<table>
<tr><td colspan="3">〈상대적 고 · 락〉</td><td colspan="2">〈절대적 고 · 락〉</td></tr>
<tr><td>고(苦)</td><td>=</td><td>고고(苦苦) ⎤</td><td rowspan="3">고 = 일체고(一切苦) ↔ 락 = 구경락(究竟樂)</td></tr>
<tr><td>락(樂)</td><td>=</td><td>괴고(壞苦) ⎬</td></tr>
<tr><td>비고비락</td><td>=</td><td>행고(行苦) ⎦</td></tr>
</table>

---

27) 행정, 173하, "去奢從儉, 重道輕生. 修上諸善, 爲欲衆生, 離一切苦, 得究竟樂."

관하는 생각이 서로 이어져 마음과 마음에 간극이 없으며, 처음부터 끝까지 절개를 굳게 지켜 금석에 그 견고함이 비유된다.
觀念相續, 心心靡間, 始終抗節, 金石方堅.

관하는 생각이 끊어지지 않고 계속된다는 것은 대사의 내적 수행인 리행(理行)을 뜻하는 것일 수도 있고, 중생을 돌아보는 자비행으로서의 사행(事行)을 뜻하는 것일 수도 있다. 행정은 리행으로 읽고, 함허는 사행으로 읽는다. 시종일관 절개가 굳다는 것은 현각이 심지가 곧아 외적 환경에 의한 흔들림이 없다는 것이며, 이를 단단한 금강석에 비유하였다.

행정은 이 문장 '(A) 관하는 생각이 서로 이어져 마음과 마음에 간극이 없으며, (B) 처음부터 끝까지 절개를 굳게 지켜 금석에 그 견고함이 비유된다'에 대해 앞의 구절(A)은 대사의 리행('3업' 이하의 문장)을 정리한 것이고, 뒤의 구절(B)은 대사의 사행('가부' 이하의 문장)을 정리한 것이라고 설명한다.[28]

함허는 그와 달리 앞의 구절(A)은 '가부'에서부터 시작된 대사의 사행을 계속 설명한 것이라고 본다. 그리고 뒤의 구절(B)이 사행 전체를 정리한 것이라고 보아 이렇게 말한다. "'加復霜松潔操'에서 '心心靡間'까지의 문장을 결론지은 것이다. 몸을 청결히 하고 마음을 청정히 하며, 장식을 버리고 빈곤을 따르며, 몸을 잊고 법을 위한다. 중생을 제도함이 급박하고 간절하여 어떠한 미물도 버리지 않고, 도를 구하

---

28) 행정은 '觀念相續 心心靡間'에다 "위에서의 리행인 3업 등의 문장을 결론지었다."(結上理行, 三業等文)라 주를 달고, '始終抗節 金石方堅'에다 "위에서의 사행인 가부 등의 문장을 결론지었다."(結上事行, 加復等文)라고 주를 달았다.

는 마음이 절박하여 피로도 싫어함도 일으키지 않으며, 처음부터 끝까지 이것 하나만을 생각한다. 빈천도 그 의지를 꺾지 못하고, 부귀도 그 뜻을 움직이지 못하며, 위협도 그 절개를 빼앗지 못하고, 미려도 그 마음을 어지럽히지 못한다. 그러므로 '처음부터 끝까지 운운'이라고 말한다."[29] 개인적인 삶의 엄격함이 일체 중생을 위한 자비심으로 이어져 대사의 중생을 향한 자비행이 삶의 어느 한 순간도 그침이 없이 계속되었다는 것, 그만큼 심지가 곧고 절개가 있었다는 것을 강조한 말이다.

이와 같이 행정과 함허가 달리 해석하는 부분은 앞의 구절(A) '觀念相續 心心靡間'이다. 행정은 이 구절은 리행을 결론짓는 것이고, 그 뒷 구절(B)은 사행을 결론짓는 것이라고 주장하는 데 반해, 함허는 앞 구절(A)은 계속 대사의 사행을 설명한 것이고, 이어 그 뒷 구절(B)이 사행을 결론짓는다고 주장한다. 계·정·혜 3학의 수행이 리행이고, 그러한 수행에 입각해서 일상의 삶을 영위함이 사행이다. 지혜로 나아가는 상구보리의 수행이 리행이고, 자비를 실천하는 하화중생의 삶이 사행이다. '관하는 생각의 이어짐'은 리행이나 사행 모두에서 필요할 것이다. 다만 문맥상 그 앞뒤 구절이 모두 사행인 만큼 함허처럼 사행으로 읽는 것이 더 자연스러운 것 같다.

---

29) 함허, 173하, "結加復霜松潔操, 至心心靡間等文. 潔身淸心, 落餙從貧, 忘身爲法. 度生急切, 不遺微物, 求道心切, 不生疲厭, 自始至終, 念玆在玆. 貧賤不能屈其志, 富貴不能動其懷, 威武不能奪其節, 美麗不能亂其心. 故云始終云云."

3) 대사의 위대함

얕고 깊은 마음의 요지는 '꿰어놓은 꽃'(관화)도 그 청결함을 부끄
러워한다.
淺深心要, 貫花慙潔.

　　대사의 위대함은 그의 폭넓은 불법 이해에서뿐 아니라 그의 구체
적 삶의 방식 및 일반 중생을 향한 자비 실천에서도 볼 수 있다. 즉
그의 마음의 핵심은 이론뿐 아니라 자리·이타의 실천행을 포함한 것
이다. 이처럼 그의 위대함은 실제적 삶을 통해 구체화된 것이기에 단
지 문자로만 제시되는 경전의 청정함보다 더 가치 있다고 할 수 있
다. 이렇게 해석하면 '천심심요(淺深心要)'는 지금까지 말한 대사의 해
와 행에서의 마음의 요지이며, '관화(貫花)'는 경전에 해당한다.

　　행정은 "10편의 깊고 얕음은 모두 수행하는 자를 위한 중요한 관
문이니, 한 이치로 융통함은 비유하자면 관화의 뒤섞임보다 더 수승
하다. 관화를 경전으로 여기는 사람이 있는데, 옳지 않다."[30]고 주장
한다. '얕고 깊은 마음의 요지'[淺深心要]를 본 영가집의 10장의 글로 간
주하며, 이 10장의 글의 내용적 심오함과 형식적 통일성이 꽃을 하나
로 엮은 관화보다 훨씬 더 낫다는 말로 풀이하면서, 관화를 경전으로
해석하는 것은 옳지 않다고 비판한다.

　　함허는 이러한 해석을 다시 비판한다. 그는 '관화'가 '경전'을 뜻하
고 '천심심요'가 '대사의 해행(解行)'을 뜻한다고 봐야 하는 근거를 제시

---

30) 행정, 174상, "十篇深淺, 俱爲行者之要津, 一理融通, 比勝貫花之錯落. 有以貫花指經, 未
　　之可也."

하며, 행정처럼 '천심심요'를 대사의 10편의 글로 읽는 것의 문제점도 논한다. "일체 여래의 경에서 제시된 것은 삿됨을 배제하고 바름을 드러내며, 허망을 배척하고 진실을 밝힌다. 나아가 치우침을 물리치며 소(小)를 배척하고 대(大)를 찬탄하며 원만함을 권장한다. 무릇 깨끗하고 청정한 법문을 모두 남김없이 설하였으니, 이것이 관화가 청결한 이유이다. 대사는 어려서부터 어른이 되기까지 대소승을 공부하여 진리를 명백하게 보고, 계·정·혜 3학을 정밀히 닦아 잡됨이 없으며 수행의 길이 청정하여 남음이 없으니, 경전에 제시된 것에 대해 부끄러움이 없다. 그런즉 경전 중에 제시된 것이 오히려 대사의 수행에 대해 부끄러움이 있다. 그래서 '얕고 깊은 마음의 요지는 관화도 그 청결함을 부끄러워한다'고 하였다. 이것은 '어려서는 3장에 마음을 두고'부터 '밝게 빛난다'[列輝]까지의 문장을 결론지은 것이다. 관화는 경전을 지시한다. 하나의 진리가 모든 문장을 관통하므로, 관화에 비유한 것이다. 예전에 천심심요가 10편의 깊고 얕음을 뜻한다고 여겼지만, 이른바 10편은 그 아래의 문장에 나타난다. '두루 베풀어 기록한 것'[凡所宣紀] 등의 문장이 그것이다."[31] 이상 '천심심요'와 '관화'가 무엇을 지시하고 있는가에 대한 행정과 함허의 해석 차이는 다음과 같다.

31) 함허, 174상, "一切如來經中所示, 排邪現正, 斥妄明眞. 乃至憚偏折小, 歎大褒圓. 凡有白淨法門, 說盡無餘, 此貫花所以爲潔也. 大師自幼及長, 學大小乘, 見理明白, 戒定慧學, 精修無雜, 所修行路, 淸淨無餘, 無愧於經中所示也. 然則經中所示, 反愧於大師所修也. 故云, '淺深心要, 貫花慙潔.' 此結, '幼則遊心三藏'至'列輝'等文. 貫花指經也. 一理貫諸文言, 猶如貫花也. 舊以淺深心要, 指十篇淺深, 所謂十篇出在下文. 謂 '凡所宣紀' 等文也."

	'천심심요'	'관화'
행정	대사의 10장의 글[解]	실제 꿰어놓은 꽃
	↕	↕
함허	대사의 해(解)와 행(行)	불교 경전[解]

이렇게 보면 '관화'를 무엇으로 보는가는 결국 '천심심요'를 무엇으로 보는가에 달려 있다. 함허가 지적하듯이 이 서문에서 대사의 10장의 글에 대한 언급은 아직 나오지 않았고 몇 문장 아래에서 비로소 등장하니 이러한 논리 전개에 따라 생각해보면, 여기에서의 심요는 아직 언급되지 않은 대사의 10장의 글이 아니라 이미 앞에서 언급한 대사의 해와 행을 지시한다고 보는 것이 더 타당하다고 여겨진다. 따라서 관화 또한 행정이 말하듯 실제의 꿰어놓은 꽃을 지시하는 것이 아니라 함허가 주장하듯 경전을 비유한 것으로 보는 것이 더 타당해 보인다. 경전을 부족하다고 말하는 것은 그것이 결국은 인간의 구체적 행위를 통해 완성되어야 할 것이기 때문이다.

신묘함은 언어의 밖에서 통하고, 진리는 환중에 계합한다.
神徹言表, 理契寰中.

신묘함은 대사 마음의 요지의 신묘함이며, 진리는 그 마음에 담겨 있고 그 마음이 표현해내는 진리이다. 그 신묘함이 말로 다할 수 없는 방식으로 마음에 사무치며, 그 진리는 깊고 심오하여 천자가 사는 가장 깊숙한 곳인 환중에 계합한다고 말한다.

행정은 "신묘함은 측량하여 알기 어려움을 말하니, 실로 언어의 밖에 거한다. 진리는 막힘이나 장애가 없는 것을 뜻하므로 환중에 비유하였다. 옥환이라고 보는 사람도 있지만 의미와 멀다."[32]고 말한다.

함허는 환중에 계합함에 대해 이렇게 설명한다. "'환중'은 천자가 사는 곳이니, 도달한 곳이 깊음을 비유한 것이다. 대사가 법의 근원을 투철하게 보고 본성의 바다를 남김없이 다하였기에 '진리가 환중에 계합한다'고 말한다. '손으로 달의 동굴을 더듬고, 발로 하늘의 뿌리를 밟는다'는 것과 같다."[33]

자기를 굽히고 남을 세우며, 범인을 따르지만 성인과 같다. 그런즉 멸정에서 나오지 않고도 4위의(威儀)를 잡고 지킨다.
曲己推人, 順凡同聖, 則不起滅定, 而秉護四儀.

> 4위의(威儀) : 법도 내지 계율에 맞는 몸가짐
> 1. 행(行)
> 2. 주(住)
> 3. 좌(坐)
> 4. 와(臥)

가장 신묘한 경지에 이르렀으되 자신을 드러내지 않음을 말한다. 자신을 굽히고 남을 세운다는 것은 과실은 자신의 탓으로 돌리고 공적은 남의 덕으로 돌린다는 것을 의미한다. 그렇게 해서 범부와 어울

---

32) 행정, 174상, "神謂難測知, 端居言表. 理謂無壅礙, 取譬寰中. 有作玉環, 於義疎矣."
33) 함허, 174상, "寰中, 天子之所居也, 比所到之深也. 大師見徹法源, 窮盡性海, 故云, '理契寰中'. 如云, '手探月窟, 足踏天根,' 是也." 여기에서의 인용문은 함허가 『주자대전(朱子大全)』권85, 「육선생화상찬 강절선생(六先生畵像賛 康節先生)」, "手探月窟, 足躡天根."에서 가져온 것으로 보인다.

려 함께하지만, 그 인품은 이미 성인의 경지이다. '멸정'은 선정의 마지막 단계로서 일체의 집착과 번뇌를 벗은 멸진정(滅盡定)이다. 멸진정은 표층적인 의식 작용뿐 아니라 번뇌에 물든 말나식의 작용까지도 멸한 상태이다. 멸진정에 들어가면 일상의 의식이나 행위가 멈추게 된다. 그러나 수행의 경지가 깊어지면 일상과 선정, 생사와 열반이 둘이 아니게 되어, 일상의 행위양식인 행주좌와 자체가 곧 선(禪)이 되고 정(定)이 된다. 따라서 '멸정을 일으키지 않고도 4위의를 지킨다'고 말한다. 진과 속, 출세간과 세간의 분별을 넘어선 참된 자유인의 경지라고 할 수 있다.

행정은 "선은 남에게 돌리고, 과오는 자기에게 돌린다. '빛을 섞어'[和光] 중생을 이롭게 하지, 세상을 바꾸지 않는다."[34]고 말하며, 이어 "『유마경』에서 '멸정을 일으키지 않고 모든 위의를 나타내니, 이것이 편히 앉음[宴坐]이다'라고 하였다."[35]고 설명한다.

함허는 이렇게 말한다. "자기를 굽혀서 낮은 곳에 놓고, 남을 밀어서 높은 곳에 돌아가게 한다. 행동은 범부와 같게 하고, 도는 성인과 같게 한다. '가난해서 몸은 항상 누더기를 입지만, 도에 관한 한 마음에 값 매길 수 없는 보물을 간직한다'고 하는 것과 같다."[36]

---

34) 행정, 174중, "善則稱人, 過則稱己. 和光利物, 不易乎世."
35) 행정, 174중, "維摩云, '不起滅定, 現諸威儀, 是爲宴坐.'" 여기에서의 인용문은 행정이 『유마힐소설경(維摩詰所說經)』(이하 『유마경』) 권상(『대정장』 권14, 539하), "不起滅定, 而現諸威儀, 是爲宴坐."에서 가져온 것이다.
36) 함허, 174중, "曲己而處於卑, 推人而歸於尊, 迹同於凡, 道同於聖. 如云 '貧則身常披縷褐, 道則心藏無價珎.'"

당시에 이름이 중하게 되고 도가 다른 지역으로 퍼져나가, 3오(吳)의 석학이 선의 계단에 바퀴살처럼 모여들고 8표(表)의 높은 사람들이 진리의 소굴에 바람처럼 모여들었다.

名重當時, 道扇方外, 三吳碩學, 輻輳禪階, 八表高人, 風趨理窟.

수행의 깊이와 인간됨으로 인해 당시 현각 대사의 이름이 널리 알려지고 그의 도가 높다는 것이 소문이 나서 수많은 사람들이 그에게 배우고자 구름처럼 몰려들었다는 말이다. 온갖 곳으로부터 많은 사람들이 수없이 몰려 온 듯하다. 3오의 석학은 오군, 오흥, 단양의 학자들을 뜻하고, 8표는 동서남북 4방과 그 사이를 합한 8방을 의미한다.

행정은 "덕이 널리 교화하니, 이름의 칭송이 널리 퍼져나갔다. 바퀴살이 바퀴통에 모임과 같음은 그 많음을 말하고, 바람의 달림과 같음은 그 빠름을 말한다."[37]고 설명한다.

4. 현각 대사 사후 글의 편찬

나 위정이 예전에 작은 관리로서 친히 받들어 모시었는데, 마음을 다하지 못하고 갑자기 서울로 가게 된 것이 한스럽다. 그 이후로 갑자기 유명을 달리하였다.

---

37) 행정, 174중, "德博而化, 名稱普聞. 如輻輳轂, 言其多也, 如風之趨, 言其疾也."

靜往因薄宦, 親承接足, 恨未盡於方寸, 俄赴京畿. 自爾已來, 幽冥遽隔.

　　현각의 글을 편찬하면서 이 서문을 쓰고 있는 위정이 예전에 관리로 있으면서 현각을 가까이서 모실 수 있었는데, 관직이 만료되어 서울로 떠나게 되어서 끝까지 모시지 못하였음을 안타까워한다. 그렇게 위정이 서울로 떠나고 난 후 현각이 세상을 떠났음을 애석해한다.

　　행정은 "옛날에 신강에 부임하여서 소실에서 옷 거두는 일을 하다가, 임기가 차서 서울로 돌아가 마음을 다하지 못하였다."[38]고 말한다. 소실은 숭산(嵩山)의 소림(少林)으로 선종 초조 달마대사가 면벽했던 곳이라고 한다. 이어 '유명을 달리하다'의 '유명(幽明)'을 영가집에서 '유명(幽冥)'으로 쓴 것에 대해 이렇게 말한다. "나계 대사는 '명(冥)은 마땅히 명(明)으로 해야 한다. 생과 사가 나뉜 것이다'라고 하였다."[39] 유(幽)는 죽은 자의 멀고도 아득한 세계를, 명(明)은 산 자의 밝은 세계를 뜻한다.

　　검은 눈동자에 백태가 끼었는데 홀연히 금비를 잃어버리고, 욕망의 바다에 큰 파도가 이는데 금세 지혜의 노가 물에 빠져버렸음을

---

38) 행정, 174중, "昔任蜃江, 摳衣少室, 政滿還京, 方寸未盡."
39) 행정, 174하, "螺溪大師云, '冥宜作明, 死生分矣.'" 나계는 송나라 온주 영가 출신 의적(義寂, 919~987)의 호이다. 그는 천태산 국청사(國淸寺)의 청송(淸竦)에게서 천태의 교관(敎觀)을 이어받아 천태종 산가파(山家派)의 개조가 되었으며, 『지관의례(止觀義例)』를 저술하였다. 천태의 전적이 부족하다는 의적의 말에 따라 오월왕(吳越王) 전숙(錢俶)이 고려에 사신을 보내 책을 청하였고, 고려 광종의 명으로 고려 승 체관(諦觀, ?~970)이 천태 서적을 갖고 가 의적을 만나고 천태를 연구하여 천태 사상을 집약 정리한 『천태사교의(天台四敎儀)』를 저술하였다.

길이 개탄한다.

永慨玄眸積翳, 忽喪金錍, 欲海洪濤, 遄沈智楫.

〈속세의 우리〉		〈현각 대사의 역할〉
검은 눈동자에 백태가 낌 = 미망	↔	금비(金錍, 가는 화살촉) = 지혜 회복의 방편
욕망의 바다에 파도가 잃 = 번뇌	↔	지즙(智楫, 지혜의 노) = 번뇌 제거의 방편

　현각 대사가 돌아가심으로 인해 우리가 더 이상 그의 지도를 직접 받을 수 없게 된 것을 안타까워한다. 눈동자에 백태가 낀 것은 범부의 견해와 안목이 바르지 못하고 미망에 쌓여 있음을 뜻한다. 현각이 지혜의 가르침으로써 그 미망의 덮개를 걷어내주어야 하는데 세상을 떠나 그러지 못하는 것을 한탄하는 것이다. 지혜의 노가 바닷물에 잠겨버렸다고 하는 것도 마찬가지이다. 우리들이 탄 배가 욕망의 바다 위에서 파도에 휩쓸려 방황할 때, 대사의 지혜의 가르침이 우리에게 배 젓는 노가 되어서 우리의 배를 안전한 곳으로 이끌어주어야 하는데, 돌아가심으로써 그렇게 할 수 없음을 안타까워하는 것이다.

　행정은 금비 상실의 비유에 대해 이렇게 말한다. "『열반경』에서 '맹인이 눈을 고치기 위해 어진 의사에게 가면 어진 의사는 금비로 눈의 막을 빼낸다'고 하였다. 선지식이 사람 마음의 눈을 열어준 것에 비유한 것이다. 대사가 이미 돌아가시니, 이것을 영원히 안타까워한다."[40] 또 "5욕(欲)의 바다가 깊은데 좋은 지도자를 잃었음을 한탄한

---

40) 행정, 174하, "涅槃云, '如有盲人, 爲治眼故, 造詣良醫, 良醫卽以金錍, 抉其眼膜.' 引況知識, 開人心目. 大師旣逝, 永慨在玆." 여기에서의 인용문은 행정이 『대반열반경(大般涅槃經)』(이하 『열반경』) 권8(『대정장』 권12, 411하), "如百盲人, 爲治目故, 造詣良醫. 是時良醫, 卽以金錍, 決其眼膜."에서 가져온 것이다.

다."[41]고 말한다. 5욕은 색·성·향·미·촉 5경(境)을 좇아 일어나는 욕망을 말한다.

남긴 글은 아직 있는데 무덤은 고요하고 쓸쓸하니, 오호 슬프다! 애통함이 가슴에 찬다. 한탄스럽게도 하나의 눈이 사라졌으니 7중(衆)이 무엇에 의지하겠는가? 덕음을 들을 수 없으니 슬픈 감정이 더욱 커진다.

遺文尚在, 龕室寂寥, 嗚呼哀哉! 痛纏心腑. 所嗟一方眼滅, 七衆何依? 德音無聞, 遠增悽感.

7중(衆):
　출세간의 5중(衆): 비구·비구니, 사미·사미니, 식차마나(수행중인 만18~20세의 사미니)
　세간의 2중(衆): 우바새·우바이

　대사의 글은 남아 있지만, 글을 남긴 대사는 가고 없음을 서러워한다. 우리를 지혜와 해탈의 한 방향의 길로 이끌어줄 선지식이 이미 가고 없어 그 목소리를 직접 들을 수 없으니, 우리 일반 대중이 무엇에 의지할 수 있겠는가를 한탄한다.

대사가 살아 계실 때 두루 베풀어 기록한 것이 총 10편이 있어 한 권으로 모았다. 함께 대사[에]게 귀의하길 바라니, 깨달은 자는

---

41) 행정, 174하, "五欲海深, 歎遺良導."

뜻을 얻고 말을 잊을 것이다.

大師在生, 凡所宣紀, 總有十篇, 集爲一卷. 庶同歸郢, 悟者得意忘言耳.

대사의 10편의 글을 모아서 한 권의 책으로 펴내니, 이로써 사람들이 이 글을 통해 대사의 가르침을 따르게 되기를 희망하고 있다. 궁극적 깨달음에 이르는 지혜방편이 되기를 기대하는 것이다. 영(郢)은 현각 대사의 출생지로서 현각을 '영가'라고도 부르니, 여기서 '영'은 곧 현각 대사를 가리키며, '영에 귀의한다'는 것은 곧 현각 대사의 가르침에 귀의한다는 뜻이다.

행정은 이렇게 설명한다. "모든 법을 배우는 무리들이 함께 나의 스승의 도에 계합하기를 희망한다. 서(庶)는 바랄 망(望)이다. 영은 영의 사람을 말하며 곧 대사를 지칭한다. 문장은 『장자』에서 나오니 '고기를 얻으면 통발을 잊는다'가 그것이다."[42]

이제 이 글을 간략히 기록하는데 오류가 많을 것이다. 그래서 현명한 자를 기다리니, 잘못된 것을 바로잡기를 바란다.

今略紀斯文, 多有謬誤. 用俟明哲, 非者正之.

이와 같이 현각의 10편의 글을 모아 한 권의 책으로 편찬해내면

---

42) 행정, 175상, "望諸學法之流, 同契我師之道. 庶, 望也. 郢謂郢人, 卽指大師. 文出莊子爾, '得魚忘筌', 此之謂也.'" 여기에서의 인용문은 행정이 『장자』 「외물편」에서 가져온 것이다. 위정이 인용한 '得意忘言'은 승조(僧肇)의 『조론(肇論)』(『대정장』 권45, 159중)에 나온다. 승조(383~414)는 진나라 승려로 구마라습(鳩摩羅什, 343~413) 문하에서 용수계 대승을 공부하였으며 『조론』 등을 저술하였다.

서 위정은 혹시 그중에 잘못된 부분이 있다면 그것은 편찬자인 위정 자신의 잘못이라고 밝히고 있다.

행정은 이 구절에 대해 "저술에서의 겸사는 책에 빠짐이 있을까 봐 염려하는 것이다."[43]라고 설명한다.

---

43) 행정, 175상, "著述謙光, 慮編有逸."

선종영가집(禪宗永嘉集)

○

현각(玄覺) 지음

서문

각 장의 요지를 밝힘

○

행정은 위정의 서를 마치고 현각의 본문에 들어가기 전에 제목 '선종 영가집'의 '선종(禪宗)'에 대해 다음과 같이 설명한다. "선종은 당어(唐語) 와 범어(梵語)를 합한 이름이다. 범어의 선나(禪那)는 여기에서 '사유하 여 닦음'[思惟修]으로 번역되고 또 '고요한 사려'[靜慮]라고도 불린다. 이 것은 모두 선정[定]과 지혜[慧]를 총괄하는 명칭이다. 종(宗)은 으뜸이고 높음이니, 실제로 선을 높이는 까닭에 선을 으뜸으로 삼는다. 만법 을 융합하여 통할 수 있는 것이 오직 하나의 선의 이치일 뿐이니, 경 에서 '삼라만상이 하나의 법으로 도장 찍혀 있다'고 말한다. 그러므로 '선종(禪宗)'이라고 부른다."⁴⁴⁾ 선(禪)을 뜻하는 범어 디야나(dhyāna), 팔리 어 자나(jhāna)의 음역은 선나(禪那)이다. 이것을 의역하여 '사유수(思惟修)' 또는 '정려(靜慮)'라고도 하며, 음역과 의역을 합하여 '선정(禪定)'이라고

---

44) 행정, 175상, "禪宗者, 唐梵合目. 梵云禪那, 此飜思惟修, 亦名靜慮. 斯皆定慧之通稱也. 宗 者主也尊也, 良由尊於禪故, 以禪爲主. 融通諸法, 唯一禪理, 經云, '森羅及萬像, 一法之所 印.' 故曰禪宗." 여기에서의 인용문은 행정이 징관(澄觀)의 『대방광불화엄경수소연의 초』 권8(『대정장』 권36, 60하), "法句經云, 森羅及萬像, 一法之所印."에서 가져온 것으로 보인다. 징관(738~839)은 당나라 승려로 화엄 제4조이며 『화엄경소(華嚴經疏)』, 『화엄 경주소(華嚴經註疏)』, 『화엄현담(華嚴玄談)』, 『대방광불화엄경수소연의초(大方廣佛華 嚴經隨疏演義鈔)』 등을 저술하였다.

도 한다. 행정은『선종영가집』에서 선종의 선(禪)은 정과 혜를 포괄하는 개념이라고 설명한다.

```
┌ 선(禪/범어) = 선나 = 사유수(思惟修) =   정려   =   정혜
│                                    정(靜)+려(慮)  정(定)+혜(慧)
└ 종(宗/당어) = 주(主) = 존(尊)
```

큰 글을 10문(門)으로 나눈다.
大章分爲十門.

영가집 본문은 크게 10장으로 나뉘는데, 제1장에 들어가기 전에 서론 격으로 각 장의 내용을 간략히 언급함으로써 책 전체의 윤곽을 그려준다. 이하에 나올 내용을 요약하면 다음과 같다.

〈10문〉	〈3학〉
1. 도를 사모함	── 믿음[信]
2. 교만 · 사치를 없앰	
3. 3업을 청정하게 함	계
4. 삼매를 닦음(사마타)	정
5. 지혜를 얻음(비파사나)	혜
6. 중도에 머묾(우필차)	(정혜쌍수)
7. 3승점차	── 불일(不一)
8. 사리불이	── 불이(不二)
9. 친구에게 편지	── 개인에 국(局)
10. 일체중생을 위한 발원	── 모두에 통(通)

행정은 각 장을 서로 연결지어 다음과 같이 설명한다. "① 생사의 흐름을 초월함에는 도를 사모함보다 먼저인 것이 없고, ② 도에 나아

감에는 교만과 사치를 그침이 이로우며, ③ 교만과 사치를 잊으면 3업(業)이 순수하고 청정해진다. ④ 계율에 어긋남이 없으면 삼매를 닦을 수 있고, ⑤ 삼매로 마음을 조종하면 지혜가 반드시 일어나고, ⑥ 정과 혜를 평등하게 공부하면 중도에 머물러 치우침이 없다. ⑦ 다시 3관(觀)을 바탕으로 해서 마땅히 지위의 차례를 알아야 하고, ⑧ 지위의 차례에 함부로 함이 없으나, 사물[事]와 진리[理]가 어찌 다르겠는가? ⑨ 대의를 알면 옛 친구를 잊기 어렵고, ⑩ 옛 친구는 국부적이지만, 발원은 전체적이다. 전후의 10편이 이루어짐이 이와 같다."[45]
이상은 하나의 장에서 그다음 장으로 나아가는 과정을 설명하여 영가집 전체의 내용을 하나의 흐름으로 짜임새 있게 보여준다.

제1장은 '도를 사모하는 뜻과 자세'[慕道志儀]이다. 무릇 도를 닦고자 하면 우선 모름지기 뜻을 세워야 한다. 또 스승을 섬기는 자세 규칙은 궤훈에 밝혀져 있다. 그러므로 첫 번째로 도를 사모하는 의식을 내세운다.
慕道志儀第一. 夫欲修道, 先須立志. 及事師儀則, 彰乎軌訓. 故標第一慕道儀式.

제1장 ┌ 1. 모도의 뜻[志] = 지(志) : 뜻을 냄
      └ 2. 모도의 자세[儀] = 의(儀) : 스승 섬기는 자세규칙[儀則]을 앎

---

45) 행정, 175상중, "① 越生死流, 無先慕道, ② 道之趣向, 利止憍奢, ③ 憍奢若忘, 三業純淨. ④ 尸羅無缺, 三昧可修, ⑤ 三昧調心, 其智必發, ⑥ 定慧等學, 居中不偏. ⑦ 三觀更資, 須知位次 ⑧ 位次無濫, 事理何殊? ⑨ 大意了知, 難忘故友, ⑩ 故友則局, 發願通該. 前後十篇生起如此."

도를 닦아나가려면 우선 그렇게 뜻을 세움과 더불어 자신을 그 길로 이끌어줄 스승을 만나 바른 자세와 행위로 그를 따라야 한다. 스승을 섬기는 규칙이 실려 있다는 궤훈(軌訓)은 불교의 계와 율을 담고 있는 율장(律藏)을 의미할 것이다.

행정은 "스승을 구하여 도를 배움에는 뜻을 굳건히 해야 한다. 혜중산은 '사람으로서 뜻이 없으면 사람이 아니다'라고 하였다. 뜻이 빼앗길 수 없게 된 후에야 도가 이루어진다."[46]고 설명한다. 도를 닦음에도 입지(立志)가 가장 중요함을 강조한 말이다.

제2장은 '교만하고 사치스런 뜻을 경계함'[戒憍奢意]이다. 처음에 비록 도를 닦기로 뜻을 세우고 자세규칙을 잘 안다고 해도, 만약 3업(業)이 교만하거나 사치하면 망심이 요동하니 어찌 선정[定]을 얻을 수 있겠는가? 그러므로 다음 두 번째로 교만과 사치를 경계하는 뜻을 밝힌다.

戒憍奢意第二. 初雖立志修道, 善識軌儀, 若三業憍奢, 妄心擾動, 何能得定? 故次第二明戒憍奢意也.

제2장 ┌ 1. 교만하지 않음
      └ 2. 사치하지 않음

제1장 1. 수도의 뜻 세움 + 2. 의칙을 따름 ┐
제2장 1. 교만하지 않음 + 2. 사치하지 않음 ┘ → 정(定)을 얻기 위한 것

---

46) 행정, 175중, "尋師學道, 立志堅强, 嵇中散曰, '人而無志, 非人也.' 志不可奪, 道然後成." 여기에서의 인용문은 행정이 혜중산(嵇中散), 즉 혜강의 글 중에서 가져온 것이다. 혜강(嵇康, 223~262)은 삼국시대 위(魏)나라 사람으로 죽림칠현의 영수였으며 반란에 동조했다는 누명을 쓰고 사마소 일당에 의해 처형당했다. 『고사전(高士傳)』, 『성무애락론(聲無哀樂論)』, 『석사론(釋私論)』 등의 저술이 있다.

도를 닦으려는 뜻을 세우고 그에 합당한 행동을 할 때에는 특히 자기 자신에 대한 교만한 생각을 품거나 사치한 행동을 해서는 안 된다. 안으로 내가 남보다 낫다는 교만심을 품거나 밖으로 나를 남보다 낫게 보이려고 사치스럽게 꾸민다면, 마음이 안정되지 않아 제대로 수행의 길에 들어설 수 없기 때문이다. 교만과 사치가 없는 마음과 행동으로 생활해야 안정을 얻어 선정[定]을 닦는 단계로 나아갈 수 있다.

행정은 교만과 사치를 경계함에 대해 이렇게 말한다. "앞에서 도를 사모함을 밝히면서 이미 인(仁)을 가까이하였으나, 또 만약 교만하거나 사치하다면 도가 어찌 이루어지겠는가? 『유자(劉子)』에서 '사치한 마음은 움직이기 쉽지만, 검소한 뜻은 바꾸기 어렵다'고 하였다."[47] 이어 선정에 대해 다음과 같이 설명한다. "선정은 하나로 정해짐이 없는 뜻을 말한다. 경에서 '마음의 뜻[志]이 선정에 이르지 않아 뜻과 행동이 더러우면 비록 출가해도 도적이다'라고 하였다."[48]

제3장은 '3업(業)을 청정하게 닦음'[淨修三業]이다. 앞에서는 교만과 사치를 경계하여 강요만을 간략히 나타내었고, 이제는 자세히 검사하고 따져서 거친 과오가 일어나지 않도록 한다. 그러므로 다음

---

47) 행정, 175중, "前明慕道而已, 親仁更若憍奢, 道何由辦? 劉子云, '奢心易動, 儉志難悛.'" 여기에서의 인용문은 행정이 위진남북조 북제(北齊)의 유주(劉晝, 514-565)가 쓴 『유자(劉子)』에서 가져온 것이다.
48) 행정, 175중하, "定謂無一定之志. 經云, '心志不定, 意行穢惡, 雖復出家, 故是賊人.'" 여기에서의 인용문은 행정이 『불설사배경(佛說四輩經)』 권1(『대정장』 권17, 705하), "心志不寂, 意行穢濁, 惡口罵詈, 輕言不節, 不能靜處, 憍慢自大, 不自撿勅者, 雖復出家, 故是賤人."에서 가져온 것으로 보인다.

세 번째로 3업을 청정하게 닦음을 밝혀 신·구·의를 경계한다.

淨修三業第三. 前戒憍奢, 略標綱要, 今子細檢責, 令麤過不生. 故次第三明淨修三業, 戒乎身口意也.

제3장 ┌ 1. 신업(身業)을 청정하게 닦음
　　　 ├ 2. 구업(口業)을 청정하게 닦음
　　　 └ 3. 의업(意業)을 청정하게 닦음

제2장 교만과 사치를 경계함 : 추(麤)의 개요
제3장 신·구·의 3업을 경계함 : 세(細)의 조목

　　도를 사모하는 마음으로 스승을 따르면서 교만과 사치를 떠난 이후에는 스스로 신업과 구업과 의업의 3업을 청정하게 닦아야 한다. 제2장에서 교만과 사치를 경계한 것은 도를 닦음에 있어 대략적인 것만을 말한 것이고, 제3장에서 좀 더 구체적으로 신·구·의 3업을 청정하게 닦아 악을 행하지 않고 선을 행해야 함을 서술한다. 일단 신·구·의 3업을 잘 닦아야 그다음의 본격 수행으로 나아갈 수 있기 때문이다.

　　신·구·의 3업을 청정하게 닦는 것이 계(戒)이며 그 바탕 위에서 비로소 불교의 본격 수행인 선정[定]과 지혜[慧]를 닦을 수 있다. 그렇게 해야 불교의 계·정·혜 3학(學)이 완성된다. 제3장에서 계를 논하고, 이어 제4장과 제5장에서 각각 정과 혜를 논한다.

　　행정은 제2장과 제3장의 내용 차이에 대해 다음과 같이 설명한다. "앞에서 교만과 사치를 경계한 것은 간략하고 세밀하지 않기에, 여기에서 과오의 우환을 밝혀 정확성과 면밀함을 더한다. 선은 잃어서는 안 되고, 악은 키워서는 안 된다는 것을 마땅히 알아야 한다. 그러므로 이하 문장에서 '선악의 보응은 마치 그림자가 형상을 따름과 같다'고 하였다."[49] 이어 계를 지켜야 할 중요성에 대해 행정은 이렇게 설명한다. "먼저 업의 원인을 제시하여 돌아오는 보를 알게 한다. 『반야경』에서 '너희는 마땅히 청정한 계를 지녀야 한다. 계를 범할 마음을 갖고는 일순간을 보내도 안 되니, 하물며 긴 시간을 보내겠는가? 자기 마음을 풀어놓지 말지니, 후에 근심과 후회가 생기게 된다'라고 하였다."[50] 계를 청정히 지키기 위해서는 매 순간 마음이 깨어 있어야 함을 강조한 말이다.

제4장은 '사마타의 칭송'[奢摩他頌]이다. 앞에서 이미 몸과 입을 검사하고 따져서 거친 과오가 발생하지 않게 하였으니, 다음은 마땅히 문에 들어가야 한다. 수도의 점진적 차례는 선정과 지혜, 다섯 가지 일어나는 마음, 그리고 여섯 가지 가려냄[料簡]을 벗어나지 않는다. 그러므로 다음 네 번째로 사마타송을 밝힌다.

奢摩他頌第四. 前已檢責身口, 令麤過不生, 次須入門. 修道漸次, 不出定慧, 五種起心, 六種料簡. 故次第四明奢摩他頌也.

제4장 사마타 ┌ 1. 그침[止]
             └ 2. 선정[定]

---

49) 행정, 175하, "前戒憍奢, 略而未細, 此明過患, 廣以方周. 當知善不可失, 惡不可長. 故下文云, '善惡報應, 如影隨形.'"

50) 행정, 175하, "先示業因, 令知來報. 般若云, '汝等當持淨戒. 不應犯戒之心, 經一念頃, 況經多時? 莫縱自心, 後生憂悔.'" 여기에서의 인용문은 행정이 『대반야바라밀다경(大般若波羅蜜多經)』(이하 『반야경』) 권536(『대정장』 권7, 753중), "汝等當持淨戒, 不應容納犯戒之心, 經一念頃, 況經多時? 莫縱自心, 後生憂悔."에서 가져온 것이다.

수도의 차례 :
  1. 선정[定]과 지혜[慧]
  2. 5종기심(五種起心) = 5념 : 다섯 가지 일어나는 마음
  3. 6종료간(六種料簡) : 여섯 가지 가려냄

  신·구·의 3업을 청정하게 닦아 계를 이루고 나면 그다음 본격적으로 도를 닦는 '수도'에 들어가게 되는데, 제4장에서 그 일단계로 사마타에 관해 논한다. 사마타는 범어 사마타(śamatha)를 음역한 것이다. 사마타는 왜 의역하지 않고 그대로 음역하였는가?

  행정은 이에 대해 다음과 같이 설명한다. "사마타는 여기에서 그침[止]을 말하고 또 선정[定]을 말한다. 왜 맞추어 번역하지 않는가? 다섯 가지 경우 번역하지 않는데, ① 이득이 있거나, ② 함축된 뜻이 많거나, ③ 비밀스런 뜻이거나, ④ 옛 전례를 따르거나, ⑤ 대응하는 말이 없는 경우이다. 여기에서는 함의가 많기 때문에 번역하지 않았다. 이하의 것도 모두 이와 같다."[51] 어느 나라든 다른 나라 말을 번역할 때에는 기본적으로 뜻에 따라 의역을 하며, 특별한 경우에만 예외적으로 음역을 할 것이다. 행정은 중국에서 음역을 하는 경우를 위의 다섯 가지 경우로 정리하고, 영가집에서 '사마타'를 의역하지 않고 음역한 이유는 그중 두 번째 이유, 즉 그 뜻이 단일하지 않기 때문이라고 설명한다. 사마타에는 마음을 가라앉히는 지(止)와 그 지 수행 결과 이르게 되는 삼매(三昧)인 정(定)의 의미가 함께 포함되어 있기 때문이다. 이하에 나오는 '비파사나'와 '우필차'도 마찬가지 이유에서 음역하고 있다.

---

51) 행정, 175하, "奢摩他, 此云止, 又云定. 何不敵翻? 有五義故不翻, 一生善, 二多含, 三秘密, 四順古, 五無對. 此順多含, 是故不翻. 下皆倣此."

사마타 = 1. 그침[止] + 2. 선정[定]
(집중) (=사마디, 삼매)

　행정은 계·정·혜의 관계에 대해 다음과 같이 말한다. "앞의 청정한 계를 지녀야 선정과 지혜를 닦을 수 있다. 그러므로 『성실론』에서 '계는 도적을 잡는 것과 같고, 선정은 도적을 묶는 것과 같고, 지혜는 도적을 죽이는 것과 같으니, 3행(行)의 차례는 성현이 정한 것이다'라고 하였다."[52]

3학(學) :　　　　　　　　　　　　　　　〈성실론의 비유〉
　1. 계(戒) : 신·구·의 3업을 닦음 (제3장)　　－ 도적을 잡음
　2. 정(定) : 사마타 (제4장)　　　　　　　　－ 도적을 묶음
　3. 혜(慧) : 비파사나 (제5장)　　　　　　　－ 도적을 죽임

　제5장은 '비파사나의 칭송'[毘婆舍那頌]이다. 계가 아니면 선(禪)을 할 수 없고, 선이 아니면 지혜를 얻을 수 없다. 위에서 이미 선정을 닦았으니, 선정이 오래되면 지혜가 밝아진다. 그러므로 다음 다섯 번째로 비파사나송을 밝힌다.
毘婆舍那頌第五. 非戒不禪, 非禪不慧. 上旣修定, 定久慧明. 故次第五明毘婆舍那頌也.

---

52) 행정, 176상, "持前淨戒, 得修定慧. 故成實云, '戒如捉賊, 定如縛賊, 慧如殺賊. 三行次第, 賢聖行之.'" 여기에서의 인용문은 행정이 도선(道宣)의 『사분율산번보궐행사초(四分律刪繁補闕行事鈔)』권중1(『대정장』권40, 50중), "成實云, 戒如捉賊, 定如縛賊, 慧如殺賊, 三行次第, 賢聖行之."에서 가져온 것으로 보인다. 도선(596~667)은 당나라 초기 남산율종의 시조이며 남산율사로 불린다.

제5장 비파사나 ┌ 1. 관찰[觀]
　　　　　　　└ 2. 지혜[慧]

계(戒)　→　선(禪)/정(定)　→　혜(慧)
　　　　　　　= 사마타　　　　= 비파사나
(제3장)　　　 (제4장)　　　　 (제5장)

계를 닦고 사마타로서 선(禪) 내지 정(定)을 닦고 나면 그다음에 지혜를 닦아야 한다. 제3장에서 계를 논하고 제4장에서 사마타인 정을 논하였으므로 이어 제5장에서 지혜를 논하는데, 이를 비파사나송이라고 한다. 비파사나는 범어 비파샤나(vipaśyanā)의 음역이다. 사마타에 지(止)와 정(定)의 두 의미가 있듯이, 비파사나에도 관(觀)과 혜(慧)의 두 의미가 포함되어 있어 의역하지 않고 음역하였다.

비파사나 :　1. 관찰[觀]　+　2. 지혜[慧]
　　　　　　　(관조)　　　　　 (지혜)

행정은 이렇게 설명한다. "비파사나는 여기에서 관조[觀]를 말하고 또 지혜[慧]를 말한다. 관조는 인(因)에서의 수행이고, 지혜는 과(果)에서의 증득이다. 그침과 선정도 또한 이와 같다. 인에서는 '지'와 '관'이라고 이름하고, 과에서는 '정'과 '혜'라고 이름한다는 것을 마땅히 알아야 한다."[53] 사마타와 비파사나 각각에 포함되어 있는 이중 의미를 밝힌 것이다. 여기에서 인(因)은 수행의 과정을 뜻하고, 과(果)는 그러한 수행을 통해 도달되는 결과를 뜻한다. 지를 닦음으로 인해 선

---

53) 행정, 176상, "毗婆舍那, 此云觀, 又云慧. 觀約因修, 慧在果證. 止定亦爾. 當知在因謂之止觀, 在果謂之定慧."

102

정, 즉 삼매에 이르고, 관을 닦음으로 인해 지혜에 이른다.

	〈인(因)〉 : 修行	〈과(果)〉 : 證得
사마타 :	지(사마타) →	정(사마디) = 삼매
비파사나 :	관(비파사나) →	혜(반야)

행정은 제4장의 선정과 제5장의 지혜, 그 둘 간의 관계에 대해 다음과 같이 설명한다. "지혜에 만약 선정이 있으면 지혜가 미친 지혜가 아니고, 선정에 만약 지혜가 있으면 선정이 어리석은 선정이 아니다. 선정이 오래되었다고 이미 말하였으니, 그 지혜가 생긴 것이다."[54] 선정이 함께하지 않는 지혜는 미친 앎에 지나지 않고, 지혜가 함께하지 않는 선정은 어리석은 침잠에 지나지 않는다. 내면으로 침잠하는 선정이 없이 얻어진 앎은 미친 지혜이고, 지혜를 구하지 않고 그저 내면에 머무는 선정은 단지 어리석음일 뿐이다. 그러므로 정과 혜는 함께해야 한다.

선정 \ 지혜	무	유
무	–	미친 앎
유	어리석은 침잠	참된 지혜

제6장은 '우필차의 칭송'[優畢叉頌]이다. 선정만을 치우쳐 닦을 경우 선정이 오래되면 침잠하게 되고, 지혜만을 치우쳐 공부할 경우 지

---

54) 행정, 176상, "慧若有定, 慧不狂, 定若有慧, 定不愚. 旣云定久, 其慧生矣."

혜가 많아지면 마음이 동요하게 된다. 그러므로 다음 여섯 번째로 우필차송을 밝혀 선정과 지혜를 대등하게 하여 침잠하지도 동요하지도 않게 하며, 선정과 지혜를 균등하게 하여 양변을 버리게 한다.

優畢叉頌第六. 偏修於定, 定久則沈, 偏學於慧, 慧多心動. 故次第六明優畢叉頌, 等於定慧, 令不沈動, 使定慧均等, 捨於二邊.

제6장 우필차 ┌ 1. 평등[等] : 양변을 다 지킴
          └ 2. 버림[捨] : 양변을 다 버림

        정(定) : 적(寂)   혜(慧) : 성(惺)
        (→ 혼침)   (→ 심동)
        └─────────────┴─────────────┘
           중도 1 : 양변에 평등[等] : 둘 다 지킴
                         ↕
           중도 2 : 양변을 버림[捨] : 둘 다 버림

우필차는 범어 우페카(upekkhā)의 음역으로 평정의 중도를 뜻한다. 이 중도의 양변으로 등장하는 것이 제4장에서 논한 사마타의 선정과 제5장에서 논한 비파사나의 지혜이다. 마음이 고요하게 가라앉아 삼매에 드는 선정과 마음이 성성하게 깨어 관조하는 지혜는 그 둘 중 어느 하나에 치우치지 않고 둘 간의 균형을 유지하는 것이 중요하다. 선정에 치우쳐 고요할 뿐이면 결국 마음이 침잠하여 혼침에 빠져들게 되고, 반대로 지혜에만 치우쳐 관조만 강해지면 관찰 내용에 따라 마음이 흔들려 동요하게 된다. 그러므로 고요하되 깨어 있어 지혜롭고, 깨어 관조하되 고요하여야 한다. 이것이 양변을 유지하면서도 양변의 극단을 피하는 중도이다.

사마타나 비파사나와 마찬가지로 우필차도 이중의 의미를 가진다. 양변을 평등하게 유지하는 것이 그 하나이며, 그러기 위해 양변을 모두 버린다는 것이 다른 하나이다. 양변을 평등하게 대함이 '등 (等)'이고, 양변을 모두 버리는 것이 '사(捨)'이다.

행정은 우필차가 가지는 이러한 이중 의미를 이렇게 설명한다. "우필차는 여기에서 버림[捨]을 말하고 또 평등[等]을 말한다. 사(捨)는 양변을 버림이니, 변(邊)이 중도가 아니기 때문이다. 등(等)은 선정과 지혜에 평등한 것이니, 중(中)이 양변에 즉한 것이기 때문이다. 실로 가림[遮]과 비춤[照]이 동시인 것이 본래의 도이기 때문이다."[55] 이처럼 우필차에는 양변을 대등하게 취하는 평등의 의미와 양변을 모두 버 리는 버림의 의미가 함께 있다. 양변을 대등하게 대하는 것을 대등하 게 비춘다는 의미에서 조(照)라고 하고, 그러기 위해 양변을 모두 버 리는 것을 양극을 가린다는 의미에서 차(遮)라고 한다. 그렇게 양변을 평등하게 취하고 또 함께 버리므로 양변에 대해 어느 한편으로 치우 치지 않는 중도(中道)가 된다. 이러한 중도에 대해 행정은 "무변으로 인해 고요해지거나 유변으로 인해 움직여지지 않는다. 움직이지도 않고 고요하지도 않아야 바로 중도로 들어간다."[56]고 설명한다.

우필차 :   1. 등(等) + 2.사(捨)
          비춤[照]   가림[遮]
          중도 1   중도 2

정(定) : 적(寂)   혜(慧) : 성(惺)
 (→ 혼침)   (→ 심동)
        └───────────────┘
     중도 1 : 양변에 평등[等] = 비춤[照]
                  ↕
     중도 2 : 양변을 버림[捨] = 가림[遮]

---

55) 행정, 176상, "優畢叉, 此云捨, 亦云平等. 捨謂捨於二邊, 邊非中道. 等謂等於定慧, 中卽二 邊. 良由遮照同時, 本之道也."
56) 행정, 176중, "不爲無邊所寂, 有邊所動. 不動不寂, 直入中道."

제7장은 '3승의 점진적 차례'[三乘漸次]이다. 선정과 지혜가 이미 균등하면, 고요하면서도 항상 비춘다. 3관(觀)이 일심(一心)이니, 어떤 의심을 버리지 못하고 어떤 비춤이 원만하지 않겠는가? 자신의 이해는 비록 분명해도 남이 아직 깨우치지 못함을 슬퍼하니, 깨우침에는 깊고 얕음이 있다. 그러므로 다음 일곱 번째로 3승의 점진적 차례를 밝힌다.

三乘漸次第七. 定慧旣均, 則寂而常照. 三觀一心, 何疑不遣, 何照不圓? 自解雖明, 悲他未悟, 悟有淺深. 故次第七明三乘漸次也.

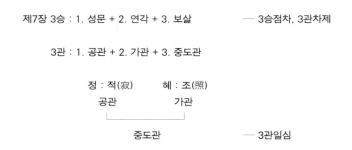

3승은 2승의 성문승과 연각승 그리고 대승의 보살승을 합해서 부르는 말이다. 3승의 수행에 점진적인 차례가 있음을 '3승점차(三乘漸次)'라고 한다. 제7장에서는 이 3승점차를 밝힌다. 3관일심에서 3관은 공관(空觀)과 가관(假觀)과 중도관(中道觀)이다. 이 공·가·중 3관이 서로 단계적으로 구분되기도 하지만, 궁극적으로는 그것이 모두 하나의 마음에서 비롯되어 일념(一念)에 이루어지므로 '3관일심' 또는 '일심3관'이라고 한다. 3관을 성문과 연각과 보살의 3승의 단계에 따른 것으로 고찰하면 3승차제이고 3관차제이지만, 3관이 모두 일심에서 비롯된다고 보면 일승의 일심3관이 된다. 보살은 일체를 한마음으로 포괄하는 일심의 관점에 있기에 자신이 깨달아도 남이 깨닫지 못하면 그것을 슬퍼하지만, 성문과 연각은 일심의 관점을 취하지 않아서 오직 각자 자신의 깨달음에 전념할 뿐이다. 이와 같이 성문·연각과 보살의 3승이 서로 다르므로 깨달음에 깊고 얕음의 차이가 있으며, 따라서 3승점차를 논하는 것이다.

행정은 3승점차에 대해 이렇게 설명한다. "앞에서 밝힌 3관(觀)은 수행자가 닦는 것이다. 지위의 차례의 얕고 깊음을 아직 논하지 않았기에 반드시 무지의 교만에 떨어질 것이므로 3승의 수행의 지위를 논하여 앞의 수행을 체인하게 하였다."[57] 이어 일심3관에 대해서는 "일심3관은 제약되지 않으면 점차 이루어져 의혹이 저절로 사라지고 지혜의 비춤이 저절로 드러난다."[58]라고 말한다. 3관을 닦다보면 저절로 일심3관에 이르게 됨을 말한다.

제8장은 '사물과 진리가 둘이 아님'[理事不二]이다. 3승이 진리를 깨우치되, 진리에는 궁구하지 않음이 없다. 진리를 궁구함은 사물에 있고, 사물을 요별함이 곧 진리이다. 그러므로 다음 여덟 번째로 사물과 진리는 둘이 아니고 사물에 즉하여 진리가 됨을 밝힘으로써 전도된 견해를 물리친다.

理事不二第八. 三乘悟理, 理無不窮. 窮理在事, 了事卽理. 故次第八明事理不二, 卽事而眞, 用祛倒見也.

---

57) 행정, 176중, "前明三觀, 行者造修. 未論位次之淺深, 必墮無知之上慢, 故說三乘行位, 驗於前修."
58) 행정, 176중, "一心三觀, 非約漸成, 疑惑自傾, 智照自顯."

제8장 이사불이 ┌ 1. 진리[理] = 理는 事를 요별함
　　　　　　　└ 2. 사물[事] = 事에서 理를 궁구함

理/眞　　　　事/俗
└──────┬──────┘
이사불이

　　현상세계를 움직이는 궁극의 원리 내지 진리인 리(理)와 현상세계
속에 존재하는 구체적인 사물이나 사건인 사(事). 그 둘이 서로 분리
된 둘이 아님을 '이사불이(理事不二)'라고 한다. 진리는 사물의 이치이
고, 사물은 진리의 실현이기 때문이다. 이러한 불이는 곧 진제와 속
제, 부처와 중생, 청정과 염오의 불이를 뜻한다. 이는 다시 주와 객
의 불이, 자와 타의 불이이기도 하다. 2승이 열반과 생사, 해탈과 번
뇌를 이원화해서 속을 떠난 진의 추구에 전념한다면, 대승은 그 둘이
궁극적으로 둘이 아니라는 불이를 말한다. 이사불이는 대승정신의
표현이다.

　　행정은 이렇게 설명한다. "앞에서 3승의 행상(마음 작용)에 고하가
분명함을 밝혔지만, 사물과 진리가 본래 같다는 것을 아직 알지 못한
다. 어찌 일찍이 둘인 적이 있겠는가? 의보(依報)는 맑음과 더러움이
둘이 아니고, 정보(正報)는 중생과 부처가 둘이 아니니, 통틀어 말하면
자와 타가 둘이 아니다. 이 불이의 큰 뜻이 여기에 있다."[59]

정보(유근신):　부처　중생　── 불이
의보(기세간):　맑음　더러움　── 불이
정보 + 의보 :　자　　타　── 불이

─────────────

59) 행정, 176중, "前明三乘行相, 高下歷然, 未知事理本如. 奚嘗有二? 依報則淨穢不二, 正報
　　則生佛不二, 通該則自他不二, 此之不二大意在玆."

행정은 이사불이에 대해 이렇게 설명한다. "3승이 '성품의 공성'[性空]을 평등하게 관하여 도를 얻는다. 성품의 공성은 제법의 실상을 뜻한다. 그러므로 '진리에는 궁구하지 않음이 없다'고 말한다. 사물과 진리는 원융하게 통하므로 다시 두 갈래가 없다. 전도된 견해의 무리는 사물과 진리가 서로 거리가 있다고 말한다. 징관 법사는 '사물 밖에서 진리를 구함은 2승의 치우친 진리이고, 사물이 곧 진리임을 비춤은 보살의 큰 깨우침이다'라고 하였다."[60]

함허는 '자타불이'에 대해 이렇게 설명한다. "자타불이는 다만 장소에 의거하여 말한 것이다. 시간과 장소를 겸해서 불이를 논한다면 이른바 무변의 찰나 경계와 같이 자와 타가 털끝만큼의 간격도 없고, 10세 고금의 시작과 끝이 현재 생각을 떠나지 않는다."[61] 인연소생의 현상세계 전체를 포괄하는 공(空)의 마음에서 보면 그 허공 속에서 행해지는 자타분별은 모두 허망분별에 지나지 않는다.

제9장은 '친구에게 권하는 편지'[勸友人書]이다. 사물과 진리가 이미 융합하여 내심이 저절로 밝아졌지만, 다시 먼 곳에서 공부하는 자가 촌음을 허망하게 버림을 슬퍼한다. 그러므로 다음 아홉 번째로 친구에게 권하는 편지를 밝힌다.

---

60) 행정, 176하, "三乘等觀性空, 而得道也. 性空者謂諸法實相. 故云 '理無不窮.' 事理融通, 更無二趣. 倒見之徒, 謂事理相隔. 觀師云, '事外求理, 二乘偏眞, 照事卽理, 菩薩大悟.'" 여기에서의 인용문은 행정이 징관(澄觀)의 『대화엄경약책(大華嚴經略策)』(『대정장』권 36, 707중)에서 가져온 것이다.
61) 함허, 176하, "自他不二, 但依處而言也. 若時若處兼論不二, 則如所謂 '無邊刹境, 自他不隔於毫端, 十世古今始終不離於當念.'"

勸友人書第九. 事理旣融, 內心自瑩, 復悲遠學, 虛擲寸陰. 故次第九明
勸友人書也.

이사불이의 정신에 따르면 진과 속, 열반과 생사가 둘이 아니다.
현각 대사는 속세를 떠나 진제에 머물라는 친구의 편지를 받고, 오히
려 그 친구가 진정한 진속불이(眞俗不二)를 모른다고 여겨 그가 진정한
진속불이를 깨닫기를 바라는 마음에서 답장을 쓴다. 그 편지글이 제
9장이다.

　행정은 이렇게 설명한다. "서(書)는 같음이다. 뜻과 같이 말을 펼치
니 편지 '서'라고 한다. 앞에서 사물과 진리가 종횡으로 함께함을 밝
혔지만, 나의 친구는 미혹에 집착해 있으니 어찌 극치를 알겠는가?
이 때문에 한 장을 서술하니 제목이 '친구에게 권함'이다."[62] 친구의
미혹은 바로 "큰일을 아직 꿰뚫지 못하여 한갓 그윽한 한가함만을 고
수한다."[63]는 것이다.

제10장은 '발원하는 글'[發願文]이다. 친구에게 권함이 비록 타인에
대한 자비이긴 하지만, 마음이 오로지 한 명에게로만 향해서 감정
이 아직 보편적이지 못하다. 그러므로 다음 열 번째로 발원문을
밝혀 일체를 제도하기를 서원한다.

發願文第十. 勸友雖是悲他, 專心在一, 情猶未普. 故次第十明發願文,

---

62) 행정, 176하, "書者, 如也. 序言如意曰書. 前明事理橫豎交叅,, 吾友執迷, 何知極致? 因述
　　一章, 目爲勸友."
63) 행정, 177상, "大事未徹, 徒守幽閑."

誓度一切也.

현각 대사가 불법에 귀의함으로써 스스로에게 바라는 것과 또 가까운 친구를 넘어서서 일체 중생을 향해 기원하는 것을 서술한 것이 제10장 발원문의 내용이다.

행정은 영가집 마지막 장이 발원문인 것에 대해 이렇게 설명한다. "앞에서 벗에게 권함을 밝힌 것은 마음속으로 오직 한 사람만을 위한 것이었으나, 여기에서는 발원문을 지어 3유(有)의 중생을 두루 적실 것을 널리 맹세한다. 승조는 '초심에는 큰 서원을 내고 마지막에는 대비로써 어려움으로 나아간다'고 하였다."[64] 승나(僧那)는 서원을 뜻한다. 3유의 중생은 욕계, 색계, 무색계, 3계(界)의 중생으로 6도 윤회하는 일체 중생을 뜻한다.

행정은 이상 10장을 그 내용에 따라 다음과 같이 구분한다. "이 10장은 간략히 논하면 셋으로 나뉜다. 앞의 세 장은 서분이고, 중간의 다섯 장은 정종분이고, 뒤의 두 장은 유통분이다. 늘 이와 같으니, 배우는 자가 판단할 것이다."[65] 10장 중에서 본론인 정종분에 해당하는 것이 사마타송, 비파사나송, 우필차송 그리고 3승점차와 이사불이, 총 다섯 장이다. 그 앞의 세 장은 서분, 그 뒤의 두 장은 유통분에

---

64) 행정, 177상, "前明勸友, 中心獨爲於一人, 此述願文, 弘誓普霑於三有. 肇師云, '發僧那於始心, 終大悲以赴難.'" '僧那'는 큰 서원을 뜻한다고 주석되어 있다. 여기에서의 인용문은 행정이 담연(湛然)의 『법화문구기』 권7하(『대정장』 권34, 291중), "肇云, 發僧那於始心, 終大悲以赴難."에서 가져온 것으로 보인다. 담연(711~782)은 당나라 승려로 천태종 제9조이며, 『법화경현의석첨(法華經玄義釋籤)』, 『법화문구기(法華文句記)』, 『지관대의(止觀大意)』 등의 저술이 있다.

65) 행정, 177상, "此十章, 畧論三分. 前三爲序分, 中五爲正宗, 後二爲流通. 一往如此, 學者裁之."

해당한다.

- 서분 : 1~3장
- 정종분 : 4~8장: 4. 사마타송, 5. 비파사나송, 6. 우필차송, 7. 3승점차, 8. 이사불이
- 유통분 : 9~10장

제1장
도를 사모하는 뜻과 자세

○

1. 도를 추구하는 바른 자세

먼저 3계(界)를 관하는 것은 '싫어 떠나고픈 마음'(염리심)을 내기 때문이다. 그다음 선한 친구를 가까이하는 것은 벗어나는 길을 구하기 때문이다.

先觀三界, 生厭離故. 次親善友, 求出路故.

> 3계(界) :
> 1. 욕계(欲界) : 욕망의 세계
> 2. 색계(色界) : 순수 물질의 세계
> 3. 무색계(無色界) : 물질이 없는 순수 정신의 세계

3계는 욕계·색계·무색계로서 중생이 윤회하는 일체 세계를 뜻한다. 석가는 3계를 모두 불에 타고 있는 집인 화택(火宅)이라고 부른다. 욕망과 집착의 불길이 타오르고 그로 인한 번뇌와 고통이 멈추지 않는다는 말이다. 이 화택을 벗어나는 것, 불길을 끄고 고통을 벗어나는 것이 불교가 지향하는 것이다. 고통을 벗어나기 위해서는 일단 3

계가 모두 고통스런 곳이라는 3계의 실상을 바로 알아야 한다. 이를 위해 불교는 무상(無常)·고(苦)·무아(無我)의 실상을 있는 그대로 바라볼 것을 강조한다. 그러므로 '먼저 3계를 관한다'고 말한다. 그렇게 하면 그 3계에 머물고 싶지 않다는 생각, 즉 싫어 떠나고픈 마음인 염리심(厭離心)이 일어나며, 그렇게 염리심을 냄으로써 자아와 세계에 매달리는 집착과 욕망을 극복하게 된다. 이와 같이 염리심을 내기 위해 무엇보다도 먼저 3계의 실상을 있는 그대로 알아차리는 것이 중요하다.

여기서 좋은 친구인 선우(善友)는 더불어 해탈을 추구하는 도반이기도 하고 또 나를 이끌어줄 스승인 선지식(善知識)이기도 하다. 해탈의 길은 홀로가 아니라 선우와 함께하는 길이다. 그러므로 수행을 하는 데는 반드시 선지식과 도반이 필요하다.

행정은 3계의 실상을 관함에 대해 "경에서 '3계에 편안함이 없음이 화택과도 같다'고 하였으니, 관조의 대상이 된다."[66]라고 하고, 또 선우가 필요함에 대해 "경에서 '선한 친구를 가까이하되, 차라리 목숨을 버릴지언정 멀리 떠나서는 안 된다'고 하였으니 생사를 벗어나기를 구하기 때문이다."라고 설명한다.[67]

---

66) 행정, 177상, "經云, '三界無安, 猶如火宅,' 爲所觀境." 여기에서의 인용문은 행정이 『법화경』 권2(『대정장』 권9, 14하)에서 가져온 것이다.
67) 행정, 177상, "經云, '親近善友, 寧失身命, 不應遠離.' 求脫生死故." 여기에서의 인용문은 행정이 『불설보살수행사법경(佛說菩薩修行四法經)』(『대정장』 권17, 708하) 아니면 종밀의 『원각경도장수증의』 권14(『만자속장경』 권74, 478중)에서 가져온 것이다.

그다음 아침저녁으로 문안하는 것은 합당한 예절을 지키기 때문이다. 그다음 불편함이 있는지의 여부를 살피는 것은 모시고 봉양함을 분명히 하기 때문이다.

次朝晡問訊, 存禮數故. 次審乖適如何, 明侍養故.

여기서부터는 가까이하는 선지식을 대하는 자세 및 행해야 할 바에 대해 말한다. 아침저녁으로 문안 인사를 드리는 것은 그렇게 함으로써 그 관계에 적절한 예절이 지켜지게 되기 때문이다. 그리고는 수시로 불편한 곳은 없는지 편안한지를 잘 살펴야 한다. 그렇게 모시고 봉양해야 한다는 것이다.

행정은 설명한다. "새벽에 안부를 묻고 저녁에 편안하게 해야 예절을 어김이 없다. 『시경』에서 '인간으로서 예의가 없으면 어찌 일찍 죽지 않겠는가?'라고 했다."[68] 또 "모시고 봉양함에는 정해진 장소가 없이 편안함과 어려움에 온 힘을 다한다."[69]라고 말한다.

그다음 무엇을 할지를 묻는 것은 친히 받들어 섬김을 분명히 하기 때문이다. 그다음 우러러 따름에 나태함이 없는 것은 '간절히 존중하는 마음'[殷重心]을 내기 때문이다.

次問何所作爲, 明親承事故. 次瞻仰無怠, 生殷重故.

---

68) 행정, 177중, "晨省昏定, 無虧禮焉. 詩云 '人而無禮, 胡不遄死?'" 여기에서의 인용문은 행정이 『시경』 「국풍 상서(國風 相鼠)」에서 가져온 것이다.
69) 행정, 177중, "侍養無方, 安危竭力."

선지식을 모시고 섬기면서 자신이 무엇을 해야 하는지를 물어 그것을 실행해야 한다. 선지식을 통해 수행 과정에서 해야 할 일을 알아나가고 배워나가는 것이다. 그것이 곧 선지식을 받들어 섬기는 일에 속한다. 그리고 무엇을 해야 하는지를 물어서 알고 나면, 게으름을 피우지 말고 성실히 실행해야 한다. 그렇게 함으로써 중요한 것을 소중히 여길 줄 아는 마음이 키워지기 때문이다.

행정은 "승가의 일은 알아서 하지 않는 것이 없게 한다."[70]라고 말하며, "스승을 섬김에 나태함이 없어야 법을 공부함에 성취가 있다."[71]고 말한다.

그다음 마음에 중요한 것을 자주 결단하는 것은 바르게 닦고자 하기 때문이다. 그다음 이해한 대로 올려 가려내는 것은 삿됨과 바름을 알고자 하기 때문이다.
次數決心要, 爲正修故. 次隨解呈簡, 爲識邪正故.

수시로 마음을 들여다보고 검토하여 자신이 현재 중요한 일에 매진하고 있는지 아닌지를 살펴야 한다. 그렇게 해야 수행을 제대로 해나갈 수 있다. 그리고 자신의 수행 과정을 자신이 이해한 대로 말씀드려서 자신이 바른 길을 가고 있는지 아닌지에 대한 판단을 들어야 한다. 그렇게 해야만 자신이 가는 길이 바른지 삿된지를 제대로 알 수 있기 때문이다. 스승의 점검이 필요하다는 것을 강조한 말이다.

---

70) 행정, 177중, "僧家之事, 知無不爲."
71) 행정, 177중, "事師無怠, 學法有成."

행정은 "배우되 싫증내지 않는 것, 이것이 바른 수행이다. 만약 수행하지 않는다면, 듣지 않은 것과 같다."[72]고 말한다. 들어서 알아도 그것을 실제로 행하지 않는다면, 듣기 전과 다를 바가 없는 것이다. 그러므로 들은 그대로 실천하는 것이 바른 수행이 된다. 또 행정은 '올려 가려냄'[呈簡]에 대해 "어떤 사람은 '옛날에 종이가 없었기 때문에 죽간에 써서 올렸'고 말하지만, 이제 말하니 그렇지 않고 이것은 단지 스승에 의지하여 구분하여 분별한다는 것이다."[73]라고 주장한다. 간(簡)이 '대쪽의 글'이 아니라 '가려냄'의 의미라는 말이다.

그다음 기력을 증험하는 것은 설익었는지 익었는지를 알기 때문이다. 그다음 병을 보면 의심을 내는 것은 묘약을 올릴 수 있기 때문이다.
次驗氣力, 知生熟故. 次見病生疑, 堪進妙藥故.

선지식의 기력을 살펴보아 선지식을 받드는 자신의 행위가 아직 생경한 것인지 제대로 익은 것인지를 판단한다는 것이다. 또는 자신의 기력을 스스로 직접 증험함으로써 자신의 수행이 자신에게 무르익어 이미 습(習)이 되었는지, 아니면 아직도 낯선지를 알아본다는 뜻일 수도 있겠다. 어느 경우이든 오랜 과정을 거쳐 몸에 익고 습이 되어야 기력이 좋아질 수 있다는 것을 함축한다. 또 수행하는 과정에서 병폐를 발견하게 되면 문제가 있다고 의심을 일으켜야 한다. 그래야

---

72) 행정, 177중, "學之不厭, 此爲正修. 若不修行, 與不聞等."
73) 행정, 177중, "或云, '古未有紙, 故以竹簡寫呈.' 今謂不然, 但是憑師, 區以別矣."

그 병을 치료할 수 있는 방법을 생각하여 합당한 수행의 길로 나아갈 수 있기 때문이다.

행정은 "힘을 헤아리면서 행하여, 가부를 징험하여 안다."[74]라고 말한다. 병과 약에 대해서는 "병은 마음에 의해 집착된 것이고, 약은 관(觀)으로써 다스리는 것이다. 규봉 선사는 '의사의 처방은 만 가지이니 마땅히 가려서 다스려야 한다'고 하였다."[75]라고 설명한다. 수행에서 일어나는 모든 병폐는 결국 마음의 집착으로 인해 생겨나는 것이며, 따라서 그러한 병폐를 극복하기 위해서는 그 마음의 흐름과 집착을 있는 그대로 관하고, 그에 맞게 대치해야 한다.

자세하게 살펴 생각하는 것은 가장 합당한 것을 구하기 때문이다. 밤낮으로 정성스럽게 부지런한 것은 인연이 어긋날까 두렵기 때문이다.

委的審思, 求諦當故. 日夜精勤, 恐緣差故.

수행은 자신의 근기와 단계에 맞는 것으로 신중하게 선택되어야 한다. 병을 대치할 묘약은 정확하고 치밀하게 궁구되어야 하는 것이다. 그래야만 병이 효과적으로 치유될 수 있다. 나아가 수행은 전일한 마음으로 정성스럽게 행해져야 한다. 부지런히 정진하여 해탈을 위한 조건들이 어긋나게 되지 않도록 힘써야 한다.

---

74) 행정, 177중, "量力而行, 驗知可否."
75) 행정, 177중, "病謂因心所著, 藥謂用觀對治. 圭峰云, '醫方萬品, 宜選對治.'" 여기에서의 인용문은 행정이 종밀의 『대방광원각수다라료의경서(大方廣圓覺修多羅了義經序)』(『대정장』 권39, 524중)에서 가져온 것이다.

행정은 "실질[實]을 따져 깊이 궁구하며, 사유하여 멍하지 않게 한다. 『열반경』에서 '일체의 선법 중 사유로 인하지 않고 얻는 것이 없다'고 하였다."[76]라고 설명하며, "공(功)을 더해서 도를 배우는 것은 인연이 어긋날까 봐 크게 염려하기 때문이다. 『반야경』에서 '하는 일이 아직 이루어지지 않았어도 끝내 중간에 그치지 말 것이다'라고 하였다."[77]고 말한다. 일상에서 늘 깊이 사유해야 하고 끝까지 부지런히 정진해야 함을 강조한 말이다.

오로지 한마음으로 한결같이 수행하는 것은 업을 이루고자 하기 때문이다. 몸을 잊고 법을 위하는 것은 은혜를 알고자 하기 때문이다.
專心一行, 爲成業故. 亡身爲法, 爲知恩故.

오로지 한마음으로 전심전력해서 수행해야 한다. 일이관지의 정신으로 온 마음을 다해 노력해야 뜻을 이룰 수 있기 때문이다. 수행에서는 일신상의 안락은 잊어버리고 오직 불법을 깨달아 해탈하겠다는 그 일념으로 정진해야 한다. 몸을 아끼지 말고 전심전력해야 수행이 완성되고 그때 비로소 모든 인연에 감사하는 마음을 갖게 된다.

행정은 "정밀한 뜻에는 둘이 없어 응당 둘을 두지 못하니, 경에서 '항상 그 마음을 바르게 하여 다른 학문을 섬기지 않는다'고 하였

---

76) 행정, 177중, "責實究尋, 思而不罔. 涅槃云, '一切善法, 無不因於思惟而得.'" 여기에서의 인용문은 행정이 『열반경』권25(『대정장』권12, 512중)에서 가져온 것이다.
77) 행정, 177하, "加功學道, 遠慮緣差. 般若云, '所作未辦, 終不中息.'" 여기에서의 인용문은 행정이 『반야경』권568(『대정장』권7, 934상) "所作未辦, 終不中止"에서 가져온 것이다.

다."[78]라고 설명하며, "법의 이로움의 공덕이 깊으니 몸을 가루로 만들어도 보답할 것을 생각한다. 『열반경』에서 '설산보살이 절반의 게송을 듣고 나무 위로 올라가 몸을 던져 게송의 값에 보답했다'고 하였다."[79]라고 말한다. 설산보살 이야기는 석가의 전생담 중의 하나로 『열반경』에 나온다. 석가가 과거세에 동자로서 히말라야 설산에서 수행할 때 제석천이 그를 시험하기 위해 나찰로 나타나 '일체가 무상하니, 이것이 생멸법이다'[諸行無常, 是生滅法]라는 게송 반쪽을 알려주었다. 설산동자가 게송의 나머지 반을 듣고 싶어 하자 굶주린 나찰은 그 값으로 몸을 요구하였고 설산동자는 동의하였다. 나찰이 '생멸이 멸하면, 적멸이 즐거움이다'[生滅滅已, 寂滅爲樂]라고 남은 게송을 말해주자 설산동자는 약속대로 나무 위로 올라가 몸을 던졌고, 나찰은 곧 제석천의 모습으로 바뀌어 공중에서 그를 받았다고 한다. 진리를 깨닫기 위해서는 생명도 아끼지 말아야 함을 말해주는 것이다.

---

78) 행정, 177하, "精義無二, 不應兩存. 經云, '常正其心, 不事餘學.'" 여기에서의 인용문은 행정이 『아차말보살경(阿差末菩薩經)』, 권2(『대정장』 권13, 590상)에서 가져온 것이다.
79) 행정, 177하, "法利功深, 粉身思報. 涅槃云, '雪山菩薩, 聞說半偈, 上樹捨身, 以報偈價.'" 여기에서 인용된 내용은 『열반경』에 나오는 설산보살이야기이지만, 인용문은 행정이 당나라 원강(元康)의 『조론소(肇論疏)』 권상(『대정장』 권45, 164중), "涅槃經云, 雪山菩薩, 聞說半偈, 上樹捨身, 以報偈價."에서 가져온 것으로 보인다.

2. 믿음에 입각한 한결같은 뜻

만약 믿음의 힘이 경미하여 의(意)에 한결같은 뜻[志]이 없으면, 거친
행동과 얕은 이해가 기미를 좇아 떠올라 사물과 부딪치면 사물로
인해 마음을 내고 인연이 없으면 없음으로 인해 념을 멈추니, 이미
동정을 평등하게 관한 것이 아니고 유무의 득실을 따른 것이다.

如其信力輕微, 意無專志, 麤行淺解, 汎漾隨機, 觸事則因事生心, 緣無
則依無息念, 旣非動靜之等觀, 則順有無之得失.

```
인연이 있으면 → 마음을 냄 : 움직임[動] ┐ 동정분별  ↔  동정불이의 평등관
인연이 없으면 → 념을 멈춤 : 고요함[靜] ┘
```

    도와 불법에 대한 물러남이 없는 믿음을 갖고 오로지 깨달음을
성취하겠다는 굳건한 뜻을 세워야지만, 일체의 삿된 분별이나 망상
이 아닌 참된 궁극의 깨달음에 이를 수 있다. 뜻이 전일하고 굳건하
지 못하면 자칫 세속의 기준과 평가를 따라 생각이 일어나고 마음이
흔들려서 결국 궁극에 이르기도 전에 마치 자신이 도를 이루고 궁극
을 성취한 듯 착각할 수가 있다.
    불교가 궁극적으로 지향하는 것은 마음의 본래자리로 돌아가 자
신의 본래면목을 회복하는 것이다. 스쳐 지나가는 수많은 인연에 따
라 마음이 움직이거나 고요해지는 것은 모두 마음의 본래자리 위에
서 벌어지고 있는 다양한 사건들일 뿐이다. 불교는 그 사건들 중의
어느 하나로 자신의 마음을 고정시켜 거기 매여 있지 말고 전체 사
건을 아울러 총괄하는 마음, 따라서 그 각각의 사건으로부터 물러나
전체를 하나로 관조하는 마음, 즉 마음의 빈 바탕으로 돌아가라고 한

다. 그것이 그 안에서 벌어지는 운동과 정지, 염오와 청정 등 온갖 분별과 이원성을 평등하게 감싸 포괄하는 마음의 본래자리이기 때문이다. 그것이 바로 일체를 하나로 포괄하는 하나의 마음, 한마음, 일심(一心)이다. 일체 현상적 분별을 넘어선 마음의 본래면목인 그 한마음 안에 자와 타, 생과 사의 이원성을 넘어서는 궁극이 감추어져 있을 것이다.

행정은 뜻이 굳건해야 함에 대해 이렇게 말한다. "덕을 붙잡음이 넓지 않고 도를 믿음이 돈독하지 않으면, 어찌 친구에게 물어 뜻을 무위(無爲)로 결정할 수 있겠는가? 행동이 세속을 뛰어넘지 않고 이해가 인(仁)에 가깝지 않으면, 이런 부류에게서는 취할 것이 하나도 없다."[80] 마음이 근본자리에 이르지 못해 들떠 있음으로써 사물에 부딪히면 그로 인해 마음을 내게 되는 것에 대해 "거슬리는 위경(違境)이나 수순하는 순경(順境)을 대하면 갑자기 애나 증이 일어나므로 '사물에 부딪힌다'라고 말한다."[81]고 설명한다. 이것은 사물과의 촉(觸)으로 인해 마음에 느낌[受]이 일어나고 그 느낌에 따라 애증의 분별이 일어나는 것을 말한다. 다시 말해 12지 연기에서 '촉→수→애'의 과정에 해당한다. 즉 위경계와 부딪쳐서 생기는 고수(苦受)로 인해 곧 증(憎)의 마음이 일어나고, 순경계와 부딪쳐서 생기는 락수(樂受)로 인해 곧 애(愛)의 마음이 일어나는 것을 말한다. 사물과 접하는 인연이 없을 경우에 념이 일어나지 않는 것에 대해 행정은 "이 구는 곧 평평수(平平受)

---

80) 행정, 177하, "執德不弘, 信道不篤, 焉能訪友, 決志無爲? 行不踰俗, 解未親仁, 如是等流, 一無可取."
81) 행정, 177하, "對違順境, 俄起愛憎, 故云觸事."

이다."[82]라고 말한다. 이는 곧 위경계도 아니고 순경계도 아닌 경우 갖게 되는 즐겁지도 괴롭지도 않은 느낌인 사수(捨受)를 뜻한다. 사수로 인해서는 애증의 마음이 일어나지 않고, 따라서 념이 멈춘다고 할 수 있다.

```
…  →    촉    →    수    →    애    →    …
위경계와 촉  →   고수    → 증의 마음 ┐
순경계와 촉  →   락수    → 애의 마음 ┘ 동
촉이 없음  → 사수(평평수) → 념이 멈춤 - 정    동정분별 ↔ 동정불이의 평등관
```

그러나 이렇게 해서 생겨나는 감정은 움직임과 고요함에 대해 평등한 마음이 아니고, 단지 경계가 있느냐 없느냐에 따라 움직이거나 고요해지는 상대적인 차별적 마음 상태에 지나지 않는다. 위경계나 순경계의 인연이 있든 없든 일체를 평등하게 대할 수 있는 그런 마음이 아닌 것이다. 대상을 좇아 성립하는 동정에 머무르는 한, 아무리 고요함이라고 해도 궁극의 것은 아니다. 흔히 마음을 고요하게 하고 선정에 들기 위해서는 일단 바깥세상의 혼잡함을 피해 조용한 외곽으로 가야만 하는 것처럼 생각하기 쉽다. 바깥에서 부딪쳐 오는 것이 없으면 마음의 동요도 멎게 되기 때문이다. 그러나 이렇게 얻어진 평온은 진정한 평온이 아니다. 사물과의 부딪침이 멎어 인연이 없어서 고요해진 마음은 사물과의 부딪침이라는 인연이 생기면 곧 다시 움직이기 때문이다. 이러한 고요함은 곧 움직임으로 바뀔 수 있는 상대적인 고요함, 한마디로 동정분별의 정(靜)일 뿐이다. 반면 수행을 통해 이룩하고자 하는 고요함[靜]은 동정분별의 상대적 고요함이 아

---

82) 행정, 177하, "此句卽平平受."

니라 동정불이의 고요함이다. 사물에 부딪치든 말든, 인연이 있든 없든, 언제나 평등하게 유지되는 마음의 고요함인 것이다. 외적·내적 여건에 따라 좌지우지되지 않는 절대평등의 고요함이어야지 진정한 고요함이라고 할 수 있다. 이것을 평등관이라고 한다.

행정은 이렇게 설명한다. "움직이면 고락을 이루고, 고요하면 평평이 되니, 아직 평등관이 아니며 대상을 좇는 것일 뿐이다. 움직임과 고요함을 갖고 선정과 지혜에 배대하는 사람도 있지만, 어두워 마치 밤에 노는 것과 같으니, 어찌 검음과 흼을 구분할 수 있겠는가? 있음을 따르면 잃게 되어 장차 업보가 오고, 없음을 따르면 얻는 것 같지만 복의 결과를 부르지는 못한다."[83] 동(動)에서의 고락이나 정(靜)에서의 평평은 진정한 고요함에 이른 평등관이 아닌 것이다.

그러나 도는 멋대로 단계가 올라가는 것이 아니고, 공(功)에 따라 지위가 올라갈 뿐이다.
然道不浪階, 隨功涉位耳.

수행을 통해 깨닫고자 하는 진리는 절대평등의 것이지만, 그 궁극진리에 이르는 수행의 길에는 순서가 있고 질서가 있다. 수행의 공덕을 통해서만 한 단계씩 앞으로 나아갈 수 있는 것이다.

행정은 도 내지 행에 대해 이렇게 설명한다. "법을 배우는 자는 진리와 수행을 모름지기 분명히 해야 한다. 진리를 말하면 저 단계의

---

83) 행정, 177하~178상, "動成苦樂, 靜則平平, 曾未等觀, 隨塵而已. 有以動靜, 配於定慧, 冥若夜遊, 豈分緇素? 順有成乎失, 業報將來, 順無似乎得, 不招福果."

차이가 사라지지만, 수행을 논하자면 공을 쌓아야 비로소 도달하니 지위의 차이에 건너뜀이 없다. 도는 마땅히 빈 것이 아니다."[84]

진리	≠	수행
계차 없음		수행의 위차가 있음

---

84) 행정, 178상, "學法之者, 理行須明. 說理則泯彼階差, 談行則積功方達. 位差無濫. 道應
不虛."

제2장
교만하고 사치스런 뜻을 경계함

○

1. 의복과 음식에서 검소해야 하는 이유

1) 다른 생명체의 손상

의복과 음식의 유래는 기르고 재배하는 것이니, 흙을 갈고 땅을
파며 누에를 소금에 삶는다. 완성하고 익히는 행위가 다른 것의
생명을 손상하는 것이다.
衣食由來, 長養栽種, 墾土掘地, 鹽煮蠶蛾. 成熟施爲, 損傷物命.

> 의(衣) : 長養(누에를 기름) – 누에를 삶아서 죽임
> 식(食) : 栽種(씨 뿌려 재배) – 땅을 갈면서 뭇생명을 죽임

몸에 걸치는 의복은 누에를 키워 그가 지어놓은 실로 천을 만들
어 입는 것이고, 입과 배를 채우는 음식은 씨를 뿌리고 재배해서 먹
는 것이다. 그러면서 누에고치의 실을 얻기 위해 누에를 통째로 쪄서
죽게 하고, 씨를 뿌리기 위해 땅을 파고 흙을 갈면서 벌레들도 죽게
만든다.

126

행정은 "의복으로 몸을 덮으니 길러서 얻고, 음식으로 입을 채우니 씨를 뿌려서 이룬다."[85]고 말한다.

다른 것을 죽게 만듦으로써 자기 몸에 공급하니, 단지 (자신의) 배고픔과 추위를 두려워하여 (남의) 죽음과 괴로움을 살피지 않는 것이다. 남을 죽여 자신을 살리니 애통하고도 가슴 아프다.
令他受死, 資給自身, 但畏饑寒, 不觀死苦. 殺他活己, 痛哉可傷.

땅을 갈고 파면서 벌레도 죽이고 누에도 쪄서 죽이고 하는 것은 결국 내가 먹고 입기 위한 것이다. 그렇게 인간은 자신의 목숨을 이어가기 위한 음식과 의복을 얻기 위해 벌레도 죽이고 누에도 죽인다. 내 몸을 먹이고 입히기 위해 숱한 생명체를 괴롭히고 손상하고 죽이는 것이다. 결국 남을 죽여 나를 살리니, 한없이 애통하고 참괴할 일이다.

행정은 "자신의 배고픔과 추위를 걱정해서 옷과 음식을 실컷 구하되 참괴함이 없어 슬프게도 중생을 손상한다. 『교계경』에서 '부끄럼이 없다면 금수와 다름이 없다'고 하였다."[86]라고 말한다.

---

85) 행정, 178상, "衣以盖形, 長養而得, 食以充口, 栽種而成."
86) 행정, 178상, "自慮飢寒, 飽求衣食, 而無慙愧, 悲損含靈. 教誡經云, '若無慙愧者, 與諸禽獸而無有異.'" 여기에서의 인용문은 행정이 『불수반열반략설교계경(佛垂般涅槃略說教誡經)』(『대정장』 권12, 1111중) "若無愧者, 與諸禽獸無相異也."에서 가져온 것으로 보인다.

2) 타인의 노동력에 빚짐

또한 농사짓는 공에 들어가는 힘이 깊고 두터우니 어찌 단지 생명
체[含靈]의 목숨을 해치는 것뿐이겠는가? 나아가 진실한 보시를 소
화하기 어려우니, 비록 또 출가한다 한들 무슨 덕이 있겠는가?
兼用農功, 積力深厚, 何獨含靈致命? 亦乃信施難消, 雖復出家, 何德之有?

　농사일은 힘이 매우 많이 들어가는 것이다. 일반 사람들은 자기
먹을 음식이나 입을 옷을 얻기 위해 농사짓는 공이라도 들인다. 반면
출가자들은 스스로 농사지으며 수고하는 공도 들이지 않고 음식이나
의복을 시주받아서 먹고 입는다. 자신이 소모하는 음식이나 의복 때
문에 다른 생명체를 손상할 뿐 아니라, 그에 덧붙여 그것을 얻기 위
한 노동도 하지 않고 거저 얻어 쓸 뿐이니, 이중으로 빚을 지는 것이
다. 그러므로 신도들의 시주를 받아 사는 출가자들은 자기 자신만을
위한 삶을 살아서는 안 되고, 일체 중생의 해탈을 위해 살아야 한다.
　행정은 이렇게 경고한다. "오직 자신만을 풍성하게 하고자 보시
를 받으니, 어찌 덕을 헤아리고 공을 계산할 줄 알겠는가? 『비니론』
에서 '다른 사람이 진심으로 보시하는 것을 받아 여법(如法)하게 사용
하지 않고 그 마음을 방일하게 하여 도 닦는 업을 그만두면, 3악도(惡
道) 중에 떨어져 무거운 고통을 받게 되기 때문이다'라고 하였다."[87]

---

87) 행정, 178중, "秖欲資身受施, 何知度德計功? 毗尼論云, '受人信施, 不如法用, 放逸其心,
　　廢修道業, 入三塗中, 受重苦故.'" 여기에서의 인용문은 행정이 도선의 『사분율산번보궐
　　행사초』 권하2(『대정장』 권40, 127하), "毘尼母云, 受人信施, 不如法用, 放逸其心, 廢修
　　道業, 入三塗中, 受重苦故."에서 가져온 것으로 보인다.

2. 검소함으로 수행을 준비

아! 무릇 3계(界)를 넘어서고자 하면서도 속세[塵]를 끊는 수행이 아직 없으면, 단지 남자의 몸을 했을 뿐 장부의 뜻이 없는 것이다.
噫! 夫欲出超三界, 未有絶塵之行, 徒爲男子之身, 而無丈夫之志.

　　욕계, 색계, 무색계의 3계(界) 윤회로부터 해탈하고자 하면서도 실제 삶에서는 속세에 매여 자유롭지 못하다면, 이는 결코 스스로 뜻을 품고 그 뜻대로 살아가는 장부라고 할 수 없다.

　　행정은 '남자의 몸을 했을 뿐 장부의 뜻이 없다'라는 말에서 이 글이 남자만을 위한 글이 아닌가라는 오해가 생겨날까 봐 다음과 같은 설명을 덧붙인다. "오직 세속을 벗어날 마음을 품고서 경계를 좇아 오염되지 않으면 곧 장부라고 부르지 남녀를 논한 것이 아니다. 『열반경』에서 '4법(法)을 갖추면 장부라고 이름한다. 어떤 넷인가? 첫째는 선지식이고, 둘째는 능히 법을 들음이고, 셋째는 의(義)를 사유함이고, 넷째는 말한 대로 수행함이다. 이 넷이 없으면 장부라고 이름하지 않는다'고 하였다."[88] 3계의 6도 윤회를 벗어나고자 뜻을 품고 그에 합당하게 노력하는 자라야 참된 수행자라고 할 수 있다. 장부의 네 가지 조건은 곧 참된 수행자의 조건이라고 볼 수 있다.

---

88) 행정, 178중, "但懷出世之心, 隨塵無染, 卽號丈夫, 不論男女. 涅槃云, '若具四法, 則名丈夫. 何等爲四? 一善知識, 二能聽法, 三思惟義, 四如說修行. 無此四法, 不名丈夫.'" 여기에서의 인용문은 행정이 『열반경』 권18(『대정장』 권12, 469상)에서 가져온 것이다.

4법(法) : 장부(丈夫)의 조건
　1. 선지식
　2. 법을 들음
　3. 의(義)를 생각함
　4. 말한 대로 수행함

다만 날이 저물도록 어지럽고 밤이 새도록 혼미하여 도덕을 닦지
않고 옷과 음식만을 낭비하니, 위로는 도를 넓히는 데에 어긋나고
아래로는 중생을 이롭게 함이 없으며 가운데로는 네 가지 은혜를
저버리므로 진실로 부끄럽게 생각한다.
但以終朝擾擾, 竟夜昏昏, 道德未修, 衣食斯費, 上乖弘道, 下闕利生,
中負四恩., 誠以爲恥.

4은(恩) :
　1. 부모의 은혜 : 몸을 낳아 길러준 은혜
　2. 스승의 은혜 : 마음을 이끌어준 은혜
　3. 국가의 은혜 : 심신이 머무르는 국토를 유지하는 은혜
　4. 시주의 은혜 : 심신을 유지할 수단을 제공하는 은혜

　도를 닦는다고 하면서 낮에는 대상세계의 번다함에 이끌려 고와
락으로 어지러운 시간을 보내고 밤에는 무기(無記)에 빠져 혼미하게
지낸다면, 이는 도 닦는 자라고 할 수 없다. 구도자라면 낮이든 밤이
든 고요하고 적적하면서도 성성하게 깨어 있는 가운데 도를 닦아야
한다. 그렇게 해서 상구보리 하화중생을 실현함으로써 자신을 살게
해준 모든 인연들의 은혜에 보답해야 하는 것이다. 그렇게 하지 못하
고 있다면 결국 음식과 의복만 낭비하고 있는 셈이 된다.
　행정은 이렇게 설명한다. "어지러운 것은 고와 락의 두 가지 인연

이고, 혼미한 것은 무기이다. 덕을 닦아 후생을 교화함에 힘쓰지 않고 옷과 음식을 편안해하니 어찌 낭비임을 알겠는가? 이미 도를 넓히는 능력이 없으니, 어찌 중생을 이롭게 할 활용이 있겠는가? 실로 네 가지 은혜에 깊이 빚을 지고 있으니, 부끄러움이 이보다 더할 수가 없다."[89]

그러므로 지혜로운 자는 생각하기를 차라리 법이 있게 죽을지언정 법이 없이 살지 않으려고 한다. 다만 스스로 미혹하고 어리석어 제 몸을 귀히 여기고 법을 천히 여길 뿐이다.
故智人思之, 寧有法死, 不無法生. 徒自迷癡, 貴身賤法耳.

바름과 법을 따라 사는가 아니면 자기 일신의 안락을 좇아 사는가는 상당히 다른 두 가지 인생길이다. 지혜로운 자는 죽을지언정 법을 따라 살고, 어리석은 자는 살기 위해 법보다는 자기 몸을 더 귀히 여긴다.

행정은 이렇게 설명한다. "법이 있게 죽으면 종자(種子)를 받아 품고 있지만, 법이 없이 살면 여러 겁 동안 미혹에 빠지게 된다. 명예와 이익을 좋아하여 몸을 영화롭게 하고, 성인의 말씀을 업신여겨 익히지 않는다면, 진실로 어리석다고 할 만하다."[90]

함허는 '종자를 받음'에 대해 "종자를 받음은 금강(金剛)의 종자를

---

89) 행정, 178중, "擾擾則苦樂兩緣, 昏昏則無記一性. 不務修德, 以化後生, 衣食所安, 何知浪費? 旣無弘道之能, 安有利生之用? 實乃四恩深負, 恥無加焉."
90) 행정, 178하, "有法而死, 納種在懷, 無法而生, 沈迷累劫. 愛名利以榮身, 侮聖言而不習, 可謂眞愚癡矣."

받음이다."[91]라고 설명한다. 불교의 관점에서 보면 죽음이 끝이 아니기에, 법을 위해 죽으면 그래도 아뢰야식 안에 선종자(善種子)가 남겨지지만, 법에 반하면서 자기 일신만을 구하면 결국 언젠가는 돌아올 고과(苦果)를 면치 못하게 된다.

---

91) 함허, 178하, "納種, 納金剛種."

제3장
3업을 청정하게 닦음

○

탐냄[貪]과 성냄[瞋]과 삿된 견해[邪見]는 의업(意業)이고, 허망한 말[妄言]과 꾸민 말[綺語]과 이간의 말[兩舌]과 험한 말[惡口]은 구업(口業)이며, 살생[殺]과 도둑질[盜]과 사음[婬]은 신업(身業)이다.

貪瞋邪見意業, 妄言綺語兩舌惡口口業, 殺盜婬身業.

3업(業)과 10악업(惡業) :
1. 의업(意業) : 탐(貪), 진(瞋), 사견(邪見)
2. 구업(口業) : 망언(妄言, 틀린 말), 기어(綺語, 거짓말), 양설(兩舌, 이간하는 말), 악구(惡口, 험한 말)
3. 신업(身業) : 살(殺), 도(盜), 음(婬)

업(業)은 심신의 모든 행위를 다 말하는 것이 아니라 오직 탐심과 진심에서 비롯되는 집착에 기반을 두고 의도에 따라 행해지는 행위만을 뜻한다. 의도를 갖고 몸이 하는 신체적 행위를 신업(身業), 입이 하는 언어적 행위를 구업(口業), 마음이 하는 의지적 행위를 의업(意業)이라고 한다.

업에는 선한 의도에 따르는 선업(善業)과 악한 의도에 따르는 악업(惡業)이 있다. 피해야 할 열 가지 업이 '10악업'인데, 위에서 언급한 세 가지 의업, 네 가지 구업, 세 가지 신업을 일컫는다. 그중 의업에 해당하는 탐·진·치(사견)는 일체 악업의 근본이 되고 해가 되며 극복하기 어려운 마음이므로 이를 '3독심(毒心)'이라고 부른다.

무릇 대도를 구하고자 뜻을 내면 반드시 먼저 3업(業)을 청정하게 닦아야 한다.
夫欲志求大道者, 必先淨修三業.

대도를 이룬다는 것은 곧 삶의 근본문제인 생사문제를 해결한다는 것이다. 삶이 무엇인지, 인간이 무엇인지, 내가 누구인지를 깨닫고자 한다면, 그런 깨달음을 이룰 수 있는 조건을 갖추어야 한다. 마음이 맑고 깨끗해야 답이 보인다. 그러므로 도를 닦고자 하면 우선 신·구·의 3업(業)을 닦아야 한다고 말한다. 신·구·의 3업을 닦는다는 것은 곧 악을 짓지 않고 선을 행한다는 뜻이다.

행정은 이렇게 설명한다. "악을 그치고 선을 행해야 하니, 선에는 두 종류가 있다. 첫째는 그침[止]이고 둘째는 행함[行]이다. 그침은 다만 이전의 악을 그쳐서 남을 괴롭히지 않는 것이다. 행함은 뛰어난 덕을 닦고 행해서 일체를 이롭고 편안하게 하는 것이다."[92] 소극적으로 악업을 짓지 않아 남을 괴롭히지 않는 것은 지(止)로서 선업에 속하고, 보다 적극적으로 선한 일을 행해 남에게 이득을 주는 것은 행(行)으로서 선업에 속한다.

---

92) 행정, 178하, "息惡行善, 善有二種. 一止, 二行. 止則但止前惡, 不惱於他. 行則修行勝德, 利安一切."

선업(善業) :
  1. 지(止) : 악행을 그침
  2. 행(行) : 덕행을 닦음

그런 다음 4위의(威儀)에서 점차적으로 도에 들어가고 나아가 6근(根)의 대상에 대해 인연에 따라 요달하면 경계[境]와 지혜[智]가 함께 고요하여 신묘한 종지에 명합(冥合)하게 된다.

然後於四威儀中, 漸次入道, 乃至六根所對, 隨緣了達, 境智雙寂, 冥乎妙旨.

4위의(威儀) : 법도에 맞는 위엄 있는 몸가짐
  1. 행(行) : 걷기
  2. 주(住) : 머물기
  3. 좌(坐) : 앉기
  4. 와(臥) : 눕기

3업을 바르게 닦고 나면 법도에 맞는 위엄 있는 몸가짐인 행·주·좌·와 4위의(威儀)를 갖게 되고, 그러면 점차적으로 도(道)와 합치하게 된다. 그리하여 6근의 대상이 되는 일체 경계에 대해 삿된 견해나 분별이나 애착을 일으키지 않고 도의 흐름에 맡긴다. 이것을 '인연을 따라 요달(了達)한다'고 말한다. 요달은 능과 소, 주와 객의 분별을 넘어 그 둘을 포괄하는 경지에서 일체를 여의게 아는 것이다. 주와 객, 지와 경, 6근과 6경의 대립이 사라져 고요한 상태에서 진리에 깊이 일치하여 하나 되는 명합(冥合)의 경지이다. 그러한 경지로 나아가기 위한 전제조건이 바로 신·구·의 3업을 닦는 것이기에, 본 장에서는 이 3업을 닦음을 논한다. 이하에서는 신업, 구업, 의업을 차례대로 논한다.

행정은 '경지쌍적(境智雙寂)'의 경지에 대해 "6근은 '능히 대하는 자'
[能對]이고, 6진(塵)은 '대해지는 것'[所對]이니, 능과 소, 경계와 지혜가
그 가운데 고요한 것을 '요달(了達)'이라고 한다. 경에서 '법행에 깊이
들어가면 집착할 곳이 없다'고 말한다."[93]라고 설명한다. 능소분별,
주객분별을 넘어 경과 지가 고요한 상태에서 진리를 요달하고 진리
와 명합한다.

1. 신업(身業)

1) 신업을 닦음

무엇이 신업을 청정하게 닦음인가? 스스로 깊이 사유할 것이니,
행·주·좌·와 4위의 중에 세 가지 허물을 단속하여 누실이 생
겨남이 없게 한다.
云何淨修身業? 深自思惟, 行住坐臥, 四威儀中, 檢攝三愆, 無令漏失.

	3신업 : 3건(愆)	↔	신업의 대치
1.	살생		불살생
2.	투도		불투도
3.	사음		불사음

---

93) 행정, 179상, "六根爲能對, 六塵爲所對. 能所境智, 於中寂然, 故云了達. 經云, '深入法行,
無所附著.'" 여기에서의 인용문은 행정이 『불설돈진다라소문여래삼매경(佛說㤉眞陀羅
所問如來三昧經)』권2(『대정장』권15, 357상), "入深法行, 無所附著."에서 가져온 것으
로 보인다.

136

신업은 3업 중에서 몸으로 짓는 업이다. 세 가지 허물인 3건(愆)은 이하에서 논할 살생과 투도와 사음의 세 가지 신업이며, 누실의 루(漏)는 번뇌를 뜻한다. 우리의 업으로부터 새어나가는 것이 번뇌이기에 그렇게 '새어나갈 루'가 곧 번뇌이다. 항상 법도에 맞게 처신하면서 몸을 청정히 유지하여 살생이나 도둑질이나 사음을 할 생각을 일으키지 말아야 한다. 이하에서는 불살생, 불투도, 불사음을 각각 설명한다.

행정은 신업을 닦음의 중요성을 강조하기 위해 "노자는 '몸을 닦아야 그 덕이 참되다'고 하였다."[94]라고 말한다. 도교 수행에서는 몸을 닦는 수행이 중요하다. 불교에서는 신업을 닦아 4위의를 갖춤이 몸을 닦는 수행에 해당하는데, 이는 신업을 닦는 방법으로서의 무상관, 부정관, 고관 등도 모두 포함한다고 볼 수 있다.

(1) 불살생(不殺生)

자비로 어루만져 길러서 생물의 목숨을 해치지 않는다. 물이나 땅이나 공중에 사는 일체 생명체의 목숨은 그 대소를 불문하고 평등한 마음으로 사랑하고 보호하여 꿈틀거리고 날아다니는 벌레들도 훼손되게 하지 않는다.
慈悲撫育, 不傷物命. 水陸空行, 一切含識, 命無大小, 等心愛護, 蠢動蜎飛, 無令毀損.

보통 종교나 윤리뿐 아니라 국가의 법에서도 죽이는 것은 다 옳

---

94) 행정, 179상, "老子云, '修之於身, 其德乃眞.'"

지 않은 것으로 생각한다. 생명은 그 자체로 가치 있고 소중한 것이기 때문이다. 그런데 대개는 사람을 죽이지 말라는 '살인(殺人)'의 금지에 머무른다. 반면 불교는 인간이든 축생이든 미물이든 모든 살아 움직이는 것의 생명을 똑같이 소중한 것으로 여긴다. 따라서 불교가 금하는 것은 '살인'이 아니라 '살생(殺生)'이다. 모든 살아 있는 것들을 죽이지 말라는 것이다. 살아 있는 것은 모두 감정을 느끼는 존재라는 의미에서 '유정(有情)'이라고 부르는데, 살아 있는 유정의 가장 기본적 감정은 고통이다. 결국 살생을 하지 말라는 것은 유정에게 고통을 주지 말라는 것이다. 다만 불교에서는 유정의 범위에서 식물은 제외시키며, 따라서 식물은 윤회하지 않는 존재로 간주한다. 불교에서 유정은 윤회하는 존재로서, 천, 수라, 인간, 축생, 아귀, 지옥중생이다. 우리 인간이 일상 의식에서 존재하는 것으로 알아볼 수 있는 존재는 인간과 축생이므로, 일단 살생은 인간과 동물을 죽이지 말라는 말이 된다. 인간뿐 아니라 크기 여하를 막론하고 모든 생명체를 죽이지 말라는 것인데, 대승보살계에서 살생의 업이 성립하는 것은 죽이려는 의도가 들어간 경우이다. 그러므로 일부러 죽이는 '고살(故殺)'을 경계한다.

행정은 설명한다. "이 불살계는 인간에 대해서만 논한 것이 아니라, 단지 고의로 상하게 하는 것은 모두 이 허물을 범한 것이다. 『범망경』에서 '일체 목숨이 있는 것은 고의로 죽여서는 안 된다. 만약 죽이면, 바라이죄(波羅夷罪)를 범하는 것이다'라고 하였다."[95] 바라이죄는

---

95) 행정, 179상, "此之殺戒, 非就人論, 但是故傷, 皆犯斯咎. 梵網云, '一切有命者, 不得故殺. 若殺, 結波羅夷罪.'" 여기에서의 인용문은 행정이 대승 계율서 『범망경로사나불설보살심지계품(梵網經盧舍那佛說菩薩心地戒品)』(이하 『범망경』) 권하(『대정장』 권24, 1004 중), "一切有命者, 不得故殺. … 自恣心快意殺生者, 是菩薩波羅夷罪."에서 가져온 것으로 보인다.

불교가 가장 엄격하게 금하는 중죄로서 이 죄를 범하면 불교 교단인 승단에서 쫓겨나게 된다.

위급하고 난처한 무리를 정성스럽게 건져주고 방편으로 구원하고 제도하여 모두가 해탈하게 한다.

危難之流, 殷勤拔濟, 方便救度, 皆令解脫.

불살생계는 살아 있는 생명체를 고의로 죽이지 말라는 것뿐 아니라 죽을 것만 같은 위험과 곤란에 처해 있는 중생을 건져내어 살게 만들라는 것도 포함한다. 적극적으로 죽이는 것도 살생이지만 소극적으로 죽게 내버려두는 것도 살생에 포함된다고 보는 것이다. 죽음과도 같은 고통에서 다른 중생을 건져내는 것을 두려움을 없애주는 보시라는 의미에서 '무외시(無畏施)'라고 한다.

행정은 "액난이나 공포에 빠진 자와 위급한 자를 보면 자신이 감당할 수 있는 바에 따라 무외를 베푼다."[96]라고 말한다. 이와 같이 불살생계는 능동적 살생뿐 아니라 죽게 내버려두는 것까지도 금한다.

(2) 불투도(不偸盜)

남의 재물은 주지 않으면 취하지 않는다. 귀신의 것이라고 해도 주인 있는 물건이면 바늘 하나 풀 하나라도 끝내 고의로 범하지

---

96) 행정, 179상, "若見厄難恐怖危逼, 隨己堪任, 施與無畏."

않는다.

於他財物, 不與不取. 乃至鬼神, 隨有主物, 一鍼一草, 終無故犯.

불투도는 남의 재물을 훔치지 말라는 것, 즉 주지 않는데 취하지 말라는 것이다. 주인이 있는 물건이면 그 주인이 살아 있는 자이든 이미 죽은 자이든 그것을 고의로 취해서는 안 된다는 것이다.

행정은 '불여불취(不與不取)'의 범위를 이렇게 설명한다. "이 도계는 다섯 가지를 간략화한 것이 아니니, 무릇 '왜곡되게 구하는 것'[曲求]은 모두 이 규제를 깨는 것이다. 『마득가론(摩得伽論)』에서 '취하는 것에는 세 가지가 있는데 강탈하여 취하는 것과 유연한 말로 취하는 것과 주었다가 도로 취하는 것이니, 모두 도계를 범하는 것이다'라고 하였다."[97] 여기서의 불투도와 구분되는 다섯 가지는 출가자에게 금지된 다섯 가지 삿된 행동인 5사명(邪命)을 말한다. 5사명은 다음과 같다.

> 5사명(邪命) : 출가자가 하지 말아야 할 행위
> 1. 세속을 속이고 괴이한 형상을 나타냄으로써 이익을 구함
> 2. 자신의 공덕을 말함으로써 이익을 구함
> 3. 사람들의 길흉을 점쳐줌으로써 이익을 구함
> 4. 호언장담으로 위세를 보임으로써 이익을 구함
> 5. 이익 없는 것을 칭찬함으로써 또 다른 이익을 구함

---

97) 행정, 179중, "此之盜戒, 非約計五, 凡是曲求, 皆破斯制. 摩得伽論云, '取則有三, 强奪取, 軟語取, 施與還取, 皆犯盜戒.'" 여기에서의 인용문은 행정이 법장의 『범망경보살계본소(梵網經菩薩戒本疏)』 권2(『대정장』 권40, 618하), "摩得伽云, 劫奪心, 有三種, 謂强奪取, 要語取, 施已還取."에서 가져온 것으로 보인다. 현수 법장(賢首 法藏, 643~712)은 당나라 승려로 화엄 제3조이며 화엄교판을 확립하였다. 『화엄경탐현기(華嚴經探玄記)』, 『화엄오교장(華嚴五敎章)』, 『대승밀교경소(大乘密敎經疏)』, 『범망경소(梵網經疏)』, 『대승기신론소(大乘起信論疏)』, 『화엄현의장(華嚴玄義章)』 등을 저술하였다.

가난하여 구걸하는 자에게는 자기가 소유한 것에 따라 경건한 마음으로 베풀어 주어 그를 편안하게 해주되 은혜 갚기를 구하지 않고 이렇게 사유한다. 과거의 제불은 무량겁이 지나도록 단(보시)바라밀을 행하여, 코끼리, 말, 칠보, 머리, 눈, 골수, 뇌를 보시하며 심지어 몸과 목숨까지도 내주면서 아까워하지 않았으니, 나도 이제 또한 그렇게 가진 것에 따라 베풀어 주면서 기뻐 공양하여 마음에 인색함이 없게 하겠다.

貧窮乞丐, 隨己所有, 敬心施與, 令彼安隱, 不求恩報, 作是思惟. 過去諸佛, 經無量劫行檀, 布施象馬七珍, 頭目髓腦, 乃至身命, 捨而無吝, 我今亦爾, 隨有施與, 歡喜供養, 心無吝惜.

남의 물건을 고의로 취하는 것뿐만 아니라, 나의 물건일지라도 궁핍함으로 인해 구걸하는 자에게 그것을 내주지 않는 것 또한 투도계를 범하는 것이라고 말한다. 나의 소유인데, 누군가 원한다고 왜 그것을 내주어야 하는가? 내가 소유함으로써 누군가 그것을 소유하지 못하기 때문에 고통받는 것이라면, 결국 그것을 내주지 않는 것은 그것을 훔친 것과 별반 다르지 않기 때문일 것이다. 그러므로 훔치지 말라는 말에는 보시하라는 말이 포함된다. 우리가 모두 하나의 공통된 기세간에 살고 있으므로 나에게서의 넘침은 결국 누군가에게서의 결핍이다. 명목상으로는 나의 소유로 되어 있을지라도 실질적으로는 다른 사람에게 귀속하는 것이 마땅한 것일 수 있다. 그러므로 내게 있는 것을 아낌없이 내어주는 보시가 요구되는 것이다. 보시에는 나의 재물을 남에게 주는 '재물보시', 불법을 글이나 말로서 제공해주는 '법보시', 그리고 남의 공포와 두려움을 제거해주는 '무외시'가 있다.

3보시(布施) :
  1. 재보시(財布施) : 재물을 베풀어줌
  2. 법보시(法布施) : 불법을 베풀어줌
  3. 무외시(無畏施) : 공포를 제거해줌

보시에서 중요한 것은 보시를 함에 상(相)을 내지 않는 것이다. 즉 '주는 나'라는 상(相), '받는 타인'이라는 상, 그리고 '준다'는 상이 없어야 한다. 상이 없이 주면 진정한 의미의 나눔이 되고 그 나눔을 통해 나의 마음이 확장될 수 있는 데 반해, 주면서도 상을 내면 마음의 확장이 가로막혀 실질적으로 이룬 것이 없게 되기 때문이다.

행정은 보시에 대해 이렇게 설명한다. "내가 소유한 것을 구걸하는 자에게 모두 그 뜻에 따라 주되 경건하게 행하며 보시의 과보를 생각하지 않는다. 『사법경』에서 '비록 내가 궁핍하더라도 소유한 것을 모두 보시한다. 누군가 와서 구걸하면, 머리, 눈, 신체까지도 마음에 거슬림이 없다'고 하였다."[98] 이미 아공의 깨달음을 통해 무아를 체득하고 자타불이의 경지에 이르렀다면, 내 것과 네 것을 가르지 않고 아무 사심 없이 내게 있는 것을 모두 내어줄 수 있어야 한다는 것이다. 그러나 이러한 보시의 정신은 오랜 기간의 수행과 실행을 통해 비로소 얻어진다는 것을 행정은 강조한다. "위의 성인과 같아지려고 생각하기를 오래도록 하면 더욱 견고해진다. 『유가론』에서 '어리석은 범부는 짧은 시간을 닦고도 마음이 나태하여 오래되었다고 의심하나, 성인은 무량겁을 경과하고도 그 부지런히 애씀을 잠깐이라고 여

---

98) 행정, 179중, "己之所有, 求者皆從, 敬而行之, 不務施報. 四法經云, '雖自窮乏, 所有皆施. 有來求乞, 頭目身體, 心無違逆.'" 여기에서의 인용문은 행정이 『대승사법경(大乘四法經)』(『대정장』 권17, 710상)에서 가져온 것이다.

긴다'고 하였다."[99]

(3) 불사음(不邪婬)

모든 여색에 대해 마음에 염오의 집착이 없게 한다.

於諸女色, 心無染著.

마음이 청정하지 못하고 이성에 대한 탐욕과 집착이 있어서는 안된다. 중생의 3독심 중 하나인 탐심이 가장 강렬하게 작용하는 것이 바로 이성을 향한 욕망인 성욕(性欲)이다. 이 욕망으로 인해 중생은 다시 남·녀의 성을 갖고 욕계에 태어나 끊임없이 이성에 대해 관심을 갖고 탐착하며 성관계를 원한다.

불교에서는 성욕을 벗어나기 위한 방법으로 몇 가지 관법(觀法)을 논한다. 성욕을 좇는 음행이 처음에는 쾌락 같지만 결국은 고통으로 끝나고 만다는 것, 욕망을 좇음이 결국 고라는 것을 깨닫는 것이 고관(苦觀)이고, 내가 욕망하는 대상이 비록 겉으로는 아름답고 매력적으로 보여도 실상은 더러운 오염물을 안에 가득 담고 있는 가죽 주머니에 지나지 않는다는 것을 깨닫는 것이 부정관(不淨觀)이다.

---

99) 행정, 179중, "思齊上聖, 久而彌堅. 瑜伽云, '愚夫修少時, 怠心疑已久, 聖經無量劫, 勤苦爲須臾.'" 여기에서의 인용문은 행정이 징관의 『대방광불화엄경소(大方廣佛華嚴經疏)』 권52(『대정장』 권35, 896중), "攝論云, 愚修雖少時, 怠心疑已久, 佛於無量劫, 勤勇謂須臾."에서 가져온 것으로 보인다. 무성의 『섭대승론석(攝大乘論釋)』 권6(『대정장』 권31, 419상)에 "愚修雖少時, 怠心疑已久, 佛於無量劫, 勤勇謂須臾."라고 나온다.

불사음을 위한 관 :
   1. 고관(苦觀) : 사음에 의한 락(樂)이 결국 고(苦)임을 관함
   2. 부정관(不淨觀) : 애욕의 대상이 실제로 부정함을 관함

　그런데 여기서 현각이 말하는 '여색'의 여(女)는 여성 자체를 뜻하기보다는 그가 남성이기에 남성의 관점에서 본 이성(異性)으로서의 여성을 뜻한다고 보아야 할 것이다. 높은 수행력에도 불구하고 남녀 문제에 관한 한 아직 보편적 관점에서 사유하지 못하고 단지 자신의 관점에서 또는 사회적 언어습관에 따라 '이성'을 '여성'으로 칭한 것일 수 있다. 혹 그것이 아니고 의도적 선택이라면 일반적으로 성욕에 결박됨이 여성보다 남성이 훨씬 더 심하기에 불사음계에 관한 한 주로 남성을 대상으로 설하려고 '이성' 대신 '여성'이라는 단어를 선택한 것일 수 있다. 어느 경우이든 성적 불평등의 언어폭력이 행사되고 있음을 부인할 수 없다.

　행정은 "『승기율』에서 '두려워할 만함이 심한 것이 여인보다 더한 것이 없다'고 말한다."[100] 일반 경전에서도 '이성' 대신 '여인'이라는 단어를 사용한 것은 현각과 마찬가지의 한계를 보여주는 것이라고 생각된다.

　a. 고관(苦觀)

범부는 전도되어 욕망에 취해 탐닉하면서도 헷갈려 어지러워 그 허물을 알지 못하니, 마치 꽃줄기를 잡으면서 독사가 있는 것을 깨우치지 못하는 것과 같다.

---

100) 행정, 179하, "僧祇云, '可畏之甚, 無過女人.'" 여기에서의 인용문은 행정이 독좌부 율전인 『마하승기율』 권1(『대정장』 권22, 232하)에서 가져온 것이다.

凡夫顚倒, 爲慾所醉耽荒, 迷亂不知其過, 如捉花莖, 不悟毒蛇.

음욕을 좇는 것은 곧 그로 인해 발생하는 쾌락을 좇는 것이다. 욕구가 충족되는 순간 느껴지는 쾌락을 좇아 이성에 집착하는 것이기 때문이다. 그러나 그러한 쾌락은 겉으로는 락이지만 실제로는 고와 분리되지 않는다. 욕망이 충족되기까지 추구되는 락의 크기만큼 실질적으로 마음 안에 고가 축적되며, 충족의 순간에도 다른 감각들과 마찬가지로 락을 느끼는 의식의 문턱이 점점 높아짐에 따라 결국 그만큼 더 많은 고가 내면을 채우기 때문이다. 그렇게 락을 좇음이 결국은 고의 증대를 함께 불러오기에, 색욕을 좇음을 꽃을 좋아하여 거기 독사가 함께함을 모르는 것에 비유한다.

행정은 "욕망을 즐기는 무리들은 정신을 해치고 덕을 무너뜨린다. 『열반경』에서 '파계하는 비구는 그 몸에 위엄과 덕이 없다'고 하였다."[101]라고 설명한다. 그리고 위의 비유에 대해 이렇게 말한다. "위에서 색을 탐하여 지옥을 돌아보지 않음을 비유한 것이다. 『열반경』에서 '묘하게 아름다운 줄기에 독사가 얽혀 있는데, 비유하자면 어떤 사람이 본성적으로 꽃의 색깔을 사랑하여 꽃의 줄기에 있는 독사의 우환을 보지 못하는 것과 같다'고 했다."[102] 니리(泥犁)는 지옥을 뜻한다. 사음의 결과로 얻게 되는 고가 결국은 지옥의 고라는 것이다. 이하에서 사음으로 인한 지옥의 고통을 묘사한다.

---

101) 행정, 179하, "嗜慾之徒, 傷神敗德. 涅槃云, '破戒比丘, 身無威德.'" 여기에서의 인용문은 행정이 『열반경』 권19(『대정장』, 권12, 475중)에서 가져온 것이다.

102) 행정, 179하, "喩上耽色, 不顧泥犁. 涅槃云, '如妙華莖, 毒蛇纏之, 譬如有人, 性愛花色, 不見花莖毒蛇過患.'" 여기에서의 인용문은 행정이 『열반경』 권13(『대정장』 권12, 440하), "如妙花莖, 毒蛇纏之, 譬如有人, 性愛好花, 不見花莖毒蛇過患."에서 가져온 것이다.

지혜로운 자는 그것[色]을 독사의 입 또는 곰이나 표범의 손으로 여기니, 맹렬한 불이나 뜨거운 쇠로 비유되지 않겠는가? 구리 기둥과 쇠 평상에 등을 태우고 장을 문드러지게 하여 피와 살이 무너져 고통이 심장과 골수에 사무치니, 이와 같이 관하면 오직 고통일 뿐 즐거움이 없다.

智人觀之, 毒蛇之口, 熊豹之手, 猛火熱鐵, 不以爲喩? 銅柱鐵床, 焦背爛腸, 血肉糜潰, 痛徹心髓, 作如是觀, 唯苦無樂.

마음 안에 성에 탐착하는 욕망이 있더라도 그 쾌락이 결국 고통을 낳을 뿐임을 안다면, 스스로 마음을 제어하여 멋대로 욕망을 좇지 않게 된다. 그러므로 불사음계를 지키기 위해서는 자신이 추구하는 락의 실상이 무엇인지, 그 결말이 무엇인지를 잘 관찰하여 알아야 한다. 무엇보다도 색욕이 가져올 결과를 잘 관찰해야 한다. 여기에서는 불사음계를 범할 경우 얻게 될 결과로서 지옥의 고통을 나열한 것이다.

행정은 이성(異性)을 향한 자신의 욕망을 독사나 표범처럼 간주하라는 것에 대해 이렇게 말한다. "색이 이와 같음을 관하면, 색을 가까이하지 못할 것이다. 경에서 '그 마음을 자제하여 탐욕을 따르지 말라'고 하였다. 비유가 미치지 못하니, 허물을 얻음이 가볍지 않다. 노자는 '죄는 음란보다 더 큰 것이 없고, 화는 탐욕보다 더 큰 것이 없다'고 하였다."[103] 사음으로 얻는 고통은 맹렬한 불이나 뜨거운 쇠의

---

103) 행정, 179하, "觀色如此, 不可近之. 經云, '自制其心, 不隨貪欲.' 喩之不及, 取過非輕. 老子云, '罪莫大於婬, 禍莫大於貪.'" 여기에서의 인용문은 행정이 『화엄경』 권33(『대정장』 권10, 814하), "不隨貪欲所行"에서 가져온 것으로 보인다.

비유가 오히려 부족할 만큼 엄청나다는 것이다. 행정은 "『무상경(無常經)』에서 '항상 탐욕의 경계를 구하고 선한 일을 하지 않는다'고 하였다. 그러므로 수행자로 하여금 항상 돌아올 보(報)를 생각하여 삿된 마음을 그치게 한다."[104]고 말한다.

b. 부정관(不淨觀)

가죽 주머니에 똥을 담은 고름과 피의 덩어리는 밖에다 향기를 갖다 발라도 안은 오직 악취 나고 더러울 뿐이며 지저분한 것이 흘러넘쳐 벌레와 구더기가 머무는 곳이니, 어물전이나 변소 구멍도 이에 미치지 못한다.

革囊盛糞, 膿血之聚, 外假香塗, 內唯臭穢, 不淨流溢, 蟲蛆住處, 鮑肆廁孔, 亦所不及.

인간의 몸을 이렇게 더러운 것으로 묘사하고 있는 것은 성욕으로 인해 정신이 혼미해진 자로 하여금 그가 욕망하고 있는 대상의 실상을 제대로 파악하게 하기 위한 것이다. 내가 아끼고 사랑하며 탐착하는 상대의 몸이 실제로는 그다지 탐낼 만한 것이 아니라는 것, 겉으로 아무리 아름답게 보이더라도 그 속은 말할 수 없이 더럽고 지저분하며 부정하다는 것을 여실하게 관하라는 것이다. 그렇게 하여 상대의 몸에 대한 집착을 넘어서라는 것이다. 부정관은 성욕을 좇는 탐심

---

104) 행정, 179하, "無常經云, '常求於欲境, 不行於善事.' 故令行者, 常思來報, 止息邪心." 여기에서의 인용문은 행정이 『불설무상경(佛說無常經)』(『대정장』 권17, 746상), "常求諸欲境, 不行於善事."에서 가져온 것으로 보인다.

을 대치하기 위한 수행 방편이다. 불교는 탐·진·치 각각에 대해 그것을 대치할 수행법을 달리 제시한다.

탐 · 진 · 치를 대치하는 수행법 :
1. 탐심을 대치 : 부정관
2. 진심을 대치 : 자비관
3. 치심을 대치 : 무아관 내지 공관

행정은 몸에 집착하여 생기는 과오가 크다는 것을 이렇게 설명한다. "『열반경』에서 '차라리 대지를 환으로 만들어 정역자 크기만 하게 만들지언정 이 몸의 허물과 근심을 다 말할 수가 없다'고 하였다."[105]

지혜로운 자는 이를 관하되 다만 머리카락, 털, 손톱, 이빨, 얇은 피부, 두꺼운 피부, 살, 피, 땀, 눈물, 콧물, 침, 고름, 지방, 힘줄, 핏줄, 골, 막, 누런 가래, 흰 가래, 간, 쓸개, 뼈, 골수, 폐, 지라, 신장, 위, 심장, 명치, 방광, 대장, 소장, 생장, 숙장, 똥, 오줌, 악취 나는 곳, 이런 것들 하나하나가 사람이 아님을 본다.

智者觀之, 但見髮毛爪齒, 薄皮厚皮, 肉血汗淚, 涕唾膿脂, 筋脈腦膜, 黃痰白痰, 肝膽骨髓, 肺脾腎胃, 心膏膀胱, 大腸小腸, 生藏熟藏, 屎尿臭處, 如是等物, 一一非人.

---

105) 행정, 180상, "涅槃云, '寧丸大地, 如葶藶子大, 不能具說, 此身過患.'" 여기에서의 인용문은 행정이 종밀의 『대방광원각경대소(大方廣圓覺經大疏)』 권2(『만자속장경』 권9, 358중), "涅槃亦云, 寧丸大地, 如葶藶子, 不能具說, 此身過患."에서 가져온 것으로 보인다. 『열반경』 권1(『대정장』 권12, 367중)에는 "寧丸大地, 使如棗等, 漸漸轉小, 猶葶藶子, 乃至微塵, 不能具說, 是身過患."으로 되어 있다.

내가 이성을 탐하는 것은 그 독특하고 특정한 한 인간에 몰두하기 때문이다. 그런데 과연 그 인간이란 어떤 존재인가? 인간이란 무엇인가? 내가 사랑하는 그 사람을 그 사람의 몸 안쪽과 바깥쪽 그 어디에서라도 찾을 수 있는가? 그 어디에 과연 내가 추구할 만한 것이 있는가? 여기서는 그것을 찾아보라고 사람의 신체를 이루는 안팎의 부분들을 나열하고 있다. 그렇게 나열되는 것들은 그 자체로 보면 하나같이 더럽고 지저분해서 가까이하고 싶지 않은 것들일 뿐이다. 이 점을 잘 관하라는 것이다. 내가 탐착하는 그의 몸의 실상을 잘 관해서 거기에 그 사람 자체라고 할 만한 것이 있지 않다는 것을 깨달아 그에 대한 미혹한 집착을 끊으라는 것이다.

행정은 "안이나 밖 또는 중간에 36개의 사물을 살펴보면 자아가 없으므로 '사람이 아니다'라고 말한다."[106]고 설명한다. 신체를 이루는 각각의 부분들 안에 내가 나라고 집착할 만한 것이 없기에 그 각각에 대해 '사람이 아니다'라고 말하는 것이다.

업식의 바람이 치고 부딪쳐 망령되게 언어를 만들어 가까운 벗이라고 속이지만, 실은 원망하거나 질투하는 자이다. 덕을 무너뜨리고 도를 막아 허물이 지극히 무거우니 마땅히 멀리 여의기를 원수나 도적 피하듯 해야 한다.

識風鼓擊, 妄生言語, 詐爲親友, 其實怨妬. 敗德障道, 爲過至重, 應當遠離, 如避怨賊.

---

106) 행정, 180상, "內外中間, 三十六物, 推之無我, 故曰非人."

내 몸은 나 자신에게 가까운 친구처럼 접근하여 믿고 의지하게 한 후 결국은 나를 힘들게 하고 고통스럽게 하는 원수와도 같은 존재이다. 평생 내 몸을 아껴 그 몸을 먹이고 입히는 데 시간을 다 보내건만, 정작 늙고 병들면 그 몸으로 인해 받는 고통이 극심하기 때문이다. 나 자신에게조차 내가 주재자가 못 된다. 그러니 다른 사람은 더말할 나위가 없다. 내가 아무리 믿고 의지하고 사랑하고 위한다고 해도, 그는 결국 가깝게 접근해 오다가 막판에는 나를 해하는 원수와도 같은 존재이다. 결국 그러한 존재의 실상을 모르고 탐심의 욕망으로 인해 색에 빠지는 것은 어리석다는 것이다.

행정은 말한다. "거짓으로 말하여 친애를 이루지만 이미 그 덕을 잃어 도가 이루어질 수가 없다. 『열반경』에서 '거짓으로 친선을 행하는 것을 탐애라고 이름하니, 사랑의 결박은 원수가 친구라고 속이는 것과 같음을 깊이 관해야 한다'고 하였다."[107]

이 때문에 지혜로운 자는 이를 관하되 마치 독사처럼 생각해서 차라리 독사를 가까이할지언정 여색과 친하지 않는다. 무슨 까닭인가? 독사가 사람을 죽이면 한 번 죽고 한 번 태어나지만, 여색에 매이면 백천만 겁에 걸쳐 갖가지 고난으로 고통이 무궁하기 때문이다. 자세히 살피고 깊이 생각하면 가까이하기 어려울 것이다.

是故智者觀之, 如毒蛇想, 寧近毒蛇, 不親女色. 何以故? 毒蛇殺人,

---

107) 행정, 180상, "詐現語言, 而成親愛, 旣喪其德, 道無由成. 涅槃云, '詐爲親善, 名爲貪愛, 深觀愛結如怨詐親.'" 여기에서의 인용문은 행정이 『열반경』 권23(『대정장』 권12, 500중), "詐親善者, 名爲貪愛, 菩薩摩訶薩, 深觀愛結如怨詐親"에서 가져온 것이다.

一死一生, 女色繫縛, 百千萬劫, 種種楚毒, 苦痛無窮. 諦察深思, 難可附近.

성욕을 벗어나는 것이 쉽지 않지만 필사적으로 그렇게 해야만 번뇌를 벗어 해탈할 수 있다. 중생을 끊임없이 윤회하게 하는 근본이 결국은 다시 태어나고자 하는 욕망, 쾌락을 좇아 이성에 집착하는 성욕이기 때문이다. 그러므로 차라리 독사에 물릴지언정 성욕을 좇지 말라고 말한다.

행정은 이렇게 덧붙인다. "사람이 즐겨 범하는 것 중에 음란을 넘어가는 것이 없으니, 숱한 겁에 걸친 난관이 이 결박이다. 『불정경(佛頂經)』에서 '만약 음란과 살생 등을 끊지 않으면, 3계를 벗어나는 그런 경우는 있지 않다'고 하였다."[108]

2) 신업을 대치하는 방법

(1) 방생 · 보시 · 범행

이 때문에 지혜로운 자는 세 가지 허물을 철저히 단속하여, 과거를 고치고 미래를 닦아 악(惡)을 등지고 선(善)을 좇는다. 살생하지 않고 도둑질하지 않아 방생하고 보시하며 음란하고 더러운 짓을

---

108) 행정, 180상, "人之喜犯, 莫越於婬. 累劫艱難, 爲玆繫縛. 佛頂云, '若不斷婬及與殺等, 出三界者, 無有是處.'" 여기에서의 인용문은 행정이 『대불정여래밀인수증료의제보살만행수능엄경(大佛頂如來密因修證了義諸菩薩萬行首楞嚴經)』(이하 『능엄경』) 권8(『대정장』 권19, 141하)에서 가져온 것이다.

하지 않아 항상 깨끗한 행을 닦는다.

是以智者切檢三愆, 改往修來, 背惡從善. 不殺不盜, 放生布施, 不行婬
穢, 常修梵行.

1. 불살생 - 방생
2. 불투도 - 보시
3. 불사음 - 범행

　지금까지 논한 살생, 투도, 사음의 허물을 벗어나야 함을 강조한
다. 과거를 고친다는 것은 과거의 잘못된 3악업을 더 이상 짓지 않는
다는 뜻이고, 미래를 닦는다는 것은 앞으로 선업을 잘 닦는다는 말이
다. 신업을 짓지 않고 살생 대신 방생을, 투도 대신 보시를, 사음 대
신 범행을 닦는 것을 말한다.

　행정은 "과거의 세 가지 허물을 등지고, 현재의 세 가지 선을 좇
는다."[109]고 말한다. 그리고 "불살생은 방생이고 불투도는 보시이
며 무탐욕은 청정행이다. 『열반경』에서 '술과 고기를 먹지 않는 것
이 술과 고기를 보시하는 것이고, 꽃향기 옷을 입지 않는 것이 꽃향
기 옷을 보시하는 것이다. 이와 같이 보시하는 자는 한 푼도 쓰지
않고 큰 보시바라밀을 행하는 자[大施檀越]라는 이름을 얻는다'고 말한
다."[110] 보시의 의미를 확대해서 근검절약함도 광의의 보시에 속한
다고 말한다.

---

109) 행정, 180중, "背昔三愆, 從今三善."
110) 행정, 180중, "不殺是放生, 不盜是布施, 無慾是淨行. 涅槃云, '不飮酒肉, 施與酒肉, 不服
　　花香, 施與花香. 如是施者, 無分文之費, 而得名爲大施檀越.'" 여기에서의 인용문은 행
　　정이 『열반경』 권4(『대정장』 권12, 386상) "云何不捨錢財, 而得名爲大施檀越？ … 斷
　　酒肉者, 施以酒肉, … 不著花香, 施以花香."에서 가져온 것으로 보인다.

(2) 3견법(堅法) : 신견 · 명견 · 재견

밤낮으로 부지런히 정진하고 도를 행하며 예배하여 3보(寶)에 귀
의한다. 해탈을 구하는 데 뜻을 두어 몸과 목숨과 재물에 대해 세
가지 '견고한 법'[堅法]을 닦는다.

日夜精勤, 行道禮拜, 歸憑三寶. 志求解脫, 於身命財, 修三堅法.

> 3보(寶) : 불보 + 법보 + 승보
>
> 3견법(堅法) :
> 1. 신견법(身堅法) : 법의 몸인 법신(法身)을 닦음
> 2. 명견법(命堅法) : 지혜의 목숨인 혜명(慧命)을 닦음
> 3. 재견법(財堅法) : 법의 재물인 법재(法財)를 닦음

지금까지는 살생하지 말고 투도하지 말고 사음하지 말라고 소극
적으로 금지하는 세 가지 신업을 논하였다면, 여기서는 그렇게 하기
위해 적극적으로 닦아야 할 세 가지 견고한 법인 3견법(堅法)을 논한
다. 즉 자신의 몸과 목숨과 재물에 대해 어떤 생각을 갖고 어떻게 대
해야 하는지를 밝힌다.

행정은 "용맹정진하고 밤낮으로 종일 3보(寶)에 예배하며 성심으
로 참회한다. 권청하고 따라 기뻐하며 보리에 회향한다."[111]고 설명
한다.

함허는 수행하는 자가 닦아 얻어야 할 3견법에 대해 좀 더 상세히
설명한다. "몸은 아침이슬과 같고 목숨은 지는 해와 같으며 재물은

---

111) 행정, 180중, "勇猛精進, 晝夜六時, 禮拜三寶, 誠心懺悔, 勸請隨喜, 廻向菩提."

물거품과 같다. 이것은 모두 유루(有漏)이며, 모두 견고하지 않은 것에 속한다. 지혜로운 자는 몸이 허환(虛幻)이라는 것을 알아, 버려도 아까워하지 않으며 이에 의지하여 수행해서 무루(無漏)의 법신(法身)을 얻는다. 목숨이 허환이라는 것을 알아, 그것을 념하여 일념의 해이함도 내지 않아 무루의 혜명(慧命)을 얻는다. 재물이 유루임을 알아, 버려도 아까워하지 않아 무루의 법재(法財)를 얻는다. 이것이 3견이다."[112] 몸과 목숨과 재물을 아끼지 않고 도를 닦으면 결국 결코 멸하지 않는 견고한 법신과 혜명과 법재를 얻게 된다는 것이다. 이렇게 얻게 되는 세 가지를 3견(堅)이라고 한다.

3불견(不堅):	신(身)	명(命)	재(財)	── 유루, 허환
↕				
3견(堅):	법신(法身)	혜명(慧命)	법재(法財)	── 무루

(3) 무아관(無我觀)

몸이 허환이고 자성이 없음을 알면 색이 곧 공이니 누가 나이겠는가? 일체 제법은 단지 '거짓 이름'[假名]만 있고 '규정된 실'[定實]은 하나도 없다. 이 내 몸은 4대(大)와 5온(蘊)이니, 하나하나가 내가 아니며 화합해도 역시 무다.

知身虛幻, 無有自性, 色卽是空, 誰是我者? 一切諸法, 但有假名, 無一

---

112) 함허, 180중, "身如朝露, 命若西光, 財如水泡. 是皆有漏, 皆屬不堅. 智者知身虛幻, 捨而無悋, 依之修行, 而得無漏法身. 知命虛幻, 念玆在玆, 不生一念懈怠, 而得無漏慧命. 知財有漏, 捨而無悋, 而得無漏法財. 是謂三堅."

定實. 是我身者, 四大五陰, 一一非我, 和合亦無.

4대(大) : 지, 수, 화, 풍
5온(蘊) : 색, 수, 상, 행, 식

색·수·상·행·식 5온(蘊)으로 이루어진 나는 '이것이 나다'라고 할 만한 자성이 없으며, 그렇게 무자성이므로 공(空)이다. 자아를 포함한 일체 제법이 모두 자기 자성이 따로 있는 것이 아니라 인연에 따라 임시적으로 자기 경계를 이루며 변화하고 있을 뿐이다. 임시로 경계 지어진 것을 '이것' 또는 '저것'으로 지칭하면서 마치 그 이름에 상응하는 실질이 있는 것처럼 생각하지만, 실제 그에 상응하는 실질은 없다. 그러므로 그 이름은 단지 가명(假名)일 뿐이다.

내 몸은 지·수·화·풍 4대(大)로 구성되고, 나는 색·수·상·행·식 5온(蘊)으로 이루어져 있다. 4대인 지·수·화·풍 어느 것을 보아도 '그것이 바로 나다'라고 할 만한 것이 없으며, 5온인 색·수·상·행·식도 마찬가지이다. 그 각각 어디에도 '이것이 나다'라고 할 만한 것이 없고, 또 그 다섯을 다 합해 보아도 '나'라고 할 만한 것이 없다.

현상의 나 = 신(身)   +   심(心)
           색(色)   명(名)
             ‖
           색   +   수 + 상 + 행 + 식   = 5온(蘊)

        지 + 수 + 화 + 풍   = 4대(大)

행정은 "몸이 허환과 같아 무자성임을 관하면, 한 법이 이미 이와 같으니 모든 법이 다 그러하다. 경에서 '일체 제법이 성품이 본래 스

155

스로 공하다'고 하였다."[113]라고 말하며, "반복해서 미루어 생각해봐도 나라고 하는 것은 없다. 만약 모든 것이 다 나라면, 나는 백 천 개가 되어 일신 중에 주인이 많아 분란할 것이다. 그러므로 하나하나가 모두 다 내가 아니다."[114]라고 설명한다. 색·수·상·행·식 각각의 온 그리고 다시 그 각각의 온을 형성하는 또 그 각각의 요소들을 모두 다 나라고 한다면, 하나의 나 안에 무수히 많은 내가 있는 것이 될 것이다. 그러나 내가 그렇게 다수의 존재일 수 없으므로 결국 나는 그 어느 하나도 아니라는 말이 된다. 이는 곧 현상을 구성하는 어느 하나의 요소도 내가 아니며 또 그 요소들이 화합해 있는 집합물도 내가 아니라는 것을 의미한다.

안팎으로 찾아보아도 물이 모인 물방울, 부유하는 물거품, 아지랑이, 파초, 환화, 거울 속의 상, 물속의 달과 같아 필경 사람이 없는데, 무명(無明)으로 알지 못하고 허망하게 나라고 집착하여 진실이 아닌 것에 멋대로 탐욕과 집착을 일으킨다.

內外推求, 如水聚沫, 浮泡, 陽焰, 芭蕉, 幻化, 鏡像, 水月, 畢竟無人, 無明不了, 妄執爲我, 於非實中, 橫生貪著.

(무아를 모르는) 무명 → (아에 매달리는) 아집 → 탐욕과 집착

---

113) 행정, 180하, "觀身虛幻, 而無自性, 一法旣爾, 諸法皆然. 經云, '一切諸法, 性本自空.'" 여기에서의 인용문은 행정이 『열반경』 권26(『대정장』, 권12, 520하)에서 가져온 것이다.
114) 행정, 180하, "反覆推尋, 而無其我. 若皆是我, 我則百千. 一身之中, 多主紛亂. 是以一一悉皆非我."

5온 각각이나 5온의 집합에도 나라고 여길 만한 것은 없다. 내가 나라고 여기며 집착하는 그 '나'는 실제 이런저런 인연들이 화합하여 이루어져 잠시 있는 듯싶지만 곧 인연이 다하면 흩어져 없어져버릴 그런 가아(假我)일 뿐이다. 그래서 물거품이나 물방울 또는 아지랑이 같다고 말한다. 결국 인무아(人無我)이다. 그런데도 우리는 내가 이처럼 무자성이고 공이라는 것을 알지 못하고 마치 항상적이고 단일한 나가 있는 것처럼 생각해서 그 나에 집착하고 애착하며, 그 집착으로 인해 온갖 고통을 받는다. 이는 다 무아를 알지 못하기 때문이며, 결국은 일체 공성을 알지 못하는 무명(無明) 때문이다.

행정은 이와 같은 안과 밖의 공성에 대해 이렇게 설명한다. "안은 나와 남의 몸 안에 있는 견고한 것이니 머리카락 등이다. 밖은 나와 남의 몸 밖에 있는 견고한 것이니 흙이나 돌 등이다. 지대(地大)를 갖고 미루어 생각해보면 나에게 그 주(主)가 없으니 안은 부유하는 물거품 같고, 밖은 거울 속의 상과 같다. 나머지 3대도 이와 같다."[115] 물질인 색(色)을 이루는 4대 중 견고하다고 여겨지는 지대(地大)에서 '나 자체' 또는 '그것 자체'라고 할 만한 것을 찾을 수 없다는 것이다. 안의 4대는 인간 신체를 구성하는 4대를 말하고, 밖의 4대는 인간 바깥의 사물을 구성하는 4대를 말한다. 4대 중 지대가 물거품처럼 허망하여 나라고 할 만한 것이 없으며, 나머지 3대도 또한 그러하다는 것이다.

---

115) 행정, 180하, "內謂自他身內所有堅者, 謂毛髮等. 外謂自他身外所有堅者, 謂土石等. 約地大推尋, 我無其主, 內若浮泡, 外同鏡像. 餘之三大例然."

4대 중 지대

- 안의 지대 : 머리카락 등 = 내가 나라고 여기는 것 ── 물거품 같음
- 밖의 지대 : 흙, 돌 등   = 바깥의 사물   ── 거울 속 상 같음

    행정은 이어 자문자답한다. "〈문〉 이미 모두 무아(無我)라면, 나를 생각하는 건 누구인가? 〈답〉 미혹된 감정이 멋대로 헤아린 것이니 본체에 나아가 보면 본래 무(無)이다. 경에서 '필경 무 중에 마침내 유가 생긴다'고 하였다."[116] 이는 불교의 무아론에 대해 우리가 흔히 제기할 수 있는 물음이다. 불교는 무아를 주장하면서 우리가 그 무아를 모르고 있다고 말하지만, 그렇게 무아를 모르는 그 나, 그래서 자아가 있다고 생각하는 그 나는 있지 않은가? 무아를 모르고 아가 있다고 생각하는 그런 나가 있으니, 결국 무아가 아니지 않은가? 이에 대해 불교는 그러한 현상적 자아, 경험적 자아의 존재를 부정하는 것은 아니라고 답할 것이다. 5온(蘊)으로서의 나는 있다. 다만 5온으로서의 나는 5온의 인연 화합물로서 인연에 따라 형성되었다 인연이 다하면 흩어지는 존재이기에 물거품 같고 물방울 같이 허망한 가유(假有)라는 것이다. 가유의 현상이지 자체 존재가 아니라는 말이다. 현상적 자아가 가유라는 사실을 모르고 그 안에 자기동일적인 실체적 자아가 존재한다고 생각하며 자아에 집착하는 것을 경계하는 것이다. 아가 공이고 가유라는 것을 모르는 무명으로 인해 아견과 아집, 아애와 아만이 일어나는 것을 비판하는 것이다.

---

116) 행정, 180하, "旣皆無我, 懷我者誰? 迷情橫計, 剋體本無. 經云, '於畢竟無中, 生究竟有.' 여기에서의 인용문은 행정이 영명 연수(永明 延壽)의 『종경록(宗鏡錄)』 권91(『대정장』 권48, 913상), "於畢竟無中, 執成究竟之有."에서 가져온 것으로 보인다. 영명연수(904~975)는 북송의 법안종 선사이다.

살생과 투도와 사음에 빠져 헷갈리며 밤이 끝나고 낮이 다하도록
쉬지 않고 업을 지으니, 비록 참된 실재가 아니어도 선악의 보응
은 마치 그림자가 형태를 따르는 것과 같다.

殺生偸盜婬穢荒迷, 竟夜終朝, 矻矻造業, 雖非眞實, 善惡報應, 如景隨形.

　　비록 환화와 같은 현상세계이지만, 그 현상세계 안에 적용되는
인과응보의 원리는 조금도 어긋남이 없다. 선업은 락과(樂果)를, 악업
은 고과(苦果)를 낳는다. 그러므로 현상적으로 나를 위하고 목숨을 위
하는 것 같아도 그것이 악업으로 인한 것이면 반드시 고과를 받게 되
므로, 그런 악업을 지어서는 안 된다는 것이다. 이처럼 인과의 힘을
믿고 자세히 관하여 악업을 짓지 말아야 함을 강조한다.

3) 몸을 대하는 바른 자세 : 소욕 두타행

이렇게 관할 때 악하게 구한 것으로써 몸과 목숨을 기르지 않는
다. 마땅히 스스로 몸을 관하기를 마치 독사 같이 생각하면서도
병을 치료하기 위해 4사(事)를 받는다.

作是觀時, 不以惡求, 而養身命. 應自觀身, 如毒蛇想, 爲治病故, 受於
四事.

> 4사(事) = 4의(依) :
> 　1. 의복[衣]
> 　2. 방사[住]
> 　3. 음식[食]
> 　4. 의약

내가 무아이니 나에 집착하고 애착하지 말라고 해서 나를 아무렇
게나 대하고 관심 밖으로 내버려두라는 말은 아니다. 깨달음에 이르
는 수행을 계속할 수 있기 위해서는 심신이 병들지 않고 건강해야 한
다. 심신을 건강하게 보존하기 위해 필수적인 것들을 불교는 네 가지
일로 요약한다.

행정은 "법에 따르지 않고 얻은 이양(利養)은 모두 '악하게 구한 것'
으로 불린다."[117]라고 말한다. 옳지 못하게, 악하게 구한 것으로써 몸
을 살려나가서는 안 되며, 마치 병자가 몸을 돌보듯 4사를 취해야 한
다는 것이다. 이 네 가지 일을 행정은 이렇게 설명한다. "의복과 집과
음식과 의약을 '4사(事)'라고 부르며 또 '4의(依)'라고도 이름한다."[118] 건
강하게 살아남기 위해서는 반드시 몸을 가리는 옷을 입어야 하고 몸
을 뉘일 집이 있어야 하며 몸을 살리는 음식을 먹어야 하고 또 몸이
아플 때 치료할 약이 있어야 한다. 소위 의·식·주와 약이 4사이다.
인간은 이 4사에 의거하여 건강하게 살아가므로 4사를 네 가지 의지
처라는 의미에서 '4의(依)'라고도 한다.

몸에 의복을 입기를 종기를 싸듯이 하고, 입으로 맛있는 것을 먹
기를 병에 약을 복용하듯이 한다. 몸을 절제하고 입을 검소하게
하여 사치하려는 마음을 내지 않고, 욕심을 적게 하라는 말을 듣
고 수행하기를 깊이 즐거워한다.

---

117) 행정, 181상, "不依律法, 所得利養, 俱名惡求."
118) 행정, 181상, "衣服房舍飮食醫藥, 謂之四事, 亦名四依."

身著衣服, 如裹癰瘡, 口餐滋味, 如病服藥. 節身儉口, 不生奢泰, 聞說
少欲, 深樂修行.

몸에 상처가 나면 우리는 그 부분을 보통 때보다 더 많이 보호하
고 돌본다. 그러나 이것은 우리가 상처를 좋아하고 집착하기 때문이
아니다. 그런 것처럼 우리는 우리 자신의 몸을 애착이나 집착을 갖지
말되 마치 상처를 돌보듯 살뜰하게 돌보고, 마치 병자가 약을 먹듯
음식도 먹어야 한다. 몸에 집착하지 않고 보호하되 그 몸이 무아이고
공이라는 깨달음을 떠나지 말아야 한다는 것이다.

행정은 매사에 깊이 생각해야 함을 이렇게 설명한다. "의복을 입
고 음식을 먹을 때 관하여 다스린다. 만약 그렇게 하지 않으면 모두
부채(負債)가 된다. 『선견론』에서 '보시를 받을 때에 반드시 생각[念]을
해야 한다. 생각하지 않으면 죄를 얻어 다른 사람의 진실한 보시에
빚지게 된다'고 하였다."[119]

그러므로 경에서 "'소욕(少欲)의 수행'[頭陀]은 그침과 만족을 잘 아
니, 이런 사람은 성현의 도에 들어갈 수 있다"[120]고 말한다. 무슨
까닭인가? 악도의 중생은 무량겁을 경과하도록 옷이 없고 음식
이 없어 절규하고 울부짖으며 배고픔과 추위로 절박하게 아프고

---

119) 행정, 181상, "著衣喫食, 作觀對治. 若不如然, 摠成負債. 善見論云, '受施之時, 必須作念.
不作得罪, 負人信施.'" 여기에서의 인용문은 행정이 도선의 『사분율산번보궐행사초』
권하2(『대정장』 권40, 127하)에서 가져온 것이다.

120) 위의 인용문은 현각이 『대방등대집경(大方等大集經)』 권46(『대정장』 권13, 302하),
"少欲頭陀善知足, 此人能入賢聖道."에서 가져온 것이다.

피골이 상접한다. 내가 지금 잠시 부족한 것은 고통이라고 하기에
부족하다.

故經云, '少欲頭陀善知止足, 是人能入賢聖之道.' 何以故? 惡道衆生,
經無量劫, 闕衣乏食, 叫喚號毒, 饑寒切楚, 皮骨相連. 我今暫闕, 未足
爲苦.

　두타(頭陀)는 '버리다'를 뜻하는 범어 두따(dhūta)의 음역이다. 번뇌
와 의식주에 대한 탐욕을 버리고 청정한 불도를 닦는 수행을 말한다.
'두타행'이라고 한다. 항상 두타행을 닦아야 함을 강조하기 위해 악업
으로 인해 삼악도에 빠진 중생의 고통이 얼마나 큰지를 서술하고 있
다. 내가 지금 이 세상에서 받는 고통은 지옥중생이 지옥에서 받는
고통에 비하면 아무것도 아닌 것이므로, 이 세상 고통을 피해 더 큰
화를 부르는 일을 하지 말라는 것이다. 만족할 줄 모르고 욕망을 무
한히 좇다 보면 결국 그러한 악업의 결과로 악도에 떨어져 끝없는 고
통을 받게 된다는 것이다.

　행정은 두타행에 대해 이렇게 설명한다. "두타는 떨쳐버림이니,
몸의 번뇌를 떨쳐버린다는 말이다. 『열반경』에서 '미래의 욕망하는
일을 구하지 않는 것을 소욕(少欲)이라고 하고, 얻어서 모아 두지 않
는 것을 지족(知足)이라고 한다'고 하였으니, 현인과 성인은 항상 말하
는 바와 [삶이] 같다."[121] 업보의 원리는 정해져 있으므로 지옥의 고통
이 싫으면 악업을 짓지 말아야 한다는 것을 행정은 다음과 같이 말한

---

121) 행정, 181상, "頭陁, 此云抖擻, 謂抖擻身中煩惱. 涅槃云, '不求未來所欲之事, 是名少欲,
　　得不積聚, 是名知足.' 賢聖如常說." 여기에서의 인용문은 행정이 『열반경』 권27(『대정
　　장』 권12, 526하)에서 가져온 것이다.

다. "『지옥경』에서 '첫째는 업 지음이 정해져 있고, 둘째는 과보가 정해져 있으니, 모든 부처의 위신력으로도 바꿀 수가 없다'고 하였다. 『유마경』에서 '만약 몸에 고통이 있거든, 마땅히 악취 중생을 생각해 보라'고 하였다."[122] 업보의 원리는 이미 정해져 있어 업을 지으면 보를 받을 수밖에 없다는 것, 부처든 천신이든 그 어떤 외적 힘도 임의적으로 개입할 수 없다는 것을 강조한 말이다. 그러므로 청정하지 못한 행위에의 유혹이 일어나거든 장차 그 보로서 얻게 될 지옥 고통을 상상함으로써 그 유혹을 이겨내라는 것이다.

이 때문에 지혜로운 자는 법을 귀하게 여기고 몸을 천하게 여겨 지극한 도를 부지런히 구하며 몸과 목숨을 돌아보지 않으니, 이것을 '신업을 청정하게 닦음'이라고 이름한다.
是故智者貴法賤身, 勤求至道, 不顧形命. 是名淨修身業.

　　지금까지 논한 것처럼 불살생, 불투도, 불사음의 계를 지키면서 인무아를 알아 '나'에 집착하지 않고 행동하는 것을 '신업을 청정하게 닦는다'고 말한다. 이는 곧 나 자신의 일신을 가볍게 여기고 법을 중히 여기는 것을 뜻한다.
　　행정은 "법을 위하고 생을 가볍게 여기는 것이 신업을 닦는 것이

---

122) 행정, 181상, "地獄經云, '一作業定, 二果報定, 諸佛威神, 所不能轉.' 維摩云, '設身有苦, 當念惡趣衆生.'" 여기에서의 첫 번째 인용문은 행정이 도선의 『사분율산번보궐행사초』 권중1(『대정장』 권40, 49상), "地獄經云, 一作業定, 二受果定. 諸佛威神, 所不能轉." 에서 가져온 것으로 보인다. 두 번째 인용문은 행정이 『유마경』 권중(『대정장』 권14, 545상), "設身有苦, 念惡趣眾生"에서 가져온 것이다.

다. 경에서 '모든 부처가 말한 것은 공(空)의 법을 여는 도이니, 나는 이 법을 위해 몸과 목숨을 버린다'고 하였다."[123]라고 설명한다. 여기서 목숨보다 더 귀하게 여겨야 한다고 말하는 법은 곧 부처가 깨달은 법이며, 부처가 중생 제도를 위해 설한 법이다. 그러면서 다시 이 법에의 삿된 집착을 막기 위해 법은 곧 아공·법공의 진리라는 것, 한마디로 '공(空)의 법'이라는 것을 강조하였다.

2. 구업(口業)

1) 구업을 대치하는 말 : 실어(實語)

무엇이 구업을 청정하게 닦음인가? 스스로 깊이 사유할 것이니, 입의 네 가지 허물은 생사의 근본이고 여러 악을 증장시키며 만행을 뒤집어 옳음과 그름을 바꾸어놓는다.
云何淨修口業? 深自思惟, 口之四過, 生死根本, 增長衆惡, 傾覆萬行, 遞相是非.

> 구(口)의 4과(過) :
>   1. 기어(綺語) : 꾸민 말, 거짓말
>   2. 악구(惡口) : 거친 말
>   3. 양설(兩舌) : 이간질하는 말
>   4. 망어(妄語) : 허망한 말, 틀린 말

---

123) 행정, 181중, "爲法輕生, 是修身業. 經云, '諸佛所說, 開空法道, 我爲此法, 棄捨身命.'" 여기에서의 인용문은 행정이 『열반경』 권13(『대정장』 권12, 693상)에서 가져온 것이다.

신업 다음의 업이 구업이다. 오늘날 우리가 가장 많이 짓고 또 우리의 삶을 더욱더 복잡하게 엉켜들게 하고 괴롭게 만드는 것이 바로 이 구업이다. 현대인이 짓는 대부분의 악업은 바로 입으로 짓는 구업일 것이다. 개인적인 악 또는 사회적인 악을 불러일으켜 증장시키는 데에 구업의 작용이 막강하다.

행정은 구업이 막중하며 그런 구업을 짓지 않기 위해서는 스스로 깊이 사유해야 한다는 것을 강조한다. "생사가 멈추지 않는 것은 네 가지 삿됨을 행함으로써 서로 속여 말하여 시비가 끊어지지 않기 때문이다. 『보적경』에서 '어떻게 속임을 떠나는가?'를 묻고 '깊이 생각한 후에 말한다'고 답한다."[124] '스스로 깊이 사유함'[深自思惟]은 신업, 구업, 의업을 설명할 때 모두 등장한다. 업이 의도된 행위를 뜻하므로 깊은 사유를 통해 스스로 선택할 수 있음을 보여주는 것이라고 할 수 있다.

이런 까닭에 지혜로운 자는 그 근원을 뽑고자 하여 허망함을 끊어 없애고 네 가지 '진실한 말'[實語]을 닦는다. 정직한 말, 유연한 말, 화합하는 말, 여실한 말, 이 네 가지 말은 지혜로운 자가 하는 말이다. 무슨 까닭인가? 정직한 말은 능히 거짓말을 제거하고, 유연한 말은 능히 거친 말을 제거하며, 화합하는 말은 능히 이간하는 말을 제거하고, 여실한 말은 능히 틀린 말을 제거한다.

---

124) 행정, 181중, "生死不息, 由行四邪, 互相誑言, 是非不斷. 寶積問云, '何離誑', 答, '諦思後言.'" 여기에서의 인용문은 행정이 『대보적경(大寶積經)』 권87(『대정장』 권11, 498중), "問云何離誑, 答曰諦思後言."에서 가져온 것이다.

是故智者欲拔其源, 斷除虛妄, 修四實語. 正直, 柔軟, 和合, 如實, 此之四語, 智者所行. 何以故? 正直語者, 能除綺語, 柔軟語者, 能除惡口, 和合語者, 能除兩舌, 如實語者, 能除妄語.

〈구업의 어(語)〉 ↔	〈실어(實語)〉
기어(거짓말)	정직어(정직한 말)
악구(거친 말)	유연어(유연한 말)
양설(이간의 말)	화합어(화합하는 말)
망어(틀린 말)	여실어(여실한 말)

네 가지 악한 구업의 말이 기어, 악구, 양설, 망어이고, 그 각각을 대치하는 진실한 말이 바로 정직어, 유연어, 화합어, 여실어이다. 이 하에서는 이 각각의 진실한 말이 다시 두 가지 차원으로 구분되는 것을 밝힌다.

(1) 기어(거짓말)를 대치하는 정직어 : 칭법어·칭리어

정직한 말에는 두 가지가 있다. 첫째로 '법에 맞는 말'[稱法語]이니 모든 듣는 자로 하여금 믿고 이해하여 분명하게 알아차리게 한다. 둘째로 '진리에 맞는 말'[稱理語]이니 모든 듣는 자로 하여금 의심을 제거하고 미혹을 버리게 한다.
正直語者有二. 一稱法說, 令諸聞者, 信解明了. 二稱理說, 令諸聞者, 除疑遣惑.

정직어(正直語) :
1. 칭법어(稱法語, 법에 맞는 말) : 믿고 이해하게 함
2. 칭리어(稱理語, 리에 맞는 말) : 의혹을 제거하게 함

166

정직한 말을 칭법어와 칭리어 두 가지로 구분하는 것은 법(法)과 리(理)의 구분에 입각한 것이다. 법은 구체적인 현상세계에 존재하는 구체적인 사물들로서 일체 제법의 법이며, 리는 그런 일체 제법을 존재하게 하는 원리 내지 진리를 말한다. ① 칭법어는 현상 차원에서 내 마음에 거짓이 없고, 듣는 사람이 그 말을 믿고 받아들일 수 있을 만큼 정직성을 갖춘 말이다. ② 반면 칭리어는 진리에 들어맞아 실질과 부합하는 말이다. 그러므로 듣는 자가 말하는 자의 정직성을 믿는 차원을 넘어서서 그 말을 통해 진리를 보게 되므로 의심이 완전히 제거되고 미혹이 사라지게 되는 그런 말이다.

행정은 칭법어와 칭리어를 각각 다음과 같이 설명한다. "① 무릇 말이 진리에 계합하여 삿됨과 착오가 없기 때문이다. ② 진리에 칭합하여 그 궁극에 이르므로 타인이 듣고 환연히 얼음이 녹는 듯하다." [125] 칭법어는 내가 진리를 따라 말하여서 내 맘속에 삿됨이나 헷갈림이 없는 정직한 말이고, 칭리어는 진리와 합치하여 듣는 자의 모든 의심을 제거하는 정직한 말이다.

(2) 악구(거친 말)를 대치하는 유연어 : 안위어·궁상청아어

유연한 말에도 두 가지가 있다. 첫째는 '편안하게 위로하는 말'[安慰語]이니 모든 듣는 자로 하여금 환희하여 친근해지게 한다. 둘째는 '궁상이 청아한 말'[宮商淸雅語]이니 모든 듣는 자로 하여금 기꺼이 즐겨 받아 익히게 한다.

---

125) 행정, 181하, "① 凡說契理, 不邪錯故. ② 稱其眞理, 究其所窮, 他人所聞, 渙然氷釋."

柔軟語者亦二. 一者安慰語, 令諸聞者, 歡喜親近. 二者宮商淸雅, 令諸
聞者, 愛樂受習.

> 유연어(柔軟語) :
> 1. 안위어(安慰語, 위로하는 말) : 기뻐 친근해지게 함
> 2. 궁상청아어(宮商淸雅語, 유창한 말) : 즐겨 받아 익히게 함

① 안위어는 듣는 자를 편하게 위로하는 말이고, ② 궁상청아어
는 그 말 자체가 부드럽고 유창한 말이다. 예를 들어 낙담하고 절망
한 자를 위로하기 위해 일단 그가 들어서 기분 좋고 편안해할 말을
골라서 하는 말이 안위어이고, 특별히 상대를 배려하지는 않지만 말
자체가 부드럽고 유연하여 청산유수처럼 흘러나오는 말은 궁상청아
어이다.

행정은 이 둘을 각각 이렇게 설명한다. "① 위로하는 말로 서로
거두어 기뻐 친해지게 되니, 넉넉하고 부드럽게 하여 스스로 구하게
한다. ② 빠르게 말을 잘하는 것이 폭포나 쏟아붓는 물과 같아 느리
거나 어눌하지 않기 때문이다."[126] 상대에게 듣기 좋고 위로가 되는
말이 안위어이고, 말 자체가 거침없고 유연한 말이 궁상청아어이다.

(3) 양설(이간하는 말)을 대치하는 화합어 : 사화합어 · 리화합어

화합하는 말에도 두 가지가 있다. 첫째는 '사로써 화합하는 것'[事
和合語]이니 싸우고 다투는 사람을 보고 간하고 권하여 [다툼을] 버리

---

126) 행정, 181하, "① 慰語相攝, 喜而自親, 優而柔之, 使自求之. ② 迅辯懸河建甁, 不遲訥故."

게 하되 자신을 자랑하지 않고 겸손하게 낮추어 남을 공경하게 한
다. 둘째는 '리로써 화합하는 것'[理和合語]이니 보리심에서 물러나
는 사람을 보면 간절히 권하여 정진하게 하며 보리와 번뇌가 평등
한 하나의 상(相)임을 능히 잘 분별하게 한다.

和合語者亦二. 一事和合者, 見鬪諍人, 諫勸令捨, 不自稱譽, 卑遜敬
物. 二理和合者, 見退菩提心人, 殷勤勸進, 善能分別, 菩提煩惱, 平等
一相.

> 화합어(和合語) :
> 1. 사화합어(事和合語, 사로써 화합하는 말) : 다툼을 멈추게 함. 자와 타를 화합시킴
> 2. 리화합어(理和合語, 리로써 화합하는 말) : 보리심으로 나아가게 함. 보리와 번뇌의
>   화합을 보게 함

화합어를 사화합어와 리화합어로 나누는 것도 사(事)와 리(理)의 구
분에 입각한 것이다. 사는 현상세계를 이루는 구체적인 사물들을 뜻
하고, 리는 그런 사물들을 가능하게 하는 이치나 진리를 뜻한다. ①
사화합의 화합어는 서로 좋지 않은 말을 나누는 두 사람을 현상 차원
에서 서로 화합시키는 말이라면, ② 리화합의 화합어는 두 사람의 화
합이라는 현상 차원을 넘어서서 진리를 분명히 보게 함으로써 리를
통해 사를 화합시키는 말을 뜻한다. 예를 들어 다투는 둘을 놓고 협
상을 잘하도록 도와줘서 적절히 타협하게 하는 말이 사화합어라면,
자타가 둘이 아니기에 궁극적으로 다툴 것이 없다는 것을 깨달아 서
로 화합하게 하는 말은 리화합어라고 할 수 있다.

행정은 이렇게 설명한다. "① 불화의 일을 보면 겸손하게 간하기
를 높거나 강함을 믿지 말고 공경해야 좋다고 말한다. ② 행위자가
마음이 물러나면 덕으로써 그를 편안하게 해주며 부지런히 그의 앞

에서 미혹과 깨우침에 대해 잘 말해준다."[127]

(4) 망어(틀린 말)를 대치하는 여실어 : 사실어 · 리실어

여실한 말에도 두 가지가 있다. 첫째는 '일이 실로 그러한 것'[事實語]이니 있으면 있다고 말하고, 없으면 없다고 말하고, 옳으면 옳다고 말하고, 그르면 그르다고 말하는 것이다. 둘째는 '이치가 실로 그러한 것'[理實語]이니 일체 중생이 모두 불성이 있고 여래의 열반이 상주불변인 것이다.

如實語者亦二. 一事實者, 有則言有, 無則言無, 是則言是, 非則言非. 二理實者, 一切衆生, 皆有佛性, 如來涅槃, 常住不變.

> 여실어(如實語) :
> 1. 사실어(事實語, 사실이 실로 그러한 말) : 유면 유, 무면 무, 시면 시, 비면 비라고 말함
> 2. 리실어(理實語, 이치가 실로 그러한 말) : '일체중생 개유불성', '여래열반 상주불변' 등을 말함

　　여실어에서 사실어와 리실어의 구분도 사와 리의 구분에 입각한 것이다. ① 사실어는 현상적인 사(事)의 차원에서 있는 모습 그대로를 여실하게 드러내는 말이라면, ② 리실어는 현상보다 더 깊은 리(理)의 차원에서 현상적 차별성을 넘어선 실상을 여실히 드러내는 말이라고 할 수 있다. 예를 들어 이것은 이것이고, 저것은 저것이라는 말이 사실어라면, 이것도 공이고 저것도 공이기에 이것이 저것과 다름이 없

---

127) 행정, 181하, "① 見不和事, 謙而諫之, 無恃高强, 敬之則吉. ② 行者心退, 以德綏之, 勤於彼前, 善談迷悟."

다는 말은 리실어에 해당한다고 할 수 있다.

행정은 설명한다. "① 사실에 근거해서 바르게 말하지 애증을 따라 말하지 않는다. 맹자는 '사람에게 시비지심(是非之心)이 없으면 사람이 아니다'라고 하였다. ② 타고난 실제 성품은 본래 옮겨지지 않는다. 『열반경』에서 '결정코 선언하는데, 일체 중생은 모두 불성이 있다. 무릇 마음이 있는 자는 결정코 부처가 될 것이다'라고 하였다."[128]

이 때문에 지혜로운 자는 네 가지 진실한 말을 하며, 저 중생이 오랜 겁 이래로 저 네 가지 허물에 의해 전도되어 생사에 빠져 벗어나기 어렵다는 것을 관한다.
是以智者行四實語, 觀彼衆生, 曠劫已來, 爲彼四過之所顚倒, 沈淪生死, 難可出離.

지혜로운 자는 기어나 악구, 양설이나 망어를 발설하는 구업을 짓지 않고 그 대신 상황에 따라 적절하게 정직어와 유연어, 화합어와 여실어를 말한다. 내가 무심코 뱉어내는 말, 거짓말이나 거친 말 또는 이간질하는 말이나 잘못된 말이 남에게는 크나큰 상처가 되고 고통이 되며, 삶을 뒤흔드는 타격이나 충격이 될 수도 있기 때문이다. 말은 입에서 쉽게 튀어나오지만, 그렇게 입으로 짓는 구업은 결국 나

---

128) 행정, 181하~182상, "① 據事直言, 不叶憎愛. 孟子云, '人無是非之心, 非人也.' ② 天然實性, 本來不遷. 涅槃云, '決定宣說, 一切衆生, 皆有佛性. 凡有心者, 定當作佛.'" 여기에서의 첫 번째 인용문은 행정이 『맹자』「공손추 상」에서 가져온 것이고, 두 번째 인용문은 행정이 『열반경』 권25(『대정장』 권12, 769상), "凡有心者, 定當得成阿耨多羅三藐三菩提. 以是義故, 我常宣說, 一切衆生, 悉有佛性."에서 가져온 것으로 보인다.

를 3악도에 빠뜨리고 그 안에서 고통받게 한다. 남에게 준 고통의 양에 상응하는 대가를 내가 치러야 하기 때문이다.

행정은 "네 가지 삿됨을 행함으로 인해 그 결과 3악도에 빠진다. 천태 대사는 '다행히 인천(人天)으로부터 즐거움을 받는데, 어째서 고통스럽게 3악도에 들어가겠는가?'라고 하였다."[129]고 설명한다.

2) 구업의 근원 : 마음

내가 이제 그 근원을 뽑고자 하여 저 구업을 관하니, 입술과 혀와 어금니와 이빨과 인두와 후두와 배꼽의 울림에 업식(業識)의 바람이 부딪쳐서 소리가 그 중에서 나오는데, 마음이 인연이 됨으로 말미암아 공허[虛]와 진실[實]이 둘로 구별된다. 진실이면 이익이고 공허면 손실이니, 진실은 선을 일으키는 뿌리이고 공허는 악을 낳는 근본이다.

我今欲拔其源, 觀彼口業, 脣舌牙齒, 咽喉臍響, 識風鼓擊, 音出其中. 由心因緣, 虛實兩別. 實則利益, 虛則損減, 實是起善之根, 虛是生惡之本.

```
구업/말소리  =    신체 조직의 울림    +   업식의 바람
              (순·설·아·치·인·후·제)    (마음의 작용)
                        └┌ 실(實) → 이익 → 선을 일으킴
                         └ 허(虛) → 손실 → 악을 낳음
```

---

129) 행정, 182상, "因行四邪, 果沈三惡. 天台云, '幸自人天受樂, 何須苦入三塗?'" 여기에서의 인용문은 행정이 지원(智圓)의 『열반경소삼덕지귀(涅槃經疏三德指歸)』 권7(『만자속장경』 권37, 432중), "幸在人天受樂, 何須苦入三塗?"에서 가져온 것이다. 지원(976~1022)은 송나라 승려로 천태종 산외파 대사이다. 산가파 대표 사명 지례(四明知禮)와 논변을 전개하기도 하였지만 당시에는 산가파가 정통으로 인정되었다.

구업의 말소리가 어떻게 해서 생겨나는지를 설명하고 있다. 말소리는 단지 입안의 혀만으로 생겨나는 것이 아니라, 입술과 혀, 어금니와 나머지 이빨, 인두(목구멍에서 식도 부분)와 후두(목구멍에서 기도 부분), 그리고 배꼽이라는 7가지 기관의 울림에 업식의 바람이 더해져서 나오는 소리이다. 신체 조직의 울림에 업식의 바람, 즉 마음이 불러일으키는 바람이 더해짐으로써 비로소 말소리가 나오게 된다.

그런데 신체 조직에서의 울림만으로는 공허와 진실, 허와 실 내지 선과 악이 구분되지 않는다. 신체 조직이 움직여서 울림이 일어나면 소리가 생기는데, 그런 소리는 그 자체로 실일 뿐 그 안에서 허와 실을 나눌 수는 없기 때문이다. 예를 들어 기침소리나 코고는 소리, 울음소리나 웃음소리 등은 신체 조직을 통해 나오는 소리이되 말소리처럼 허와 실을 나눌 수 없는 그냥 소리일 뿐이다. 그러므로 말소리에서의 공허와 진실의 구분, 선과 악의 구분은 신체기관의 울림에서가 아니라, 그렇게 울리게 하는 마음의 작용, 업식의 활동에서 찾아진다. 이런 까닭에 말이 구업으로 작용하게 되는 근본 계기는 바로 마음이다. 구업의 근원이 마음인 셈이다. 마음이 인연이 돼서 그 말이 진실한 말인지 공허한 빈 말인지, 실(實)의 말인지 허(虛)의 말인지가 구분되고, 결국 그 말이 이익의 말인지 손감의 말인지, 선업의 말인지 악업의 말인지가 구분된다.

행정은 "그 7처(處)가 화합하여 비로소 언어의 음이 있음을 관한다."[130]고 설명한다. 여기서 7처는 단지 신체기관을 말한 것일 뿐 업

---

130) 행정, 182상, "觀其七處和合, 方有言音." 『한국불교전서』에서는 이 구절이 영가집 본문의 글처럼 되어 있지만, 언해본에는 행정의 주로 처리되어 있다. 여기에서도 그 의미에 따라 행정의 주로 처리한다.

식의 바람은 언급하지 않은 것이다. 말소리 중 소리에 해당하는 음은 신체 기관을 통해서 생기지만, 말소리에 담긴 의미는 인간의 마음을 통해 성립한다. 그러므로 업을 일으키는 근원은 바로 마음이다.

선악의 근본은 입으로 말하는 선택[詮]에서 비롯된다. 선을 선택하는 말을 네 가지 정(正)이라고 하고, 악을 선택하는 말을 네 가지 사(邪)라고 이름한다. 삿되면 곧 고통으로 나아가고, 바르면 곧 즐거움으로 귀결된다. 선은 도(道)를 돕는 인연이고, 악은 도를 무너뜨리는 근본이다.

善惡根本, 由口言詮. 詮善之言, 名爲四正, 詮惡之語, 名爲四邪. 邪則就苦, 正則歸樂. 善是助道之緣, 惡是敗道之本.

```
┌ 선을 선택[詮]하는 언(言) = 4정(正) → 락(樂)    선 = 도를 도움
└ 악을 선택[詮]하는 언(言) = 4사(邪) → 고(苦)    악 = 도를 패함
```

말이 바른 말과 삿된 말로 구분되는 까닭은 말이 말하는 자의 마음에 의해 선택된 말이기 때문이다. 특정한 의미를 전달하고자 골라서 하는 말, 의미부여 작용이 들어간 말을 전(詮)이라고 한다. 의미부여하는 말을 능전(能詮)이라고 하고, 그 말에 의해 부여된 의미를 소전(所詮)이라고 한다. 구업에서 선과 악이 구분되는 근본은 바로 의미부여하는 말, 선악을 선택하는 전(詮)의 말이다. 선을 선택하는 말이 네 가지 바르고 진실한 말인 정직어, 유연어, 화합어, 여실어이며, 악을 선택하는 말이 네 가지 삿되고 공허한 말인 기어, 악구, 양설, 망어이다.

불교가 구업을 세밀하게 논하면서 그 심각성을 강조하는 것은 오늘날의 관점에서 볼 때 더욱 적절해 보인다. 오늘날 우리가 짓는 업의 대부분은 거의 구업에 속한다고 볼 수 있다. 선은 남에게 락을 주는 것이고 악은 남에게 고를 주는 것인데, 남에게 직접 고나 락을 줄 수 있는 것은 흔히 말로부터 시작되기 때문이다. 의업은 그냥 내 안에서 일어나는 생각이기에 그것을 남에게 말로 표현하지 않는 한 남에게 직접 고나 락을 주지는 못한다. 말과는 별도로 직접 몸으로 짓는 신업 또한 남에게 고나 락을 주기는 하지만, 그 몸의 행위가 의도와 집착이 담긴 업인가 아닌가, 선한 의도의 업인가 악한 의도의 업인가 하는 것은 대부분 그 몸의 행위와 더불어 발설하게 되는 말에 따라 판가름 난다. 그러므로 업 중에서 구업이 차지하는 비중이 대단히 크다고 할 수 있다.

행정은 이렇게 설명한다. "언어는 직접 말하는 것을 언(言)이라고 하고, 따져 논하는 것을 어(語)라고 한다. 여기에서의 언어는 글쓰기의 편리함을 취한 것이다. 선악의 갈라짐을 명확하게 볼 수 있다."[131] 행정이 덧붙인 언과 어의 구분은 『설문해자(說文解字)』에 나온다. 다만 여기에서는 구분 없이 편리한 대로 쓴다는 말이다.

이런 까닭에 지혜로운 자는 마음을 구하고 바름을 붙잡아 진실한 말이 저절로 서며, 경을 외우고 염불하여 말의 실상을 관하여서 말에 아무것도 없어 말과 침묵이 평등해지니, 이것을 '구업을 청

---

131) 행정, 182상, "言語者, 直言曰言, 難論曰語. 此中言語, 取其文便. 善惡更端, 冷然可覽."

정하게 닦음'이라고 이름한다.

是故智者要心扶正, 實語自立, 誦經念佛, 觀語實相, 言無所存, 語默平
等, 是名淨修口業.

    구업을 짓지 않기 위해 늘 진실한 말만 말하고자 노력해야 한다. 삿됨을 떠나 바름을 추구하면 진실한 말을 하게 된다. 경에 쓰여진 말들은 다 진실한 말이므로 송경을 하거나 염불을 하는 것도 바른 실어를 말하는 것에 속한다. 언어를 따라 일어나는 잘못된 분별을 삼감으로써 침묵에 잠기는 것, 말과 침묵이 평등하다는 것을 알고 이를 실현하는 것 등이 모두 다 구업을 청정히 닦는 것이 된다.

    행정은 진실한 말은 진리에 계합하며, 궁극에는 말과 침묵 어느 하나에 치우치지 말아야 한다는 것을 강조한다. "마음을 구해 네 가지 바름을 수순하여 행하고 진실한 말이 하나의 진리에 그윽이 계합하여 그 말과 침묵에 치우침이 없음을 관하니, 이것을 '구업을 청정하게 닦음'이라고 부른다."[132]

---

132) 행정, 182중, "要心順行四正, 實語冥契一眞, 觀其語默無偏, 是號淨修口業."

3. 의업(意業)

1) 만법의 근원으로서의 마음

무엇이 의업을 청정하게 닦음인가? 스스로 깊이 사유할 것이니, 선과 악의 근원은 모두 마음으로부터 나오며 '삿된 생각'[邪念]의 인연은 능히 만 가지 악을 낳고 '바른 관'[正觀]의 인연은 능히 만 가지 선을 낳는다. 그러므로 경에서 '3계에 별도의 법이 없으니 오직 이 한마음이 지은 것이다'[133]라고 말한다. 마음이 만법의 근본임을 마땅히 알아야 한다.

云何淨修意業? 深自思惟, 善惡之源, 皆從心起, 邪念因緣, 能生萬惡, 正觀因緣, 能生萬善. 故經云, '三界無別法, 惟是一心作.' 當知心是萬法之根本也.

심(心) = 만법의 근원 = 선악의 근원
    ┌ 사념(邪念) = 의업 : 탐심, 진심, 치심 → 악
    └ 정관(正觀) = 의업을 대치하는 정관 → 선

신업과 구업을 논하고 나서 이제 3업 중의 마지막인 의업을 논한다. 신업과 구업이 업으로 성립하는 것은 결국 그것들이 집착과 의도에 따라 일어난 행위이기 때문이며, 그러한 집착과 의도는 결국 마음에서 일어나는 것이다. 그러므로 모든 업의 근원, 선과 악의 근원은 결국 마음이라고 말한다. 마음은 선악의 근원일 뿐 아니라 만법의 근

---

133) 위의 인용문은 현각이 지의의 『묘법연화경현의』 권2상(『대정장』 권33, 693중), "三界無別法, 唯是一心作."에서 가져온 것이다.

원이다. 3계의 일체 제법이 모두 다 마음이 지었다는 것, 그렇게 마음이 일체 제법의 근본이라는 것을 강조하는 것은 영가집의 천태사상 내지 선사상이 기본적으로 '유식무경(唯識無境)'의 유식사상 내지 '일체유심조(一切唯心造)'의 화엄사상과 다르지 않다는 것을 보여준다.

그렇다면 마음에서 어떻게 해서 선과 악이 형성되는가? 영가집에서는 악은 삿된 생각으로부터 나오고, 선은 바른 관으로부터 비롯된다고 설명한다. 그러므로 이하에서는 악을 일으키는 삿된 생각인 사념(邪念)과 선을 가져오는 바른 관인 정관(正觀)을 차례대로 논한다.

행정은 "신과 구와 의의 세 가지는 거친 것에서 미세한 것으로 나아가는 것이니, 의의 업을 깊이 알아야 한다. 『화엄경』에서 '자기 마음을 능히 알지 못하면 어찌 바른 도를 알겠는가?'라고 하였다."[134]라고 말한다. 마음이 일체 선악의 근원이 되기에 결국 천당과 지옥도 마음에서 생겨나는 것이다. "천당과 지옥이 마음에서 벗어나지 않으니, 『유식론』에서 '3계가 오로지 마음이다'라고 하였다."[135]고 설명한다. 3계는 욕계, 색계, 무색계이며, '삼계유심(三界唯心)'은 일체 존재가 모두 마음에서 비롯되었음을 말한다. 이 3계를 이끌어 오는 삿됨과 바름이 마음으로부터 생겨나는 것이기에 '3계유심'에 대해 행정은 "앞에서의 삿됨과 바름이 마음을 떠나면 생기지 않는다는 것을 밝힌다."[136]라고 설명한다.

---

134) 행정, 182중, "身口意三, 麤而至細, 意之一業, 深須了知. 華嚴云, '不能了自心, 云何知正道?'" 여기에서의 인용문은 행정이 『대방광불화엄경(大方廣佛華嚴經)』(이하 『화엄경』) 권16(『대정장』 권10, 82상)에서 가져온 것이다.
135) 행정, 182중, "天堂地獄, 無出於心, 唯識論云, '三界唯心'." 여기에서의 인용문은 행정이 세친의 『유식론(唯識論)』(『대정장』 권31, 64중)에서 가져온 것이다.
136) 행정, 182중, "明前邪正, 離心不生."

2) 삿된 생각〔邪念〕: 62견(見)과 98번뇌

무엇이 '삿된 생각'인가? 무명으로 알지 못하여 허망하게 집착해서 나라고 여기며, 아견이 견고하여 탐욕과 성냄과 삿된 견해로써 존재하는 것들을 멋대로 헤아려 모든 '오염된 집착'〔染着〕을 낳는다.

云何邪念? 無明不了, 妄執爲我, 我見堅固, 貪瞋邪見, 橫計所有, 生諸染著.

무명 → 아견 → 탐, 진, 사견 → 염착
(아치)   (아견)

삿된 생각인 사념(邪念)은 근본무명에서 비롯되는 일체의 마음 작용을 말한다. 근본무명으로 인해 아공과 법공을 알지 못해서, 자아가 있다고 생각하고 세상 일체 제법이 있다고 생각하여 아집과 법집을 갖게 된다. 그리고 그 아집과 아견에 따라 탐심과 진심과 잘못된 견해를 갖게 되고 그 잘못된 삿된 견해에 근거해서 일체를 자기 마음대로 계탁 분별하는 행위가 있게 된다. 불교에서는 마음이 일으키는 근본 번뇌로 다음 열 가지를 말한다.

10근본번뇌 = 탐 + 진 + 치 + 만 + 의 + 아견 + 변견 + 사견 + 견취견 + 계금취견
　　　　　　 (貪)(瞋)(癡)(慢)(疑)(我見)(邊見)(邪見)(見取見)(戒禁取見)
　　　　　　　　 =무명　　　　= 유신견 └─────────┘
　(아애)　(아치)(아만)　(아견)　　　　4견
　　　　　　　└──────────────┘
　　　　　　　　　　 5견(5不正見)

삿된 생각인 사념(邪念)은 우리가 무명[癡]으로 인해 존재의 실상을 바로 알지 못함으로써 일어나는 온갖 잘못된 생각을 말한다. 우선 무명으로 인해 생기는 아견은 곧 내 몸을 나로 여기는 '신견'[有身見=薩迦耶見]이다. 이 아견으로부터 탐심과 진심이 일어나고 이로부터 다시 4견이 일어나는데, 곧 치우친 견해인 '변견', 삿된 견해인 '사견', 그릇된 견해를 바르다고 여기는 견해인 '견취견', 계율지킴을 통해 해탈한다고 여기는 견해인 '계금취견'이 그것이다. 아만과 의심 또한 무명으로 일어나는 마음 작용이다. 무명으로 인해 일어나는 일체 마음 작용이 모두 사념에 속한다.

행정은 "본래 일어난 무명이 자기의 주재(主宰)가 되고, 이로부터 다시 애(愛)와 증(憎) 등의 경계가 생긴다."[137]고 설명한다. 본래 타고난 무명의 치심이 탐심과 진심의 바탕이 됨을 말한다. 무명이 명을 가려 '나는 나다', '상일주재(常一主宰)의 자아가 있다'라는 생각을 일으키므로 그로부터 애증이 일어나는 것이다.

그러므로 경에서 '내[我]가 있음으로 인해 곧 나의 것[我所]이 있다'[138]고 하였다. 아소(我所)가 있음으로 인해 단견과 상견 등 62견(見)을 일으킨다.

故經云, '因有我故, 便有我所.' 因我所故, 起於斷常六十二見.

---

137) 행정, 182하, "本起無明, 爲己主宰, 由此便生憎愛等境."
138) 위의 인용문은 현각이 『유마경』 권중(『대정장』 권14, 550하)에서 가져온 것이다.

137) 행정, 182하, "本起無明, 爲己主宰, 由此便生憎愛等境."
138) 위의 인용문은 현각이 『유마경』 권중(『대정장』 권14, 550하)에서 가져온 것이다.

62견(見) :

색 : 我是色, 我異色, 我在色中, 色在我中	4
수, 상, 행, 식 역부여시	4+4×4=20
과거, 현재, 미래 역부여시	20×3=60
상견+단견	60+2=62

아공 내지 무아를 알지 못해 '내가 있다'고 여기는 아견은 자체 안에 아견(我見)과 아소견(我所見)을 포함한다. 자아가 있다고 여기는 것은 곧 그 자아에 대립하는 '자아 아닌 것'인 비아(非我)가 있다고 여기는 것이기 때문이다. 이 '자아 아닌 것'을 자아와 관계하는 것 내지 자아에 속하는 것이라는 의미에서 '아소(我所)'라고 부른다. 이와 같이 아와 아소가 존재한다고 여기면 다시 그 둘 간의 관계에 대해 여러 가지 잘못된 생각들을 일으키게 되는데, 불교는 이것을 62가지로 구분해서 '62견(見)'이라고 한다.

우리가 세속적으로 집착하는 자아는 색·수·상·행·식 5온이다. 그중에서 일단 색을 나와 관계되는 아소로 여길 경우, 나[我]와 색[我所]이 서로 어떤 관계에 있는가에 대해 4가지 경우를 생각할 수 있다. 즉 ① 아가 곧 색이다[我是色], ② 아는 색과 다르다[我異色], ③ 아는 색에 포함된다[我在色中], ④ 색이 아에 포함된다[色在我中]. 이상과 같은 4견이 성립한다. 그리고 다시 이런 방식의 4견이 나머지 수·상·행·식 각각에 대해서도 성립하므로 결국 4×5=20으로 20견이 된다.

이 20견이 각각 과거, 현재, 미래의 3세(世)에 대해 타당하므로 20×3=60으로 60견이 되며, 여기에 자아가 항상하다는 상견(常見)과 자아는 단멸하고 만다는 단견(斷見)을 더하면 60+2=62로 62견이 된다. 이와 같이 불교는 삿된 견해를 62견(見)으로 정리한다.

행정은 이상의 내용을 다음과 같이 간략히 말한다. "'아가 곧 색이다', '아는 색과 다르다', '아는 색 중에 있다', '색이 아 중에 있다'라고 헤아리기를 식에 이르기까지 이와 같이 하니, 하나의 온에 4가지로 헤아려 4×5=20이며, 과거와 미래, 단과 상으로 62가 된다."[139]

견(見)과 사(思)가 서로 이어져 98번뇌[使]가 되어 3계(界)의 생사를 윤회하여 그치지 않는다.

見思相續, 九十八使, 三界生死, 輪迴不息.

> 98사(使, 번뇌) = 88견혹 + 10사혹
> 1. 88견(見) : 견혹(見惑) = 견도소단(見道所斷) 번뇌
> 2. 10사(思) : 사혹(思惑) = 애혹(愛惑) = 수혹(修惑) = 수도소단(修道所斷) 번뇌

　　번뇌로 인해 중생은 3계에 태어나고 죽기를 거듭 반복하면서 윤회한다. 이처럼 중생을 윤회하게 하는 번뇌를 불교는 앎의 차원의 견(見)의 번뇌와 삶의 차원의 사(思)의 번뇌 두 가지로 구분한다. 견의 번뇌인 견혹(見惑)은 바른 견해를 갖는 견도(見道)에서 끊어지는 견도소단(見道所斷) 번뇌이고, 사의 번뇌인 사혹(思惑)은 수혹(修惑) 또는 애혹(愛惑)이라고도 하며 수도(修道)에서 끊어지는 수도소단(修道所斷) 번뇌이다. 앞에서 언급한 탐(貪)·진(瞋)·치(癡)·만(慢)·의(疑)·신견(身見)·변견(邊見)·사견(邪見)·견취견(見取見)·계금취견(戒禁取見)의 10가지 근본번뇌 중 의(疑)와 5견(신견, 변견, 사견, 견취견, 계금취견)은 견도에서 완전히 끊어지지만 앞의 탐·진·치·만은 부분적으로만 끊어진다. 견도에서 완전히 끊어

---

139) 행정, 182하, "計我是色, 計我異色, 我在色中, 色在我中, 乃至識亦如是, 一陰計四, 四五二十, 過未斷常, 成六十二."

지지 않고 남아 있는 탐·진·치·만은 수도에서 끊어진다.

　98사는 이 10가지 근본번뇌를 놓고, 고·집·멸·도 4성제를 각각 견하는 견도에서 끊을 수 있는 것을 열거하고 다시 수도에서 끊을 수 있는 것을 열거하되 그것을 욕계·색계·무색계 3계에 걸쳐 열거한 것이다. 그렇게 해서 열거된 번뇌의 수를 모두 더하면 98가지가 되므로 98사(使)라고 한다. 구체적인 것을 도표로 나타내면 아래와 같다.

	견혹(88)				수혹(10)
	견고소단	견집소단	견멸소단	견도소단	수도소단
욕계	(10)탐진치만의 신견·변견·사견·견취견·계금취견	(7)탐진치만의 신견·변견·사견·견취견·계금취견	(7)탐진치만의 신견·변견·사견·견취견·계금취견	(8)탐진치만의 신견·변견·사견·견취견·계금취견	(4)탐진치만의 신견·변견·사견·견취견·계금취견
색계	(9)탐진치만의 신견·변견·사견·견취견·계금취견	(6)탐진치만의 신견·변견·사견·견취견·계금취견	(6)탐진치만의 신견·변견·사견·견취견·계금취견	(7)탐진치만의 신견·변견·사견·견취견·계금취견	(3)탐진치만의 신견·변견·사견·견취견·계금취견
무색계	(9)탐진치만의 신견·변견·사견·견취견·계금취견	(6)탐진치만의 신견·변견·사견·견취견·계금취견	(6)탐진치만의 신견·변견·사견·견취견·계금취견	(7)탐진치만의 신견·변견·사견·견취견·계금취견	(3)탐진치만의 신견·변견·사견·견취견·계금취견

　예를 들어 욕계의 '견고소단'은 욕계에서 고성제를 견할 때 끊어져야 하는 것으로서 남아 있는 번뇌를 말하는데, 10가지 번뇌가 그것이다. 욕계의 '견집소단'은 욕계에서 집성제를 견할 때 끊어져야 하는 번뇌로서 남아 있는 번뇌를 말하는데, 신견, 변견, 계금취견은 그 앞 단계인 고성제를 견하는 단계에서 이미 끊어지고 없기에 신견·변견·계금취견으로 처리하였으며 따라서 나머지 일곱 가지 번뇌가 욕계의 견집소단에 해당한다. 욕계에만 있고 색계와 무색계에는 없는 번뇌가 성냄의 진(瞋) 번뇌이고, 견도로써 끊어지지 않고 수도에서 비로소 끊어지는 번뇌는 탐·진·치·만 네 가지 번뇌이다.

그런데 88견혹과 10사혹을 더해서 98번뇌를 주장하는 것은 설일체유부의 설이고, 유식유가행파는 이와 달리 112견혹과 16사혹을 더해 128번뇌를 주장한다. 즉 유식에서는 모든 견도소단과 수도소단에 아견(유신견)과 변견을 포함시키며, 견집소단과 견멸소단에 계금취견도 포함시킨다. 이처럼 각 번뇌가 어느 단계에서 끊어지게 되는가에 대해서는 종파 간에 다소간의 입장 차이가 있다.

나아가 천태에서는 견혹과 사혹을 더한 견사혹(견애혹) 이외에 진사혹과 무명혹을 더하여 3혹을 논한다. 진사혹은 항하의 모래만큼이나 많은 번뇌라는 뜻에서 붙은 이름으로 현상세계에 대해 또는 현상세계가 성립하는 방식에 대해 알지 못하여 생기는 번뇌를 말한다. 천태에서는 진사혹을 유식(唯識) 내지 가(假)의 원리를 아는 대승보살만이 끊을 수 있는 번뇌라고 말한다. 무명혹도 근본무명의 번뇌로서 이것 또한 대승보살만이 끊을 수 있다고 주장한다.

3혹 : 천태에서 논함
 1. 견사혹 : 견혹(見惑) 88 + 사혹(思惑) 10 = 98혹 - 2승과 보살이 끊음
 2. 진사혹(塵沙惑) : 법공 내지 가유를 모르는 혹 - 대승보살이 끊음
 3. 무명혹(無明惑) : 근본무명 - 부처가 끊음

행정은 이상 98사에 대해 이렇게 설명한다. "견에는 88가지가 있고, 10가지 사유(思惟)를 더해서 98번뇌가 성립한다. 이 두 가지 미혹으로 전도된 생각이 어지러워 3계를 끝없이 유전하니, 모두 견혹과 애혹이 그렇게 만든 것이다."[140]

---

140) 행정, 182하, "見有八十八, 加十思惟, 成九十八使. 此之二惑, 倒想紛然, 故於三界, 流轉無際, 皆是見愛, 使之然也."

삿된 생각이 여러 악의 근본임을 마땅히 알아야 한다. 이런 까닭에 지혜로운 자는 제어하고 따르지 않는다.

當知邪念, 衆惡之本. 是故智者制而不隨.

　옳지 않은 생각으로부터 여러 가지 악이 일어난다는 것은 곧 악을 피하고자 하면 생각을 올바로 해야 한다는 것을 의미한다. 그러기 위해서는 마음속에서 생각이 일어나면 곧바로 그 생각에 따라 행동하는 것이 아니라, 오히려 마음속에서 생각이 일어나는 순간 즉시 그 생각을 알아차리고 그 생각으로부터 거리를 취하는 것이 필요하다. 그렇게 함으로써만 자신 안에서 일어나는 생각에 그냥 수동적으로 끌려가는 생각의 노예가 되지 않고, 스스로 생각을 따를지 따르지 않을지를 결단하는 생각의 주인이 될 수 있기 때문이다. 마음속에서 생각이 일어나는 것은 이런저런 상황과 인연에 따라 저절로 벌어지는 일이다. 문제는 내가 그 생각이 시키는 대로 움직이는 생각의 노예가 되느냐, 아니면 내가 그 생각의 선악을 판단하고 취사를 결정하는 생각의 주인이 되느냐 하는 것이다.

　생각에 대해 거리를 취한다는 것은 곧 생각이 일어나면 생각이 일어나고 있다는 것을 알아차리는 것을 뜻한다. 그렇게 하면 생각은 더 이상 주도권을 갖지 못하고 내가 주도권을 쥐게 된다. 생각이 악의 근본이 된다는 것은 악은 삿된 생각에서 나온다는 것을 말한다. 삿된 생각이 떠올라도 그 생각을 알아차리고 그것이 삿되다는 것을 자각하면, 나는 그 생각을 놓을 수 있다. 지혜로운 자는 삿된 생각을 제어하고 통제하여 스스로 생각의 주인이 된다.

　행정은 "념이 일어나면 곧 자각하고, 자각하면 곧 없어진다. 그러므로 '제어하여 따르지 않는다'고 하였다."[141]라고 말한다. 자신 안에서 삿된 생각이 지금 일어나고 있다는 것을 알아차리면 곧 그 생각으로부터 거리를 취할 수 있다는 말이다. 그러면 그 삿된 생각은 행동으로 이어지지 않고 저절로 사라지게 된다.

3) 사념(邪念)을 대치하는 정관(正觀) : 불이관(不二觀)

무엇이 '바른 관'[正觀]인가? 남과 내가 차이가 없고, 색과 심이 둘이 아니며, 보리와 번뇌가 본성이 다르지 않고, 생사와 열반이 평등함을 하나로 비추는 것이다. 그러므로 경에서 '아와 아소를 떠나 평등함을 관하면, 아와 열반 그 둘이 모두 공이다'[142]라고 하였다.
云何正觀? 彼我無差, 色心不二, 菩提煩惱本性非殊, 生死涅槃平等一照. 故經云, '離我我所, 觀於平等, 我及涅槃, 此二皆空.'

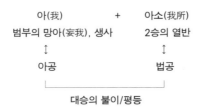

아(我)　　　　　＋　　　아소(我所)
범부의 망아(妄我), 생사　　　2승의 열반
　　　↕　　　　　　　　　↕
　　아공　　　　　　　　　법공
　　　└──────────────┘
　　　　　대승의 불이/평등

---

141) 행정, 182하, "念起卽覺, 覺之卽無. 故曰制而不隨.'' '念起卽覺, 覺之卽無'는 종밀의 『선원제전집도서』 권1(『대정장』 권48, 403상), 지눌의 『수심결』 권1(『대정장』 권48, 1007하) 등에 나오는 말이다.
142) 위의 인용문은 현각이 『유마경』 권중(『대정장』 권14, 545상), "云何爲離? 離我我所. 云何離我我所? 謂離二法. 云何離二法? 謂不念內外諸法, 行於平等. 云何平等? 謂我等涅槃等. 所以者何? 我及涅槃, 此二皆空."에서 가져온 것으로 보인다.

선(善)으로 이끄는 바른 관, 정관은 무엇인가? 우리가 행하는 이원적 사려분별을 넘어 법의 실상을 바로 보는 것, 분별되기 이전의 근원적 원융성을 자각하는 것이 정관이다. 나와 남의 자타분별, 색과 심, 물질과 정신의 분별이 허망분별임을 아는 것이다. 결국 불이(不二)를 아는 것이다. 나아가 자타를 분별하고 색심을 이원화하는 번뇌와 그 둘을 분별하지 않는 보리가 본성상 둘이 아니라는 것, 생사와 열반, 중생과 부처가 둘이 아니라는 것을 아는 것이다. 그렇게 하여 모든 허망분별을 넘어 일체를 평등하게 대하는 것이다.

　이와 같이 대승은 범부의 생사에 대한 집착뿐 아니라 2승의 열반에 대한 집착도 넘어서고자 한다. 범부는 무아를 모르므로 아에 집착하고, 2승은 무아를 알아 허망한 아를 떠나되 열반에 집착한다. 범부는 아와 속(俗)에 매여 있고, 2승은 아소와 열반에 매여 있는 것이다. 이에 반해 대승은 아공과 법공을 따라 일체가 모두 공이라는 것을 알기에 아와 아소, 생사와 열반이 둘이 아니라고 설한다. 이것이 대승의 불이법문이다.

　행정은 "법의 실상을 보는 것을 '정관'이라고 한다"[143]고 설명한다. 대승의 불이의 경지에 대해서는 "무명의 진실한 성품이 곧 불성이고, 환화의 빈 몸이 곧 법신이다."[144]라고 말하며, 그것이 범부와 2승의 양극단을 떠난 중도라는 것을 이렇게 설명한다. "아로 인한 범부의 허망한 자아와 아소로 인한 2승의 열반을 떠나니, 이 둘이 둘이 아니다. 그러므로 '평등함을 관한다'고 말한다. 아가 공이므로 생사가

---

143) 행정, 183상, "見法實相, 名爲正觀."
144) 행정, 183상, "無明實性卽佛性, 幻化空身卽法身."

공이고, 열반이 공이므로 아소가 공이라는 것을 마땅히 알아야 한다. 그러므로 '둘이 모두 공이다'라고 말한다."[145]

제법이 단지 이름만 있을 뿐임을 마땅히 알아야 한다. 그러므로 경에서 '열반까지도 또한 단지 이름만 있을 뿐이다'[146]라고 하였다. 또 '문자의 성품을 떠나면 이름 또한 공이다'[147]라고 하였다.
當知諸法但有名字. 故經云, '乃至涅槃, 亦但有名字.' 又云, '文字性離, 名字亦空.'

　일체 제법은 잠시도 동일한 하나로 고정되어 있지 않고 찰나마다 생멸 변화해나간다. 그런데도 우리가 각각의 사물을 자기동일적인 것으로 여기는 것은 오직 개념적 자기동일성에 의거하여 하나의 이름으로 부르고 있기 때문이다. 그 이름에 상응하는 고정된 실체는 존재하지 않는다. 그러므로 '제법이 단지 이름만 있을 뿐이다'라고 말한다.
　나아가 본래 이름이란 것은 무엇인가를 칭함으로써 이름으로 성립한다. 이름에 상응하는 것이 없다면, 결국 이름 또한 지칭하는 것이 없는 공일 뿐이다. 그러므로 '이름 또한 공이다'라고 말한다.
　행정은 "상(相)에 집착함을 모조리 없애서 실오라기 하나도 남기지

---

145) 행정, 183상, "離我故凡夫妄我, 我所故二乘涅槃, 是二不二. 故曰觀於平等. 當知我空故空生死, 涅槃空故空我所. 故曰此二皆空."
146) 위의 인용문은 현각이 천태 지의의 『마하지관』 권6상(『대정장』 권46, 74중, 75중), "乃至涅槃, 亦如幻化 … 乃至佛, 亦但有名字"에서 가져온 것으로 보인다.
147) 위의 인용문은 현각이 『유마경』 권상(『대정장』 권14, 540하), "文字性離, 無有文字"에서 가져온 것으로 보인다.

않는다."[148]고 말한다. 일체를 공으로 설명하는 것은 그 본성의 공성만을 남기고 그것이 인연 따라 갖가지 방식으로 드러나는 일체의 상(相)을 제거하는 것이다.

무슨 까닭인가? 법은 스스로 이름 짓지 않으므로 이름을 빌려 법을 설명하지만, 법은 이미 법이 아니고 이름도 또한 이름이 아니다. 이름은 법에 합당하지 않고 법은 이름에 합당하지 않다. 이름과 법에 합당함이 없으니, 일체가 비고 고요하다. 그러므로 경에서 '법에는 이름이 없으니 언어가 끊어졌기 때문이다'[149]라고 하였다.
何以故? 法不自名, 假名詮法, 法旣非法, 名亦非名. 名不當法, 法不當名. 名法無當, 一切空寂. 故經云, '法無名字, 言語斷故.'

　　법을 지칭하기 위해 이름을 사용하지만, 이름에 상응하는 자기동일적 법은 존재하지 않는다. 그러므로 결국 이름이 법에 합당하지 않고, 또 법도 이름에 합당하지 않다. 서로 합당하지 않으니, 일체가 공적일 뿐이다.
　　행정은 이렇게 설명한다. "사물에는 이름에 합당한 실질이 없으므로 사물이 아니고, 이름에는 사물을 얻을 만한 공(功)이 없으므로 이름이 아니다. 이것은 이름이 실질에 합당하지 않고 실질이 이름에 합당하지 않다는 것이다. 이름과 실질에 합당함이 없으니, 만물이 어

---

148) 행정, 183상, "蕩於著相, 纖毫不存."
149) 위의 인용문은 현각이 『유마경』 권상(『대정장』 권14, 540상)에서 가져온 것이다.

디 있겠는가?"[150]

함허는 이렇게 덧붙인다. "이름이 법에 합당하지 않다는 것은 법이 모두 공하다는 것을 말한다."[151] 우리는 일체 제법을 각각의 이름으로 부르면서 자기동일적인 것으로 고정화하지만, 실제로 이름에 상응하는 자기동일적 사물은 없다. 일체는 찰나생멸하는 것으로서 이름과 같은 자기동일성을 유지하고 있지 않기 때문이다. 일체는 이름 너머, 언어 너머에서 찰나마다 변화하며 상속할 뿐이다.

이 때문에 묘한 상은 이름을 끊고 진실한 이름은 문자가 아니다. 무슨 까닭인가? 무위로서 적멸하며 지극히 미묘해서 상을 끊고 이름을 떠나 마음과 말의 길이 끊어진다. 정관은 근원으로 돌아가는 요체라는 것을 마땅히 알아야 한다.
是以妙相絶名, 眞名非字. 何以故? 無爲寂滅, 至極微妙, 絶相離名, 心言路絶. 當知正觀還源之要也.

실상은 이름으로 표현되고 언어로 설명될 수 있는 것이 아니다. 언어와 문자 너머에서 찰나생멸하는 제법의 실상을 제대로 통찰하는 것이 바른 관찰인 정관이다. 제법의 실상은 공이며, 이는 이름을 떠나고 상이 끊어진 자리에서 드러난다. 우리의 마음은 말과 생각을 따라 흐르기에, 제법의 실상은 마음과 말의 길조차도 끊어진 자리에서

---

150) 행정, 183상, "物無當名之實, 非物也, 名無得物之功, 非名也. 是謂名不當實, 實不當名. 名實無當, 萬物安在?"
151) 함허, 183중, "名不當法, 言法皆空也."

드러난다. 언어 문자를 모두 떠나 공에 머무르는 것이 정관이다.

행정은 행함이 없는 고요한 무위 적멸의 경지는 언어를 떠난 차원이라는 것을 이렇게 설명한다. "정관의 도는 남과 내가 서로를 잊고 무위로서 고요한 것이니, 어찌 몇 마디 말에 머무르겠는가?"[152]

이런 까닭에 지혜로운 자는 정관의 인연으로 만 가지 혹(惑)을 버리고 경(境)과 지(智)를 함께 잊어 마음의 근원이 청정해지니, 이것을 '의업을 청정하게 닦음'이라고 이름한다.

是故智者正觀因緣, 萬惑斯遺, 境智雙忘, 心源淨矣, 是名淨修意業.

언어 문자를 넘어 일체의 공성을 바르게 관하여 아는 것이 정관이다. 정관을 통해 주와 객, 자와 타의 허망분별을 버리고 일체를 평등하게 대하게 된다. 자타분별, 주객분별을 넘어 경지쌍망(境智雙忘)에 이르면 마음은 망분별의 상(相)에 막히지 않는 빈 마음, 집착 없이 빈 마음이 되니, 이로써 마음의 근원이 청정해진다고 말한다. 이처럼 일체 분별을 떠나 마음을 청정하게 하는 것을 '의업을 청정하게 닦음'이라고 한다.

행정은 이렇게 설명한다. "근심과 걱정을 이미 잊으면, 이 마음이 항상 맑다. 근원으로 돌아가는 수행은 이것을 떠나서는 문이 없다. 『구사론』에서 '수행은 마음으로부터 얻으니, 마음이 청정하면 도가 이루어진다'고 하였다."[153]

---

152) 행정, 183중, "正觀之道, 彼我相忘, 無爲寂然, 豈留句數?"
153) 행정, 183중, "患累旣忘, 此心恒淨. 還源之行, 離此無門. 俱舍云, '行從心得, 心淨道成.'" 여기에서의 인용문과 동일한 문장은 『구사론』이 아니고 『보살영락경(菩薩瓔珞經)』 권 13(『대정장』 권16, 115상)에 나온다.

이것이 4위의(威儀)와 6근(根)의 대상에 응하여 연(緣)을 따라 요달해야 하는 것이니, 도에 들어가는 순서가 그러하다.
此應四儀六根所對, 隨緣了達, 入道次第云爾.

의업을 청정히 닦아 자타불이와 염오불이를 확연하게 깨달아 알면, 행·주·좌·와 어느 상태에서든 근과 경이 다 고요하고 마음이 청정해진다. 그러므로 의업을 청정히 닦음은 도에 들어가는 첫 단계가 된다. 이와 같이 의업을 청정히 닦음은 사마타, 비파사나, 우필차 수행으로 이어진다.

행정은 "배우는 자로 하여금 돌이켜 스스로 마음을 닦아 6진(塵) 경계에 대해 항상 관조를 더하게 한다."[154]고 설명한다. 세계와 상대하여 살아감에 항상 자신의 마음을 닦는 것이 가장 중요하다는 것을 강조한 말이다.

---

154) 행정, 183중, "欲令學者, 返自修心, 對於塵境, 恒加觀照."

제4장
사마타송 : 지(止)

○

흡흡하게 마음을 쓸 때에는 흡흡하게 무심으로 쓰며, 무심으로 흡
흡하게 쓰면 항상 쓰되 흡흡함도 없다.

恰恰用心時, 恰恰無心用, 無心恰恰用, 常用恰恰無.

흡흡함은 마음을 쓰는 모양인데, '흡(恰)'이 심(心)과 합(合)으로 파자
되듯이 '마음과 합하는 모습'이라고 할 수 있다. 눈앞에 대상이 주어
지든 주어지지 않든 본래의 마음자리를 떠나지 않고 계속 거기 머물
러서 마음과 합치하고 있음을 뜻한다. 따라서 대상이 주어져 마음을
쓸 때에도 대상에 이끌려 망정(妄情)을 일으키거나 분별을 일으키지
않는 것, 본래의 마음자리에 머물러 있으며 분별심으로 나아가지 않
는 것이다. 이것이 곧 흡흡하게 무심으로 마음을 쓰는 '무심법'에 해
당한다. 무심에 머물러 무심으로 마음을 쓰면 결국 마음 쓰는 모습인
흡흡함 자체도 없게 되므로 결국은 '흡흡함도 없다'고 말한다.

행정은 흡흡한 마음 씀을 '적성등지(寂惺等持)'의 무심(無心)으로 설
명한다. "마음을 조절하는 법은 혼침과 들뜸 둘을 버리는 것이다. 근
(根)과 진(塵)으로 마음을 쓸 때에 이르러 성성과 적적을 함께 유동하게

193

하며 치우쳐 취하지 않는다."[155] 즉 근과 경으로 인해 마음이 움직일 때 흡흡한 마음은 대상을 분별하지 않고 고요에 머물러 적적(寂寂)하되 그러면서도 마음이 잠들지 않고 깨어 있어 성성(惺惺)을 유지해야 한다. 이와 같이 적적으로써 들뜸을 버리고, 성성으로써 혼침을 버리는 것이 적적성성인데, 흡흡한 마음은 바로 이와 같은 고요하게 깨어 있는 마음, 적적성성의 마음을 말한다.

흡흡한 무심 = 적성등지 : 적적(寂寂) + 성성(惺惺)
                              ↑   ↑
                          부(浮, 산란)   침(沈, 혼침)

함허는 흡흡을 이렇게 설명한다. "흡흡은 마음을 쓰는 모습으로, 눈이 보고 귀가 들으며 몸이 느끼고 의가 생각할 때 근(根)과 진(塵)이 상대하는 모습이다."[156] 흡흡한 마음 씀이 세상 만물을 떠난 것이 아니라 세상과 관계하여 만물을 보고 듣는 상태임을 말한다. 다만 일상의 대립 분별적 관계와는 다른 관계이어야 할 것이다. 이어 본문의 말, "(A) 흡흡하게 마음을 쓸 때에는 흡흡하게 무심으로 쓰며, (B) 무심으로 흡흡하게 쓰면 항상 쓰되 흡흡함도 없다."에 대해 "앞의 두 구(A)는 자세한 말[曲談]은 이름과 상으로 피로하지만 곧바른 말[直說]은 번다한 무거움이 없다는 것으로 다음의 '무심'을 말한다. 뒤의 두 구(B)는 지금 말한 무심처가 유심과 다르지 않다는 것으로 '치연한 작용'을 말한다."[157]고 설명한다. 앞의 구(A)는 이름과 형상을 좇는 복잡한

---

155) 행정, 183하, "調心之法, 沈浮兩捨. 至於根塵, 用心之時, 惺寂雙流, 不可偏取."
156) 함허, 183하, "恰恰用心貌, 眼見耳聞身覺意思, 根塵相對之貌."
157) 함허, 183하, "上二句, 曲談名相勞, 直說無繁重, 謂直下無心. 下二句, 今說無心處, 不與有心殊, 謂熾然作用."

말이 아니라 단박한 말이 더 무심에 가깝다는 것을 밝힌 것이고, 뒤의 구(B)는 그러한 무심의 마음 씀이 바로 제대로의 마음 씀이라는 것을 밝힌 것이라는 말이다. 이하에서는 이러한 흡흡한 마음 씀이 어떤 마음 씀인지를 논한다.

1. 수행 방식 : 그치기[止]

1) 생각을 멈추기〔息念〕와 대상을 잊기〔忘塵〕

(1) 식념(息念)과 망진(忘塵)의 순환

① 무릇 생각[念]은 대상[塵]을 잊지 않으면 멈추지 않고, ② 대상은 생각을 멈추지 않으면 잊히지 않는다.
① 夫念非忘塵而不息, ② 塵非息念而不忘.

$$
\begin{array}{ccc}
주 & \longleftrightarrow & 객 \\
념(念) & & 진(塵)
\end{array}
$$

① 〈식념(息念)〉 ← 　망진(忘塵)
② 식념(息念) 　→ 〈망진(忘塵)〉

　여기서부터는 우리의 일상적 마음활동으로부터 어떻게 흡흡한 마음활동, 무심의 마음 씀으로 나아가는지를 설명한다. 우리의 일상적 마음활동은 주객분별 위에서 성립한다. 주관인 내가 객관인 세계를 반연하는데, 능연(能緣)의 나와 소연(所緣)의 세계는 서로 다른 둘로 간주된다. 나와 세계, 주와 객, 능과 소의 이원성이 전제되는 것이다. 사물은 나 아닌 것으로서 주관인 나에게 객관 대상으로 등장하며, 나는 그 나 아닌 것을 반연하여 대상으로 인식한다. 대상이 있어야지 그것을 대상으로 바라보는 인식활동이 있고, 인식활동이 있어야지 그것을 통해 대상이 확인된다. 대상을 통해 생각이 일어나고, 생각을 통해 대상이 확인된다. 대상이 있으면 생각이 있고, 생각이 있으면 대상이 있다. 즉 ① 진이면 넘이고(진→넘) ② 넘이면 진이다(넘→진). 이 것이 우리의 일상적 마음 씀의 차원이다.

반면 흡흡한 마음 씀은 나와 세계를 불이로 아는 마음활동이다. 즉 주객분별, 능소분별을 넘어선 차원에서 일어나는 마음활동이다. 그러자면 나와 세계가 능과 소, 주와 객의 이원성으로 분리되지 않아야 하고, 결국 능연으로서의 넘과 소연으로서의 진, 능연식과 소연경이 함께 사라져야 한다. 넘도 멈추어야 하고, 진도 잊어야 한다. 즉 식넘이고 망진이어야 한다. 그렇다면 주객분별의 차원에서 주객무분별의 경식쌍망(境識雙忘)의 차원으로 어떻게 나아갈 수 있는가?

여기에서는 '① 넘은 진을 잊어야 멈추고 ② 진은 넘을 멈추어야 잊는다'라고 말한다. 즉 '① 망진이어야 식넘이고(망진→식넘) ② 식넘이어야 망진이다(식넘→망진)'라는 말이다. 그러나 이처럼 식넘과 망진이 서로 맞물려 있다면, 과연 어디에서 시작해야 하는가? 식넘을 하자면 우선 망진이어야 하고, 망진을 하자면 우선 식넘이어야 한다. 뱀이 자기 꼬리를 물고 있듯 원을 그리고 있으면, 그 원을 따라가면서는 순환을 벗어날 수가 없다.

넘과 진, 식과 경, 주와 객이 함께 사라지는 넘진쌍망(念塵雙忘)의 일이 일어나자면, 그 일은 원을 따라가는 시간적 흐름 속에서 점차적으로 일어날 수는 없다. 그것은 오히려 한 찰나에 동시적으로 일어나야 한다. 분별적 마음에서 불이의 마음으로의 이행은 일상의 논리를 따라 점차적으로 일어나는 것이 아니고, 한 찰나에 단적으로 일어나는 사건, 차원의 순간이동이어야 하는 것이다.

행정은 "진이 있으면 념이 있다."[158]고 한다. 진이 있으면 념이 있으니, 결국 진이 없어야 념이 없다는 것, 즉 망진이어야 식념이라는 것을 말한다. 이는 곧 ① '망진→식념'의 부분을 강조한 것이다.

② 대상을 잊는 것은 생각을 멈춰 잊는 것이고, ① 생각을 멈추는 것은 대상을 잊어 멈추는 것이다.

② 塵忘則息念而忘, ① 念息則忘塵而息.

② 식념(息念)　→〈망진(忘塵)〉
① 〈식념(息念)〉← 망진(忘塵)

일상의 의식 차원에서는 생각이 멈추지 않으므로 대상을 잊지 못하고, 대상이 잊혀지지 않으므로 생각이 멈추지 않는다. 그래서 생각이 생각으로 끝없이 이어지고 대상은 언제나 나 아닌 객관 경계로 내 앞에 펼쳐진다.

이러한 주객대립을 넘어서서 경지쌍망(境智雙忘)의 차원으로 나아가는 것은 식념과 망진이 동시적으로 일어나야 가능하다. '② 대상을

---

158) 행정, 183하, "塵在, 念在."

잊는 것은 생각을 멈춰 잊는 것'이란 말은 곧 '식념이어야 망진이다'(식념→망진)라는 말이고, '① 생각을 멈추는 것은 대상을 잊어 멈추는 것'이란 말은 곧 '망진이어야 식념이다'(망진→식념)라는 말이다. 결국 식념과 망진이 동시에 일어남으로써만 이 둘이 성취될 수 있다. 능과 소, 식과 경은 함께 잊혀짐으로써만 그 둘의 분별을 넘어설 수 있다. 그렇게 하면 마음은 더 이상 주객의 대립과 분별 속에 작동하는 능연심이 아니라 능소분별을 넘어선 불이의 마음이 되어 흡흡한 마음 씀이 가능해진다.

행정은 "능(能)을 잊으면, 소(所)도 잊는다."[159]고 말한다. 능이 념(念)에 해당하고 소가 진(塵)에 해당하므로, 여기서는 식이 없으면 념이 없다는 것, 즉 식념이면 망진이라는 것을 말한다. ② '식념(息念)→망진(忘塵)'의 부분을 강조한 말이다.

(2) 순환 너머 능소무분별로

① 대상을 잊어 [생각이] 멈추면, 멈춰도 '능히 멈추는 자'(주관)가 없고, ② 생각을 멈춰 [대상을] 잊으면, 잊어도 '잊혀지는 것'(객관)이 없다.

① 忘塵而息, 息無能息, ② 息念而忘, 忘無所忘.

① 〈능식(能息/주) 없는 식(息)〉 ←		망진(忘塵)
② 식념(息念)	→	〈소망(所忘/객) 없는 망(忘)〉

---

159) 행정, 183하, "能忘, 所忘."

능과 소, 념과 진을 함께 잊는다는 말은 능소분별, 주객분별을 극
복하여 결국 주와 객, 능과 소를 가르는 분별을 없앤다는 것이다. 그
렇게 하여 이것은 주관이고 저것은 객관이라는 분별, 이것은 나고 저
것은 너라는 분별에 머무르지 않는 것이다. 그렇게 되면 그냥 앎이
있을 뿐, 아는 자와 알려진 대상이라는 분별이 없어진다. 생각을 멈
춰도 능식(能息)의 주관이 없고, 대상을 잊어도 소망(所忘)의 객관이 없
는 것이다. 그러므로 '① 능히 생각을 멈춰도 멈추는 자가 없고, ②
대상을 잊어도 잊혀지는 것이 없다'고 말한다.

행정은 이러한 경지에 대해 "진(塵)이 이미 무상(無相)이므로, 식
(識)이 저절로 연하지 않는다. 그러므로 무진이면 식이 생기지 않는
다."[160]고 말한다. 진이 무상이므로 무진이고 따라서 상을 연하는 식
이 생기지 않는다는 것이다. 이것은 다시 망진이므로 식념이라는 것,
① '망진→식념'을 강조한 말이다.

① [대상을] 잊어도 잊혀지는 것이 없으니 진(塵)이 버려져 대(對)가 아
니고, ② [생각을] 멈춰도 멈추는 자가 없으니 생각이 멸해 지(知)가
아니다.
① 忘無所忘, 塵遺非對, ② 息無能息, 念滅非知.

② 〈식념(息念)〉	① 〈망진(忘塵)〉
능식(能息/주) 없는 식	소망(所忘/객) 없는 망
념멸(念滅)	진유(塵遺)
= 비지(非知)	= 비대(非對)

---

160) 행정, 183하, "塵旣無相, 識不自緣. 是故無塵, 識不生也."

식념이어서 망진이고 망진이어서 식념인 차원은 능과 소, 지와 경의 이원성이 사라진 경지이므로 이 차원에서는 '능히 념을 멈추는 자'(능/지)와 그에 따라 '잊혀지게 되는 것'(소/경)을 다시 세워서는 안 된다. 주객을 포괄하는 전체의 마음, 불이의 마음에 대해 '그것은 누구의 마음인가? 나의 마음인가, 너의 마음인가, 아니면 그의 마음인가?'라는 식으로 자타분별하여 물을 수 없는 것이다. 전체로서의 마음, 진여의 마음은 그 자체로 나와 너, 주와 객의 분별을 넘어 일체를 포괄하는 하나의 마음, 일심(一心)이기 때문이다. 우리의 주객분별적 표층의식의 근저에는 이와 같은 주객 포괄의 한마음이 작동하고 있다. 의식 표층에 머무르지 않고 마음 본래자리인 일심의 자리에서 마음을 쓰는 것이 바로 흡흡하게 마음을 쓰는 것, 무심으로 마음을 쓰는 것이다.

행정은 이렇게 설명한다. "앞에서 '잊혀지는 것'[所忘]을 결론지어 '대립이 아니다'[非對]라고 말하고, 뒤에서 '멈추는 자'[能息]를 결론지어 '앎이 아니다'[非知]라고 말한다."[161] 흡흡한 마음 씀에서는 마음을 일으키거나 마음을 멈추는 주관으로서의 나도 없고, 그 나에 의해 반연되거나 잊혀지거나 하는 객관으로서의 대상도 없다. 흡흡한 마음은 지와 경이 상대적으로 마주하는 대대(待對)를 넘어선 마음, 대를 끊는 절대(絕對)의 마음인 것이다.

---

161) 행정, 183하, "上結所忘, 故云非對, 下結能息, 乃曰非知."

(3) 명적(冥寂)의 묘성: 성성적적의 영지(靈知)

지(知)가 멸하고 대(對)가 버려지면 오로지 깊고 고요하다[冥寂]. 고요
하여 맡길 바가 없으니 묘한 성품은 타고난 것[天然]이다.
知滅對遺, 一向冥寂. 闃爾無寄, 妙性天然.

```
주객대립 :        지(知)  ↔  대(對)   →    산란
          ↕                              ↕
주객대립 극복 : 지멸(知滅) + 대유(對遺)  →  적적(寂寂) ── 묘성천연(妙性天然)
```

주관으로서의 지가 멸하고 객관으로서의 대가 버려진 경지는 주
객분별을 넘어선 경지쌍망의 경지, 즉 심층마음인 일심의 경지이다.
주객분별의 표층의식 너머 심층에서 작용하는 주객포괄의 마음은 다
시 그 마음이 의거하는 바를 물을 수 없는 궁극의 마음이다. 그래서
그 마음을 고요하여 맡길 바 없는 마음이라고 말한다. 심층에서는 주
와 객의 분별, 자와 타의 이원성이 사라지니, 일체가 하나의 마음으로
통하며 그 안에서는 서로 다른 차이에서 오는 비교와 경쟁, 다툼과 투
쟁이 없으므로 오로지 깊고 고요할 뿐이다. 그것이 모든 중생 안의
본래성품이고 본래마음이므로 그 마음을 쓰는 것이 곧 마음을 흡흡
하게 쓰는 것이고 본성대로 사는 것이고 천연스러워지는 것이다.

이 본래 타고난 천연의 마음이 바로 능연의 식과 소연의 경을 함
께 포괄하는 전체로서의 마음, 경지쌍망 이후에 드러나는 공(空)으로
서의 마음, 아공과 법공을 통해 드러나는 진여, 이공소현진여(二空所顯
眞如)의 마음이다. 이러한 마음의 본래면목, 인간의 본성인 진여불성
을 내 안에서 직접 깨닫고자 하는 것이 바로 사마타 수행이다.

행정은 "지(知)가 멸함은 능(能)을 결론짓고, 대상이 버려짐은 소(所)를 결론짓는다. 두 길이 이미 사라지면, 하나의 성(性)만이 적연하다."[162]라고 말한다. 이어 "능과 소가 자취를 끊으므로 '맡길 바가 없다'[無寄]고 말하고, 영지(靈知)가 홀로 서므로 '천연(天然)'이라고 말한다. 그 도가 '머무를 바 없음'[無住]에 근본을 두니, 무주의 심체는 영지로서 어둡지 않다."[163]라고 하여 그 천연의 경지를 영지로 설명한다. 주객분별을 넘어선 전체로서의 한마음, 경지쌍망의 배후에서 드러나는 한마음의 깨어 있음이 바로 '영지'이다. 영지는 주객 무분별적 한마음의 성성적적한 깨어 있음이다. 영지가 밝게 빛나 어둡지 않음이 '영지불매(靈知不昧)'이다.

```
주객대립 :       지(知)    ↔    대(對)    →       산란
   ↕
주객대립 극복 :  지멸(知滅)  +  대유(對遺)   →     적적(寂寂)
                   └──────┬──────┘
                       무기, 무주
              = 영지불매(靈知不昧)      → 성성적적(惺惺寂寂)
```

이는 마치 불이 공(空)을 얻으면, 불이 스스로 멸하는 것과 같다. 공은 묘성이 상(相)이 아니라는 것에 비유되고, [자멸하는] 불은 망념이 생하지 않음에 비유된다.

如火得空, 火則自滅. 空喩妙性之非相, 火比妄念之不生.

---

162) 행정, 184상, "知滅結能, 對遺結所. 二途已泯, 一性寂然."
163) 행정, 184상, "能所絶蹤, 故云無寄, 靈知獨立, 乃曰天然. 其道本乎無住, 無住心體, 靈知不昧."

화(火) : 망정/망념 〈망(妄)〉
↕
공(空) : 묘성   〈진(眞)〉

불은 능소분별의 망념에 비유되었다. 분별심은 공의 깨달음을 통해 사라지는데, 이를 불이 공을 얻어 멸하는 것으로 비유한 것이다. 불이 공을 얻어 멸하게 되듯, 우리의 분별적 마음은 공의 깨달음을 얻으면 더 이상 주객분별을 일으키지 않게 된다는 것이다.

행정은 이렇게 설명한다. "영지가 광대하므로 공의 비유를 취했고, 능소망정(能所妄情)은 불에 비유하였다. 불이 공에 가면 멸하듯, 허망은 진실에 닿으면 사라진다. 일상법문(一相法門)을 닦음은 이에 준해야 한다."[164] 불이 공(空)에 닿아 공 안에서 사라지듯이, 주객분별의 허망[妄]은 주객포괄의 진실[眞] 안에 포괄되어 사라진다는 것이다.

함허는 "일상(一相)의 법문은 능과 소가 사라진 곳이다."[165]라고 설명한다. 다양한 차별적 상들이 모두 사라지고 난 바탕에 드러나는 무분별의 공을 일상(一相)이라고 한 것이다.

2) 연지(緣知)에서 무연지(無緣知)로

그 글에서 말하기를 ① 연을 잊은 이후 적적하니 영지(靈知)의 성이 역력해지고, ② 무기(無記)의 혼매도 소소하니 본래의 진공에 계합

---

164) 행정, 184상, "靈知廣大, 取譬於空, 能所妄情, 猶如於火. 火投空滅, 妄至眞傾. 一相法門, 修應準此."
165) 함허, 184상, "一相法門, 能所忘處."

하여 밝아진다.

其辭曰, ① 忘緣之後寂寂, 靈知之性歷歷, ② 無記昏昧昭昭, 契本眞空
的的.

반연 :　　　　산란심
↑
성성적적 : ① 적적(寂寂) + ② 소소(昭昭)
↑
무기 :　　　　　　무기(無記)

① 주객분별에 머물러 대상을 반연하면 마음에 고요함이 없다.
대상을 반연하는 마음활동을 멈추어야 고요하게 적적해질 수 있다.
적적해야 영지의 빛이 드러나게 된다. ② 무작정 적적하기만 하면 혼
침에 빠질 위험이 있지만, 영지의 빛이 역력히 밝으면 혼미한 무기(無
記)에 빠지지 않고 마음의 공성 안에서도 밝게 깨어 있게 된다. 그러
므로 영지의 빛 안에서는 적적과 성성(惺惺)이 함께 유지된다.

행정은 "육조 혜능 선사는 '선악을 모두 사량분별하지 않아야 자
연히 심체에 들어가 맑고 항상 적적하여 묘용이 항하의 모래같아진
다'고 하였다"[166]라고 말한다. 표층의식의 주객분별과 사량분별을 멈
추면 심층마음의 영지의 묘용이 저절로 드러난다는 것을 말한 것이
다. 이어 이렇게 설명한다. "하층 부류 중생은 그 본성이 혼침이어
서 무기이지만, 지(知)의 체를 확실히 논하자면 비추어 어둡지 않다.
물고기는 연못을 그리는 정이 있고, 새는 나무를 찾는 성이 있다. 수

---

166) 행정, 184상, "六祖云, '善惡都莫思量, 自然得入心體, 湛然常寂, 妙用恒沙.'" 여기에서의
인용문은 행정이 『육조대사법보단경(六祖大師法寶壇經)』(『대정장』 권48, 360상), "善
惡都莫思量, 自然得入淸淨心體, 湛然常寂, 妙用恒沙."에서 가져온 것이다. 6조는 선종
6조인 당나라 승려 혜능(638~713)을 말한다.

행하는 자가 그중에 특별히 통달하면 곧 본래의 진공과 합치할 것이다."[167] 능소분별은 인간이 제6의식에서 행하는 분별이다. 따라서 그런 분별적 의식을 갖지 않은 일체 중생은 본래 마음 심층에 그러한 적적성성의 본성이 갖추어져 있다고 할 수 있다. 다만 그들은 본성적으로 성성하게 깨어 있지 못하고 무기 혼침에 빠져 있을 뿐이다.

성성적적이 옳고 무기적적은 그르다. 적적성성이 옳고 난상성성은 그르다.

惺惺寂寂是, 無記寂寂非. 寂寂惺惺是, 亂想惺惺非.

주객대립 :	난상(산란)	성성	→ 일상의 산란심 :	그름[非]
↕	↕			
주객비대립 :	적적 +	성성	→ 영지불매	: 옳음[是]
↕	↕			
혼침	적적	무기(혼침)	→ 일상의 무기심 :	그름[非]

　　의식이 대상을 갖지 않으면 적적하다. 대상이 없이 적적하다 보면 혼침에 빠져들어 무기가 되기 쉽다. 그러나 적적한 무기인 '무기적적(無記寂寂)'은 수행인이 도달하고자 하는 경지가 아니다. 적적하면서도 무기에 빠져들지 않고 성성을 유지하는 '적적성성'이 얻고자 하는 경지이다. 또 반대로 성성하다 보면 의식이 또렷하여 대상을 좇아가는 산란한 난상에 빠져들기 쉽다. 그러나 성성하되 산란한 '난상성

---

167) 행정, 184상하, "下類含生, 性沈無記, 確論知體, 照而匪昏. 魚有慕潭之情, 鳥有擇木之性. 行者於中特達, 即合本來眞空."

성(亂想惺惺)' 또한 수행을 통해 얻고자 하는 경지가 아니다. 성성하면서도 난상에 빠져들지 않고 적적을 유지하는 '성성적적'이 얻고자 하는 경지이다. 결국 '성성적적'은 옳지만, 적적해서 무기에 빠지는 '무기적적'이나 성성해서 난상이 되는 '난상성성'은 옳지 않다.

행정은 이렇게 덧붙인다. "이하의 문장에서 '성성은 정(正)이고 적적은 보조[助]'라고 말한다. 정(正)과 조(助)가 함께 행해져야 마음 닦음이 거기 있다. 정과 조가 각각 서야 3성(性)이 양분된다."168) 이것은 영가집에서 잠시 후 성성과 적적에 대해 어느 것이 주이고 어느 것이 보조인지를 논하는 것을 미리 언급한 것이다. 3성은 적적하지 않은 선과 악, 성성하지 않은 무기를 말한다.

(1) 연지 1 : 대상지

만약 지(知)로써 적(寂)을 안다면 이것은 '대상 없는 지'[無緣知]가 아니다. 마치 손으로 여의를 잡으면 여의가 없는 손이 아닌 것과 같다.
若以知知寂, 此非無緣知. 如手執如意, 非無如意手.

지(知) — (지) → 적(寂)	수 — (집) → 여의
(주)　　　　　　　(객)	(주)　　　　　　(객)
연지(분별적 대상지)	여의수
↕	↕
무연지(무분별지)	무여의수

성성적적은 마음이 아무 대상이 없어 적적하면서 그럼에도 불구

---

168) 행정, 184중, "下文云, 惺惺爲正, 寂寂爲助. 正助合行, 修心于在. 正助各立, 三性兩分."

하고 잠들지 않고 성성하게 깨어 있는 상태이다. 마음이 특정 대상을 아는 것이 아니라, 대상이 없어 적적하면서도 깨어 있는 상태인 것이다. 그렇다면 적적에서도 깨어 있음은 무엇을 의미하는가?

여기서는 성성적적의 마음을 적(寂), 즉 고요함을 인식대상으로 아는 마음으로 간주해서는 안 된다는 것을 강조한다. 성성적적의 마음은 적을 대상으로 아는 마음이 아니라, 스스로 적이 된 마음이다. 즉 고요함을 대상으로 인식하는 마음이 아니라, 스스로 고요해진 마음이다. 적을 인식대상으로 알고 있는 마음은 적과 대면하여 적을 연한 주객대립의 마음이지 진정한 주객 무분별의 성성적적의 마음이 아니다. 적을 대상으로 삼는 지는 대상을 갖는 지인 연지(緣知)이지, 대상이 없는 지인 무연지(無緣知)가 아니다. 즉 무연지로서의 성성적적의 마음이 아닌 것이다. 마음의 본래자리를 아는 무분별지는 무연지여야 한다.

적적의 고요함일지라도 마음이 그 적을 대상화해서 안다면, 그렇게 대상을 아는 마음은 마음 자체가 아니다. 마치 주관으로서의 손이 객관으로서의 여의를 잡고 있다면, 이때 손은 객관을 갖지 않은 손 또는 주객을 포괄하는 손 자체는 아닌 것과 같다. 따라서 적을 대상으로 아는 연지를 여의를 잡고 있는 손에 비유한 것이다. 여기서 '여의(如意)'는 내 뜻대로 할 수 있는 물건인 등긁이(효자손) 같은 것을 말한다.

행정은 "능지(能知, 주관)의 마음으로 적적한 경계를 알면, 이미 능소가 성립하니 어찌 무연이겠는가? 경에서 '지견(知見)에서 지(知)를 세움이 곧 무명의 근본이다'라고 하였다."[169]고 말한다. 추구되는 것은 대

---

169) 행정, 184중, "以能知心, 知所寂境, 旣成能所, 豈是無緣? 經云, '知見立知, 卽無明本.'"

상지인 연지가 아닌 무연지라는 것을 강조한 말이다. 지견(知見)이란 능소로서 대상화하여 아는 것이다. 본래의 영지에 머무르지 않고 이원화 내지 대상화해서 지견으로 나아감이 무명의 근본이다. 행정은 이 비유에 대해 이렇게 설명한다. "손은 본래 안에 있으니 '능히 아는 자'[能知]를 비유한 것이고, 여의는 바깥에서 온 것이니 '알려지는 것'[所知]을 비유한 것이다."[170] 여의를 잡은 손이므로 결국 능소분별이라는 말이다.

(2) 연지 2 : 반성적 자기지

만약 스스로 지를 안다 해도 이 또한 무연지가 아니다. 마치 손으로 스스로 주먹을 쥐면 주먹 안 쥔 손이 아닌 것과 같다.
若以自知知, 亦非無緣知. 如手自作拳, 非是不拳手.

자(自) ── (지) ⟶ 지(知)	수 ── (작) ⟶ 권
연지(분별적 자기지)	권수
↕	↕
무연지(무분별지)	불권수

'이자지지(以自知知)'는 '자신을 앎으로써[以自知] 안다'로 읽을 수도 있고, '자신으로써[以自], 즉 스스로 지를 안다'로 읽을 수도 있다. 후자처럼 읽어도 알려지는 대상인 지(知)가 결국 아는 자신인 자(自)이므로 전자와 크게 다르지 않다. 어떻게 읽든 여기에서는 마음이 대상으로서

여기에서의 인용문은 행정이 『능엄경』 권5(『대정장』 권19, 124하)에서 가져온 것이다.
170) 행정, 184중, "手本內有, 以喩能知, 如意外來, 用況所知."

의 적을 아는 것이 아니라 오히려 적을 아는 자기 자신을 안다고 해도, 이 지 또한 대상지이지 대상이 없는 무연지가 아니라는 것이다. 다만 대상이 외적 대상에서 그 대상을 아는 자기 자신으로 바뀌었을 뿐이다. 마음 안에서 다시 주객분별이 일어나 결국 자신을 대상화해서 아는 것이기 때문에 그 앎 또한 주객분별지인 연지에 그치고 마는 것이다.

이는 곧 마음 자체를 아는 지는 대상을 아는 마음에 대한 반성적 지도 아니라는 것을 의미한다. 스스로 마음을 대상화해서 반성적으로 아는 '반성지'가 아니라 마음 자체를 직접적으로 아는 '직접지'이어야 하는 것이다. 이는 마치 여의를 쥐지 않고 주먹을 쥔 손이라고 해도, 그렇게 주먹 쥔 손을 아는 것은 손 자체를 아는 것과 다른 것과 같다. 손으로 여의를 쥐면 주객분별이 성립한다. 그런데 여의를 쥐지 않고 주먹을 쥐어도, 결국 손이 손 자체를 쥐는 것이 되어 주객분별이 된다. 주먹 쥔 손은 주먹 쥐지 않은 손 자체는 아닌 것이다. 말하자면 손이 손을 알고자 대상화하면, 결국 대상화된 손이 알려질 뿐손 자체가 알려지는 것은 아니라는 말이다. 성성적적의 마음은 일체의 대상화를 떠난 마음의 직접적 자각성을 뜻한다.

행정은 이렇게 설명한다. "다시 능지로써 그 자기 마음을 알면, 비록 앞의 경계를 벗어난다 하더라도 아직 무연이 아니다. 경에서 '자기 마음으로 자기 마음을 취하면 환(幻)이 아닌 것이 환법이 된다'고 하였다."[171] 마음 자체는 본래 환이 아닌데, 마음이 마음 자체를

---

171) 행정, 184중, "還以能知, 知其自心, 雖脫前境, 猶非無緣. 經云, '自心取自心, 非幻成幻法.'" 여기에서의 인용문은 행정이 『능엄경』 권5(『대정장』 권19, 124하)에서 가져온 것이다.

알고자 대상화하는 순간, 그 대상화에 의해 마음은 대상화된 마음인
환으로 바뀐다는 것이다. 그래서 마음이 마음을 인식대상으로 취하
면 결국 '환 아닌 것이 환이 된다'고 말한다. 주먹의 비유에 대해 행정
은 "여의를 이미 떠나면 주먹 쥔 손이 비게 된다. 만약 이 주먹을 잊
으면 득입(得入)이라고 말할 수 있다."[172]고 말한다. 주먹을 잊어야, 즉
대상화를 멈추어야, 손이 손 자체를 직접 아는 무분별지 내지 무연지
가 성립한다는 말이다.

(3) 무연지 : 영지

또한 '적(寂)을 아는 지'도 아니고 또 '스스로 지를 아는 지'도 아니
라고 해서 지가 없다고 할 수는 없다. 자성이 밝아서 목석과 다르
기 때문이다.
亦不知知寂, 亦不自知知, 不可爲無知. 自性了然故, 不同於木石.

연지 : 知知寂(대상지), 自知知(반성적 자기지)
  ↑
무연지 : 무지가 아님, 자성료연(自性了然) = 성자신해(性自神解) = 적조현전(寂照現前)

마음이 주객분별 상태에서 대상을 아는 지는 연지이지 무연지가
아니다. 그 대상이 마음 이외의 것일 수도 있고 마음 자체일 수도 있
지만, 일단 대상화의 방식으로 앎이 성립하면 그 앎은 무연지가 아니
다. 그러나 대상화 아닌 방식으로, 즉 대상이 없이 어떻게 앎이 있을

---

172) 행정, 184중, "如意已離, 拳手空存. 此拳若忘, 名爲得入."

수 있는가? 여기서는 대상이 없다고 해서 지가 없는 것이 아니라는 것을 강조한다. 즉 '외경(고요)을 대상으로 알거나'[知知寂], 아니면 그렇게 '대상을 아는 자기 자신을 대상으로 아는 것'[自知知]이 아니라고 해서 무지인 것은 아니라는 말이다. 그러나 다른 대상을 아는 것도 아니고, 자신을 대상으로 아는 것도 아니라면, 도대체 무엇을 알기에 무지가 아니라는 것일까? 외경이든 자신이든 대상화해서 알 때 그렇게 알려지는 대상의 앎 이외에 그렇게 아는 자기 자신에 대한 직접적 앎이 있다는 것이다. 대상화되기 이전의 앎, 순수한 직접적 자기지가 존재한다는 말이다. 일체 대상을 아는 마음은 그러한 대상화에 앞서 자기 자신을 안다. 그래서 '자성이 밝아 목석과 다르다'고 말한다. 목석과 달리 자각성(自覺性)을 갖고 있다는 말이다. 이러한 본성의 본래적 자기지를 기신론은 '본각(本覺)'이라고 부른다. 중생 누구나가 이미 갖고 있는 그 본각을 원효는 '성품이 자신을 신묘하게 안다'는 의미에서 '성자신해(性自神解)'라고 부르고, 지눌은 '비어 적적한 마음의 신령한 앎'이라는 의미에서 '공적영지(空寂靈知)'라고 부른다.

행정은 "위의 두 가지를 다 벗어나니, 좌망(坐忘)하여 비춤을 버린다. 경에서 '생멸이 이미 멸하니, 적조가 현전한다'고 하였다."[173]라고 말한다. 성성적적의 마음이 갖는 본각 내지 영지의 빛을 고요하게 비추는 '적조(寂照)'라고 부른 것이다.

---

173) 행정, 184하, "脫上兩重, 坐忘遺照. 經云, '生滅滅已, 寂照現前.'" 여기에서의 인용문은 행정이 종밀의 『선원제전집도서』 권상2(『대정장』 권48, 403상)에서 가져온 것이다.

손이 여의를 잡지 않고 또 스스로 주먹을 쥐지 않는다고 손이 없다고 할 수 없다. 손이 편안하게 있기 때문에 토끼뿔과는 다르다.
手不執如意, 亦不自作拳, 不可爲無手. 以手安然故, 不同於兎角.

손 : 여의 잡은 손(대상지), 주먹 쥔 손(반성적 자기지)
↑
손 : 편안한 손, 자재하는 손(무연지)

여의를 잡은 손은 외경에 대한 대상지를 뜻하고, 주먹 쥔 손은 반성적 자기지를 뜻한다. 그러나 이 두 손은 다 손 자체가 아니라, 이미 주객으로 분별된 손이다. 손 자체는 그렇게 분별되기 이전의 손, 분별 너머의 손이다. 여의를 쥐거나 주먹을 쥐지 않아도 손이 손 자체로 존재하므로 그런 손을 마치 토끼뿔처럼 없는 것이라고 말할 수는 없는 것이다. 그렇게 여의도 쥐지 않고 주먹도 쥐지 않은 손 자체가 존재하는 것처럼, 분별적 대상지나 분별적 자기지 너머에 주객분별 이전의 순수한 무분별지가 존재한다는 것을 강조한 말이다.

불교에서는 무아를 논할 때 흔히 집착된 자아를 토끼뿔이나 거북 털에 비유한다. 범부는 오온으로서의 현상적 자아만 있을 뿐인데 그 오온 안에 상일주재한 자아가 있다고 생각하면서 아상을 일으켜 그 자아에 집착한다. 그런 자아는 토끼뿔이나 거북털처럼 개념은 있지만 거기에 상응하는 실재는 없다. 그렇게 내가 나라고 여기며 집착하는 그런 나는 없다는 것이다. 그런데 여기에서는 자성이 밝은 지인 영지(靈知)가 토끼뿔과 달리 분명히 있다고 말한다. 불교의 무아설에서 상일주재의 자아가 없다는 것이 무연지로서의 영지가 없다는 말은 아닌 것이다. 각자의 말나식이 '나는 나다'라고 집착하는 개별적 자아가 있지 않다는 것이지, 개별 자아의 심층에 자타분별을 넘어서는 전체로서의 마음인 일심 내지 진여심이 없지 않고, 그 일심의 자각성인 본각 내지 공적영지가 없지 않은 것이다. 이 일심이 곧 진여 법신이고, 영지의 자각이 곧 반야지혜이다. 각자 자신 안의 본각을 자각하는 시각(始覺)을 얻고 결국은 구경각(究竟覺)에 이르는 것, 이것이 대승 불교가 지향하는 것이다.

행정은 "손은 영지에 비유되니, (앞뒤 문장을) 합해 보면 알 수 있다."[174]고 말한다. 분별적 대상지나 분별적 자기지 너머 무분별적 자기지, 그 성성적적의 마음이 바로 영지이다.

2. 초심에서 계합까지의 점진적 단계

1) 초심처에 들기 : 상속지(相續知)에서 찰나지(刹那知)로

(1) 상속지 1 : 대상지(감각)

그다음 마음을 닦는 점진적 차례이다. 무릇 지(知)로써 물(物)을 알면, 물이 있고 지도 또한 있다.

復次修心漸次者. 夫以知知物, 物在知亦在.

```
지(知) ——— (지) ——→ 물(物)
대상지
지재(知在)              물재(物在)
```

---

174) 행정, 184하, "手譬靈知, 合之可見."

여기서부터는 '마음을 닦는 점진적 차례'를 논한다. 영지를 자각하는 초심처에서부터 심층마음의 진리와 완전히 하나 되는 계합이 일어나기까지의 점진적 단계를 설명한다. 초심에서부터 계합으로 나아가는 수행 과정에 단계와 순서가 있으므로 '점차'라고 말하지만 그 전체는 결국 하나의 영지의 빛 아래에서 이루어진다. 마치 바다 수면에서부터 깊은 해저에 이르기까지 발이 내려가는 것이 단계가 있고 순서가 있지만 결국은 하나의 물을 관통하여 궁극에 이르는 것이듯이, 궁극의 지점에서 보면 모든 차이는 방편일 뿐이다. 뿌리에서 보면 모든 잎이나 꽃들이 그 다양한 차이에도 불구하고 모두 하나의 뿌리의 생명에서 비롯된 하나의 생명인 것과 같다. 그 근원의 빛, 뿌리의 생명이 바로 영지(靈知)이며, 그것을 처음 알아차리는 순간이 바로 초심처이다. 초심처는 궁극으로 향하는 수행 통로의 문을 열고 들어서는 첫 순간과 같다. 일단 문을 열고 들어서면 그다음은 물러서지 않고 길을 따라 가기만 하면 된다. 그러므로 이 문을 통과한 사람을 불과(佛果)에 이르도록 바르게 정해진 중생이란 의미에서 정정취(正定聚)라고 부른다. 초발심이 곧 정각이라는 '초발심시변정각(初發心是便正覺)'이란 말도 그래서 가능하다. 그러나 이것은 그만큼 초심처에 들어서는 것이 어렵다는 말이기도 하다.

여기에서는 망념을 떠나 무념의 영지를 자각하는 초심처에 이르기까지의 과정을 인식론적으로 분석하여 설명한다. 일상적으로 우리의 앎은 지로써 사물을 아는 것이다. 마음은 외경을 대상으로 삼아 인식한다. 마음과 외경이 직접 부딪치는 순간이 근경화합으로서의 촉(觸)이다. 우리의 일상적 앎의 첫 단계는 5근(根)과 5경(境)이 부딪쳐서 전5식(識)이 성립하는 것이다. 안·이·비·설·신의 5근이 색·성·

향·미·촉의 5경과 각각 부딪쳐서 안식·이식·비식·설식·신식이 성
립한다. 전5식은 감각이다. 이 감각의 순간에는 근과 경, 지와 대상이
동시적으로 존재한다. 그래서 물도 있고 지도 또한 있다고 말한다.

그러나 우리는 감각의 순간 감각을 그 자체로 알아차리지 못한
다. 감각을 의식하여 알아차리기 위해서는 제6근인 의(意)가 함께해
야 하는데, 그렇게 의식이 함께 작동하는 순간을 우리는 '지각'이라고
한다. 감각을 알아차리는 지각은 감각의 다음 찰나이다. 감각은 지로
써 물을 아는 것이고, 지각은 그 감각을 알아차리는 지, 즉 지로써 지
를 아는 것이라고 할 수 있다.

(2) **상속지 2 : 자기지**(지각)

만약 지로써 지를 알면, 지를 아는 즉 물을 떠나는데, 물은 떠나지
만 그래도 지는 있다.

若以知知知, 知知則離物, 物離猶知在.

지(知) ── (지) ⟶ 지(知)
자기지
지재(知在)　　　　물리(物離)

지로써 물을 알다가 지로써 지를 알게 되는 것은 주관이 객관 대
상과 접촉하여 대상을 알다가 다시 그 대상을 아는 그 앎을 알게 되
는 것이다. 지로써 물을 아는 것이 5근과 5경이 부딪치는 감각(전5식)
이라면, 지로써 지를 아는 것은 그렇게 주어지는 전5식의 감각 내용
을 대상의 속성으로 인지하는 지각(제6의식)을 의미한다고 볼 수 있다.

예를 들어 눈에 빨간색이 주어지는 것이 '지로써 물을 아는 것'(전5식)이라면, 그렇게 눈을 통해 들어온 빨간색의 감각내용을 바깥 장미의 빨간색으로 알아보는 것은 '지로써 지를 아는 것'(제6의식)에 해당한다. 그런데 전5식이 일어나는 찰나와 그 전5식의 내용을 알아채는 제6의식이 일어나는 찰나는 동시가 아니다. 제6의식이 일어나는 순간에는 이미 앞의 전5식의 대상은 사라지고 없다. 즉 지로써 지를 알 때 물(物)은 이미 사라지고 없다. 그러므로 지가 지를 알 때 '물은 떠나고 없다'고 말한다. 따라서 지가 지를 알 때 그 지는 현재 있지 않은 물에 대한 지가 된다.

지를 일으켜서 지를 알면, 뒤의 지가 생길 때에 앞의 지는 이미 멸한다.

起知知於知, 後知若生時, 前知早已滅.

```
              t₁                t₂
         전지  ←─── (지) ───  후지
         전지 생   ─────→    후지 생
                            = 전지 멸
```

지가 일어나서 지를 알게 될 때, 그렇게 아는 지는 현재 순간의 지이지만, 그 지에 의해 알려지는 지는 이전 순간의 지이고 현재는 없는 지이다. 다시 말해 전5식에 이어 제6의식이 일어나는 경우 제6의식이 전5식을 알게 되지만, 제6의식이 일어나는 순간에는 앞의 전5식은 이미 멸하고 없다. 그러므로 '뒤의 지가 생길 때에 앞의 지는 이미 멸'하고 없다고 말한다.

행정은 "새로 새로 일어나는 것을 생(生)이라고 하고, 생각 생각이 떨어져 사라지는 것을 멸(滅)이라고 한다."[175]고 말한다. 앞의 지로 인해 뒤의 지가 일어나서 뒤의 지가 앞의 지를 알게 되지만, 그때 앞의 지는 이미 멸하여 없고 뒤의 지만 남게 된다. 뒤에 새로 생겨나는 것이 생이고, 앞에서 사라져버리는 것이 멸이다.

두 개의 지(知)가 병립하지 않으므로 앞의 지가 멸하니, 멸한 곳이 지의 경(境)이 되어 능과 소가 다 참이 아니다.
二知旣不竝, 但得前知滅, 滅處爲知境, 能所俱非眞.

지가 지를 알 때에 그 두 개의 지가 동시에 병립할 수는 없으므로, 앞의 지가 멸하고 그 자리에 뒤의 지가 생겨나면서 그렇게 뒤에 새로 생겨난 지가 앞의 지를 안다. 그러나 뒤의 지가 앞의 지를 알 때 앞의 지는 이미 사라지고 없다. 즉 앞의 지가 사라진 그 멸한 곳이 바로 뒤의 지의 대상이 된다. 따라서 뒤의 지는 대상이 없는 지, 즉 참이 아닌 지이다. 그래서 '멸한 곳이 지의 경이 되어 능과 소가 다 참이 아니다'라고 말한다. 결국 제6의식은 이미 사라진 전5식, 이미 사라진 감각을 대상으로 삼는 식이며, 따라서 제6의식의 사려분별은 단지 개념적 동일성에 따라 사물을 고정화하여 파악하는 허망분별에 지나지 않는다.

행정은 "전념이 멸하고 후념이 생하므로 '병립하지 않는다'고 말

---

175) 행정, 184하, "新新而起曰生, 念念落謝曰滅."

한다. 후념이 능이고 전념이 소이므로 '참이 아니다'라고 말한다."[176)
고 설명한다.

앞의 것이 멸하면서 멸이 지를 이끌어 오고, 뒤의 것이 알면서 지
가 멸을 잇는다.
前則滅, 滅引知, 後則知, 知續滅.

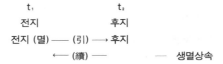

    앞의 지가 멸하면서 뒤의 지를 일으킨다. 그리고 그 뒤의 지가 이
미 멸한 앞의 지를 인지하면서 앞의 지를 이어간다. 이렇게 앞의 지
는 이미 멸하였으면서도 뒤의 지에 의해 알려지고 뒤의 지 안에 보존
된다. 그리하여 앞의 지와 뒤의 지는 이어져서 끊어지지 않게 된다.
여기서 지(知)는 곧 념(念)으로 바꿔 볼 수 있다. 전념이 후념을 일으키
며 후념은 전념을 이어나간다. 전념은 실제로는 이미 사라졌지만, 후
념 속에서 계속 보존되고 있다. 이미 없는 전념을 내용으로 담고 있는
후념은 그러므로 참이 아닌 생각, 허망한 생각, 망념(妄念)인 것이다.

생멸이 상속하는 것이 그 자체 윤회의 도이다.
生滅相續, 自是輪迴之道.

_____

176) 행정, 185상, "前念滅而後念生, 故云不並. 後念能而前念所, 乃曰非眞."

이미 사라지고 없는 것을 허망분별 속에서 만들어내어 집착하는 것이 우리의 제6의식이 하는 일이다. 우리가 의식하는 이 세계, 시간의 흐름 속에서 자기동일적 사물들로 존속하는 이 세계는 우리 의식이 만든 허망분별의 세계이다.

그런데 의식의 허망분별과 집착으로 인해서 세계는 단지 그렇게 연속하는 것으로 보일 뿐만 아니라, 실제 그렇게 연속하는 것으로 만들어진다. 의식의 활동이 업(業)이 되어 업력의 종자(種子)를 남기는데, 세계는 그 종자들의 현현, 즉 아뢰야식의 변현에 지나지 않기 때문이다. 우리가 허망하게 분별하여 나와 세계가 있다고 계탁하면, 결국은 그렇게 계탁한 대로 나와 세계가 눈앞에 드러난다. 우리가 직면하게 되는 현실은 결국 우리가 바라는 대로의 현실 또는 우리가 실재라고 믿는 대로의 현실인 것이다. 실재는 믿음의 실상이다. 우리 의식의 허망분별에 의해 심겨진 업력의 종자에 따라 세계는 만들어지고, 우리는 그렇게 만들어진 세계 속에 다시 태어나게 된다. 이것이 바로 윤회(輪廻)이다. 이와 같은 생멸의 상속이 결국 윤회인 것이다.

행정은 이렇게 설명한다. "전념이 멸하면서 뒤의 지를 이끌고 뒤의 넘이 생겨서 앞에 멸한 것을 이어가므로 생멸이 끊어지지 않으니, 이것이 곧 윤회이다. 『원각경』에서 '넘과 넘이 상속하고 순환 왕복하며 갖가지로 취하고 버리니 이 모든 것이 윤회이다'라고 하였다."[177] 이상이 윤회로 빠져드는 우리의 일상의 지를 말한 것이라

---

177) 행정, 185상, "前念滅而引後知, 後念生而續前滅, 生滅不斷, 卽是輪廻 圓覺云, '念念相續, 循環往復, 種種取捨, 皆是輪廻.'" 여기에서의 인용문은 행정이 『대방광원각수다라료의경(大方廣圓覺修多羅了義經)』(이하 『원각경』)(『대정장』, 권17, 915하)에서 가져온 것이다.

면, 이하에서는 그러한 일상의 지를 뛰어 넘는 지, 윤회로부터의 해탈에 이르는 지를 논한다.

(3) 찰나지 : 영지(靈知)

지금 말하는 지는 모름지기 지에 관한 지가 아니라 그냥 지일 뿐이다. 즉 앞으로는 멸을 접하지 않고 뒤로는 일어남을 이끌지 않아서 전후의 연속이 끊어져 중간에 저절로 홀로 있다.
今言知者, 不須知知, 但知而已. 則前不接滅, 後不引起, 前後斷續, 中間自孤.

윤회를 벗는 해탈에 이르기 위해 우리가 얻어야 할 지(知)는 전념과 후념의 연속으로 이어지는 일상의 지, 이미 사라진 전념을 후념 속에 보존하는 망분별과 망집착의 지, 이미 사라진 지에 관한 지가 아니다. 얻어야 할 지는 오히려 그러한 연속의 흐름 바깥으로 나간 지, 생멸 연속의 흐름을 끊는 지이다. 이미 없는 과거나 아직 없는 미래를 지의 대상으로 삼지 않는 지, 오로지 현재만이 있는 지, 그렇게 현재에 작동하는 찰나의 지이다. 지에 관한 지가 아니라 그냥 지일 뿐이다.

일상의 지가 이미 멸한 지를 이어받고 아직 없는 지를 이끌어내어 생멸 연속의 흐름을 형성하는 지라면, 그냥 지는 그렇게 있지 않은 것을 대상으로 삼는 허망분별과 망집착의 흐름을 뛰어넘어 오히려 그러한 전후 연속을 끊는 지, 따라서 그 자체로 홀로 자재하는 지이다. 전념 후념으로 이어지는 생멸 연속의 흐름을 한 찰나에 끊는

지이다.

행정은 "비추는 본체[照體]가 홀로 서서 꿈속 앎이 의거할 바를 잊는다. 조사(달마 대사)는 '공적의 본체[空寂體]에 저절로 본지(本智)가 있어 능히 안다'고 하였다."[178]라고 하여 일상의 지를 뛰어넘는 해탈의 지를 설명한다. 꿈 속 앎이 의지할 바를 잃는다는 것은 꿈의 내용이 끝나고 결국 꿈에서 깨어난다는 말이다. 그러한 찰나의 지(知)가 바로 윤회를 벗는 지, 윤회의 흐름 바깥으로 나간 지이다. 생멸 연속으로 이어지는 일상의 지를 벗어난 지, 꿈에서 깨어나는 지, 우리에게 그러한 해탈의 지가 있다는 것을 강조한다. 이러한 해탈의 지가 곧 본지(本智)이고 본각(本覺)이며 이것이 바로 공적영지이다. 행정은 "그 지의 지는 일어나고 멸함을 계산하지 않는다. 경에서 '일념도 일어나지 않으면 전후 사이가 끊어진다'고 하였다."[179]라고 설명한다. 시간 흐름을 끊는 지는 곧 시간 흐름에 따라 념이 일어나는 지가 아니라는 말이다. 일념도 일어나지 않는 순간이 바로 생각의 흐름이 멎는 순간이며, 그때의 지가 바로 영지이다.

'해당하는 본체'[當體]를 돌아보지 않으면 때에 응해 소멸하니, 지의 본체가 이미 멸하여 탁 트임이 공에 의탁한 것과 같다.

---

178) 행정, 185상, "照體獨立, 夢智忘階. 祖師云, '空寂體上, 自有本智能知.'" 여기에서의 인용문은 행정이 연수의 『종경록』 권78(『대정장』 권48, 846상), "祖師云, 空寂體上, 自有本智能知."에서 가져온 것이다.

179) 행정, 185상, "其知之知, 起滅不計. 經云, '一念不生, 前後際斷.'" 여기에서의 인용문은 행정이 종밀의 『대방광원각수다라료의경략소주(大方廣圓覺修多羅了義經略疏註)』 권상1(『대정장』 권39, 525상), "但一念不生 則前後際斷."에서 가져온 것으로 보인다.

當體不顧, 應時消滅. 知體旣已滅, 豁然如托空.

　　시간 흐름 속에서 일념도 생하지 않는다는 것은 마음의 본지가 그 자체로 비추고 있을 뿐 그것을 다시 대상화하여 돌아보지 않는다는 말이다. 스스로 돌아보아 자신의 과거를 현재 지의 내용으로 삼지 않으면, 과거와 현재의 념념상속의 흐름이 끊어진다. 이렇게 념념상속의 흐름을 끊는 지가 바로 공에 의탁한 지이다.

　　이러한 지는 우리의 일상적 지, 즉 시간 흐름 속에서 일어나는 지, 없는 과거나 없는 미래에 의탁하여 일어나는 지, 따라서 생멸 상속의 흐름을 형성하는 지와는 다르다. 공에 의거한 지는 시간 흐름 바깥의 지, 생멸 상속의 흐름 바깥의 지, 순수한 현재 찰나의 지이다. 이와 같은 찰나적 지는 허망분별의 세계 바깥, 즉 윤회의 흐름 바깥에 서기에, 생멸의 흐름 너머 탁 트인 허공에 홀로 자재한다.

　　영지는 스스로 자신을 돌아보며 자신을 대상으로 삼는 지가 아니므로, 스스로에게서 능소대립의 관계를 형성하지 않는다. 반대로 스스로를 돌아보아 스스로를 대상화하여 능소관계를 만든다면, 마음은 본래 환이 아니던 것이 환으로 바뀌고, 결국 본래 생멸 흐름 바깥에 있던 마음이 다시 흐름 속으로 들어와 윤회를 거듭하게 되는 것이다.

　　행정은 "혹시 돌아보면 다시 능소가 성립하고, 돌아보지 않으면 태허에 기댄 것 같다."[180]고 말한다. 마음이 스스로 돌아보아 시간 지평을 만들고 능소관계를 형성하면 념념상속의 윤회가 성립하고, 그렇지 않고 시간 지평을 넘어서고 능소분별을 넘어서면 전체로서의

---

180) 행정, 185상, "儻顧還成能所, 不顧如倚太虛."

마음의 자각인 영지에 이르게 된다.

고요한 짧은 시간에 오직 각(覺)이 있을 뿐 얻은 바는 없다. 그러므로 각이면서 또 무각이지만, 무각의 각이므로 목석과는 다르다.
寂爾少時間, 唯覺無所得. 卽覺無覺, 無覺之覺, 異乎木石.

생멸의 흐름을 끊는 본래적 지는 그 한 찰나를 비추는 지이며, 아무것도 대상으로 삼지 않으므로 적적에 머무는 무연의 지이다. 오직 그 자체만으로 비출 뿐 대상적으로 알려지는 것이 없으므로 그 지로 인해 얻는 바가 없다고 말한다. 대상적으로 알려지는 것이 없기에 각이 없는 무각 같지만, 그 자체가 스스로를 비대상적으로 자각하고 있기에 단순한 무각이 아니다. 자각성이 없는 돌이나 나무 등의 무정물과 달리 스스로를 자각하는 영지의 비춤이 있기 때문이다. 주와 객, 근과 진의 분별을 넘어선 마음 자체의 자기자각이기에 본지 또는 영지라고 한다.

행정은 "근과 진을 벗어나 밝게 거울처럼 비추니, 어찌 보지 못하고 모르는 채 그것을 품고만 있을 뿐인 목석(木石)이라고 하겠는가?"[181]라고 말한다.

함허는 "'그것을 보지 못하고 그것을 품는다'의 그것은 거울의 비춤[鑑照]이다."[182]라고 설명한다. 우리의 마음은 거울처럼 반연되는 대상과 무관하게 항상 스스로를 비추면서 그 비춤을 스스로 자각하는

---

181) 행정, 185상, "脫彼根塵, 了然鑒照, 豈曰木石, 瞢其懷其於無知而已哉?"
182) 함허, 185상, "瞢其懷其, 其者鑑照也."

본각(本覺)을 갖고 있다. 그러므로 그런 본각 내지 자각성이 없는 목석과는 다르다는 것이다.

이것이 초심처이니, 아득하게 생각이 끊어져 잠시 죽은 자와 같아져서 능소가 갑자기 잊혀지고 미세한 연(緣)이 모두 청정해진다.
此是初心處, 冥然絶慮, 乍同死人, 能所頓忘, 纖緣盡淨.

시간 흐름에서 벗어져 나와 그 한 찰나에 본지를 자각하는 것이 수행을 통해 이르고자 하는 첫 번째 단계이다. 이를 마음 수행의 첫 번째 경지인 '초심처'라고 한다. 전념과 후념의 흐름을 끊는다는 것은 결국 일념도 일어나지 않는 것, 생각이 끊어지는 것이다. 그렇게 생각이 멎고 능소의 분별이 멎으면, 우리는 그 한 찰나에 시간 흐름 밖에 서게 된다. 시간 흐름 바깥에 무엇이 있는가?

능소분별이 사라지고 안팎으로 모든 연(緣)이 청정해지면, 그렇게 일체 분별이 멎은 상태에서 마음은 마치 죽은 자처럼 고요해진다. 그 고요함 속에 드러나는 것, 그것이 바로 무변(無邊)의 공(空)인 텅 빈 마음, 일체의 번뇌와 염오를 떠난 자성청정심이다. 마음이 마음 밖에 남을 세워 능소로 분별하지 않고 일체를 자신 안에 포용하는 전체로서의 마음 본래자리로 돌아가면, 그곳이 바로 본래 처음의 마음자리인 '초심처'이다. 이 초심처에 들어간 마음이 바로 능소분별을 뛰어넘은 마음, 자성청정심의 마음이다.

행정은 "그 취지는 모두 념을 떠나 '고요한 지'[寂知]로 돌아가는 것이다. 달마 대사는 '바깥으로 모든 연을 끊고 안으로 마음의 헐떡임이 없어져 마음이 담벼락[墻壁]과 같아지면 도에 들어갈 수 있다'고 하였다.”[183]라고 설명한다. 마음이 능소분별과 주객분별 속에 살면 밖으로 대상을 구해 분주하고 안으로 평안을 찾아 헐떡이게 된다. 바깥으로의 치달음과 안으로의 열망이 모두 멈추어 벽처럼 부동의 마음이 되어야 도의 마음이라고 할 수 있다.

고요하게 비고 적막하여 마치 각이 무지 같지만, 무지의 성품이 목석과는 다르다. 이것이 초심처이니 이해하기 어렵다.
闃爾虛寂, 似覺無知, 無知之性, 異乎木石. 此是初心處, 領會難爲.

마음이 념념으로 이어지는 시간 흐름 바깥에 서면 모든 생각의 내용이 사라지므로 일체가 비어 고요하다. 마음에 대상으로 떠오르는 것이 없으니 마치 아무런 지가 없는 무지 상태인 것 같지만, 마음 자체의 순수한 자기지가 있으므로 돌이나 나무와 같은 무정물의 상태와는 다르다. 이와 같이 전념에서 후념으로 이어지는 일상적 대상의식 방식을 넘어서서 마음 본바탕의 순수한 자기자각성에 이르는 것, 초심처에 이르는 것, 이것은 마음 안에 떠오르는 생각을 따라 일어나는 일이 아니다. 오히려 생각이 멎어 무념이 되어야 그 경지에 이르게 된다.
초심처는 전체 수행 과정의 첫 순간에 불과하지만, 그 안에 전체

---

183) 행정, 185중, “其旨趣者, 皆爲離念, 歸於寂知. 達磨云, ‘外絶諸緣, 內心無喘, 心如墻壁, 可以入道.’” 여기에서의 인용문은 행정이 종밀의 『선원제전집도서』 권상2(『대정장』 권 48, 403하), “達摩以壁觀, 敎人安心, 外止諸緣, 內心無喘, 心如牆壁, 可以入道.”에서 가져온 것으로 보인다.

과정의 방향과 힘이 담겨 있다. 마치 멀리뛰기에서 발을 떼는 출발의 순간이 발이 땅에 닿는 마지막 순간을 결정하는 것과 같다. 초심처에서 자각하는 마음의 영지는 수행자를 마음의 근원으로 이끌어간다. 그만큼 초심처는 새로운 경지의 출발이므로 일상의 말로 설명하기가 쉽지 않은 것이다.

　행정은 "이 각(覺)은 타고난 것으로 목석과는 다르다. 경에서 '두루 밝게 깨달아 아는 것은 마음의 념으로 인한 것이 아니다'라고 하였다."[184]고 설명한다. 초심처의 순수한 지는 념을 따라 얻게 되는 것이 아닌 것이다.

2) 3성(性)을 여읨 : 선 · 악 · 무기

초심에 들어갈 때에는 세 가지가 마땅히 있지 않아야 한다. ① 첫째는 악(惡)이니, 세간의 5욕 등의 인연을 생각하는 것이다. ② 둘째는 선(善)이니, 세간의 온갖 선한 일들을 생각하는 것이다. ③ 셋째는 무기(無記)이니, 선악을 생각하지 않되 고요하게 혼침에 머무는 것이다.
入初心時, 三不應有. ① 一惡, 謂思惟世間五欲等因緣. ② 二善, 謂思惟世間雜善等事. ③ 三無記, 謂善惡不思, 闃爾昏住.

---

184) 행정, 185중, "此覺天然, 木石遠矣. 經云, '圓明了知, 不因心念.'" 여기에서의 인용문은 행정이 『능엄경』 권4(『대정장』 권19, 123하)에서 가져온 것이다.

극복해야 할 3성(性):
① 악 : 세간의 악을 사유 ┐ 난상 ↔ 적적
② 선 : 세간의 선을 사유 ┘
③ 무기 ─ 혼침 ↔ 성성

　초심에서 무념의 영지를 자각하고 난 후 그 무념을 유지하면서
수행을 계속하면 궁극에는 궁극의 진리와 계합하는 경지에 이르게
된다. 이하에서는 초심에서 계합에 이르기까지의 수행 과정이 구체
적으로 어떠해야 하는지를 상세히 논한다. 일단 초심처에 들어가기
위해서는 우선 선·악·무기의 3성의 분별이 멈추어야 한다.

　① 세간에서 색·성·향·미·촉의 5경을 대상으로 삼아 일어나는
욕망을 5욕(欲)이라고 하는데, 이러한 욕망과 얽힌 악한 생각들이 없
어야 한다.

　② 나아가 세간의 선한 것들을 생각하는 선조차도 있지 말아야
한다. 선과 악이 세간의 기준에 따라 사람들의 호오에 입각해서 내려
진 상대적 분별이지 일체의 허망분별을 넘어선 절대에 속하는 것이
아니기 때문이다. 초심처는 일체 세간의 허망분별과 집착을 끊고 나
아간 절대의 경지이다.

　③ 세간의 선 또는 악을 생각하는 사념으로부터 벗어난다고 해서
그렇다고 선도 아니고 악도 아닌 무기(無記)에 빠져 있어서도 안 된다.
선악의 분별을 넘어서되 그 선악의 피안에서 성성히 깨어 있어야지
무기 상태의 혼침에 머물러서는 안 되는 것이다.

　이와 같이 초심처에 이르기 위해서는 결국 선과 악과 무기의 3성
을 다 떠나야 한다.

　행정은 "처음 앉을 때에 몸을 단정히 하고 뜻을 바르게 하여 능히

3성을 떠나면, 관(觀)이 이루어진다."[185]라고 설명한다. 선과 악과 무기를 떠난다는 것은 선악의 사려분별을 떠나 적적을 이루고 무기를 떠나 성성을 이룬다는 말이다. 곧 성성적적을 이루는 것이다. 이렇게 사마타가 이루어지면, 그 상태에서 비로소 진리를 여여하게 보게 되는 관이 가능해진다.

3) 3학(學)을 갖춤

(1) 계(戒) : 섭률의계 · 섭선법계 · 요익중생계

계(戒) 중의 세 가지를 마땅히 구비해야 한다. ① 첫째는 '율의를 포섭하는 계'[攝律儀戒]이니, 일체의 악을 끊는 것이다. ② 둘째는 '선법을 포섭하는 계'[攝善法戒]이니, 일체의 선을 닦는 것이다. ③ 셋째는 '유정을 풍요롭고 이익되게 하는 계'[饒益有情戒]이니, 맹세코 일체 중생을 제도하는 것이다.

戒中三應須具. ① 一攝律儀戒, 謂斷一切惡. ② 二攝善法戒, 謂修一切善. ③ 三饒益有情戒, 謂誓度一切衆生.

계의 세 가지 :
① 섭률의계(攝律儀戒) : 일체 악을 끊음 ┐ 자리행
② 섭선법계(攝善法戒) : 일체 선을 닦음 ┘
③ 요익유정계(饒益有情戒) : 일체 중생을 제도함 ─ 이타행

---

185) 행정, 185중, "初坐之時, 端身正意, 能離三性, 觀則有成."

계는 계율이다. 계는 악을 피하고 선을 지향하는 정신 내지 일반적 태도를 말하고, 율은 그것을 실천해나가는 보다 구체적인 항목을 뜻한다.

① 계는 우선적으로 악을 짓지 말 것을 권한다. 악업을 지으면 그 결과로 고과(苦果)를 받게 되기 때문이다. 금지의 항목으로 표시되는 계율을 지키는 것이 '섭률의계'이다.

② 그다음은 적극적으로 선을 행하는 것이다. 악업의 결과는 고과이고, 선업의 결과는 락과(樂果)이다. 따라서 계에서는 악을 짓지 말고 선을 지으라고 말한다. 이것이 '섭선법계'이다.

③ 악을 짓지 않고 선을 행하는 것은 그렇게 함으로써 고과를 피하고 락과를 받기 위해서이다. 그러므로 일차적으로는 나 자신을 이롭게 하기 위해서이다. 그런데 계율의 궁극 지향점은 나를 이롭게 하면서 동시에 남도 이롭게 하는 것이다. 궁극적으로는 나와 남이 구분되지 않으므로 나를 위하는 것이 곧 남을 위하는 것이며, 남을 괴롭히는 것이 곧 나를 괴롭히는 것이기 때문이다. 이처럼 자리와 이타를 하나로 통합하여 일체 중생을 위해 마음을 쓰는 것을 '요익중생계'라고 한다.

행정은 계(戒)에 대해 이렇게 설명한다. "계라고 하는 것은 금지하고 막는 것을 뜻으로 삼는다. 『열반경』에서 '계는 곧 일체 악법을 막아 억제하는 것이다'라고 하였다."[186] 이어 ① 섭률의계에 대해서는 "그치는 것이 지키는 것이고 행하는 것이 범하는 것이니, 잘못을 참

---

186) 행정, 185중, "所言戒者, 以禁防爲義. 涅槃云, '戒者直是, 遮制一切惡法.'" 여기에서의 인용문은 행정이 도선의 『사분율산번보궐행사초』 권중1(『대정장』 권40, 52상), "涅槃云, 戒者直是, 遮制一切惡法."에서 가져온 것으로 보인다.

회하고 허물을 뉘우쳐 일체 악법을 능히 그쳐 자라지 않게 하는 것을 말한다."[187]고 설명한다. 악은 그치고 행하지 않아야 한다는 것, 섭률의계는 참괴를 바탕으로 한다는 것을 말한 것이다. ② 섭선법계에 대해서는 "행하는 것이 지키는 것이고 그치는 것이 범하는 것이니, 부지런히 공양하고 3보(寶)에 예경하며 찬탄하고 따라 기뻐하며 제불에 권청하는 것을 말한다."[188]고 설명한다. 선은 행하고 그치지 말아야 하는 것이다. 행해야 할 선에 대해 중요한 몇 가지를 예로 제시한 것이다. ③ 나아가 요익유정계에 대해서는 "앞의 두 가지 계는 자리행이고, 이 한 가지 계는 이타행이다. 미래가 다하도록 일체 중생을 교화하고 제도하여 남김없이 모두 구경에는 대열반을 증득하기를 발원하는 것이다."[189]라고 설명한다.

(2) 정(定) : 안주정 · 인기정 · 판사정

선정 중의 세 가지를 마땅히 구별해야 한다. ① 첫째는 '편안히 머무는 선정'[安住定]이니, 묘한 성품은 타고난 것이어서 본래 스스로 움직이지 않는 것을 말한다. ② 둘째는 '이끌어 일으키는 선정'[引起定]이니, 마음을 맑게 하여 고요하게 머무르며 빛을 발해 밝음을 더하는 것을 말한다. ③ 셋째는 '일을 행하는 선정'[辨事定]이니, 선정의 물에 선명함이 엉겨 만상이 이에 비치는 것을 말한다.

---

187) 행정, 185하, "止持, 作犯, 謂慙愧悔過, 能止一切惡法, 不令增長."
188) 행정, 185하, "作持, 止犯, 謂勤供養, 禮敬三寶, 讚歎隨喜, 勸請諸佛."
189) 행정, 185하, "前二戒, 自利行, 此一戒, 利他行. 所謂發願, 盡於未來, 化度一切衆生, 使無有餘, 皆令究竟, 證大涅槃."

定中三應須別. ① 一安住定, 謂妙性天然, 本自非動. ② 二引起定, 謂
澄心寂泊, 發瑩增明. ③ 三辦事定, 謂定水凝淸, 萬像斯鑑.

> 정(定)의 세 가지 :
> ① 안주정(安住定) : 본래 타고난 묘성에 머물러 움직이지 않음
> ② 인기정(引起定) : 마음을 맑고 고요하게 해서 불성을 이끌어냄
> ③ 판사정(辦事定) : 이끌어내진 불성으로 만상을 밝게 비춤

선정[定]은 마음을 고요하게 가라앉혀 외부 대상에 끌려 다니지 않
아 적적하면서도 혼침에 빠지지 않고 성성하게 깨어 있는 것이다. 적
적하기 위해서는 일체의 념을 떠나야 하고, 그러면서도 성성하게 깨
어 있어 혼침에 빠지지 말아야 한다. 그런데 선정은 ① 본래의 본성
에 머무는 선정, ② 본성을 밝혀나가는 과정에서의 선정, ③ 밝게 드
러난 본성에 의거하는 선정, 이렇게 세 가지 단계로 구분된다.

① 첫째 단계인 안주정은 모든 중생이 자신의 본래 불성 안에 고
요하게 머물러 있는 것을 뜻한다. 비록 대부분의 중생이 무명 번뇌에
싸여 스스로 자신의 불성을 망각하고 복잡한 사념에 빠지거나 혼침
에 빠져 지내지만, 그래도 자신 안에 불성이 있는 만큼 그 불성 안에
머무르는 안주정에 들어 있다.

② 본래 중생은 자신 안에 불성을 갖고 있고 또 거기 머무르는 안
주정에 들어 있지만, 무명으로 인해 그 본성이 가려져 있어 자신의
본성을 자각하지 못하고 안주정을 의식하지 못한다. 따라서 그 본성
을 자각시키는 수행으로서의 선정이 요구되는데, 그것이 두 번째 단
계의 선정인 '인기정'이다. 인기정은 무명으로 가려져 있는 본성을 이
끌어내어 자각시키는 수행 과정으로서의 선정이다.

③ 이러한 수도 과정을 거쳐 본성이 자각되고 나면, 그렇게 자각

된 본성에 따라 사물을 밝게 비추는 선정이 세 번째 단계의 선정인 '판사정'이다.

　이상과 같은 세 가지 선정과 그 각 단계의 선정에서 자각되는 불성은 본래 하나이다. 다만 여기에서는 수행 이전과 수행 과정과 수행 이후라는 지위[位]에 따라서 본성 및 그것을 확인하는 선정을 셋으로 나눠본 것이다.

　행정은 "선정이라고 하는 것은 심사(尋伺)와 혼침을 바르게 가려내는 것을 뜻으로 삼는다."[190]라고 말한다. 심사는 이리저리 생각하고 사려분별하는 것으로, 심(尋)은 거친 추상념(麤想念)이고 사(伺)는 세밀한 세상념(細想念)이다. 거칠게든 세밀하게든 이런저런 사념이 일어나는 것은 대상에 마음이 이끌리는 것이므로 선정에 들기 위해서는 일단 자신 안에서 일어나는 이러한 심과 사를 알아차린 후 그 마음 작용을 떠나야 한다. 그러면서도 혼침에 빠져들지 않아야 바른 선정이다. 행정은 세 가지 선정의 근거가 되는 세 가지 불성(佛性)을 언급한다. 우선 ① 안주정에 대해 이렇게 설명한다. "법계에 안주하니, 일찍이 동요한 적이 없다. 일체 중생의 성품에 이 선정이 구비되어 있다. 『불성론』에서 '도 닦기 전(의 불성)을 '자성에 머무는 불성'이라고 이름한다'고 하였다."[191] 안주정에 머무는 불성이 곧 '자성주불성(自性住佛性)'이다. ② 이어 인기정에 대해 이렇게 설명한다. "'진리의 선정'[理定]이

190) 행정, 185하, "所言定者, 正簡尋伺昏沈爲義."
191) 행정, 185하, "安住法界, 曾無動搖. 一切衆生性具斯定. 佛性論云, '道前名自性住佛性.'" 여기에서의 인용문은 행정이 법장의 『반야바라밀다심경략소(般若波羅蜜多心經略疏)』(『대정장』권33, 553하), "佛性論中, 立三種佛性, 一道前名自性住佛性, 二道中名引出佛性, 三道後名至得果佛性."에서 가져온 것으로 보인다. 『불성론』권2(『대정장』권31, 794상)에는 "三種佛性者, 應得因中, 具有三性. 一住自性性, 二引出性, 三至得性."으로 나온다.

본래 미묘하므로 미혹하여 알지 못하다가 이제 미혹에서 돌이켜 다시 위의 선정[定]을 닦는 것이다. '마음을 맑게 함'은 허망[妄]을 그치는 것이고, '빛을 발함'은 지혜[智]가 밝아지는 것이다. 도를 늘리고 생을 감하는 공(功)은 '이끌어 일으킴'으로 인한 것이니, 도 닦는 중(의 불성)을 '이끌어내는 불성'이라고 이름한다."[192] 인기정으로써 이끌어내는 불성이 곧 '인출불성(引出佛性)'이다. ③ 그리고 판사정에 대해 "인(因)을 닦아 과(果)로 나아가 이룬 일이 원만하니, 도 닦은 후(의 불성)를 '과를 얻기에 이른 불성'이라 한다."[193]고 설명한다. 불성을 깨달은 이후 그 불성의 빛으로 세간 일체 제법을 밝히는 판사정에서 자각되는 불성이 '지득과불성(至得果佛性)'이다. 이와 같이 선정은 불성에 머무는 수행인데, 각각의 선정 단계에서 자각되는 불성 또한 다른 이름으로 불린다.

정(定)과 불성(佛性) :
  ① 안주정 : 도전(道前)의 불성인 자성주불성(自性住佛性)에 머묾
  ② 인기정 : 도중(道中)의 불성인 인출불성(引出佛性)에 머묾
  ③ 판사정 : 도후(道後)의 불성인 지득과불성(至得果佛性)에 머묾

(3) 혜(慧) : 인공혜 · 법공혜 · 공공혜

지혜 중의 세 가지를 마땅히 구별해야 한다. ① 첫째는 '인이 공함을 아는 지혜'[人空慧]이니, 5온이 아가 아니고 5온 중에 아가 없는 것이 마치 거북의 털이나 토끼의 뿔이 없는 것과 같음을 아는 것

---

192) 행정, 185하, "理定本妙, 迷而不知, 今返迷方, 還修上定. 澄心息妄, 發瑩智明. 增道損生, 功由引起, 道中名引出佛性."
193) 행정, 186상, "修因趣果, 所辦事圓, 道後名至得果佛性."

이다. ② 둘째는 '법이 공함을 아는 지혜'[法空慧]이니, 5온 등의 제
법이 가(假)를 인연한 것이라 실재가 아닌 것이 마치 거울 속의 상
이나 물속의 달이 실재가 아닌 것과 같음을 아는 것이다. ③ 셋째
는 '공이 공함을 아는 지혜'[空空慧]이니, 경(境)과 지(智)가 모두 공하
고, 이 공 역시 공하다는 것을 아는 것이다.

慧中三應須別. ① 一人空慧, 謂了陰非我, 卽陰中無我. 如龜毛兎角. ②
二法空慧, 謂了陰等諸法, 緣假非實. 如鏡像水月. ③ 三空空慧, 謂了境
智俱空, 是空亦空.

혜(慧)의 세 가지 :
① 인공혜(人空慧) : 인이 공 —— 토끼의 뿔, 거북의 털처럼 가유로도 없음
② 법공혜(法空慧) : 법이 공 —— 거울 속 영상, 물속의 달처럼 가유로는 있음
③ 공공혜(空空慧) : 두 공이 공

불교가 지향하는 것은 단지 적적성성한 마음 상태에 머물러 있는
것이 아니라, 그 선정에 입각해서 일체 존재의 실상을 꿰뚫어 아는
지혜를 얻는 것이다. 얻어야 할 지혜는 아공과 법공의 지혜이며 그
두 공이 또한 공하다는 공공의 지혜이다. 아공은 내가 나라고 여기는
자아가 공이라는 것이고, 법공은 내가 내 밖의 세계라고 여기는 제법
이 공이라는 것이다. 자아가 공이고 제법이 공이라는 것을 철저하게
깨달아야만 아집과 법집을 떠나 집착에서 오는 고통으로부터 자유로
워질 수 있다. 그런데 여기에서는 아공과 법공의 성격이 다르다는 것
을 설명한다. 아와 법이 모두 공이지만, 아공의 공과 법공의 공의 의
미가 서로 다르다는 것이다.

① 아공에서 아가 공인 것은 마치 거북의 털이나 토끼의 뿔처럼
아예 현상적으로도 존재하지 않는다는 의미에서의 공이다. 실유가

아닐 뿐 아니라 가유도 아닌 것이다.

② 반면 법공에서 법이 공인 것은 다만 그것이 실유가 아니기 때문이다. 법은 가유로서는 존재한다. 법공의 법은 마치 거울 속의 상, 물속의 달과 같다. 이것은 이런저런 인연을 따라 현상적으로는 있는 것이지 아예 없는 것은 아니다. 다만 그 있는 방식이 실유로서가 아니고 가유로서 있을 뿐이기에 공이라고 하는 것이다.

③ 아와 법이 공이라고 할 때, 그럼 그 공은 무엇인가? 아공·법공의 공은 있는 것인가, 아니면 없는 것인가? 이에 대해 불교는 '공 또한 공이다'라고 말한다. 아와 법이 공이어서 아와 법의 실유성이 부정되는 바로 그만큼 공 또한 실유성이 없기 때문이다. 아공·법공의 공은 아와 법의 실유성에 대한 집착이 있는 한, 그 집착을 부정하기 위해서 공이라고 하는 것일 뿐이며, 그런 집착이 없다면 굳이 공이라고 내세울 필요가 없다. 마치 약은 병이 있어야 약이지, 병이 없다면 약도 약으로서 존재하지 않는 것과 마찬가지이다. 이처럼 불교는 아와 법의 실유성을 부정하되 반대로 공에 빠지는 것을 막기 위해 공 또한 공하다는 것을 강조한다. 이것이 아공과 법공에 이어 공공을 아는 세 번째 지혜이다.

행정은 "지혜라고 하는 것은 '신령한 거울'[靈鑒]이 어둡지 않은 것을 의미로 삼는다."[194]고 말한다. ① 인공혜에 대해서는 "5온의 주재가 나 없고 너 없음을 알면 거북의 털과 같으니, 어찌 내가 있겠는가?"[195]라고 하고, ② 법공혜에 대해서는 "법의 연기가 항상 환(幻)이

---

194) 혜정, 186상, "所言慧者, 靈鑒不昧爲義."
195) 행정, 186상, "了陰主宰, 無自無他, 指若龜毛, 何有於我."

고 항상 공임을 요달하면, 거북의 털과는 크게 다르고 부분적으로 거울의 상과 같다."[196]고 설명한다. ③ 그리고 마지막으로 공공혜에 대해 "앞의 두 공을 공하게 하므로 공공이라고 한다. 경(境)은 곧 '공해진 것'[所空]이고, 지(智)는 곧 '능히 공하게 하는 것'[能空]이다. 능소가 이미 공이므로 그 공 또한 공이다. 현수 법장은 '양변이 서지 않는데, 중도가 어디 있겠는가?'라고 하였다."[197]고 말한다. 아공과 법공을 통해 공하게 되는 소공(所空)은 곧 아와 법이며, 그렇게 공하게 하는 것[能空]은 곧 공을 깨닫는 지혜이다. 그런데 아와 법의 경이 공하다면, 그것을 공하게 하는 지혜 또한 공하니, 그것이 바로 공공이다. 이 공공을 아는 지혜가 필요하다.

4) 3견(見)을 앎 : 공견 · 불공견 · 성공견

견해 중의 세 가지를 마땅히 알아야 한다. ① 첫째는 '공에 대한 견해'[空見]이니, 공을 보지만 그 견은 공이 아니다. ② 둘째는 '불공에 대한 견해'[不空見]이니, 불공을 보지만 그 견은 불공이 아니다. ③ 셋째는 '성의 공에 대한 견해'[性空見]이니, 자성을 보지만 그 견은 성이 아니다.

見中三應須識. ① 一空見, 謂見空而見非空. ② 二不空見, 謂見不空而見非不空. ③ 三性空見, 謂見自性而見非性.

---

196) 행정, 186상, "達法緣起, 常幻常空, 逈異龜毛, 分同鏡像."
197) 행정, 186상, "空前二空, 故曰空空. 境卽所空, 智卽能空. 能所旣空, 其空亦空. 賢首云, '二邊不立, 中道何安?'" 여기에서의 인용문은 행정이 『속전등록(續傳燈錄)』 권12(『대정장』 권51, 544하), "二邊不立, 中道不安"에서 가져온 것으로 보이다.

견의 세 가지 :
　1. 공견(空見)　　　: 공에 대한 견해　　　── 공이 아님
　2. 불공견(不空見) : 불공에 대한 견해　── 불공이 아님
　3. 성공견(性空見) : 자성의 공에 대한 견해 ── 성이 아님

　견은 지혜가 아닌 잘못된 견해와 관점을 뜻한다. 있는 그대로를 여실지견하지 못하고 주객분별에 입각한 주관의 관점에서 사물을 허망분별하여 망념을 일으키는 것이다. 그래서 나와 너, 유와 무, 색과 심, 공과 불공 등을 철저히 이원화하고, 따라서 지와 경이 하나이고 능과 소가 하나라는 것을 끝내 알지 못한다. 보는 자와 보여지는 대상을 능소로 허망분별하여 견해를 세우므로 결국 보는 것이 실상을 왜곡하는 것이 되고 만다. 이런 잘못된 견해를 영가집은 세 가지로 제시한다.

　① 공견은 공에 대한 견해이다. 견해에 머무른다는 것은 주객분별, 능소분별에 머물러 있다는 것이다. 따라서 공을 보되 그렇게 공을 보는 견 자체는 공이 아니다. 견이 공이 아니므로 그 견에 의해서 보여진 공 또한 공 자체가 아니라 나에 의해 대상화된 공일 뿐이며 결국 공이 아니라고 할 수 있다.

　② 불공견은 불공에 대한 견해이다. 주객대립의 분별에 머무는 한, 불공을 보는 견은 불공이 아니다. 그리고 그렇게 보여진 대상인 불공 또한 불공이 아니라 단지 나에 의해 불공으로 대상화된 불공일 뿐이다. 그러므로 불공을 본다는 것이 단지 불공을 본다고 보는 것에 지나지 않으며, 결국 견도 견의 대상도 모두 불공이 아닌 비불공이다.

　③ 성공견은 자성의 공성에 대한 견해이다. 자성의 공성을 대상화해서 바라봄으로써 자성의 공성을 본다고 보는 것이 실은 자성이

아니라 자성 아닌 것을 보는 것이 된다. 공과 불공, 진과 속을 불이로서 함께 통찰하는 것이 중도이지만, 이 중도를 다시 능소분별 위에서 사량계탁하여 본다면 그때 자성은 중도 자성이 아니라 오히려 나에 의해 분별된 자성이며 결국 진실한 자성이 아닌 비성일 뿐이다.

행정은 "견이라는 것은 계탁을 증대하고 그름을 확장하여 스스로 그렇다고 여김을 의미로 삼는다."[198]라고 설명한다. 견은 능소분별 위에서 계탁분별하여 옳지 않은 자신의 관점을 옳다고 주장하는 견해를 말한다. ① 공견에 대해서는 "진(眞)에 대해 견해를 일으키니, 상대하여 있어서 망념의 소연이 되므로 이 견은 공이 아니다."[199]라고 설명한다. 공을 본다고 생각하는 그 견해는 공이 아니라는 것이다. ② 불공견에 대해서는 "속(俗)에 대해 견해를 일으키니 능소가 어지러워 불공을 감추어 덮으므로 실로 멋대로의 계탁이라고 한다."[200]라고 말한다. 진속불이(眞俗不二)를 알지 못하고 능소분별에 입각해서 불공의 속에 대해 견해를 일으키니 불공의 참된 의미를 제대로 보지 못하므로 결국 그 견해가 불공이 아니라는 것이다. ③ 마지막으로 성공견에 대해 "중(中)에 대해 견해를 일으켜서 스스로를 원성실성이라고 여긴다. 천태 지의는 '만약 원성실성이 있다고 집착하면, 다시 변계소집이 없다고 하는 것과 같다'고 하였다."[201]라고 설명한다. 의타기에서 변계소집이 있음을 보고 그것을 넘어섬으로써 원성실성으로 나아

---

198) 행정, 186상, "所言見者, 增計長非, 自謂爲義."
199) 행정, 186중, "於眞起見, 相待而有, 妄念所緣, 是見非空."
200) 행정, 186중, "於俗起見, 能所紛然, 隱覆不空, 誠謂橫計."
201) 행정, 186중, "於中起見, 自謂圓成. 智者云, '若執圓成有, 還同遍計無.'" 여기에서의 인용문은 행정이 서부(栖復)의 『법화경현찬요집(法華經玄贊要集)』 권4(『만자속장경』 권34, 260하), "若執圓成有, 還遍計無."에서 가져온 것으로 보인다.

가게 되는데, 그 중도를 벗어나 원성실성에만 집착한다면 그것은 오히려 변계소집이 아예 없다고 주장하는 것과 같아진다는 것이다.

```
견의 세 가지 :                                    〈진속불이를 모름〉
  1. 공견   : 공에 대한 견해      ── 비공    ── 진(眞)을 제대로 못 봄
  2. 불공견 : 불공에 대한 견해    ── 비불공  ── 속(俗)을 제대로 못 봄
  3. 성공견 : 자성의 공에 대한 견해 ── 비성    ── 중도(中道)를 제대로 못 봄
```

함허는 세 가지 견해에 대해 이렇게 설명한다. "현량(現量)은 내외가 없어 밝은 하나의 상이다. 즉 공과 색이 일체이고, 성과 상이 둘이 아니다. 미혹한 자는 공을 보되 그것이 색인 줄을 모르고, 색을 보되 그것이 공인 줄을 몰라, 실상과 서로 어긋난다."[202) 지(智)와 경(境)이 하나이고 능과 소가 하나라는 것을 모르고 주관으로서의 자아의 관점에서 견해를 일으키므로 결국 진속불이 내지 성상불이(性相不二)를 알지 못한다는 것이다. 행정이 언급한 3성에 대해 함허는 "원성실성은 여래의 소견이고, 의타는 2승의 소견이며, 변계는 범부의 소견이다."[203)라고 설명한다.

```
견의 세 가지 :                                    〈성상불이를 모름〉
  1. 공견   : 공에 대한 견해      ── 비공    ── 공을 보되 공이 곧 색임을 모름
  2. 불공견 : 불공에 대한 견해    ── 비불공  ── 색을 보되 색이 곧 공임을 모름
  3. 성공견 : 자성의 공에 대한 견해 ── 비성    ── 색공불이를 모름
```

---

202) 함허, 186중, "現量者, 無內外, 洞然一相也. 則空色一體, 性相無二也. 迷之者, 見空而不知是色, 見色而不知是空, 而與實相互相違背."
203) 함허, 186중, "圓成實性是如來, 依他是二乘, 遍計是凡夫所見也."

5) 치우침[偏]과 원만함[圓]을 구분함

(1) 치우침[偏]을 가림

a. 2승의 치우침 : 법신·반야·해탈 중 하나에 치우침

치우침 중의 세 가지를 마땅히 가려야 한다. ① 첫째는 법신은 있으나 반야와 해탈은 없는 것이다. ② 둘째는 반야는 있으나 해탈과 법신은 없는 것이다. ③ 셋째는 해탈은 있으나 법신과 반야는 없는 것이다. 하나는 있고 둘이 없으므로 원만하지 않다. 원만하지 않으므로 본성이 아니다.

偏中三應須簡. ① 一有法身, 無般若解脫. ② 二有般若, 無解脫法身. ③ 三有解脫, 無法身般若. 有一無二故不圓. 不圓故非性.

> 치우침 1의 세 가지 : 2승이 셋 중 하나에만 치우침
> ① 유법신, 무반야, 무해탈
> ② 유반야, 무해탈, 무법신
> ③ 유해탈, 무법신, 무반야

법신(法身)은 우주만물의 근원으로 일체 중생 내면의 존재이다. 그래서 색(色)의 몸을 갖고 태어나는 모든 생명체는 바로 법신의 화신이다. 중생이 자신 안의 법신의 성품을 깨달아 아는 것이 지혜 반야(般若)이고, 그렇게 하여 모든 번뇌를 여의어 3계 윤회로부터 벗어나는 것이 해탈(解脫)이다. 수행을 통해 궁극의 법신에 이르면 반야를 얻게 되고 해탈하게 된다. 이렇듯 법신과 반야와 해탈은 하나를 이루고 있다.

그러나 법신과 반야와 해탈을 두루 원만하게 갖추지 못하고 치우침에 머무르는 경우가 있으므로, 여기에서는 이 세 가지에 대한 원만함과 치우침을 분간해야 한다고 논한다. 세 가지 중 하나나 둘에 치우치게 되는 것은 수행 과정에서 나타나는 특정한 현상에 치우치기 때문이다. 즉 사마타 수행을 통해 4선(禪) 4무색정(無色定) 그리고 제9선정인 상수멸정(想受滅定)으로 나아갈 때 각 단계마다 새롭게 드러나는 특징이 있는데, 그러한 차이에만 치중하여 두루하는 원만함을 잃어버리는 것이다. 욕계를 넘어 색계(色界)의 4선에 들면 청정한 색신인 법신을 얻게 되고, 색계를 넘어 무색계(無色界)의 4무색정에 이르면 색이 없는 공의 깨달음인 반야를 얻게 되고, 상수멸정에 들면 욕계·색계·무색계의 3계 윤회를 벗어나는 해탈을 얻게 된다. 이러한 수행 과정 안에서 전체를 두루 섭렵하는 원만함을 유지하지 못하고 특정한 어느 하나에만 치우쳐, 결국 법신·반야·해탈 중 어느 하나만을 고수하고 다른 둘을 놓치는 것을 잘못된 치우침이라고 비판한다.

> 각 선정 단계에서 얻게 되는 것 :
> ① 4선(색계선)의 수행자 : 법신
> ② 4무색정(무색계정)의 아라한 : 반야
> ③ 상수멸정(열반)의 해탈자 : 해탈

① 첫 번째는 법신만 있다고 여겨 반야나 해탈을 성취하지 못하는 것이다. 욕계와 색계의 수행자는 자신이 색의 몸은 갖고 있기에 법신은 있다고 여기지만, 아직 무색계를 모르므로 반야가 없다고 여기고, 아직 색의 몸을 없애지 못해 해탈이 없다고 여긴다.

② 두 번째는 반야만 있다고 여겨 법신이나 해탈을 이루지 못하

는 것이다. 무색계를 체득하고 아공(我空)을 깨달은 아라한은 아공의 반야는 깨닫지만, 색을 떠났기에 스스로 법신이 없다고 여기고, 아직 멸진정에 이르지 못했기에 해탈이 없다고 여긴다.

③ 세 번째는 해탈만 있다고 여겨 법신이나 반야를 이루지 못하는 것이다. 상수멸정을 통해 열반에 들면 해탈은 이루지만, 색의 몸도 떠나고 지혜도 떠나므로 스스로 법신과 반야가 없다고 여기는 것이다.

행정은 원만함과 치우침을 구분해야 함에 대해 "한편으로 소승에 나아가 가려낸다."[204]고 말한다. 세 가지 중 하나에 치우치는 것은 2 승의 치우침이라는 것이다. 그중 ① 첫 번째 법신만 있는 것에 대해 행정은 "욕계와 색계에 태어난 방편도인(2승 수행자)은 몸을 받았으므로 법신은 있지만, 아직 공의 지혜를 발휘하지 못해 반야가 없고, 아직 몸을 없애지 못해 해탈이 없다."[205]고 말한다. ② 두 번째 반야만 있는 것에 대해 "무색계에 나서 '사람이 공이라는 지혜'[人空慧]를 발휘하여 아라한을 증득한 사람은 지혜를 발휘하므로 반야가 있지만, 색이 없으므로 법신이 없고 아직 지(智)를 멸하지 않았으므로 해탈이 없다."[206]고 말한다. 그리고 ③ 세 번째로 해탈만 있는 것에 대해 "몸을 없애고 지(智)를 멸해 무여계(無餘界)에 들어간 사람은 오직 고조(孤調, 2승의 증과)의 해탈만 있고 두 가지가 없음을 알 만하다."[207]고 말한다. 2승

---

204) 행정, 186중, "一往且就小乘簡."
205) 행정, 186중, "生欲色界, 方便道人, 受身故, 有法身, 未發空慧故, 無般若, 未能灰身故, 無解脫."
206) 행정, 186중하, "生無色界, 發人空慧, 證阿羅漢者, 發慧故有般若, 無色故無法身, 未滅智故無解脫."
207) 행정, 186하, "灰身減智, 入無餘界者, 祇有孤調解脫, 無二可知."

의 경우 사마타 수행 중에 치우침을 보인다는 것이다. 이처럼 2승에서 하나만 있고 둘이 없는 치우침은 본성이 아니라는 것에 대해 행정은 이렇게 말한다. "3덕(德)의 비밀한 장(藏)은 의보(依報)와 정보(正報)가 함께 있어 닦아 이룸을 기다리지 않고 자연적으로 성품이 구비되어 있는데, 2승은 알지 못하고 취하여 치우친다. 천태 지의는 '한갓 법신은 법신이 아니다. 나머지 두 가지도 또한 그러하다'고 하였다."[208] 세 가지는 처음부터 중생의 여래장 안에 함께 갖추어져 있는 것이므로 세 가지를 두루 원만하게 갖추지 못하고 하나에만 치우치는 것은 참된 성품이 아니라는 말이다.

b. 대승 권교의 치우침 : 법신·반야·해탈 중 둘에 치우침

또 치우침 중의 세 가지를 마땅히 가려야 한다. ① 첫째는 법신과 반야는 있으나 해탈은 없는 것이다. ② 둘째는 반야와 해탈은 있으나 법신은 없는 것이다. ③ 셋째는 해탈과 법신은 있으나 반야는 없는 것이다. 둘은 있으나 하나가 없으므로 원만하지 않다. 원만하지 않으므로 본성이 아니다.

又偏中三應須簡. ① 一有法身般若, 無解脫. ② 二有般若解脫, 無法身. ③ 三有解脫法身, 無般若. 有二無一故不圓. 不圓故非性.

　치우침 2의 세 가지 : 대승 권교가 셋 중 둘에 치우침
　　① 유법신, 유반야, 무해탈

---

208) 행정, 186하, "三德秘藏, 依正同居, 不待修成, 自然性具, 小乘不達, 取之則偏. 天台云, '直法身, 非法身. 餘二亦爾.'" 여기에서의 인용문은 행정이 지의의 『마하지관』 권2하 (『대정장』 권46, 20하), "若謂法身, 直法身者, 非法身也."에서 가져온 것으로 보인다.

② 유반야, 유해탈, 무법신
③ 유해탈, 유법신, 무반야

　앞에서의 치우침이 세 가지 중 한 가지만 있고 두 가지가 없는 것이었다면, 지금 논하는 치우침은 세 가지 중 두 가지는 있고 한 가지가 없는 치우침이다. 앞의 치우침이 아홉 단계의 선정 수행에서 일어나는 2승의 치우침이라면, 지금의 치우침은 아직 궁극에 이르지 못한 대승 권교(權敎)의 치우침이다. 천태의 5시교판에 따르면 화엄과 법화의 가르침은 실교(實敎)에 속하고, 아함과 방등과 반야의 가르침은 청중의 근기에 따라 다양하게 방편으로 설한 권교에 해당한다.

　① 첫 번째는 법신과 반야만 있다고 여기고 해탈을 성취하지 못하는 것이다. 보살10지의 수행을 해도 아직 궁극의 경지인 불과(佛果)에 이르지 못하면, 비록 법신을 자각하고 '무분별 지혜'[如理智]를 얻어도 아직 근본무명이 남아 있으므로 궁극의 해탈에는 이르지 못한다.

　② 두 번째는 반야와 해탈만 있다고 여기고 법신을 성취하지 못하는 것이다. 궁극의 묘각(妙覺) 지위에서 얻는 법신의 체득이 빠져 있으므로 법신이 없다고 여긴다.

　③ 세 번째는 해탈과 법신만 있다고 여기고 반야를 얻지 못하는 것이다. 불과에 이른 부처만이 여리지(如理智)뿐 아니라 후득지로서의 여량지(如量智)까지 갖추어 일체종지(一切種智)를 가지므로, 아직 불과에 이르지 못한 수행자는 반야를 얻지 못한다.

> 보살 수행에서 얻지 못한 것 :
> 　① 근본무명이 제거되지 않아 : 해탈이 없음
> 　② 묘각지위에 이르지 못해 : 법신이 없음
> 　③ 일체종지를 얻지 못해 : 지혜가 없음

행정은 두 가지만 알고 나머지 하나를 간과하는 치우침에 대해 "한결같이 또 대승 권교에 나아가 가려낸다."[209]고 말한다. 앞에서 2 승의 치우침을 말하고, 여기에서는 대승 권교의 치우침을 말한다는 것을 밝힌 것이다. ① 첫 번째 법신과 반야가 있음에 대해 행정은 "발심하기 전에 이미 불성이 구족되어 있으므로 법신이 있고, 진사지(眞似智)를 발휘하여 진사리(眞似理)를 보므로 반야가 있지만, 무명이 아직 다하지 않아 해탈이 없다."[210]고 한다. ② 두 번째 반야와 해탈이 있음에 대해서는 "앞에서 진사(眞似)를 지적했기에 반야가 있고, 점진적으로 번뇌[結使]를 끊으므로 해탈이 있지만, 아직 묘각에 이르지 못해 법신이 없다."[211]고 말한다. 그리고 ③ 세 번째 해탈과 법신은 있지만 반야가 없는 것에 대해 "앞에서 불성을 지적했기에 법신이 있고, 이미 발심하여 나아가 점진적으로 번뇌를 끊으므로 해탈이 있지만, 아직 불과위에 이르지 못해 일체종지가 원만하지 못해 반야가 없다."[212]고 설명한다.

(2) 원만함[圓]을 밝힘

a. 인위(因位)의 3덕(德) : 법신·반야·해탈

---

209) 행정, 186하, "一往且就大乘權敎簡."
210) 행정, 186하, "未發心前, 具足佛性, 故有法身, 發眞似智, 見眞似理, 故有般若, 無明未盡, 故無解脫."
211) 행정, 186하, "指前眞似, 故有般若, 漸斷結使, 故有解脫, 未登妙覺, 故無法身."
212) 행정, 186하, "指前佛性, 故有法身, 發心已去, 漸斷煩惱, 故有解脫, 未登果位, 種智未圓, 故無般若."

원만함 중의 세 가지를 마땅히 구비해야 한다. ① 첫째는 법신이 어리석지 않으면 반야이고, 반야가 집착이 없으면 해탈이며, 해탈이 적멸하면 법신이다. ② 둘째는 반야가 집착이 없으면 해탈이고, 해탈이 적멸하면 법신이며, 법신이 어리석지 않으면 반야이다. ③ 셋째는 해탈이 적멸하면 법신이고, 법신이 어리석지 않으면 반야이며, 반야가 집착이 없으면 해탈이다. 하나를 들면 곧 세 가지가 구비되므로 셋을 말하지만 본체는 곧 하나이다.

圓中三應須具. ① 一法身不癡即般若, 般若無著即解脫, 解脫寂滅即法身. ② 二般若無著即解脫, 解脫寂滅即法身, 法身不癡即般若. ③ 三解脫寂滅即法身, 法身不癡即般若, 般若無著即解脫. 擧一即具三, 言三體即一.

원만함의 세 가지 : 3덕(德)
① 법신 —— (불치) —→ 반야
② 반야 —— (무착) —→ 해탈
③ 해탈 —— (적멸) —→ 법신

(무착)
2. 반야 —→ 3. 해탈
(불치) ＼ ／ (적멸)
1. 법신

위에서 법신·반야·해탈 중 어느 하나 또는 둘에 치우치는 것을 논하였다면, 여기서부터는 이 세 가지가 원래 서로 분리될 수 없이 하나로 연결되어 있어서 하나가 갖추어지면 세 가지가 두루 구족하기 마련이라는 것, 따라서 이 세 가지를 분리하여 그중 어느 하나나 둘에 치우쳐서는 안 되고 항상 세 가지를 두루 원만하게 구족해야 한다는 것을 강조한다.

① 세 가지를 두루 갖추는 첫 번째 방식은 법신에서 출발하여 그 법신의 성성한 밝음으로 반야를 얻고, 나아가 반야의 힘으로 집착을 끊음으로써 해탈을 얻는 것이다.

② 두 번째는 반야 지혜에서 출발하여 그로 인한 무집착에서 해탈을 얻고 나아가 해탈을 통한 적멸에서 법신을 증득하는 것이다.

③ 세 번째는 해탈에서 출발하여 그 적멸의 경지에서 법신을 증득하고 나아가 법신의 밝음 속에서 반야를 얻는 것이다.

이와 같이 법신과 반야와 해탈이 서로 분리된 것이 아니라 원만 구족하게 하나로 통하고 있음을 말한다. 이는 곧 영가집이 2승이나 대승 권교(權敎)가 아니라 천태의 대승 원교(圓敎)에 이르러 비로소 법신·반야·해탈이 하나로 드러난다는 것을 주장하는 것이라고 볼 수 있다.

행정은 천태의 관점에서 2승 및 대승 권교의 치우침과 대승 천태의 원만함을 구분하여 이렇게 말한다. "이것은 원교와 돈교로 나아가 구분해야 한다. 무엇이 세 가지이고, 무엇이 덕(德)인가? 법신·반야·해탈이 세 가지이고, 상락아정(常樂我淨)이 덕이다."[213] 법신·반야·해탈의 세 가지가 네 가지 덕을 갖춤을 말한 것이다. 수행의 궁극 지위인 불과에 이르면 법신과 반야와 해탈이 두루 원만해지고, 거기에는 상락아정의 4덕(德)이 함께하게 된다는 것이다.

세 가지 : 법신 + 반야 + 해탈
4덕(德) : 상 + 락 + 아 + 정

---

213) 행정, 187상, "此就圓頓簡. 云何三, 云何德? 法身般若解脫, 是爲三, 常樂我淨, 是爲德."

상락아정의 4덕(德)은 범부가 자아와 법에 대해 갖고 있는 전도된 생각(상락아정의 생각)을 대치하기 위해 석가가 설한 '무상·고·무아·부정'을 다시 뒤집은 것이다. 아공과 법공의 깨달음으로 '무상·고·무아·부정'의 깨달음에 이르면, 그 공 또한 공하다는 공공의 깨달음을 통해 그것을 다시 대치하여 '상·락·아·정'의 깨달음으로 나아간다.

범부의 전도된 생각 :　　상 · 락 · 아 · 정
　　　　↕
수행자의 대치 :　　무상 · 고 · 무아 · 부정
　　　　↕
궁극의 대치 :　　상 · 락 · 아 · 정

행정은 ① 셋을 두루 갖추되 법신에서 출발한 첫 번째에 대해 "유경 선사는 '지신(智身)은 법신(法身)으로부터 일어나고 행신(行身)은 다시 지신을 잡고 생기니, 지(智)와 행(行)의 두 몸이 융합하여 둘이 아니고 결국 하나의 본체로 돌아가 본래 평등하다'고 하였다."[214)]라고 설명한다. 법신으로부터 지신과 행신이 나오는데 지신이 곧 반야이고 행신이 곧 해탈이므로 결국 법신과 반야와 해탈이 원만하게 함께 갖추어진다는 것이다.

지신(智身) = 반야 　→　해탈 = 행신(行身)
　　　＼　　／
　　　① 법신

---

214) 행정, 187상, "唯勁禪師云, '智身由從法身起, 行身還約智身生, 智行二身融無二, 還歸一體本來平.'" 여기에서의 인용문은 행정이 도원(道源)의 『경덕전등록(景德傳燈錄)』 권29(『대정장』권51, 453하)에서 가져온 것이다. 도원은 송나라 법안종 승려이며, 『경덕전등록』은 경덕 원년(1004년)에 황제에게 바쳐진 책이라고 한다. 유경선사는 후당(後唐)의 선승으로 『남악고승전』 등을 저술하였다고 한다.

행정은 ② 반야에서 출발한 두 번째에 대해 "장사 선사는 '마하반야가 비추고 해탈이 아주 깊고 깊으며 법신이 적멸한 본체이니, 셋이면서 하나인 이치가 원만하고 항상되다'고 하였다."[215]라고 말한다. 그리고 ③ 해탈에서 출발하는 세 번째에 대해서는 "천태 지의는 '해탈이 자재하고 법신과 반야 또한 자재하니, 비록 세 개의 이름이 있지만 세 개의 본체는 없다. 비록 이것이 하나의 본체이지만 세 개의 이름을 세우니, 이 세 개가 곧 하나의 본체이어서 그 실질[實]에는 차이가 없다'고 하였다. 비유하면 여의주에 대해 광채를 말하기도 하고 보배를 말하기도 하지만, 광채와 보배는 구슬과 하나도 아니고 구슬과 다른 것도 아니어서 종도 아니고 횡도 아닌 것과 같다. 3법(法)도 또한 이와 같다."[216]고 설명한다. 법신과 반야와 해탈이 결국 하나라는 것을 강조한 말이다. 이처럼 법신과 반야와 해탈은 결국 하나이기 때문에 하나가 구비되면 다른 것들도 다 함께 구비된다. 이에 대해 행정은 다시 거울의 비유를 들어 설명한다. "이 셋과 하나는 거울과 같다. 거울의 질(質)은 법신과 같아 자성의 본체이고, 거울의 밝음은 반야와 같아 '자성의 용(用)'이며, 밝음으로 인해 드러난 영상은 해탈과 같아 '수연(隨緣)의 용'이다. 이런 까닭에 하나와 셋이 서로 갖추고

---

215) 행정, 187상, "長沙云, '摩訶般若照, 解脫甚深深, 法身寂滅體, 三一理圓常.'" 여기에서의 인용문은 행정이 도원의 『경덕전등록』권10(『대정장』권51, 274하)에서 가져온 것이다. 장사는 당나라 선승 경잠(景岑)이다.

216) 행정, 187상, "天台云, '解脫自在, 法身般若亦亦自在, 雖有三名, 而無三體. 雖是一體, 而立三名, 是三卽一體, 其實無有異.' 譬如如意珠中, 論光論寶, 光寶不與珠一, 不與珠異, 不縱不橫. 三法亦如是." 여기에서의 인용문은 행정이 지의의 『마하지관』권1상(『대정장』권46, 2상), "雖有三名, 而無三體, 雖是一體, 而立三名, 是三卽一相, 其實無有異. 法身究竟, 般若解脫亦究竟. 般若淸淨, 餘亦淸淨. 解脫自在, 餘亦自在."에서 가져온 것으로 보인다.

있으니, 앞의 두 가지는 실제로 치우친 것이다."²¹⁷⁾ 법신은 거울 자체와 같고, 그 거울 자체의 밝음은 반야에 해당하고, 거울이 그 자체의 밝음에 의거해서 다른 사물들을 비춰내는 것은 해탈에 해당한다. 결국 법신이 본체이며, 반야는 그 법신의 자성본용이고, 반야에 의거한 해탈은 그 법신의 수연응용이 된다.

```
자성 ┌ 체                          : 거울의 질(質) = 법신
     └ 용 ┌ 자성본용(自性本用) : 거울의 명(明) = 반야
          └ 수연응용(隨緣應用) : 비쳐진 영(影) = 해탈
```

이것은 인(因) 중에서의 3덕(德)이지 과(果) 상에서의 3덕이 아니다.
此因中三德, 非果上三德.

　　지금까지 논한 법신과 반야와 해탈은 수행 과정에서 드러나는 덕, 즉 인위(因位)에서의 덕(德)이지, 이미 수행을 완수하여 불과(佛果)에 이르렀을 때 얻게 되는 결과에서의 덕, 즉 과위(果位)에서의 덕은 아니다. 수행에서 과위는 곧 불과위이다. 그렇다면 수행을 완수하였을 때 불과에서 얻게 되는 덕은 과연 어떤 것인가? 이하에서는 인위의 덕인 법신·반야·해탈 각각에 상응하는 과위에서의 3덕을 설명한다.

　　b. 과위(果位)의 3덕(德) : 단덕·지덕·은덕

---

217) 행정, 187중, "此之三 一, 猶如銅鏡. 鏡之質, 如法身, 自性體, 鏡之明, 如般若, 自性用, 明所現影, 如解脫, 隨緣用. 是故一三互具, 前二誠偏."

과(果)에서의 3덕(德)을 알고자 한다면 [다음과 같다.] ① 법신에는 '끊는 덕'이 있으니, 가까이 미혹을 끊음으로써 덕을 나타내므로 단덕(斷德)이라고 이름한다. ② 자수용신에는 '지혜로운 덕'[智德]이 있으니, 네 가지 지혜의 진실한 공덕을 구비하기 때문이다. ③ 타수용신(보신)과 화신에는 큰 '은혜로운 덕'이 있으니, 타수용신은 십지보살에게 은덕(恩德)이 있고 세 가지 화신은 보살과 2승과 이생(범부)에게 은덕이 있기 때문이다.

欲知果上三德, ① 法身有斷德, 邇因斷惑而顯德, 故名斷德. ② 自受用身有智德, 具四智眞實功德故. ③ 他化二身有大恩德, 他受用身, 於十地菩薩, 有恩德故, 三種化身, 於菩薩二乘異生有恩故.

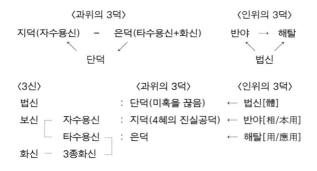

수행 과정에서 얻게 되는 법신과 반야와 해탈은 수행이 완성되고 난 후 그 결과의 지위[果位]인 부처의 지위[佛位]에 이르면 더 큰 특징을 드러내는데, 이것을 과위의 3덕(德)이라고 한다. ① 법신을 드러내는 덕은 미혹을 끊는 단덕(斷德)이고, ② 반야를 드러내는 덕은 전식득지(轉識得智)로써 얻어지는 네 가지 지혜인 지덕(智德)이며, ③ 해탈이 가져오는 덕은 다른 중생에게 성불의 외연(外緣)을 제공하는 은혜로운 은덕(恩德)이다.

① 법신은 본래 중생의 몸인데 단지 미혹인 무명에 가려져 있을 뿐이다. 중생이 미혹을 끊는 것은 결국 법신 자체의 힘이다. 그러므로 법신이 가진 덕은 미혹을 끊는 덕[斷德]이며, 이 단덕의 힘으로 법신은 스스로를 드러낸다.

② 수행이 완성되어 무명이 극복되면 법신의 지혜인 반야가 드러나 스스로 법락(法樂)을 받게 되는데, 그렇게 스스로 작용을 받는 몸을 '자수용신(自受用身)'이라고 한다. 자수용신에서는 무명이 극복되면서 이전에 무명을 따라 일어났던 분별지가 점차 무분별 지혜로 바뀌게 된다. 이를 유식불교에서는 '전식득지(轉識得智)' 내지 '전의(轉依)'라고 부른다. 전식득지를 통해 분별지가 지혜로 전환되기에 자수용신은 지혜로운 덕[智德]을 갖는다고 말한다. 지덕은 반야의 덕이다.

4지(智) : 전식득지하여 얻어지는 네 가지 지혜
  1. 제6식 → 묘관찰지(妙觀察智)
  2. 제7식 → 평등성지(平等性智)
  3. 전5식 → 성소작지(成所作智)
  4. 제8식 → 대원경지(大圓鏡智)

③ '타수용신(他受用身)'은 수행의 결과로서 얻어지는 지혜와 복락을 다른 중생이 받게 되는 몸이다. 타수용신은 화신과 마찬가지로 자기 아닌 다른 중생에게 지혜와 복락의 은혜를 베풀기에 은혜로운 덕[恩德]을 가진다고 말한다. 은덕은 일체 중생을 번뇌로부터 건져내는 해탈의 덕이다.

자수용신이든 타수용신이든 수용신은 수행의 결과로 얻어진 몸으로 수행자에게만 나타나는 몸이므로 '보신(報身)'이라고 부른다. 자수용신이 그 수행의 결과로서의 법락을 스스로 받는 몸이라면, 타수용신은 수행하는 다른 10지 보살들에게 선정 수행 중에 나타나 그들로 하여금 그 은혜를 받게 하는 몸이다. 반면 수행하지 않는 일반 중생에게 구체적인 몸으로 나타나는 불신을 '화신(化身)'이라고 하는데, 이러한 화신은 보살이나 2승이나 범부에게 각각 나타날 수 있으므로 세 가지 종류의 화신이라고 말한다. 화신도 타 중생에게 지혜와 복락의 은혜를 주기에 은덕을 가진다고 말한다.

> 타수용신과 화신의 은덕 :
> 1. 타수용신 = 보신 : 10지 보살에게 나타나는 몸
> 2. 3종 화신   : 보살, 2승, 범부에게 나타나는 몸

행정은 ① 3덕 중 법신의 단덕(斷德)에 대해 "법신이 나타나지 않는 것은 그 허물이 무명에 있으므로 '법신이 5도에 유전한다'고 말한다. 법신이 이미 나타난 것은 그 공이 단덕에 있다. 그러므로 얽힘[纏]에서 나오는 것을 대법신이라고 이름한다."[218]고 설명한다. ② 자수용신의 지덕(智德)에 대해서는 "『유식론』에 따르면 8식(識)을 바꿔 4지(智)를 이룬다. 제8식을 바꿔 대원경지를 이루고 제7식을 바꿔 평등성지가 되고 제6식을 바꿔 묘관찰지가 되고 전5식을 바꿔 성소작지가 된다. 이 4지가 능히 법신을 장엄하니, 다른 곳으로 나가 논한 것이 아니다. 그러므로 '진실한 공덕'이라고 말한다."[219]고 설명한다. 그리고 ③ 타수용신과 화신이 가지는 은덕의 의미를 밝히기 위해 우선

---

218) 행정, 187중, "法身不顯, 過在無明, 故曰法身流轉於五道. 法身旣顯, 功由斷德, 故曰出纏, 名大法身."
219) 행정, 187중, "準唯識論, 轉於八識, 以成四智. 轉第八, 成大圓鏡智, 轉第七, 爲平等性智, 轉第六, 爲妙觀察智, 轉五識, 爲成所作智. 此之四智, 能嚴法身, 不就他論, 故云眞實功德."

자수용신과 타수용신의 차이를 밝히고, 이어 화신의 다양함을 밝힌 다. 우선 자수용신과 타수용신의 차이를 행정은 문답으로 설명한다. "〈문〉 자수용신과 타수용신, 두 개의 신(身)은 어떤 것인가? 〈답〉 자 수용신은 위로 (불보살의 지혜인) 여리(如理)와 명합하고, 타수용신은 아래 로 (중생들의) 기연(機緣)에 응한다. 또 이것은 리지[如理智]와 량지[如量智]의 두 가지 지혜 및 근지(근본지)와 후지(후득지)의 두 가지 지혜와 대부분 통 한다. 그러나 10지(地)상의 성인(聖人)이 타수용신을 보는 것은 사나(비 로사나불)의 10중 세계가 10지를 위해 나타나기 때문이다."[220] 자수용 신의 지혜는 여리지에 해당하고 타수용신의 지혜는 여량지에 해당하 며, 타수용신은 10지에서 수행하는 보살에게 법신불이 보신의 모습 으로 드러난 것임을 말해준다. 화신에 대해서는 이렇게 말한다. "큰 화신은 천 장(丈)이고, 작은 화신은 천 척(尺) 내지 장육(丈六)이다. 또 종 류에 따라 화신이 일정하지 않으니, 차례로 대조해보면 명백할 것이 다."[221] 화신은 다양한 크기 다양한 방식으로 나타날 수 있다는 것이 다. 1장(丈)은 10척(尺)이며, 장육은 1장6척으로 16척을 말한다. 보통 인간이 8척이므로 인간의 모습으로 나타나는 작은 화신불도 보통 인 간의 두 배 크기라는 말이 된다. 이상을 정리하면 다음과 같다.

```
법신                                              ─ 단덕
보신 ┬ 자수용신 : 여리지/근본지와 명합              ─ 지덕
     └ 타수용신 : 여량지/후득지에 응함 : 10지 보살에게 나타남 ┐
화신 ─ 3종 화신              : 보살·2승·범부에게 나타남 ┘ 은덕
```

220) 행정, 187하, "問自受用, 他受用, 二身云何? 答自受用身, 上冥如理, 他受用身, 下應機緣, 亦是理量二智, 根後二智, 例而通之. 然地上聖人, 見他受用, 即舍那十重, 爲十地所現故."
221) 행정, 187하, "大化天丈, 小化千尺幷丈六. 更有隨類, 化不定. 次第對之, 指其掌也."

3제(諦)가 4지(智)에서 성소작지를 제외하는 것은 성소작지가 속제
(俗諦)로 인한 것이기 때문이다.

三諦四智除成所作智, 爲緣俗諦故.

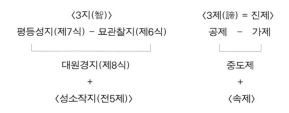

3제(諦)는 공·가·중 3제이고, 4지(智)는 전식득지로써 얻어지는 네
가지 지혜를 말한다. 여기에서는 3제에 4지를 짝짓는데, 지혜 중에서
전5식이 바뀐 성소작지는 3제에 해당하지 않는다고 말한다. 공·가·
중 3제는 진제인데 반해, 성소작지는 속제에 해당하기 때문이다.

행정은 4지 중 3지를 3제에 연관짓는 것 이외에 4지 중 3지를 3
신(身)과 연관짓는 유식설을 소개한다. "성소작지는 주로 이타를 따라
갖가지로 변화하므로 이 때문에 제외한 것이라는 말이다. 만약 유식
(唯識)에 따라서 말하면 많이 다르니, 대원경지는 법신이 되고, 평등성
지는 보신이 되고, 성소작지는 화신이 되고, 묘관찰지는 3신에 두루한
다. 이 두 가지 문장을 남기니 배우는 자가 상세히 살필 것이다."[222] 행
정이 언급하는 유식설의 내용을 정리하면 다음과 같다.

---

222) 행정, 187하, "謂成所作智, 多附利他, 種種變化, 是以除之. 若準惟識說而碩異, 大圓鏡智
成法身, 平等性智成報身, 成所作智成化身, 妙觀察智徧於三身. 存斯兩文, 學者詳矣." 여
기서 언급하는 4지(智)와 3신(身)의 유식적 연결은 행정이 담연의 『법화현의석첨(法
華玄義釋籤)』 권12(『대정장』 권33, 899상)에서 가져온 것으로 보인다.

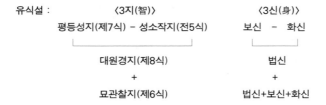

유식설 :　　　　　〈3지(智)〉　　　　　　〈3신(身)〉
평등성지(제7식) – 성소작지(전5식)　　　보신　–　화신

대원경지(제8식)　　　　　　법신
+　　　　　　　　+
묘관찰지(제6식)　　　　법신+보신+화신

그러나 법에는 얕음과 깊음이 없지만 법을 비춤에는 밝음과 어둠이 있고, 마음은 더럽거나 청정하지 않지만 마음을 이해함에는 미혹과 깨우침이 있다.
然法無淺深而照之有明昧, 心非垢淨而解之有迷悟.

법(法) ↔ 법을 비춤(照)　　　심(心) ↔ 심을 이해함(解)
┌ 천(淺) – 매(昧)　　　　　┌ 구(垢) – 미(迷)
└ 심(深) – 명(明)　　　　　└ 정(淨) – 오(悟)

　　수행을 통해 깨달아야 할 법 자체에는 깊고 얕음이 없지만, 그 법을 비춰 봄에는 궁극의 깊이까지 다 보느냐 아니면 표면만 얕게 보느냐의 차이가 있다. 법을 깊이까지 다 비춰 보면 그 비춤이 밝을 것이지만, 단지 표면만 얕게 비춰 보면 그 비춤이 어두울 것이기 때문이다.

　　마찬가지로 마음은 본래 불구부정하게 타고난 마음으로 서로 다를 바가 없지만 그 마음을 어떤 존재로 이해하는가에 있어서는 마음의 성품을 제대로 아느냐 알지 못하느냐의 차이가 있다. 마음의 본래성품을 아는 것은 깨우친 마음이지만, 그 본래성품을 알지 못하는 마음은 미혹한 마음이다.

행정은 "성인의 단계로 함부로 넘어가서도 안 되고, 또 범부나 하류 중생으로 비굴하게 물러나서도 안 된다."[223]고 말한다. 지금까지 치우침과 원만함을 구분하고, 또 치우침 안에서도 2승과 대승 권교를 구분하였듯이, 수행의 단계나 지위의 차이 등을 신중하게 고려해야 한다는 말이다.

처음 초심에 들어가면 미혹에서 돌아섬이 어찌 얕지 않겠는가?
종국에 원만한 진리에 계합하면 시원에 통달함이 어찌 깊지 않겠는가?
創入初心, 迷復何非淺? 終契圓理, 達始何非深?

법신과 반야와 해탈을 증득하여 단덕과 지덕과 은덕을 발휘하게 되는 것은 수행이 완성되어 진리와 계합함으로써 비로소 가능해지는 것이다. 처음 마음의 영지를 자각하는 초심처에서부터 진리와 계합하는 궁극의 경지에 이르기까지는 긴 수행 과정이 필요하다. 초심처에서 망념을 떠나 무념의 영지를 자각함으로써 미혹에서 돌아섰다고 해도 아직 출발선 상에 있는 것이므로 수행이 얕다고 할 수 있고, 수행이 완성되어 진리와 하나 되는 계합의 경지에 이르면 그때의 수행은 깊다고 할 수 있다.

행정은 처음의 얕음과 종국의 깊음에 대해 이렇게 설명한다. "처음 미혹한 방향을 돌이켜서 본래의 실상을 보고 공력을 더해 정진하

---

223) 행정, 187하, "無濫於聖階, 亦不屈於凡下."

되 아직 성인의 무리에 참여하지 못하기 때문에 이것은 얕은 것이다. 종국에 원만한 항상됨[常]을 다하여 초심이 개발되고 3덕이 구경이 되면 공력과 수행이 잊혀지기 때문에 이것은 깊은 것이다."[224] 초심처에 들어가기 시작할 때의 마음은 아직 얕고, 수행을 통해 궁극으로 나아가면 마음이 깊어진다는 것이다.

미혹하면 진리를 잃어 스스로 차이를 만들고, 깨우치면 차이를 버리고 진리에 나아간다. 미혹과 깨우침이 그 이치가 같기에 '점진적 차례'[漸次]라는 이름이 있다.
迷之失理而自差, 悟之失差而郎理. 迷悟則同其致, 故有漸次名焉.

수행의 과정을 점진적 단계로 보면 얕고 깊은 차이가 있지만, 그 차이는 궁극으로 나아가는 과정상의 방편적 차이일 뿐이다. 궁극에 이르러서 보면 전체는 결국 하나의 진리의 드러남이고, 하나의 빛의 비춤이며, 하나의 생명의 발현일 뿐이다. 일체는 하나의 진리에 따라 존재하고 있을 뿐인데 미혹한 중생이 미혹으로 인해 그 실상을 보지 못하고 스스로 차이를 만들어낸다. 깨우쳐 진리와 계합하고 보면, 차이도 없고 미혹도 없고 일체가 참일 뿐이다. 다만 미혹하여 진리를 보지 못하면 궁극이 저 멀리 있어 얕고 깊음의 차이가 느껴진다. 그래서 미혹에서 깨우침으로 나아가는 점진적 단계를 말하게 되는 것이다.

---

224) 행정, 188상, "創返迷方, 見本實相, 加功進行, 未預聖流, 故是淺也. 終極圓常, 始心開發, 三德究竟, 功行則忘, 故是深也."

행정은 미혹과 깨우침에 대해 이렇게 설명한다. "미혹하면 눈을 비벼서 차이를 보고, 깨우치면 본성이 전부 진실[眞]이다. 미혹과 깨우침에 저절로 차이가 있지만, 그 본체는 본래 둘이 없다."[225] 미혹의 대상이 따로 있는 것이 아니고 다만 깨우침의 대상을 알아보지 못하거나 다르게 알아보는 것일 뿐이다. 결국 미혹이 감지하는 차이는 없는 것을 있다고 여기는 차이, 스스로 만들어 보는 차이인 것이다. 실제로 있는 것은 하나의 진리일 뿐이고, 그 진리를 알면 깨우침[悟]이고 모르면 미혹[迷]이니, 미혹과 깨우침이 그렇게 멀지 않다고 할 수 있다.

이상은 영지를 자각하는 초심처에서부터 심층마음의 진리와 완전히 하나 되는 계합이 일어나기까지의 점진적 단계를 밝힌 것이다. 초심에서부터 계합으로 나아가는 수행 과정에 단계와 순서가 있으므로 '점차(漸次)'라고 말하지만 그 전체는 결국 하나의 영지의 빛 아래에서 진행된다. 그러므로 영지를 알아차리는 초심처에 이르는 것이 전체 수행의 관건이 된다. 그리고 그만큼 초심처는 설명하기 어렵고 얻기 어려운 것이다. 초심처에 들어가자면 일상의 번다한 망념을 가라앉혀 무념이 되어야 한다. 무념이어야 망념 너머의 영지가 드러나기 때문이다.

---

225) 행정, 188상, "迷之則捏目觀異, 悟之則本性全眞. 迷悟自有差殊, 其體本來無二."

3. 입문자의 수행

허망한 생각, 망념이 일어나지 않는 그 초심처에 들어가기 위해서는 어떻게 해야 하는가? 능소분별 사려분별 하지 않고 생각을 끊는다는 것은 말은 간단하지만 실제로 그것을 실행하는 것은 쉬운 일이 아니다. 생각을 끊겠다고 생각하는 것 자체가 생각이니, 자기모순을 담고 있기 때문이다. 더구나 우리는 이미 의식의 망분별과 망집착을 따라 만들어진 세계 속에 태어나 그 안에서 생각의 흐름을 따라 살고 있다. 이 망상의 세계 속에서의 어떤 노력이 우리를 이 세계 밖으로 끌어낼 수 있겠는가? 늪에 빠진 자가 스스로 자기 머리를 위로 잡아당긴들 한 치라도 위로 올라설 수 있겠는가? 그만큼 념념상속의 흐름 속에 사는 우리가 그 흐름을 벗어나 바깥으로 나간다는 것은 간단한 일이 아니다. 수행을 처음 시작하면서 생각으로 생각을 끊어야 하는 이 난관을 어떻게 뚫고 나갈 수 있는가? 이하에서는 수행을 처음 시작하는 사람이 닦아야 할 것들을 논한다.

1) 5념(念)을 앎 : 고기념 · 관습념 · 접속념 · 별생념 · 즉정념

그다음 처음으로 마음을 닦는 사람은 입문 후에 모름지기 5념(念)을 알아야 한다. 첫째는 '일부러 일으킨 생각'(고기념), 둘째는 '습에 따라 일어난 생각'(관습념), 셋째는 '이어지는 생각'(접속념), 넷째는 '특별하게 일어난 생각'(별생념), 다섯째는 '고요하게 하는 생각'(즉정념)이다.

復次初修心人, 入門之後, 須識五念. 一故起, 二串習, 三接續, 四別生, 五卽靜.

입문 후 알아야 할 5념(念) :
① 고기념(故起念) : 일부러 일으킨 생각
② 관습념(串習念) : 습에 따라 일어난 생각
③ 접속념(接續念) : 이어지는 생각
④ 별생념(別生念) : 특별하게 일어난 생각
⑤ 즉정념(卽靜念) : 고요하게 하는 생각

마음 닦는 수행을 시작한 사람은 우선 자신의 마음 안에서 생각이 일어날 때 그 일어남에 주목함으로써 그것이 어떤 념인지를 알아차려야 한다. 념은 그것이 어떻게 해서 일어나게 되었는가에 따라 위와 같은 다섯 가지로 구분된다.

① 고기념은 마음을 일으켜 세간의 5욕이나 잡다한 선 등의 일을 사유하는 것이다. ② 관습념은 마음이 일부러 기억하는 것은 없되 홀연히 선·악 등의 일을 사유하는 것이다. ③ 접속념은 관습이 홀연히 일어나 마음이 달려 나가 흩어짐을 알되 제지하지 않아 다시 앞의 념을 이어 사유가 머물지 않는 것이다. ④ 별생념은 전념이 산란함을 자각하여 알아서 참괴하고 후회하는 마음을 내는 것이다. ⑤ 즉정념은 처음 앉을 때 다시는 세간의 선·악과 무기 등의 일을 사유하지 않고 이에 즉해 공부하기 때문에 '고요함에 즉함'이라고 부른다.

① 故起念者, 謂起心思惟, 世間五欲, 及雜善等事. ② 串習念者, 謂無

心故憶, 忽爾思惟, 善惡等事. ③ 接續念者, 謂串習忽起, 知心馳散, 又不制止, 更復續前思惟不住. ④ 別生念者, 謂覺知前念是散亂, 卽生慚愧改悔之心. ⑤ 卽靜念者, 謂初坐時, 更不思惟, 世間善惡, 及無記等事, 卽此作功, 故言卽靜.

① 고기념 : 고의로 세간 5욕과 선악을 사유하는 념
② 관습념 : 의도 없이 관습 따라 선악을 사유하는 념
③ 접속념 : 전념을 따르는 념　　　　　　　　　　　산란한 생각
④ 별생념 : 전념의 산란함을 후회하는 념
⑤ 즉정념 : 세간 선악무기를 사유하지 않는 고요한 념 － 공부

① 세간에서의 선하거나 악한 일 또는 무기의 일에 대해 의도적으로 떠올린 생각이 고기념이고, ② 수행을 위해 일부러 그런 생각을 하지 않으려고 노력함에도 불구하고 지난 습에 의해 불현듯 떠오르는 생각이 관습념이다. ③ 결국 떠오른 생각이 앞의 생각을 이어 나감으로써 념념상속을 이루는 생각이 접속념이고, ④ 반대로 앞의 생각이 산란함을 알아차려 후회하는 생각이 별생념이다. ⑤ 아예 처음부터 세간의 선악이나 무기의 일을 생각하지 않으려는 생각이 즉정념이다.

행정은 "앞의 네 가지 념은 산란하여 각각 반연하는 념이지만, 뒤의 한 가지 념은 그쳐서 함께 고요하여 능히 앞의 네 가지를 그치게 하므로 '공부함'[作功]이라고 한다."[226]고 설명한다. 앞의 네 가지는 모두 산란한 생각이며, 마지막 즉정념은 그러한 산란한 생각을 멈추어 고요하게 만드는 공부하는 마음이다.

---

226) 행정, 188중, "前之四念, 散而各緣, 後之一念, 止而俱寂, 能止前四, 故曰作功."

관습념은 처음 공부하는 자에게 많고, 접속념과 고기념 두 가지 념은 게으른 자에게 있고, 별생념은 참괴하는 자에게 많고, 즉정 념은 정진하는 자에게 있다.

串習一念, 初生者多, 接續故起二念, 懈怠者有, 別生一念, 慚愧者多, 卽靜一念, 精進者有.

① 고기념 : 게으른 자
② 관습념 : 처음 공부하는 자
③ 접속념 : 게으른 자
④ 별생념 : 참괴하는 자
⑤ 즉정념 : 정진자

우리는 일상에서 의도적으로 세간의 선·악·무기에 대한 생각[고기념]을 일으키거나 또는 이미 하고 있는 생각에 자연스럽게 이어지는 생각[접속념]을 계속해나간다. 수행의 장에서 보면 이런 사람들은 하던 일을 기계적으로 계속하는 게으른 자에 속한다. 반면 처음 공부하는 자는 더 이상 그런 생각을 하지 않으려고 노력하지만 그럼에도 불구하고 지난 관습을 이기지 못해 자기도 모르게 그런 생각[관습념]이 일어난다. 공부 과정에 있기에 산란한 념이 일어나면 곧 그것을 부끄러워하는 생각[별생념]을 일으켜 후회하는 사람은 참괴하는 자이다. 진정으로 마음공부에 정진하고 있는 자는 일체의 생각을 따르지 않고 오히려 멈추게 하는 생각[즉정념]을 한다.

행정은 "법을 가지고 사람에 나아가 그 기량을 따랐다."[227]라고 말한다. 법에 따라서 각각의 념이 어떤 기량의 사람들에게 주로 일어나

227) 행정, 188중, "將法就人, 隨其器量."

263

느는지를 밝혔다는 뜻이다.

관습념과 접속념과 고기념과 별생념의 네 가지 념은 병이고, 즉 정념 한 념은 약이다. 비록 약과 병이 다르지만 모두 묶어서 함께 '념'이라고 이름한다.

串習接續故起別生, 四念爲病, 卽靜一念爲藥. 雖復藥病有殊, 總束俱名爲念.

① 고기념 ┐
② 관습념 │
③ 접속념 ├ 병
④ 별생념 ┘
⑤ 즉정념 ─ 약

　　다섯 가지 생각 중 앞의 네 가지 생각은 수행에서 극복되어야 할 생각들이다. 그러므로 이를 병이라고 한다. 그 병을 치유할 수 있는 생각이 바로 다섯 번째의 즉정념이다. 그러므로 이 생각을 병을 대치하는 약이라고 부른다. 약은 병과 구분되지만, 병이 있어 병을 치유하는 한에서만 약으로서의 의미가 있다. 결국 약과 병은 동일 차원의 것이기에 함께 념이라고 부른다. 즉정념은 망념의 병을 치유하는 약이지만, 그것 또한 내가 일으킨 념이기에 궁극적으로는 함께 버려져야 할 념에 불과하다.

　　행정은 "즉정념은 바르게 머물러 공부하는 것이지만, 아직 '5온의 감정'[陰情]을 벗어나지 못했기에 함께 념이라고 이름한다."[228]고 말한

---

228) 행정, 188중, "卽靜一念, 正住作功, 未脫陰情, 俱名念也."

264

다. 즉정념은 산만한 생각을 멈추어 고요하게 하는 생각이므로 병을 고치는 약이라고 할 수 있지만 아직 5온 중생이 일으키는 자타분별, 동정분별 등 허망분별을 넘어서지 못하기에 결국은 극복되어야 할 념에 속한다는 것이다.

이 5념의 멈춤을 얻는 때를 '일념상응(一念相應)'이라고 이름한다. 일념이란 것은 영지(靈知)의 자성이다.
得此五念停息之時, 名爲一念相應. 一念者靈知之自性也.

> 5념(4념+즉정념)이 일어남
> ↕
> 5념(4념+즉정념)이 멈춤 = 일념상응(一念相應) = 영지(靈知)

　　5념이 모두 멈추어 무념이 된 상태를 '일념상응'이라고 한다. 일념 상응은 약과 병이 다 함께 멈추어 사라져서 아무 생각도 일어나지 않는 절대의 마음 상태이다. 5념이 모두 사라져 적적하되 마음으로서의 각성을 지녀 성성하게 깨어 있는 적적성성의 영지가 바로 일념상응이다. 일념상응의 일념은 어떤 특정한 하나의 생각이 그것 아닌 다른 생각과 구분되는 그런 분별적 생각이 아니라, 마음 전체가 하나의 마음으로 깨어 있는 상태이다. 즉 다른 념들과 구분되는 하나의 념이 아니라, 일체 념을 모두 포괄하는 무변의 전체 념인 것이다. 그러므로 일념을 적적성성한 영지의 자성이라고 말한다. 5념이 멈추어 영지와 상응하는 것을 일념상응이라고 하는 것이다.
　　행정은 일념을 이렇게 설명한다. "5념이 모두 멈추면 일념이 현

전한다. 일념은 무념이니, 무념의 일념이 곧 영지의 본원이다. 경에서
'마음을 멈춰 본원에 통달하므로 사문(沙門)이라고 부른다'고 하였다."[229]
일념은 한계 없는 무한한 마음의 깨어 있음이기에 일념이면서 곧 무
념이다. 이 일념 내지 무념의 마음의 깨어 있음이 바로 영지이다.

그러나 5념은 일념의 가지이고, 일념은 5념의 근본이다.
然五念是一念枝條, 一念是五念根本.


```
5념 :   4념 : 병   1념 : 약   ― 가지 : 말
              \     /              ↑
일념 :          일념           ― 근본 : 본
```


　　일념은 5념이 멈추면 얻어지기에 그 둘이 서로 배타적인 대립 관
계 같지만, 실제로 그 둘은 본말의 관계에 있다. 즉 5념은 일념으로
부터 나오고, 일념은 그 5념의 근본 뿌리에 해당한다.
　　행정은 "5념은 일념을 떠나서 있지 않지만, 일념은 5념에 의거하
지 않고 생긴다. 묶으면 본과 말의 기다림[相須]이 되는데, 응당 물과
물결이 따로 있지 않음과 같다."[230]고 설명한다. 우리는 바다에 물결
이 일 때 파도치는 물결 모양만 보고 물을 보지 않다가 물결이 가라
앉았을 때 비로소 물을 보지만, 실제 물과 파도는 서로 분리되는 것

---

229) 행정, 188중, "五念都息, 一念現前. 一念謂無念, 無念之一念, 卽靈知之本源. 經云 '息心
　　達本源, 故號爲沙門.'" 여기에서의 인용문은 행정이 『중본기경(中本記經)』권상(『대정
　　장』권4, 153하)에서 가져온 것이다.
230) 행정, 188중하, "五念非離一念而有, 一念不藉五念而生. 束爲本末之相須, 應同水波之
　　無有."

이 아니다. 물이 있기에 파도가 있고, 파도를 떠나서 물이 따로 없다. 물 바깥에 물결이 따로 없고 물결 바깥에 물이 따로 없다. 그러나 물결은 물에 의거하여 생기지만, 물이 물결에 의거하여 생기는 것은 아니다. 그러므로 물이 본이고 물결은 말이며, 물이 뿌리고 물결은 가지이다. 그런 것처럼 5념은 일념에 의거하여 일어나지만, 일념은 5념에 앞서 그 자체로 있다.

2) 여섯 가지 가려냄(料簡)

그다음 일념상응의 때에 모름지기 여섯 종류의 가려냄을 알아야 하니, 첫째는 병을 알고, 둘째는 약을 알고, 셋째는 다스림(對治)을 알고, 넷째는 지나침(過)의 발생을 알고, 다섯째는 옳음(是)과 그름(非)를 알고, 여섯째는 주됨(正)과 보조(助)를 아는 것이다.

復次若一念相應之時, 須識六種料簡, 一識病, 二識藥, 三識對治, 四識過生, 五識是非, 六識正助.

> 6료간(料簡) :
> ① 병을 앎
> ② 약을 앎
> ③ 다스림(對治)을 앎
> ④ 지나침(過)의 발생을 앎
> ⑤ 시(是)와 비(非)를 앎
> ⑥ 정(正)과 조(助)를 앎

일념상응이 이루어질 때 그 마음 안에서 일어나는 여섯 가지 일들을 잘 관찰하여 제대로 판가름해야 한다. ① 무엇이 병인 줄을 알고, ② 무엇이 약인 줄을 알아야 하며, ③ 약이 병을 다스림을 알되, ④ 약이 지나치면 부작용이 생김도 알아야 한다. ⑤ 무엇이 옳고 무엇이 그른지를 판별하고, ⑥ 무엇이 주이고 무엇이 보조인지도 구분하여 알아야 한다.

(1) 병을 앎 : 연려·혼미

첫째로 병이라는 것에는 두 가지가 있다. 첫째는 '연하여 고려함' [緣慮]이고 둘째는 무기이다. ① 연려는 선념과 악념 두 가지 념이다. [둘이] 비록 다르지만 모두 해탈이 아니기 때문에 함께 묶어서 '연려'라고 이름한다. ② 무기는 비록 선이나 악 등의 일을 반연하지 않으나 모두 진심이 아니고 단지 혼미함에 머무는 것일 뿐이다. 이 두 가지를 병이라고 이름한다.

第一病者有二種. 一緣慮, 二無記. ① 緣慮者, 善惡二念也. 雖復差殊, 俱非解脫, 是故總束, 名爲緣慮. ② 無記者, 雖不緣善惡等事, 然俱非眞心, 但是昏住. 此二種名爲病.

병 :　　① 연려　　　② 혼미
　　　　〈선념 + 악념〉　〈무기〉

　수행 내지 해탈을 방해하는 마음의 병은 크게 두 가지로 구분된다. ① 하나는 대상을 좇아 반연하는 생각인데, 선한 생각이든 악한 생각이든 모두 대상을 좇아가는 산만한 생각이라는 이유에서 둘 다 병이라고 한다. ② 다른 하나는 선이나 악 등 대상을 좇아 생각하지는 않되 무기 상태에 있는 것이다. 참된 마음으로 성성하게 깨어 있지 않고 혼미에 빠져 있기에 병이라고 한다. 이 두 가지가 모두 병이다.

　행정은 "병은 3성을 말하니, 숱한 겁에 걸쳐 여기에 있다."[231]라고 설명한다. 선·악·무기 3성이 모두 병이라는 말이다.

(2) 약을 앎 : 적적·성성

둘째로 약이라는 것에도 또 두 가지가 있다. 하나는 고요함[寂寂]이고 다른 하나는 깨어 있음[惺惺]이다. ① 적적(寂寂)은 외적 경계의 선이나 악 등의 일을 생각하지 않는 것이고, ② 성성(惺惺)은 혼주나 무기 등의 모양을 내지 않는 것이다. 이 두 가지를 약이라고 이름한다.

第二藥者亦有二種. 一寂寂, 二惺惺. ① 寂寂謂不念外境善惡等事, ② 惺惺謂不生昏住無記等相. 此二種名爲藥.

　　　약 :　　① 적적(寂寂)　　② 성성(惺惺)
　　　　　 (대상을 생각 안 함)　(혼침에 빠지지 않음)

　병에 상응해서 그 병을 치료해주는 수단이 약이다. ① 대상을 좇는 연려에 대해서는 더 이상 대상을 좇지 않고 고요하게 머무르는 적적이 약이며, ② 깨어 있지 못하고 혼미한 무기에 대해서는 분명하게 깨어 있는 성성이 약이다. 적적은 바깥에서 주어지는 대상에 대해 이런저런 생각을 일으키지 않는 것이고, 성성은 잠자는 듯한 혼미한 상태에 빠져들지 않고 깨어 있는 것이다.

---

231) 행정, 188하, "病謂三性, 累劫在玆."

행정은 "약의 공능을 세워서 중병을 다스린다."[232]고 말한다. 약으로써 병을 치료한다는 말이다. 대상을 반연하여 번다하고 산만한 생각은 적적으로 다스리고, 분명하지 못하고 혼매한 무기의 생각은 성성으로 다스린다.

(3) 다스림을 앎

셋째로 다스림[對治]이라는 것은 적적으로 연려를 다스리고 성성으로 혼주를 다스리는 것이다. 이 두 가지 약을 써서 두 가지 병을 타파하므로 대치라고 이름한다.

第三對治者, 以寂寂治緣慮, 以惺惺治昏住. 用此二藥對破二病, 故名對治.

```
병 :    1. 연려/선악    2. 무기/혼미
          ↑             ↑         ⇐ 대치(약이 병을 치료함)
약 :     적적           성성
```

약으로써 병을 이겨내고 치료하는 것을 다스림, 즉 '대치(對治)'라고 한다. 적적의 약은 연려의 병을 대치하고, 성성의 약은 무기의 병을 대치한다.

행정은 "약으로 병을 파하면, 병이 사라진다."[233]고 설명한다. 파한다는 것은 파괴하여 허물어 없앤다는 것으로 병을 다스려 극복함을 뜻한다.

---

232) 행정, 188하, "立藥功能, 治於重病."
233) 행정, 188하, "以藥破病, 病則忘矣."

(4) 지나침의 발생을 앎

넷째로 과(過)의 발생이라는 것은 적적이 오래되면 혼주가 생기고 성성이 오래되면 연려가 생기는 것이다. 약으로 인해 병이 일어나므로 '지나침의 발생'이라고 말한다.

第四過生者, 謂寂寂久生昏住, 惺惺久生緣慮. 因藥發病, 故云過生.

병을 치료하기 위해 약이 있고, 약을 통해 병이 치유된다. 약은 오직 병을 다스리기 위해 있는 것이므로, 병이 다하면 약도 자기 할 일을 다한 것이니 버려져야 한다. 만일 약이 병을 대치하는 것을 넘어 지나치게 되면, 다시 약이 병을 일으키게 된다. 연려를 치료하는 적적의 약이 지나치면 그 적적함이 넘쳐 혼미함에 빠지게 되고, 혼미를 치료하는 성성의 약이 지나치면 그 성성함이 넘쳐 다시 연려에 빠지게 된다. 병을 파하기 위해 약을 쓰는데, 약이 오히려 병이 되어버리는 부작용이 발생하는 것이다.

행정은 "능히 깨뜨리는 것이 뒤집혀서 소(所)가 되어, 능파가 도로 소파와 같아진다."[234]고 설명한다. 깨뜨리는 능이 뒤집혀 소가 되는 것은 곧 능(약)이 오히려 깨뜨려져야 할 것(소파=병)이 된다는 것이다.

---

234) 행정, 189상, "能破飜成所, 能還如所破."

한마디로 약이 지나쳐 오히려 병이 된다는 말이다.

(5) 옳음과 그름을 앎

다섯째로 '옳고 그름'[是非]을 안다는 것은 ① 적적하되 성성하지 않으면 이것이 바로 혼주이고, ② 성성하되 적적하지 않으면 이것이 바로 연려이며, ③ 성성하지도 않고 적적하지도 않으면 이것이 바로 연려일 뿐 아니라 혼미에 들어가 머무는 것이고, ④ 적적하기도 하고 성성하기도 하여 단지 역력할 뿐 아니라 적적하기도 하면 이것이 바로 근원에 돌아간 묘성(妙性)이라는 것이다. 이 네 개의 구 중 앞의 세 구는 그르고 뒤의 한 구는 옳으므로 [이것을] 시비를 아는 것이라고 한다.

第五識是非者, ① 寂寂不惺惺, 此乃昏住, ② 惺惺不寂寂, 此乃緣慮. ③ 不惺惺不寂寂, 此乃非但緣慮亦乃入昏而住. ④ 亦寂寂亦惺惺, 非唯歷歷兼復寂寂, 此乃還源之妙性也. 此四句者, 前三句非, 後一句是, 故云識是非也.

시비를 앎 :
① 적적 불성성 :   혼주
② 부적적 성성 :   연려   ⎤ 그름(非)
③ 부적적 불성성 : 연려+혼주   ⎦
④ 적적 성성 :   적적+력력 = 환원의 묘성 ― 옳음(是)

연려와 혼주는 병이므로 각각 적적과 성성으로 치유되어야 한다. 그런데 그 두 병을 치유하는 두 가지 약인 적적과 성성 또한 둘 다 지나침이 없이 적절하게 수행되어야 한다. ① 적적이 지나쳐서 성성이 약화되면 혼주인 적적불성성이 되고, ② 성성이 지나쳐서 적적이 약화되면 연려인 성성부적적이 된다. ③ 그렇다고 성성도 없고 적적도 없으면 혼미한 상태에서 연려하는 부적적불성성이 된다. 이 셋은 모두 옳지 않고 그른 것, 비(非)이다. ④ 수행을 통해 이루어야 하는 것은 적적과 성성을 모두 갖춘 적적성성이다. 마음 본원의 성품이 본래 고요함과 성성함이기에, 이 둘을 갖춘 적적성성을 본원으로 돌아간 묘한 성품이라고 말한다. 이것만이 옳은 것, 시(是)이다.

행정은 "옳은 것은 재차 도와서 성성과 적적이 서로 힘입는 것이고, 그른 것은 서로 맞서서 혼미와 산란이 서로 대립하는 것이다."[235]라고 말한다. 적적과 성성이 서로 의지하면서 서로 힘을 보태주는 것이 적적성성의 옳음이고, 적적과 성성이 서로 맞서서 상대를 약화시켜 결국 혼미나 산만으로 빠져버리고 마는 것이 세 가지 그른 것이다.

(6) 주와 보조를 앎

여섯째로 주[正]와 보조[助]라는 것은 성성을 주로 삼고 적적을 보조로 삼는 것이니, 이 두 가지 일은 본체가 서로 떠나지 않는다. 마치 병자가 지팡이를 짚음으로 인해 걸을 때, 걷는 것이 주이고 지팡이를 짚음이 보조인 것과 같다.

第六正助者, 以惺惺爲正, 以寂寂爲助, 此之二事, 體不相離. 猶如病者因杖而行, 以行爲正, 以杖爲助.

---

235) 행정, 189상, "是則更資, 惺寂相賴. 非則互立, 昏散抗行."

```
                    주          보조
        수행 :   성성   +    적적
        병자 :   걷기   +  지팡이 짚기
```

　　적적과 성성 간의 적절한 조화는 어떻게 갖춰져야 하는가? 이를 설명하기 위해 적적과 성성 중에서 무엇을 주된 것으로 삼고 무엇을 그 목적에 이르기 위한 보조로 삼아야 하는지를 논한다. 적적성성에서 주된 것은 성성이고, 그것을 이루기 위한 보조가 적적이다. 즉 성성이 정(正)이고 적적이 조(助)이다. 주된 것은 어디까지나 성성한 영지(靈知)이고, 적적은 다만 그 성성한 영지에 이르기 위한 보조라는 말이다. 이것은 마치 병자가 지팡이를 짚고 걸을 때는 어디까지나 걷기 위해 지팡이를 짚는 것일 뿐이므로 걷는 것이 주이고 지팡이를 짚음은 보조가 되는 것과 같다.

　　행정은 "정과 조를 함께 행하면, 혼미와 산란을 저절로 벗어난다."[236]고 말한다. 보조에 해당하는 적적을 이루면 산란함이 사라지고, 주에 해당하는 성성을 이루면 혼미함이 사라진다. 그러므로 정과 조, 성성과 적적을 함께 닦으면 혼미와 산란을 함께 벗어나게 된다고 말한다.

무릇 병자가 걷고자 하면 반드시 먼저 지팡이를 취하고 그런 연후에 비로소 걷는다. 마음을 닦는 자 또한 이와 같이 반드시 먼저 연려를 멈추어 마음을 적적하게 하고, 그다음 마땅히 성성함으로 혼

---

236) 행정, 189상, "正助合行, 昏散自脫."

274

침에 이르지 않아 마음을 역력하게 해야 한다.

夫病者欲行, 必先取杖, 然後方行. 修心之人, 亦復如是, 必先息緣慮, 令心寂寂, 次當惺惺不致昏沈, 令心歷歷.

병자 : 1. 지팡이 짚기 → 2. 걷기
　　　　　　〈조〉　　　　　　〈정〉　 : 지팡이 짚음으로써 걸음

수행 : 1.　 적적 　 → 2. 성성/역력
　　　 (연려를 멈춤) 　(혼침에 안 빠짐)
　　　　　 〈조〉　　　　　 〈정〉　 : 적적함으로써 성성함

　적적성성에서 성성이 주이고 적적이 보조인 것은 마치 병자가 지팡이를 짚고 걸을 때 걷는 것이 주목적이고 지팡이를 짚음은 그 보조수단에 불과한 것과 같다. 그렇지만 주목적을 이루기 위해서는 우선 보조수단의 도움을 받아야 한다. 즉 병자가 걷고자 한다면 우선 지팡이를 짚어야 한다. 조를 이루어야 정이 이루어지는 것이다. 지팡이를 짚는 조를 통해 걸어가는 정을 이룰 수 있다. 병자가 걸을 때 지팡이를 짚어야 걷게 되듯이, 수행을 할 때에는 우선 적적을 이루어야 성성도 이루어진다. 주가 성성이지만, 주를 이루기 위해서 우선 조가 이루어져야 하는 것이다. 목적을 이루기 위해서는 우선 수단이 충족되어야 한다. 그러므로 수행 과정에서는 우선 적적을 이룬 연후에 성성을 이루라고 말한다.

　역력과 적적은 두 이름이지만 하나의 본체이며 또 시간을 달리 하지 않는다. 비유하자면 병자가 가고자 해도 지팡이를 짚지 않으면 갈 수 없고, 막 갈 때에는 지팡이에 의거하기 때문에 갈 수 있는 것과 같다. 공부하는 사람도 또한 이와 같아 역력과 적적이 시간을 달리할 수 없다. 비록 두 이름이 있지만, 그 본체는 구별되지 않는다.

歷歷寂寂, 二名一體, 更不異時. 譬夫病者欲行, 闕杖不可, 正行之時, 假杖故能行. 作功之者, 亦復如是, 歷歷寂寂, 不得異時. 雖有二名, 其體不別.

병자 :　　지팡이를 짚음　+　걸음
수행자 :　　　적적　　　+　성성　:　하나의 본체, 동시발생

　적적과 성성이 조와 정의 관계로서 적적을 이루어야 성성이 이루어진다고 해서 그 둘이 서로 다른 별개의 본체를 이루거나 서로 다른 시간에 격차를 두고 행해진다거나 하는 것은 아니다. 적적과 성성이 하나의 마음에서 일어나며, 적적한 그 순간에 동시에 성성해야 하는 것이다. 따라서 '하나의 본체이며 또 시간을 달리하지 않는다'라고 한다. 이는 병자가 지팡이를 짚는 것과 가는 것이 조와 정의 관계이지만, 지팡이를 짚고 있는 자와 가고 있는 자가 둘이 아니고, 또 지팡이를 짚는 일과 걷는 일이 서로 다른 시간의 일이 아닌 것과 같다. 처음에는 지팡이 짚기만 있고 나중에는 걷기만 하는 것이 아닌 것이다. 한마디로 조와 정의 관계는 일이 이루어지는 시간적 선후 관계를 의미하는 것이 아니라 일이 이루어지는 인연의 관계를 말하는 것이다.
　행정은 '시간을 달리 하지 않는다'에 대해 이렇게 설명한다. "시간을 달리하지 않는다는 것은 걷든 앉든 눕든 일어나든 언제나 마땅히 성성과 적적이 함께 행해져야 한다는 것이다."[237] 이처럼 주가 되는

<hr>

237) 행정, 189중, "不異時者, 若行若坐若臥若起, 皆應惺寂俱行."

성성과 보조가 되는 적적은 항상 동시에 함께 이루어져야 한다. 행정은 또 "성성은 걷는 것과 같고 적적은 지팡이를 짚음과 같으니, 이 둘이 함께하면 사마타가 손 안에 있다."[238]고 말한다. 성성과 적적을 함께 유지하는 것, 영지의 마음자리에 머무는 것이 바로 사마타 수행이 지향하는 것이다.

다시 말하자면 ① 산란한 생각(난상)은 병이고 무기 또한 병이다. ② 적적은 약이고 성성 또한 약이다. ③ 적적은 난상을 깨고, 성성은 무기를 대치한다. ④ 적적은 무기를 낳고, 성성은 난상을 낳는다. 적적은 비록 난상을 대치할 수 있지만 도로 다시 무기를 낳고, 성성은 비록 무기를 대치할 수 있지만 도로 다시 난상을 낳는다. ⑤ 그러므로 성성적적은 옳고 무기적적은 그르며, 적적성성은 옳고 난상성성은 그르다고 말한다. ⑥ 적적은 보조이고 성성이 주이니, 이것을 생각해야 한다.

又曰, ① 亂想是病, 無記亦病. ② 寂寂是藥, 惺惺亦藥. ③ 寂寂破亂想, 惺惺治無記. ④ 寂寂生無記, 惺惺生亂想. 寂寂雖能治亂想而復還生無記, 惺惺雖能治無記而復還生亂想. ⑤ 故曰惺惺寂寂是, 無記寂寂非, 寂寂惺惺是, 亂想惺惺非. ⑥ 寂寂爲助, 惺惺爲正, 思之.

이는 지금까지 위에서 논한 여섯 가지 가려냄[料簡]을 다시 한 번 더 정리한 것이다. ①은 병, ②는 약, ③은 대치, ④는 과생, ⑤는 시

---

238) 행정, 189중, "惺惺若行, 寂寂如杖, 此二相須, 奢摩在手."

비, ⑥은 정조를 말한다.

3) 5온(蘊)을 밝힘

그다음으로 가려냄 이후에는 모름지기 일념 중의 5온(5음)을 분명하게 알아야 한다. ① 역력하게 분별하여 상응을 분명하게 아는 것이 곧 식온(識蘊)이다. ② 받아들여 마음에 두는 것이 곧 수온(受蘊)이다. ③ 마음이 이 이치를 반연하는 것이 곧 상온(想蘊)이다. ④ 이 이치를 행하여 쓰는 것이 곧 행온(行蘊)이다. ⑤ 진성을 더럽히는 것이 곧 색온(色蘊)이다.

復次料簡之後, 須明識一念之中五陰. ① 謂歷歷分別, 明識相應, 卽是識陰. ② 領納在心, 卽是受陰. ③ 心緣此理, 卽是想陰. ④ 行用此理, 卽是行陰. ⑤ 汚穢眞性, 卽是色陰.

> 5온(蘊):
> ① 식온(識蘊) : 역력하게 분별하여 앎
> ② 수온(受蘊) : 영납하여 마음에 둠
> ③ 상온(想蘊) : 리를 반연함
> ④ 행온(行蘊) : 리를 사용하여 행함
> ⑤ 색온(色蘊) : 진성을 더럽힘

구역에서의 음(陰)이 현장 신역에서는 온(蘊)이다. '온(蘊)'이 더 우리에게 익숙한 개념이기에 이 책에서는 5온이라고 쓴다. 여기에서는 5온을 구분하여 설명하고 있다. 5온은 우리가 일상적으로 '나'라고 여기는 색·수·상·행·식 5온이다. 앞에서 세속의 념인 5념(念)이 멈춘

자리에서 일념상응을 얻게 된다는 것, 그 일념상응이 바로 적적성성의 영지라는 것을 밝혔는데, 영지는 일상적인 주객분별에 머물러 있는 표층의식 차원에서 얻어지는 앎이 아니다. 이처럼 일념상응의 영지가 5온이 일으킨 분별적 념이 아니라는 것을 밝히기 위해 여기에서 5온을 구분하여 논한다.

① 식(識)은 분별하여 아는 앎이다. 일상적인 분별지는 제6의식의 차원에서 계탁분별하여 아는 것으로 이는 곧 능소(주객)의 분별 위에서 주와 객의 상응, 즉 표상과 대상 간의 일치를 아는 것이다. 그러므로 식온이 일으키는 분별적 인식은 무념지념(無念之念)의 일념 또는 일념상응의 영지가 아니다.

② 수(受)는 대상과의 접촉을 통해 마음이 받아들이게 되는 느낌이다. 느낌은 주와 객, 근과 경의 분별 위에서 고(苦)·락(樂)·사(捨)의 양상으로 일어나므로 무념의 영지가 아니다.

③ 상(想)은 마음에 영납된 느낌[受]을 다시 연(緣)함으로써 마음 안에 일어나는 지각 내지 생각이다. 수(受)는 수동적으로 주어진 느낌인 감(感), 즉 감각 내지 감정인 데 반해, 상(想)은 그것을 능동적으로 받아들이고 알아차리는 지각 내지 생각이다. 분별의 생각이므로 영지가 아니다.

	수(受) = 느낌[感] →	상(想) = 알아차림[知]
인식, 각(覺)의 과정 :	감각	지각, 생각[念]
감정, 정(情)의 과정 :	감정 : 신수[苦樂捨]	감정 : 심수[喜憂捨]

④ 행(行)은 마음이 품은 생각이나 이치를 사용하여 일어나는 행위를 말한다. 념을 보고 그 념에 대한 좋아함과 싫어함의 분별을 일

으키고 나아가 그 념을 따르려는 뜻과 거스르려는 뜻을 세우게 된다. 즉 애증의 분별 및 취사의 선택을 행하는 것이다. 결국 이러한 분별의 행이 곧 우리의 업(業)이 된다.

⑤ 색(色)은 지·수·화·풍으로 이루어진 물질을 뜻한다. 각 중생의 5근(根)과 그에 상응하는 5경(境)이 모두 색이다. 개체적인 유근신(有根身)과 각 유근신이 모여 사는 기세간(器世間)은 색으로 형성된다. 유근신은 업에 따른 업보인 정보(正報)로서 윤회하는 몸이고, 기세간은 그 몸들이 의거해서 사는 세계로서 의보(依報)이다. 결국 색은 윤회의 영역에 속하는 것들로서 청정한 진여성에 반하기에 '진성을 더럽힌다'고 말한다.

행정은 이 자리에서 왜 5온을 논하는가에 대해 다음과 같이 설명한다. "이 문장은 무엇 때문에 있는가? 앞에서 '일념은 영지의 자성'이라고 말한 것으로 인해, 공부가 얕은 무리들이 '일념이 무념이고 무념의 념이 곧 영지'임을 요달하지 못하고 오히려 획득한 '경계의 념[塵念]'을 영지로 안다면 그 오류가 심할 것을 다시 염려하기 때문에 여기에서 그른 것을 가려내는 것이다."[239] 즉 영지는 5온으로 얻은 분별식과는 다르다는 것을 보이기 위해 여기에서 5온에 대해 논한다는 것이다. 이어 ① 식온에 대해 "역력히 분별함으로써 상응을 아는 것은 진실로 자성이 아니다."[240]라고 하고, ② 수온에 대해 "하나의 념을 이어받아 얻은 것을 가슴에 두는 것이다."[241]라고 설명한다.

---

239) 행정, 189하, "此文, 因何而有? 由前云, 一念者靈知之自性也, 復慮學淺之流, 不達一念無念, 無念之念卽靈知乎, 反認所得塵念, 爲靈知者, 謬之甚矣, 故此揀非."
240) 행정, 189하, "歷歷分別, 以識相應, 實非自性."
241) 행정, 189하, "承領一念, 所得介懷."

③ 상온에 대해서는 "능히 전념을 취하여 반연하되 간극이 없는 것이다."[242]고 말한다. 전념에서 후념으로의 이행 내지 수에서 상으로의 이행에는 시간적 간격이 없이 이어진다는 말이다. ④ 행온에 대해서는 "하나의 념을 변별하여 쓰는 것으로 거스름[違]이나 따름[從]에서 일어난다."[243]고 말하고 ⑤ 마지막 색온에 대해서는 "진여의 본성 중에는 앞의 네 가지 념이 없는데, 이미 네 가지 념이 일어나서 더러움의 의미가 성립하므로 한 시기의 5온이 아니라는 것을 가려낸다."[244]고 말한다. 앞의 네 가지 념은 수·상·행·식의 념이다. 무념 내지 진여성에는 그런 념이 없는데, 네 가지 념이 일어나서 진여성을 오염시킨다는 것이다. 그런데 수·상·행·식 네 가지 념이 일어나게 되는 근거가 바로 색온이다. 즉 색온으로 인해 네 가지 념이 일어나고 네 가지 념 중의 행온으로 인해 업력(종자)이 쌓이며, 이 업력의 힘으로 다시 새로운 유근신의 색온이 형성된다. 그러므로 여기에서 논하는 5온이 한 시기의 5온이 아니고 윤회의 흐름을 따라 상속하는 5온이라는 것을 설명한 것이다.

이 5온은 전체가 곧 일념이고, 이 일념은 전체가 모두 5온이다.
此五陰者, 擧體卽是一念, 此一念者, 擧體全是五陰.

---

242) 행정, 189하, "能取前念, 緣而不間."
243) 행정, 189하, "見用一念, 起於違從."
244) 행정, 189하-190상, "眞如性中, 無前四念. 旣起四念, 汚穢義成, 簡非一期五陰."

색   수·상·행·식

5온
↕
일념

　　앞서 5온과 일념상응의 영지를 구분하였지만, 여기에서는 다시 5
온과 일념이 서로 분리되지 않는다는 것을 논한다. 5온을 모두 합해
서 보면 5온은 곧 일념에 기반하여 있고, 그 일념에 근거한 것들을
다시 구분하여 보면 곧 색·수·상·행·식으로 나뉜다. 그러나 5온이
합해서 일념에 있다고 할 때 일념은 진성을 가린 무명에 따라 일어나
는 일념이다. 이 일념이 곧 공(空)임을 알아야 일념이 진정한 일념, 즉
진성(眞性)의 일념, 무념(無念)의 일념이 된다.

　　행정은 "합하면 일념에 있고, 구별하면 색과 심으로 나뉜다."[245]고
말한다. 5온과 일념의 불이(不二)를 언급한 것이다.

이 일념 중에 주재가 없다는 것을 역력하게 보는 것이 곧 '사람이
공함을 아는 지혜'[人空慧]이고, [그것이] 환화와 같음을 보는 것이 곧
'법이 공함을 아는 지혜'[法空慧]이다.
歷歷見此一念之中, 無有主宰, 卽人空慧, 見如幻化, 卽法空慧.

　　　　　　인공혜(人空慧, 아공) – 5온에 주재가 없음
　　　　　　법공혜(法空慧, 법공) – 5온이 환화임

---

245) 행정, 190상, "摠在一念, 別分色心."

무명에 따라 일어나 5온을 형성하는 일념에 대해 그 일념에 주재자가 없다는 것을 아는 것이 아공(我空)을 아는 것이고, 그 5온 각각의 색·수·상·행·식이 환화와 같은 가유이며 비실재라는 것을 아는 것이 법공(法空)을 아는 것이다. 아공·법공의 일념이 일념상응의 념이며 영지의 자성이다.

행정은 아공과 법공의 깨달음에 대해 이렇게 말한다. "망령된 주재를 단번에 제거하면 집착과 취함이 어디 있겠는가? 능·소가 함께 제거되니, 지혜도 모두 얻을 것이 없다."[246] 5온에 대해 그것이 아공이며 법공이라는 것을 동시에 아는 것이 중요하다. 그렇게 해서 능소분별이 멈추는 곳에 '이공소현진여(二空所顯眞如)'가 드러나며, 성성적적의 영지가 밝아진다.

이런 까닭에 이 5념(念) 내지 6료간(料簡)을 마땅히 알되 의심하지 않기를 바란다. 진짜 금을 취할 때에 기와 조각 내지 가짜 보물을 잘 알아서 단지 그것들을 다 제거하기만 하면 비록 금을 알지 못해도 금의 본체가 저절로 드러나는 것과 같으니, 어찌 얻지 못할까 봐 걱정하겠는가?

是故須識此五念及六種料簡, 願勿嫌之. 如取眞金, 明識瓦礫及以僞寶, 但盡除之, 縱不識金, 金體自現, 何憂不得?

영지	↔	허망분별의 식
진짜 금		기와 조각과 가짜 보물

---

246) 행정, 190상, "頓除妄宰, 執取何安? 能所俱祛, 智都無得."

5념은 고기념, 관습념, 접속념, 별생념, 즉정념이며, 6료간은 병, 약, 대치, 과생, 시비, 정조를 가려내는 것이다. 이러한 것들을 잘 분별하여 가려내고 나면 적적성성의 영지에 이를 수 있다는 것을 의심하지 말라고 한다.

수행자가 얻고자 하는 것은 일념상응의 일념, 영지의 일념이지만, 그것은 주객분별을 넘어서고 사려분별을 넘어선 것이기에 말로써 '이것이다' 또는 '저것이다'라고 서술하거나 규정하기 어렵다. 그렇다면 그처럼 규정할 수 없는 보물을 우리가 과연 어떻게 알아보고 어떻게 얻을 수 있단 말인가?

여기에서는 그 보물을 가리는 것들, 즉 그 보물 이외의 다른 것들을 치우고 덜어내면 그 안에서 보물은 저절로 드러날 것이라고 말한다. 마음 안의 진리, 마음 본래의 빛은 생각에 생각을 더함으로써 얻어지는 것이 아니라, 오히려 마음의 본바탕을 가리는 허망한 분별적 생각을 멈추고 덜어냄으로써 저절로 드러나게 된다는 것이다.

행정은 이렇게 설명한다. "진짜 금은 영지에 비유되고, 기와 조각은 앞서 언급한 5념과 6료간에 비유되고, 가짜 보물은 방금 언급한 일념의 5온에 비유된다. 거친 것과 세밀한 것을 깨끗이 제거하면 영지가 저절로 밝아질 것이니, 마치 거울을 잡으면 얼굴을 보길 기약하지 않아도 얼굴의 모습이 저절로 나타나는 것과 같다."[247] 우리 마음 안에서 발견되되 보물이 아닌 것들을 다 제거하면 그 자리에 보물이 드러난다는 것이다. 진짜 보물은 바로 우리 마음 자체의 빛, 영지이

---

247) 행정, 190상, "眞金取譬靈知, 瓦礫況前五六兩文, 僞寶喻今一念五陰. 麤細淨盡, 靈知自明, 譬如執鏡, 不期見面, 面像自現."

기 때문이다.

진짜 금	↔	기와 조각	+	가짜 보물
영지		5념과 6료간		5온

제5장
비파사나송 : 관(觀)

○

1. 수행 방식 : 관하기[觀]

1) 지혜의 생성[智生]과 경계의 요달[了境]

(1) 지생(智生)과 료경(了境)의 순환

① 무릇 경계[境]는 지혜[智]가 아니면 요달하지 못하고, ② 지혜[智]
는 경계[境]가 아니면 생기지 않는다.
① 夫境, 非智而不了, ② 智, 非境而不生.

```
    주/능            객/소
①  지 ── (료) ──→ 〈경〉   : 지에 의거한 료경(了境)
② 〈지〉←── (생) ── 경     : 경에 의거한 지생(智生)
```

① 대상인 경계[境]를 요달하게 되는 것은 주관의 지혜[智]를 통해
서이고, ② 지혜[智]가 생겨나는 것은 경계[境]를 통해서이다. 이런 방
식으로 주와 객, 지와 경은 상호의존관계에 있다.

행정은 요달함[了]과 생김[生]에 대해 "지혜가 경계를 궁구하는 것이 료(了)이고, 경계가 지혜를 발동하는 것이 생(生)이다."[248]라고 설명한다.

지 ── (研/了) ⟶ 경
지 ⟵ (發/生) ── 경

② 지혜가 생기는 것은 경계를 요달하기에 생기는 것이고, ① 경계를 요달하는 것은 지혜가 생기기에 요달하는 것이다.
② 智生, 則了境而生, ① 境了, 則智生而了.

② 〈지생〉 ⟵ 료경 : 료경에 의거한 지생
① 지생 ⟶ 〈경료〉 : 지생에 의거한 료경

주관 쪽에서 지혜가 생기는 것과 객관 쪽에서 경계를 요달하게 되는 것은 상호의존적이며 동시적이다. 이는 결국 생겨나는 지혜와 요달되는 경계가 상호의존적임을 말한다.
행정은 "지혜와 경계가 명합하고, 소(所)와 능(能)이 합친다."[249]라고 말한다. 주와 객, 지와 경, 능과 소가 함께해서 지혜가 성립함을 말한다.

지 + 경 : 명(冥, 명합함) = 하나됨
능 + 소 : 회(會, 합침)

---

248) 행정, 190중, "智研境爲了, 境發智爲生."
249) 행정, 190중, "智與境冥, 所與能會."

함허는 ① '료경'의 료(了), ② '지생'의 지(智)와 ③ 생(生)에 대해 차례로 설명한다. ① 료(了)에 대해 말한다. "료(了)라는 것은 '요별(了別. 분별하여 앎)'의 료가 아니라 '료오(了悟. 깨우쳐 앎)'의 료이다. 미혹한 자[迷者]는 경계를 보면 있다고 말하고, 깨우친 자[悟者]는 경계를 보면 없다고 말한다. 그러므로 미혹한 자의 이른바 유(有)는 곧 깨우친 자의 이른바 무(無)이다. 소위 료경이란 것은 경계가 공함을 깨우쳐 요달하는 것을 말한다."[250] 미혹한 자가 경계를 '료별'하는 것은 주객분별 위에서 대상을 분별적으로 아는 것이고, 깨우친 자가 경계를 '료오'하는 것은 주객분별 없이 대상의 공성을 깨우쳐 아는 것이다. 깨우친 자가 '경계가 없다'고 말하는 것은 '경계가 주관 바깥에 객관 대상으로 따로 있지 않다, 마음 바깥의 실유가 아니다, 따라서 공이다'라고 말하는 것이다.

> 미혹한 자[迷者]: 지 ── (료=了別) ──→ 경 : 경을 유(有)로 봄
>   ↕
> 깨달은 자[悟者]: 지 ── (료=了悟) ──→ 경 : 경을 무(無)로 봄 = 료오경공(了悟境空)

함허는 ② '지생'의 지(智)를 식(識)에 대비하여 설명한다. "지(智)라는 것은 식(識)을 상대해서 한 말이다. 미혹한 자는 경계를 보면 '인식의 생각'[識想]이 어지럽고[紛然], 깨우친 자는 경계를 보면 '지혜의 비춤'[智照]이 환하다[朗然]. 인식으로 경계를 보면 일체가 어지럽고, 지혜로

---

250) 함허, 190중하, "了者非了別之了, 是了悟之了. 迷者見境, 則謂之有, 悟者見境, 則謂之無. 則迷者之所謂有, 卽悟者之所謂無也. 所謂了境者, 謂了悟境空也." 이상 계속되는 함허의 설의는 앞에 나온 '무릇 경은'[夫境]에서 뒤에 나오는 '묘한 깨우침이 고요하다'[妙悟蕭然]까지의 설명으로 되어서『한국불교전서』에서도 영가집 본문의 '妙悟蕭然' 이후에 모두 한꺼번에 붙어 있다. 하지만 이 책에서는 내용에 따라 각각 해당하는 자기 자리에 맞춰 나누어서 해설한다.

경계를 비추면 일체가 적연하다. 그러므로 소위 지(智)라는 것은 무분별의 비춤[照]이다."[251] 식(識)은 분별적 료별의 앎에 해당하고, 지(智)는 무분별적 료오의 앎에 해당한다고 볼 수 있다. 미혹한 자는 무명에 싸여 주객을 분별하고, 깨우친 자는 그러한 분별을 넘어 지경명연(智境冥然)의 경지에서 일체를 본다. 그러므로 미혹한 자가 대상을 아는 분별적 앎인 료별의 앎을 식(識)이라고 하고, 깨우친 자가 대상을 아는 무분별적 앎인 료오의 앎을 지(智)라고 구분하는 것이다. 미혹한 자는 대상을 분별적으로 인식하므로 앎의 생각이 분열되고 복잡하고 어지러운 데 반해, 깨우친 자는 주객혼연한 가운데 비추어 아는 것이므로 일체가 밝고 적연하다.

┌ 미혹한 자 : 식(識) —— (見) → 경 : 식상분연(識想紛然), 일체 분운(紛紜)
└ 깨우친 자 : 지(智) —— (照) → 경 : 지조랑연(智照朗然), 일체 적연(寂然)

함허는 ③ '지생'의 생(生)에 대해 이렇게 설명한다. "생(生)이라는 것은 생멸의 생이 아니라, 드러남[現發]을 말하는 것이다. 무명으로 요달하지 못해 아와 아소를 계탁할 때에는 법신이 형각(形殼) 중에 은폐되고, 참된 지혜가 연려(緣慮) 속에 은닉된다. 지금은 이와 반대로 법신이 독로하고 참된 지혜가 현발한다."[252] 생을 현발로 풀이하면서 함허는 미혹한 자와 깨우친 자의 인식작용의 차이를 법신의 은폐됨과 드러남의 차이로 설명한다. 미혹하면 법신이 분별적 형상에 가리

---

251) 함허, 190하, "智者對識而言. 迷者見境, 則識想紛然. 悟者見境, 則智照朗然. 以識見境, 則一切紛紜, 以智照境, 則一切寂然. 則所謂智者, 無分別之照也."
252) 함허, 190하, "生者非生滅之生, 乃以現發而言也. 無明不了, 計我我所之際, 法身隱於形殼之中, 眞智匿於緣慮之內. 今則反是, 法身獨露, 眞智現發."

고 은폐되어 드러나지 않는 데 반해, 깨우치면 법신이 홀로 드러나며 따라서 참된 지혜[眞智]가 현발한다는 것이다. 다시 말해 자타분별, 주객분별의 제6의식의 관점에서 세계를 보면 법신이 형각에 가려지고 진리가 은폐되는 데 반해, 그러한 주객분별을 넘어서 일체가 원융한 공(空)의 관점, 심층마음의 눈으로 세계를 보면 법신이 독로하고 진지(眞智)가 현발한다.

미혹한 자 : 법신은폐(형각에 은폐됨), 진지불생(연려에 가려짐)
↕
깨우친 자 : 법신독로(法身獨露),   진지현발(眞智現發)

함허는 깨우친 자에게서 일어나는 진지현발(眞智現發)과 법신독로(法身獨露)의 관계에 대해 이렇게 설명한다. "법신이 드러나지 않으면 참된 지혜가 발할 근거가 없고, 참된 지혜가 나타나지 않으면 법신을 요달할 수 없다. 이미 법신을 요달하지 않으면 참된 지혜 또한 나타날 수 없다."[253] 진지현발과 법신독로가 서로를 조건으로 한다는 것은 곧 그 둘이 상호의존적 관계라는 것을 말해준다. 이로써 지혜의 생김[智生]과 경계의 요달[了境]이 상호의존적임을 밝힌 것이다.

〈진지현발〉 ←   법신독로 : 법신독로에 의거한 진지현발
진지현발   → 〈법신독로〉 : 진지현발에 의거한 법신독로

---

253) 함허, 190하, "法身不露, 則眞智無由發, 眞智不現, 則法身無得而了也. 旣不了於法身, 則眞智又不得而現也."

(2) 순환 너머 지경명합(智境冥合)으로

① 지혜가 생겨서 [경계를] 요달하는데, 요달하되 요달되는 것이 없다. ② 경계를 알아서 [지혜가] 생기는데, 생기되 능히 생기게 하는 자가 없다.

① 智生而了, 了無所了. ② 了境而生, 生無能生.

① 지생 —— (료) → 〈료경〉
                '무소료(無所了)'의 료
                소료(所了, 境/客)가 없음

② 〈지생〉 ← (발) —— 료경
'무능생(無能生)'의 생
능생(能生, 智/主)이 없음

① 지혜가 경계를 요달하되 요달되는 것[境]이 없다는 것은 아는 지혜와 별도로 알려진 경계가 따로 있지 않다는 말이다. 능을 떠나 소가 별개의 것으로 있지 않다는 말이다. ② 마찬가지로 경계가 지혜를 일으키되 일어나는 것[智]이 없다는 것은 요달되는 경계와 별도로 요달하는 지혜가 따로 있지 않다는 것이다. 소를 떠나 능이 별개의 것으로 있지 않다는 말이다. 한마디로 능과 소가 서로 별개의 존재가 아니라는 것, 아는 것과 알려지는 것, 지혜와 경계가 둘이 아니라는 말이다.

행정은 이렇게 말한다. "지혜가 경계를 궁구하되 지혜에 의해 요달되는 바[所了=境]가 없고, 경계가 지혜를 생겨나게 하되 경계에 의해 능히 생겨나는 것[能生=主]이 없다. 경계와 지혜가 여여하니, 생김과 요달이 어디 있겠는가?"[254] 앎이 있되 아는 자[能知者]와 알려지는 것[所知境]이 따로 있지 않은 능소무분별의 경지, 즉 지혜와 경계가 분리되지 않는 지경명합의 경지를 말한다.

함허는 이렇게 설명한다. "법신이 드러나는 곳에서 마음에 집착되는 것이 있으면 법신과 위배되고, 집착할 것이 없음을 요달하면 법신과 위배되지 않는다. 이른바 법신은 '마음의 연하는 모습'[心緣相]을 떠났기 때문이다. 지혜[智]에 있어서도 역시 그러하다. 참된 지혜가 현발할 때에 현발한다는 생각이 생기지 않으면 참된 지혜라고 이름할 수 있다. 이른바 참된 지혜는 본래 무분별이기 때문이다."[255] 법신을 알 때, 그 법신이 지혜 바깥에 따로 있는 것처럼 집착한다면, 그렇게 집착된 법신은 주객무분별의 법신과 위배된다. 또 법신에 대한 지혜를 가질 때, 그렇게 알려진 법신 이외에 그 법신을 아는 지혜가 따로 있다고 상을 내면 그것 또한 참된 지혜가 아니다. 결국 지혜 너머 법신이 따로 있지 않고, 법신 너머 지혜가 따로 있지 않다는 것을 말한다. 주와 객, 능과 소의 분별을 넘어선 경지이다.

진지(眞智)	—	법신(法身)
현발지상(現發之想)이 없어야 진지		소집착(所執著)이 없어야 법신
(무분별이므로)		(심연상을 여의니까)

---

254) 행정, 190중, "智研於境, 智無所了. 境發於智, 境無能生. 境智如如, 生了安在?"
255) 함허, 190하, "法身現處, 心有所著, 而與法身, 亦相違背, 了無所著, 而與法身, 不相違背. 所謂法身, 離心緣相故也. 在智亦然. 眞智現發之際, 亦不生現發之想, 而得名爲眞智. 所謂眞智, 本無分別故也."

① 생기되 능히 생기게 하는 자가 없으면, 비록 지혜이어도 있는 것이 아니다. ② 요달하되 요달되는 것이 없으면, 비록 경계이어도 없는 것이 아니다.

① 生無能生, 雖智而非有. ② 了無所了, 雖境而非無.

① 주 　　　 - 　　　 ② 객

무능생의 생(생지) 　　　 무소료의 료(료경)

= 지혜(주)가 비유 　　　 = 경계(객)가 비무

① 생기되 능히 생기게 하는 자가 없다는 것은 인식을 일으키는 인식주관이 따로 있지 않다는 것이고, ② 요달하되 요달되는 것이 없다는 것은 인식에 의해 알려지는 인식객관이 따로 있지 않다는 것이다. 결국 주객분별을 넘어선 경지를 말한다. 우리는 흔히 인식주관과 인식객관의 이원성을 전제해놓고 그 위에서 비로소 인식이 성립한다고 여기지만, 여기에서는 주관과 객관의 분별이 없이 성립하는 인식을 말한다. 주객미분의 요달의 인식이 먼저 있고, 그 위에서 임의로 인식주관과 인식객관을 개념적으로 분별하는 것이다.

이와 같은 주객무분별의 관점에서 보면 주와 객, 식(識)과 경(境)은 서로 의존적이며 서로 불이(不二)의 관계에 있기에 지혜와 경계를 분리하여 논할 수 없다. 여기에서는 이러한 지혜와 경계의 상호연관성을 강조하되, 유식의 '식은 있고 경은 없다'[唯識無境]와 대조적으로 '식은 있는 것이 아니고 경은 없는 것이 아니다'라고 말한다.

함허는 식과 경을 대(對)로 놓은 관점에 대해 이렇게 말한다. "지혜[智]와 진리[理]를 대비시키면, 진리는 무(無)에 속하고 지혜는 유(有)에 속한다. 무라고 하는 것은 경계가 공(空)이라는 것이고, 유라고 하는

293

것은 지혜[智]가 드러난다는 것이다."[256] 이 관점에서 보면 '지혜는 유, 경계는 무'가 되니, 이것이 곧 '유식무경'이다.

식(識) : 지혜[智] ↔ 경(境) : 진리[理]   : 리지상대(理智相對)
　　유　　　　　　　　　　무
지현(智現)　　　　　　　경공(境空)　　　 : 유식무경(唯識無境)

그러나 진지가 현발하는 차원에서 보면, 이미 능·소가 대립이 아니고 지·리가 대립이 아니므로 굳이 식과 경을 분리할 필요가 없다. 지와 경, 주와 객이 명합하여 불이가 되면, 굳이 '지혜는 유, 경계는 무'를 말할 필요가 없게 된다. 그러므로 '지혜이어도 있는 것이 아니고, 경계이어도 없는 것이 아니다'라고 말한 것이다.

함허는 이렇게 설명한다. "참된 지혜가 현발할 때에 현발지상(現發之想)이 생기지 않으므로 '비록 지혜이어도 있는 것이 아니다'라고 말한다. 경계가 공적(空寂)임을 요달할 때에 공적이라는 견해가 생기지 않으므로 '비록 경계이어도 없는 것이 아니다'라고 말한다."[257]

진지현발(眞智現發)　　　-　　　료경공적(了境空寂)　　 : 리지일치(理智一致)
'현발(現發)의 상(想)' 없음　　'공적(空寂)의 견(見)' 없음
지(智)도 비유(非有)　　　　　경(境)도 비무(非無)

그러나 그렇다고 해서 여기에서 최종적으로 '지는 무, 경은 유'라는 것을 주장하려는 것은 아니다. 유식의 '유식무경'에 대해 '식도 비

---

256) 함허, 190하, "智與理對, 則理屬於無, 智屬於有. 所謂無者, 境空是也, 所謂有者, 智現是也."
257) 함허, 190하~191상, "眞智現發之時, 不生現發之想, 故云雖智而非有. 了境空寂之時, 不生空寂之見, 故云雖境而非無."

유이고 경도 비무'라는 것, 그렇게 지혜와 경계가 대등하게 부정되고 다시 긍정된다는 것을 강조하는 것일 뿐이다. 그런데 본래 유식도 식과 경의 분별 위에서 '식은 있고 경은 없다'고 말하는 것은 아니다. '유식무경'의 식은 경과 대비되는 능연식이 아니라, 능(능연식)과 소(소연경)를 포괄하는 제8아뢰야식, 즉 심층마음을 의미하기 때문이다. 유식은 주객무분별 내지 지경명연(智境冥然)으로서 전체를 포괄하는 것은 결코 죽은 나무나 돌처럼 자각성이 없는 물질적 경(境)이 아니라 스스로를 자각하여 아는 심(心)이라는 것을 강조하는 것일 뿐이다.

행정은 주객분별이 없어도 그 둘 간에 앎이 있다는 것을 이렇게 말한다. "비록 능소가 없지만, 경계와 지혜가 완연하다."[258] 주객의 분별을 넘어서는 일심의 관점에서 보면 지혜와 경계가 분별되지 않은 채 완연하게 있다는 것이다.

(3) 유무쌍조의 묘오(妙悟)

무가 곧 무가 아니고 유가 곧 유가 아니다. 유와 무를 함께 비추니 묘한 깨우침이 고요하다.
無卽不無, 有卽非有. 有無雙照, 妙悟蕭然.

지혜	경계
유, 비유	무, 비무

유무쌍조(有無雙照)
묘오숙연(妙悟蕭然)

---

258) 행정, 190중, "雖無能所, 境智宛然."

경계가 공이지만 무가 아니고, 지혜가 있지만 유가 아니다. 주와 객, 유와 무의 분별을 넘어선 무분별의 경지를 요달하므로 그 깨우침이 숙연하다고 한다.

행정은 "경계와 지혜가 함께 융합하여 유와 무가 평등하다. 경에서 '지혜를 설함과 지혜의 자리는 모두 반야라고 이름한다'고 말한다."[259]고 설명한다.

함허는 이렇게 설명한다. "미혹한 자는 유와 무에 각각 얽매이지만, 깨우친 자는 유와 무를 모두 비춘다. 미혹한 자는 견해에 능과 소가 있지만, 깨우친 자는 마음에 2취(取)가 없다. 왜냐하면 진여를 증득할 수 있는 진여[如, 진리] 바깥에 지혜[智]가 없고, 지혜에 의해 증득되는 지혜 바깥에 진여가 없기 때문이다."[260] 진리[如, 객관] 바깥에 지혜가 따로 있어서 진리를 아는 것이 아니라는 것, 지혜(주관) 바깥에 진리가 따로 있어서 지혜가 진리를 증득하는 것이 아니라는 것은 결국 지혜와 진리, 지혜와 진여, 주와 객, 아는 자와 알려지는 것이 서로 분별되지 않는 하나라는 것을 말한다. 궁극의 무분별지를 지시하는 것이다.

지(智)	—	여(如) = 리(理)	
진여를 증득하는 지혜		지혜에 이해 증득되는 진여	
(如 밖의 智 아님)		(智 밖의 如 아님)	: 리지일치(理智一致)

---

259) 행정, 190중, "境智俱融, 有無平等. 經云, '說智及智處, 俱名爲般若.'" 여기에서의 인용문은 행정이 지의의 『묘법연화경현의』 권3상(『대정장』 권33, 709상중), "仁王般若云, 說智及智處, 皆名爲般若."에서 가져온 것으로 보인다.
260) 함허, 191상, "迷者有無各執, 悟者有無雙照. 迷者見有能所, 悟者心無二取. 所以然者, 無如外智能證於如, 無智外如爲智所證."

함허는 이어 주객무분별의 묘오(妙悟)를 이렇게 설명한다. "경계의 공을 요달할 때에 공적의 견해가 있지 않고, 지혜가 발현할 때에 발현의 생각이 있지 않다. 이 경계에 이르면, 진리와 지혜가 일치하고 능과 소가 자취를 끊는다. 이것이 깨우침이 묘한 까닭이다. 반대로 심(心)에 능과 소가 있으면 비록 깨우쳐도 묘한 깨우침이라고 불릴 수 없다. 소위 '마음에 일념이 있다면, 깨우침이 어찌 과거의 미혹을 넘어서겠는가?'가 그것이다. 지금은 미혹으로부터 깨우치되 깨우쳐도 깨우친 바가 없기에 '묘한 깨우침이 숙연하다'고 말한다."[261]

```
    지(智) 현발              경공을 요달
  '현발의 상' 없음          '공적의 견' 없음
    └────────────────┬────────────────┘
      ∴ 리지일치(理智一致), 능소절종(能所絕蹤)
```

마치 불이 땔감을 얻어 더욱 치열하게 타는 것과 같다. 땔감은 지혜를 일으키는 많은 경계[境]에 비유되고, 불은 경계를 요달하는 묘한 지혜[妙智]에 비유된다.

如火得薪, 彌加熾盛. 薪喩發智之多境, 火比了境之妙智.

---

261) 함허, 191상, "了境空之時, 無有空寂之見, 智發現之際, 無有發現之想. 到此境界, 理智一致, 能所絕蹤. 此悟之所以爲妙也. 反是而心有能所, 則雖悟不得名爲妙悟. 所謂, '心存一念, 悟寧越昔時迷?', 是也. 今則從迷而悟, 悟無所悟, 故云妙悟蕭然." 여기까지가 비파사나송 시작에서부터 하나로 연결되어 있는 함허의 설의이다. 이것을 이 책에서는 적절히 자기 위치에 배치하여 해석하였다.

```
        지(智)          +          경(境)
          불                        땔감
 (경계를 요달하는 지혜)      (지혜를 일으키는 경계)
```

　　지혜와 경계가 하나가 되는 경지를 불[智]이 땔감[境]을 얻어 치열
하게 타는 것(하나가 되는 것)에 비유하고 있다. 불은 땔감이 없으면 불로
타오르지 않고, 땔감은 불이 없으면 땔감이 아니다. 오직 그 둘이 만
나 타오름을 통해 불은 불이 되고 땔감은 땔감이 된다. 그런데 그 둘
이 만나 타는 과정은 곧 그 둘이 함께 둘이 아닌 차원으로 넘어가는
과정이기도 하다. 불이 땔감을 태움으로써 불과 땔감이 함께 불타서
함께 사라지기 때문이다.

　　행정은 이 비유에 대해 "진실한 지혜가 경계를 비추는 것이 마치
불이 땔감을 태우는 것과 같다. 『대품』에서 '색(色)이 크면 반야가 크
다'고 하였다."[262]라고 말한다. 지혜가 불에 비유되고, 경계와 색(色)이
땔감에 비유된 것이다.

　　함허는 이 비유에다 다른 비유 하나를 더 첨가하여 두 가지 비유
로써 설명한다. "〈비유 ①〉 지혜가 경계를 비추는 것은 불이 땔감을
얻는 것과 같다. 불이 미치는 곳에 타지 않는 땔감이 없듯이, 지혜가
비추는 곳에 공하지 않은 경계가 없다. 〈비유 ②〉 진리[理]가 지혜[智]
로 인해 나타나는 것은 마치 공간[空]이 새[鳥]로 인해 나타나는 것과
같다. 공간이 새가 아니면 공간으로 나타날 수 없듯이, 진리는 지혜
가 아니면 진리로 드러날 수 없다. 경계와 지혜도 또한 이와 같아서,

---

262) 행정, 191상, "實智照境, 如火燒薪. 大品云, '色大, 般若大.'" 여기에서의 인용문은 행정
　　이 『반야경』 권98(『대정장』 권5, 542하), "色大故, 菩薩摩訶薩所行般若波羅蜜多亦大"
　　에서 가져온 것으로 보인다. 『대품』은 『대품반야경』을 말한다.

지혜는 경계가 아니면 지혜로 나타날 수 없고, 땔감도 불이 아니면 땔감으로 다할 수 없다."[263] 새로 첨가된 비유 ②에서는 지혜와 진리가 새와 공의 관계로 비유되고 있다. 새가 공간 속에서 날 수 있는 것은 '경계로 인해 지혜가 있음'을 보여주지만, 새가 날아감으로써 공간이 드러나는 것은 '지혜로 인해 경계가 있음'을 보여주는 것이다. 여기에서는 진리[境]가 지혜로 인해 드러나는 측면을 언급한 것이다.

```
                   지혜[智]    ⇄    경계[境]
        〈비유 ①〉    불       ⇄     땔감

                   지혜[智]    →    진리[理] : 지혜로 인해 진리가 나타남
        〈비유 ②〉    새       →     공(空)  : 새로 인해 공간이 나타남
```


2) 공·가·중 3관(觀)

그 글에서 말하기를 ① 성이 공함을 알되 매이지 않고 ② 비록 가(假)를 반연해도 집착함이 없어 ③ 유와 무의 경계를 함께 비추니 중관의 마음이 빼어나다.
其辭曰, ① 達性空而非縛, ② 雖緣假而無著, ③ 有無之境雙照, 中觀之心歷落.

```
        ① 달성공이비박(達性空而非縛) : 공(무)을 알되 매이지 않음  ─  공관
        ② 수연가이무착(雖緣假而無著) : 가(유)를 연하되 집착이 없음 ─  가관
```

---

263) 함허, 191상중, "① 智照於境, 如火得薪. 火之所及, 無薪不燒, 智之所照, 無境不空. ② 理因智現, 如空因鳥現也. 空非鳥則空不得而現也, 理非智則理無得而露也. 在境智亦然, 智非境則智無得而現也. 薪非火則薪無得而盡也."

③ 유무지경쌍조(有無之境雙照) : 유 · 무, 공 · 가를 함께 관조함 ── 중관

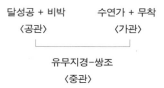

지혜와 경계가 둘이 아닌 경지에서 관해야 할 것이 공·가·중 3관임을 말한다.

① 일체 제법의 본성이 공(空)이라는 것을 알아도 그 공에 매이지 않고, ② 가(假)로서의 대상을 연하여도 그 대상에 집착하지 않아야 한다. ③ 이렇게 공(空)에도 매이지 않고 색(色)에도 매이지 않는 것, 공과 가, 유와 무 어디에도 매이지 않아 그 둘을 함께 비추는 것을 중관이라고 한다. 이하에서는 이러한 공·가·중 3관을 다시 꽃의 비유를 들어 차례대로 설명한다.

행정은 공관, 가관, 중도관에 대해 각각 다음과 같이 말한다. ① "항상 본성이 공하여 없다는 것이지, 본성이 공해지는 때라는 것이 아니다."[264] 본성은 항상 공하지, 어느 때를 당하여 공해지는 것이 아니라는 말이다. ② "제법을 관하여 요달하면, 모두 집착할 바가 없다."[265] 가(假)로서의 현상을 관하면서도 그것에 집착하지 않는다는 말이다. ③ "양변에 머무르지 않으니 중도가 밝아진다."[266] 공관과 가관을 치우침 없이 함께 유지함이 중도관이다.

함허는 공을 보되 공에 매이지 않는 공관과, 가[色]를 보되 색(色)

─────────────

264) 행정, 191중, "常性空無, 不性空時."
265) 행정, 191중, "觀了諸法, 都無所著."
266) 행정, 191중, "二邊無滯, 中道煥然."

에 매이지 않는 가관, 그리고 그 둘을 겸비하는 중도관을 다음과 같이 설명한다. "만약 사람이 색에 부딪쳐 그 색에 무형의 끝이 있다는 것을 알지 못하고, 도랑에 부딪쳐 도랑에 비어 있음이 다하는 구역이 있다는 것을 알지 못하면, 그 때문에 종일토록 그 구역 안에서 편히 노닐 수가 없다. 범부는 색을 봐도 색즉시공을 알지 못하고 공을 봐도 공즉시색을 알지 못하지만, 깨달은 자는 색이 곧 공임을 보기 때문에 상견(常見)을 내지 않고 공이 곧 색임을 보기 때문에 단견(斷見)을 내지 않는다. 색이 곧 공임을 보기 때문에 색을 봐도 집착이 없고, 공이 곧 색임을 보기 때문에 공을 깨달아도 막히지 않는다. 이에 이르면 색과 공이 일체이고 능과 소를 함께 잊는다.[267]

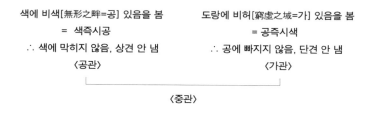

(1) 공관 : 경공지(境空智)

만약 지혜가 경계를 요달하면 이는 곧 '경계의 공에 대한 지혜'[境空智]이다. 마치 눈이 꽃의 공함을 요달하는 것이 '꽃의 공을 요달하는 눈'[了花空眼]인 것과 같다.

---

267) 함허, 191중, "如人觸物, 不知物有無形之畔, 衝渠, 不知渠有窮虛之域, 以故終朝域內不得優游. 凡夫見色, 不知色卽是空, 見空, 不知空卽是色, 悟者見色卽空故, 不生常見, 見空卽色故, 不生斷見. 見色卽空故, 見色而無著, 見空卽色故, 悟空而無滯. 到此色空一體, 能所兩忘."

若智了於境, 卽是境空智. 如眼了花空, 是了花空眼.

```
지(智) ── (료) ─→    경(境)
              〈(了)境空-智〉  : 대상지 = 경공지

비유 :   눈  ── (료) ─→    꽃
              〈了花空-眼〉        = 화공안
```

　경계가 그 자체로 존재하지 않아 지혜를 떠난 것이 아니라는 것, 따라서 그 자체로는 공하다는 것을 요달하는 지혜를 '경계의 공을 요달하는 지혜'라는 의미에서 '경계의 공에 대한 지혜'인 '경공지(境空智)'라고 하였다. 그리고 이것을 '꽃이 공하다는 것을 요달하는 눈'인 '료화공안(了花空眼)'에 비유하였다. 정확히 짝을 맞추자면 '경공지'와 '화공안'이라고 하든가 아니면 '료경공지'와 '료화공안'이라고 하는 것이 더 정확했을 것이다. 이 단계는 경계가 공이라는 것을 알되, 그렇게 대상을 요별하는 지혜도 공이라는 것까지는 아직 알지 못하는 단계이다.

　행정은 "앞의 경계는 공하여 상이 없지만, 안의 지혜는 요달하므로 여전히 존재한다."[268]라고 말한다. 경계의 공은 보면서 공을 보는 자신은 존재한다고 여기는 것이다. 주와 객, 지혜와 경계가 유와 무로 분별되어 있다. 따라서 이것은 경계의 공을 보되 그 공에 매인 것이라고 할 수 있다.

---

268) 행정, 191하, "前境空而無相, 內智了而猶存."

(2) 가관 : 지공지(智空智)

만약 지혜가 지혜를 요달하면 이는 곧 '지혜의 공에 대한 지혜'[智空智]이다. 마치 눈이 눈의 공을 요달하는 것이 '눈의 공을 요달하는 눈'[了眼空眼]인 것과 같다.

若智了於智, 卽是智空智. 如眼了眼空, 是了眼空眼.

```
          지(智)    ── (료) ─→    경(境)
     〈(了)智空-智 〉                      : 자기지 = 지공지

비유 :       눈    ── (료) ─→     꽃
        〈了眼空-眼〉                       = 안공안
```

여기에서의 지는 경계가 공하다는 것을 요달할 뿐만 아니라, 그렇게 경계의 공을 요달하는 그 지혜 또한 공하다는 것을 요달하는 '지공지(智空智)'이다. 이것을 경계의 공을 보는 '눈 또한 공하다는 것을 요달하는 눈'인 '료안공안(了眼空眼)'에 비유하였다. 정확히 말하면 '안공안(眼空眼)'일 것이다. 경계가 공일 뿐 아니라, 그 경계를 보는 지혜 또한 공이다. 이렇게 되면 지혜-경계, 유-무의 분별이 성립하지 않게 되고 다시 일체가 가(假)로 긍정된다. 그러므로 경계의 공뿐 아니라 지혜의 공까지 아는 지혜가 곧 가관(假觀)이다.

행정은 "앞의 경공지를 요달하여 지금의 지공지가 성립한다. 2취(경계와 지혜)를 서로 잊으면, 만물이 본래 고요하다."[269]라고 말한다. 경계와 마찬가지로 지혜도 공인 것을 요달함으로써 능소분별을 넘어

---

269) 행정, 191하, "了前境空智, 成今智空智. 二取相忘, 萬化本寂."

고요에 머물게 된다.

(3) 중관: 구공지(俱空智)

지혜가 비록 경계의 공을 요달하고 나아가 그로써 지혜의 공을 요
달해도, '경계를 요달하는 지혜'[了境智]가 없지 않으니 '경계의 공
에 대한 지혜'[境空智]가 여전히 있다. '경계의 공에 대한 지혜'와
'지혜의 공에 대한 지혜'[智空智]를 요달하면, 요달하지 못할 경계와
지혜가 없게 된다. 마치 눈이 꽃의 공을 요달하고 나아가 그로써
눈의 공을 요달해도, '꽃을 요별하는 눈'[了花眼]이 없지 않으니 '꽃
의 공에 대한 눈'[花空眼]이 여전히 있는 것과 같다. '꽃의 공에 관한
눈'과 '눈의 공에 대한 눈'[眼空眼]을 요달하면, 요달하지 못할 꽃과
눈이 없게 된다.

智雖了境空, 及以了智空, 非無了境智, 境空智猶有. 了境智空智, 無境
智不了. 如眼了花空, 及以了眼空, 非無了花眼, 花空眼猶有. 了花眼空
眼, 無花眼不了.

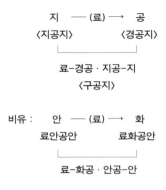

경공지는 공관을 이루고, 지공지는 가관을 이룬다. 그러나 그 둘의 어느 하나에 머무르지 않고 경공지와 지공지를 함께 요달해야 비로소 경공지와 지공지를 함께 갖는 구공지(俱空智)가 된다. 이것을 경지쌍망(境智雙忘)의 중관이라고 한다. 경공지와 지공지를 요별하여 구공지에 이른다는 것은 곧 경계와 지혜를 모두 요별하는 것이며, 그렇게 해야 요달되지 않는 경계와 지혜가 없게 된다.

비유 앞의 문장 '了境智空智, 無境智不了'에서 '了境智空智'는 '了境空智'와 '了智空智'를 합한 것이다. 경공의 지혜와 지공의 지혜를 모두 요별한다는 뜻이다. 그렇게 경공지와 지공지를 함께 요별해야 경공지와 지공지가 함께 구비된 구공지가 된다. 이때 비로소 지와 경, 주와 객의 분별을 넘어서게 되며, 따라서 경계와 지혜에 대해 요별하지 못하는 것이 없게 된다. 그래서 '경계의 공에 대한 지혜와 지혜의 공에 대한 지혜를 요달하면, 요달하지 못할 경계와 지혜가 없게 된다'고 한 것이다.

행정은 경공지만 있고 아직 지공지에 이르지 못해 구공지가 되지 못한 단계를 "관해지는 것이 비록 공이어도, 능히 관하는 것이 아직 남아 있다."[270]라는 말로 설명한다. 그리고 비유 앞의 문장 '了境智空智, 無境智不了'에 대해 이렇게 설명한다. "앞의 둘(경공지/지공지)을 결론 내린 것으로, 경계와 지혜가 모두 공이면 요달하지 못할 법이 없다. 어떤 자는 '그렇지 않다. 앞의 전체 송(중관의 길 : 達性空而非縛, 雖緣假而無著. 有無之境雙照, 中觀之心歷落)에는 3관이 그 문장 속에 있고, 지금의 문장은 뜻이 그것을 되돌이키는 것이다. 경공지는 곧 앞의 성공(性空)이

---

270) 행정, 191하, "所觀雖空, 能觀猶在."

고, 지공지는 곧 앞의 연가(緣假)이며, 둘이 공한 지(智)는 곧 중관(中觀)이다'라고 말한다. 이것은 뜻은 순(順)하고 글자만 다른 것이니, 공부하는 사람은 자세히 살펴야 한다."[271] 여기에서 행정은 '了境智空智, 無境智不了'가 그 앞에 나오는 경공지의 문장(若智了於境, 卽是境空智)과 지공지의 문장(若智了於智, 卽是智空智)을 합해서 결론지은 것이라고 보는 데 반해, 어떤 자는 그것이 아니라 그보다 더 앞에 '기사왈(其辭曰)'에 이어 언급된 게송 중 공관의 문장(達性空而非縛)과 가관의 문장(雖緣假而無著)과 중관의 문장(有無之境雙照, 中觀之心歷落)을 반복한 것이라고 주장한다. 그렇지만 행정은 이 두 주장이 말은 서로 다르지만 그 뜻이 서로 상통하는 것이므로 결국 두 주장이 다를 바가 없다고 말한다. 타당한 주장이라고 본다.

	〈공관〉	-	〈가관〉	-	〈중도관〉
행정 :	경공지		지공지		쌍공지
혹자 :	성공(性空)		연가(緣假)		중관(中觀)

---

271) 행정, 191하, "結前二重, 境智俱空, 無法不了. 有云, '不然. 前之揔頌, 三觀在文, 此之別章, 義須反上. 境空之智, 卽前性空, 智空之智, 卽前緣假, 雙空之智, 卽前中觀.' 此則義順文殊, 學者詳矣."

2. 공과 연기를 함께 관함

1) 만법의 공성

그다음 일체 제법은 모두 인연에 의거하니, 인연에 의해 생긴 것은 모두 자성이 없다. 하나의 법이 이미 그러하니, 만법이 모두 그러하다.

復次一切諸法, 悉假因緣, 因緣所生, 皆無自性. 一法既爾, 萬法皆然.

앞서 논한 대로 경계와 지혜가 모두 공하다는 것은 결국 일체 제법이 모두 공하다는 것이다. 일체가 공인 것은 그것들이 모두 인연에 따라 생겨나고 인연이 다하면 사라질 것으로서 상주불변의 자기 자성을 가진 것이 아니기 때문이다. 무자성이므로 공이다.

행정은 "어째서 법이 모두 자성이 없는가? 이는 제법이 공하기 때문이다. 수미게에서 '일체법에 자성이 있지 않다는 것을 요달하여 알아야 한다'고 하였다."[272]라고 설명한다.

경계와 지혜가 서로 좇으니 어찌 고요하지 않겠는가? 무슨 까닭인가? 인연의 법은 본성에 차별이 없기 때문이다.

境智相從, 于何不寂? 何以故? 因緣之法, 性無差別故.

---

272) 행정, 192상, "何故法俱無性? 是諸法空故. 須彌偈云, '了知一切法, 自性無所有.'" 여기에서의 인용문은 행정이 『화엄경』 권16(『대정장』 권10, 82상)에서 가져온 것이다.

일체 제법이 인연을 따라 생겨나는 것은 결국 제법의 본성이 차별이 없는 공이기 때문이다. 이러한 인연소생의 원리, 즉 연기의 원리는 지혜와 경계 간에도 성립한다. 지혜는 경계로 인해 지혜가 되고, 경계는 지혜로 인해 경계가 되는 것이다.

그렇게 서로로 인해 서로 다르게 나타나면, 지혜와 경계가 구분되어 주와 객의 관계가 성립하지만, 서로로 인해 다르게 나타나게끔 되는 그 공통의 지점인 공(空)에 있어서는 그 둘이 서로 구분되지 않는 하나이다. 지경(智境) 불이(不二)이다. 이렇게 둘이 하나인 그 지점이 바로 본성이 공인 그 자리이고, 그 공으로 인해 인연을 따라 서로 다른 모습으로 드러나게 된다. 그 지점이 바로 지혜와 경계가 서로 상대하여 나타나는 분별의 자리이다.

행정은 지혜와 경계가 분리되지 않는 고요함을 이렇게 설명한다. "경계는 지혜를 따르니 바깥에서 얻을 수 있는 것이 없고, 지혜는 경계를 좇으니 안에서 능히 연하는 것이 없다. 경계와 지혜가 함께 명합하니, 고요함(寂)이 아니면 무엇이겠는가?"[273] 경계가 안의 지혜로 인한 것이므로 바깥에 따로 있는 것이 아니고, 지혜가 바깥의 경계로 인한 것이므로 안에 따로 있는 것이 아닌 것이다. 이처럼 지혜와 경계는 안과 밖으로 분별될 수 있는 것이 아니라는 말이다. 이는 결국 주와 객, 안과 밖의 분별을 부정하는 것이다. 궁극에는 인식자와 인식 대상, 지혜와 법신, 중생과 부처, 인간과 신이 둘이 아니라는 말이다. 일체는 공(空)이고 적(寂)이니, 결국 공적이다. 인연의 법의 자성에 차별이 없다는 것에 대해 행정은 이렇게 말한다. "그 공성에 차별상

---

273) 행정, 192상, "境順於智, 外無所得, 智從於境, 內無能緣. 境智相冥, 非寂何謂?"

이 없음을 나타낸다. 일찍이 한 법도 인연을 좇지 않고서 생긴 것이 없다. 그러므로 일체법이 공하지 않은 것이 없다. "[274]

지혜	–	경계
경계를 좇음		지혜를 따름
안에 능연자가 따로 없다		밖에 소득자가 따로 없다

2) 현상적 차별상 : 범부와 성인의 차이

지금 3계를 윤회하며 6도를 오르내리니, 정(淨)과 예(穢), 고와 락, 범과 성의 차별이 있다.

今之三界輪廻, 六道昇降, 淨穢苦樂, 凡聖差殊.

중생이 윤회하는 영역 :

〈3계〉	〈6도〉	
무색계	무색계천	
색계	색계천	천
	욕계천	
욕계	인간	
	수라	
	축생	
	아귀	3악도
	지옥	

만법이 모두 무자성이고 공이지만 우리가 살고 있는 구체적 현실 세계에는 온갖 차별상이 드러난다. 중생이 느끼는 고와 락의 차이가

---

274) 행정, 192상, "顯其空性, 無差別相. 未曾有一法, 不從因緣生. 是故一切法, 無不是空者."

있고, 세계 만물에 청정함과 더러움의 차이가 있고, 인간 중에는 수
행을 완성한 성인과 범부의 차이가 있다.

　행정은 이렇게 설명한다. "본성이 비록 차이가 없으나 연기를 막
지 않으므로 인(人)과 천(天) 등의 모든 무리에서 고와 락이 여러 종류
이다. 태어남으로써 죽음으로 돌아가고 죽음으로써 다시 태어나니 3
세(世)의 윤회가 수레바퀴 같고 돌아가는 불과 같다."[275] 생사를 반복
하는 우리의 윤회의 삶을 수레바퀴나 쥐불놀이의 불의 돌아감에 비
유한 것이다.

이것은 모두 3업(業)과 4의(儀)가 6근(根)에 대면해서 정(情)을 따라
업을 지어 과보가 같지 않기 때문이다. 선하면 락과를 받고 악하
면 고과를 받는다. 그러므로 경에서 '선과 악은 인(因)이 되고, 고
와 락은 과(果)가 된다'고 하였다.
皆由三業四儀, 六根所對, 隨情造業, 果報不同. 善則受樂, 惡則受苦.
故經云, '善惡爲因, 苦樂爲果.'

업[因]	→	보[果]	
선		락	: 선인락과(善因樂果)
악		고	: 악인고과(惡因苦果)

　제법의 본성은 모두 같은데 현상적 세간에 깨끗함과 더러움, 고
와 락, 범과 성의 차이가 있는 까닭은 무엇인가? 이것은 인간이 신·

---

275) 행정, 192상, "性雖無差, 不礙緣起, 人天諸趣, 苦樂萬品. 以生歸死, 死以還生, 三世輪廻,
　　車輪旋火."

구·의 3업과 행·주·좌·와 4위의(威儀)의 행동양식으로 안·이·비·설·신·의 6근의 대상에 대해 망령되게 업(業)을 짓는데, 그 업의 차이에 따라 과보가 다르게 나타나기 때문이다. 즉 선한 업을 지으면 즐거운 락과를 받지만, 악한 업을 지으면 괴로운 고과를 받기에, 그 과보로서의 삶에 고락의 차이가 있는 것이다. 3계 6도를 윤회하는 우리의 삶에서 피할 수 없는 원리가 바로 '선인락과(善因樂果), 악인고과(惡因苦果)'이다.

행정은 인과응보의 원리가 확실하다는 것에 대해 이렇게 말한다. "도를 배우는 무리는 모름지기 인과에 밝아야 한다. 고와 락의 두 가지 보(報)는 모두 과거의 인(因)으로 인한 것이다. 만약 살생을 즐기는 자가 장수하거나 보시를 잘하는 자가 궁핍한 것을 보더라도 삿된 견해를 내지 말아야 한다. 『석론』에서 '나의 지금의 병과 고는 모두 과거로 인한 것이고, 금생에서 복을 닦은 과보는 장래에 있다'고 하였다. 선인락과, 악인고과는 필연의 진리이니, 마치 그림자가 형태를 따르는 것과 같다."[276] 연기와 업보의 원리가 피할 수 없는 현상세계의 원리임을 말한다.

---

276) 행정, 192중, "學道之流, 須洞因果. 苦樂兩報, 皆由宿因. 若見喜殺長壽, 好施貧乏, 不生邪見. 釋論云, '我今疾苦, 皆由過去, 今生修福, 報在將來.' 善因樂果, 惡因苦果, 必然之理. 如影隨形." 여기에서의 인용문은 행정이 지의의 『묘법연화경현의』 권6상(『대정장』 권33, 748중), "釋論云, 今我疾苦, 皆由過去, 今生修福, 報在將來."에서 가져온 것으로 보인다. 『석론』은 『대품반야경』을 해석한 책인 『대지도론』을 말한다.

3) 공과 연기의 관계

법에는 정해진 상이 없어 연(緣)을 따라 모이며, 연(緣)에는 아(我)가
있지 않으므로 본성이 공하다고 말한다는 것을 마땅히 알아야 한
다. 공이므로 다르지 않아 만법이 모두 같다. 그러므로 경에서 '색
은 곧 공이며 나머지 4온도 또한 이와 같다'고 하였다.

當知法無定相, 隨緣搆集, 緣非我有, 故曰性空. 空故非異, 萬法皆如.
故經云, '色卽是空, 四陰亦爾.'

상(相) : 연기 ─ 연기법에 따라 차별상을 보임

↑

성(性) : 공 ── 제법이 모두 같음

　　일체 제법이 어떤 모습을 드러내는가는 그 자신의 독자적 본성
이나 자성을 따른 것이 아니라 오직 그것을 둘러싼 인연(緣)을 따라
그렇게 드러나는 것일 뿐이다. 그러므로 드러나는 현상의 모습은
차별적으로 서로 다 다르게 나타나지만, 그 차별상 너머 일체의 본
성은 모두 다 공이며 그 점에서 서로 다를 바가 없다. 따라서 만법
이 다 같다고 말한다. 색·수·상·행·식 5온(蘊)을 보면, 색이든 수
든 상이든 모두 연을 따라 화합한 것들이기에 모두 공일 뿐이다.
그러므로 '색즉시공이고 나머지 수상행식도 또한 이와 같다'고 말
한다.

　　행정은 "법에 정해진 모습[相]이 없어 선과 악이 정(情)으로부터 나
온다. 정이 본래 공임을 요달하면 죄와 복에 주(主)가 없다. 천태 지
의는 '여(如)는 다르지 않음을 말하니 곧 공하다는 뜻이다'라고 하였

다."[277]고 말한다. 락과 고, 복과 죄가 지은 업의 인연에 따라 일어나는 것이지 개인의 본성에서 비롯되는 것이 아니라는 것이다.

이와 같은즉 어찌 유독 범부만이 인연을 따라 생겨나겠는가? 3승의 성인의 과(果)도 모두 인연을 따라 있게 되는 것이다. 그러므로 경에서 '부처의 종자는 연(緣)을 따라 생긴다'[278]고 하였다.

如是則何獨凡類緣生? 亦乃三乘聖果皆從緣有. 是故經云, '佛種從緣起.'

> 10계(界) : 모두 연에 따름
> ┌ 4성(聖)의 4계 : 성문계, 연각계, 보살계, 불계
> └ 6취(趣)의 6계 : 지옥계, 아귀계, 축생계, 수라계, 인간계, 천상계

선·악의 업에 따라 고·락이 결정되듯이, 현생에서 범·성의 차이 또한 본래 정해진 것이 아니라 인연에 따라 다르게 나타나는 것일 뿐이다. 범부든 성인이든 그 본성은 공으로서 다 같다. 범부가 되느냐 성인이 되느냐는 단지 다가오는 인연에 따라 드러나는 현상적 차이에 지나지 않는다. 범부든 성인이든 자성은 공으로서 차별이 없다. 범부든 성인이든 심(心) 자체는 자성청정심일 뿐이다.

행정은 이렇게 설명한다. "10계(界)가 인연에 의해 일어나 범인과 성인의 둘로 나뉘니, 6취(趣)는 염오의 연이고 4성(聖)은 청정한 연이다. 염오와 청정이 비록 다르지만 연기인 것은 같다. 마치 맑은 물

---

277) 행정, 192중, "法無定相, 善惡由情. 了情本空, 罪福無主. 天台云, '如名不異, 卽空義也.'" 여기에서의 인용문은 행정이 지의의 『묘법연화경현의』 권2상(『대정장』 권33, 693중)에서 가져온 것이다.

278) 위의 인용문은 현각이 『법화경』 권1(『대정장』 권9, 9중)에서 가져온 것이다.

과 흐린 물이라고 해도 물결이나 습함에서는 차이가 없는 것과 같다."[279] 염오와 청정, 범부와 성인의 차이는 모두 다 연기로 인해 나타나는 현상적 차이일 뿐이지, 그 본성의 공성에서는 모두가 다를 바가 없다.

연(緣) ┬ 정(淨)의 인연 → 4성(聖) : 오계(悟界) = 4계
　　　 └ 염(染)의 인연 → 6취(趣) : 미계(迷界) = 6도

이 때문에 온갖 근기의 사람들이 모두 모여 있지만 통달한 자에게는 도량 아닌 곳이 없고, 색의 형상이 끝이 없지만 깨우친 자에게는 반야 아닌 것이 없다. 그러므로 경에서 '색이 끝이 없으므로 반야 역시 끝이 없음을 마땅히 알아야 한다'[280]고 하였다.

是以萬機叢湊, 達之者則無非道場, 色像無邊, 悟之者則無非般若. 故經云, '色無邊故, 當知般若亦無邊.'

　　　　〈지혜〉　　　　　〈경계〉
　　　 무변의 반야　 － 　일체가 도량
　　　 └─────────────┘
　　　　　　주객불이/경지명합

깨달아 통달한 자의 눈으로 보면 우주 만물 일체가 살아 있는 불성의 드러남이며, 따라서 이 세계는 수없는 부처가 함께하는 도량이

---

279) 행정, 192중, "十界緣起, 凡聖兩分, 六趣染緣, 四聖淨緣. 染淨雖異, 緣起則同. 猶如淸水濁水, 波濕無殊."
280) 위의 인용문은 현각이 『반야경』 권400(『대정장』 권6, 1071중), "色無邊故, 當知般若波羅蜜多亦無邊."에서 가져온 것으로 보인다.

다. 삼계유심(三界唯心)이니 일체가 법신의 현현이며, 무한한 색은 곧 무한한 법신과 무한한 반야 지혜를 포함하고 있는 것이다. 이처럼 도처가 모두 도량이고 반야라는 것은 곧 모든 중생이 우주 자연 삼라만상으로부터 깨달음을 얻고 지혜를 얻을 수 있다는 말이다. 지혜와 경계가 분리되지 않는다. 지혜와 경계가 주객분별, 능소분별을 너머 하나로 명합(冥合)하며 무한으로 끝이 없는 것이다.

행정은 모든 곳이 도량이고 반야가 끝이 없다는 것에 대해 이렇게 말한다. "종횡의 만법이 진여를 넘지 않으니, 선덕은 '푸르른 대나무가 모두 진여다'라고 하였다. 세계[刹海]가 끝이 없는데 반야가 항상 비추니, 또 '울창한 황금빛 꽃이 반야 아닌 것이 없다'고 하였다."[281] 색(色)의 존재인 무정(無情)의 대나무가 곧 진여이고 반야라는 말이다. 주객일여의 경지를 말한다.

3. 지혜와 경계의 불이(不二) : 지경명합

무슨 까닭인가? 〈① 경계[境]는 지혜[智]가 아니면 요달하지 못하고, ② 지혜[智]는 경계[境]가 아니면 생기지 않는다. ② 지혜가 생기는 것은 경계를 요달하기에 생기는 것이고, ① 경계를 요달하는

---

281) 행정, 192하, "縱橫萬法, 無越眞如. 先德云, '靑靑翠竹, 盡是眞如.' 刹海無涯, 般若常照, 又云, '鬱鬱黃花 無非般若.'" 여기에서의 두 인용문은 행정이 도원의 『경덕전등록』 권6(『대정장』 권51, 247하), "靑靑翠竹, 總是法身, 鬱鬱黃華, 無非般若."에서 가져온 것으로 보인다.

것은 지혜가 생기기에 요달하는 것이다.〉

何以故? 〈① 境非智而不了, ② 智非境而不生. ② 智生則了境而生, ① 境了則智生而了.〉

지혜 : 주/능　　　경계 : 객/소
① 지 ── (료) → 〈경〉
② 〈지〉 ← (생) ── 경

'무슨 까닭인가?'의 물음은 지혜[智]와 경계[境]가 끝이 없이 무변이며 하나로 명합하게 되는 근거가 무엇인지를 묻는 물음이다. 이 물음에 대해 영가집은 비파사나송 서두에서 이미 논한 구절로써 답한다. 괄호(〈 〉) 속의 문장은 비파사나 송 서두에 나온 문장 그대로이다. 지혜가 생겨야 경계를 요달하고, 경계를 요달해야 지혜가 생긴다는 것, 그렇게 '지생'과 '료경'이 서로 순환을 이룬다는 것은 결국 지혜와 경계가 불이(不二)로서 근본에서는 하나라는 말이다. 지혜와 경계, 앎과 대상, 나와 세계가 주와 객으로 이원화되기 이전 근본 심층에서는 그 둘이 주객무분별의 하나를 이루고 있는 것이다. 이것을 지혜와 경계의 그윽한 하나됨인 명합(冥合)이라고 한다. 경지명합(境智冥合)의 차원에서 보면 일체 존재는 그 자체 진여이고 반야이다.

행정은 위의 물음과 답의 관계를 다음과 같이 설명한다. "경계와 지혜가 끝이 없음을 제시하고는 앞의 문장을 인용해서 통하게 해석하였다. 여기서 각별히 논해서 어려움을 방지하고 경계와 지혜가 현묘하고 미묘하다는 것을 드러내고자 한다. 〈문〉 무정설법(無情說法)에 다시 주와 객[伴]이 서겠는가, 안 서겠는가? 만약 선다면 유익한 모습은 무엇이며, 만약 서지 않는다면 설한다는 의미는 어디 있는가?

316

〈답〉 글(답)이 아래에 있다."[282] 유정의 인간뿐 아니라 무정의 우주 만물 일체가 진리를 설하고 있다는 것이 '무정설법'이다. 지혜와 경계가 일여인 차원에서는 유정의 인간뿐 아니라 무정의 사물들도 모두 진리를 설하고 있다. 우주 만물 안에 진리가 담겨 있고 그만큼 반야 지혜가 갖추어져 있다는 말이다. 따라서 행정은 이하 경계와 지혜를 진리를 설하고 듣는 설법에 있어서의 경계와 지혜의 관계로 설명한다. 경계가 법을 설함으로써 청자에게 지혜가 생기게 한다. 즉 경계가 설법하는 주이고, 지혜가 설법을 듣는 반이 된다. "경계가 능생이고 지혜는 소생이며, 지혜가 능료이고 경계는 소료이다. 경계가 주(主)이고 지혜가 반(伴)이니, 설법과 청법이 항상 그러하다. 경계가 지혜를 일으킴[境發智]이 '생'이고, 지혜가 경계와 명합함이 '료'이다."[283] 설법을 듣는 자의 앎이 지혜[智]이고, 들려지는 설법의 진리는 지혜의 경계[境]이다. 설법의 진리가 지혜를 일으키므로 진리인 경계가 능생이고 지혜가 소생이며, 지혜가 설법을 이해하므로 지혜가 능료이고 진리인 경계가 소료가 된다.

지(智, 청법의 지혜)		경(境, 설법의 진리)
소생	← (生/發) ―	능생
능료	― (了/冥) →	소료
제자/청법/반(伴)		스승/설법/주(主)

함허는 이에 대해 "요달[了]로써 능과 소를 논하면, 지혜가 능료가

---

282) 행정, 192하, "微起境智無邊, 下引前文通釋. 其次別伸放難, 欲顯境智玄微. 〈問〉 無情說法, 還立益相云何, 不立, 說義安在? 〈答〉 文在下."
283) 행정, 192하-193상, "境爲能生, 智爲所生, 智爲能了, 境爲所了. 境主智伴, 說聽恒然. 境發智爲生, 智冥境爲了."

되고 경계가 소료가 된다. 생으로써 능소를 논하면 경계가 능이 되고 지혜가 소가 된다."[284]고 설명한다. 그리고 행정이 언급한 '경계가 주, 지혜가 반'에 대해 함허는 다음과 같이 덧붙인다. "스승은 지혜를 일으키는 능력이 있으니 그가 주(主)가 될 만하고, 제자[資]는 그 지혜를 일으킴[發智]으로 인하여 지혜가 일어나므로 그가 반(伴)이 될 만하다. 설법은 주에 속하고 청법은 반에 속한다. 경계가 주이고 지혜가 반이라는 것은 응당 이에 따라 알아야 한다."[285]

〈① 지혜가 생겨서 [경계를] 요달하는데, 요달하되 요달되는 것이 없다. ② 경계를 알아서 [지혜가] 생기는데, 생기되 능히 생기게 하는 자가 없다.〉
〈① 智生而了, 了無所了. ② 了境而生, 生無能生.〉

① 지 —— (료) → 경
'무소료(無所了)'의 료
소료(境/客)가 없음

② 지 ←— (생) —— 경
'무능생(無能生)'의 생
능생(智/主)이 없음

지혜와 경계가 하나로 명합하면 그 둘이 능소로 분별되지 않는다. 그러므로 지혜가 경계를 요달하되 요달되는 것이 따로 없고, 지

---

284) 함허, 192하, "以了論能論所, 智爲能了, 境爲所了. 以生論能論所, 境爲能生, 智爲所生."
285) 함허, 192하, "師有發智之能, 是堪爲主, 資因發智而智發, 是堪爲伴. 說屬於主, 聽屬於伴. 境主智伴, 應例此知."

혜가 생기되 생기게 하는 것이 따로 없다고 말한다. 즉 지혜와 경계가 능과 소로서 분별된 차원에서 성립하지 않고 무분별적 하나로서 알려진다는 말이다. 다시 말해 지혜가 경계를 객관화하고 대상화해서 아는 것이 아니라 능소분별을 넘어서서 하나됨으로써 아는 것이다. 괄호(〈 〉) 속의 문장은 다시 비파사나송 서두의 문장 그대로이다.

행정은 "능료의 지혜로써 소료의 경계를 벗어나고, 소료의 경계로써 능료의 지혜를 벗어난다."[286]고 말한다. 지혜와 경계가 능소로 대립되지 않고 하나가 된다는 말이다. 능료인 지혜가 소료인 경계를 벗어난다는 말은 지혜가 경계와 대립된 지혜가 아니라 경계를 포괄하는 지혜가 된다는 말이고, 소료인 경계가 능료인 지혜를 벗어난다는 말은 경계가 지혜와 대립된 경계로 머무르지 않고 지혜와 하나가 되어 지혜를 포괄하는 경계가 된다는 말이다. 그렇게 해서 지혜와 경계가 각각 능소의 분별을 넘어 하나로 명합한다. 지혜가 경계를 요달하되 능소대립으로써가 아니라 능소분별 없이 아는 것이다.

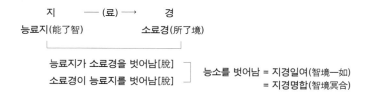

① 〈생기되 능히 생기게 하는 자가 없으므로〉 안의 지혜가 적적하고, ② 〈요달하되 요달되는 것이 없으므로〉 바깥의 경계가 여

---

286) 행정, 193상, "以能了之智, 脫所了之境. 以所了之境, 脫能了之智."

여하다.

① 〈生無能生〉, 則內智寂寂. ② 〈了無所了〉, 則外境如如.

	① 주	② 객	
	무능생의 생[生智]	무소료의 료[了境]	
	= 내지가 적적	= 외경이 여여	: 내외일상(內外一相)
	(智가 無有)	(境이 非無)	: 능소상망(能所相忘)

능소상망, 내외일상

　　비파사나송 서두에서는 "① 생기되 능히 생기게 하는 자가 없으면, 비록 지혜이어도 있는 것이 아니다. ② 요달하되 요달되는 것이 없으면, 비록 경계이어도 없는 것이 아니다."[① 生無能生, 雖智而非有. ② 了無所了, 雖境而非無.]라고 말하였다. 무능생의 생이므로 지혜가 비유이고, 무소료의 료이므로 경계가 비무라는 것이다. 앞에서 '지혜가 비유'라는 것을 여기서는 '내지가 적적'하다고 하고, 앞에서 '경계가 비무'라는 것을 여기서는 '외경이 여여'하다고 하였다. 일상의 유무를 넘어선 비유비무(非有非無)의 지혜이기에 고요하고 고요한 '적적'이라고 하고, 실유 아닌 가유로서 존재하는 경계이기에 언제나 그러한 '여여'라고 한 것이다. 둘 다 주객분별을 넘어선 지경명합의 차원을 표현한 것이다.

　　행정은 "위에서는 능소상망(能所相忘)이었고, 여기에서는 내외일상(內外一相)이다."[287]라고 말한다. 능소의 분별을 넘어서니 안과 밖이 분별되지 않은 일상(一相)이 된다.

---

287) 행정, 193상, "上旣能所互忘, 此乃內外一相."

여여하고 적적함에 차이가 없고 경계와 지혜가 하나가 된다. 만
가지 허물이 모두 사라지면 거기에 묘한 뜻이 존재한다.
如寂無差, 境智冥一, 萬累都泯, 妙旨存焉.

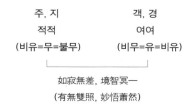

비파사나송 서두에서는 "무가 곧 무가 아니고 유가 곧 유가 아니
다. 유와 무를 함께 비추니 묘한 깨우침이 고요하다."[無卽不無, 有卽非有.
有無雙照, 妙悟蕭然.]라고 하였다. 앞에서의 '무즉불무(無卽不無)'를 여기서는
'적적(寂寂)'이라고 하고, 앞에서의 '유즉비유(有卽非有)'를 여기서는 '여여
(如如)'라고 한 것이다. 앞에서 '유무쌍조(有無雙照), 묘오숙연(妙悟蕭然)'을
여기서는 '여적무차(如寂無差), 경지명일(境智冥一)'이라고 한 것이다.

행정은 "항상된 경계는 무상(無相)이고 항상된 지혜는 무연(無緣)이
다. 무연의 연이니 3관(觀)이 아닌 것이 없고, 무상의 상이니 3제(諦)가
완연하다."[288]고 설명하며, 이어 능소의 분별을 넘어선 경지에 대해
다음과 같이 말한다. "2취(能取·所取)의 근심이 멸하면, 큰 이익이 여기
에 있다."[289] 지혜에서의 3관과 경계에서의 3제에 대해서는 다음의
우필차송에서 더 상세하게 논한다.

---

288) 행정, 193상, "常境無相, 常智無緣. 無緣而緣, 無非三觀, 無相而相, 三諦宛然."
289) 행정, 193상, "二取患滅, 大利在玆."

지혜	경계
무연/ 무연지연(無緣之緣)	무상/ 무상지상(無相之相)
3관	3제
공관 - 가관	공제/진제 - 가제/속제
중도관	중도제

그러므로 경에서 '반야는 무지이되 알지 못하는 것이 없다'[290]고 하였다. 이와 같으므로 미묘한 뜻은 지(知)가 아니고 무지의 지(知)이다.

故經云, '般若無知, 無所不知.' 如是則妙旨非知, 不知而知矣.

비파사나로써 도달해야 할 지혜 반야는 무지의 지이다. 무지의 지는 주객분별을 넘어선 지이므로 우리의 일상적인 주객분별의 의식 방식과는 구분된다. 지는 지이되 일상의 주객분별을 넘어선 주객무분별의 지에 대해 지금까지 논한 것이다.

행정은 "그런즉 지(知)는 그 자체 무지이다. 어찌 돌이켜 비춘 이후에야 무지이겠는가?"[291]라고 말한다. 일상의 주객분별적 지가 아닌 지이기에 '무지의 지'라고 말한다.

---

290) 위의 인용문은 현각이 길장(吉藏)의 『금강반야소』 권1(『대정장』 권33, 89중)에서 가져온 것으로 보인다. 길장(549~623)은 수나라 삼론종 승려이며, 『삼론현의(三論玄義)』, 『유마경의소(維摩經義疏)』, 『대승현론(大乘玄論)』, 『중관론소(中觀論疏)』 등을 저술하였다.
291) 행정, 193상, "斯則知自無知矣. 豈得反照, 然後無知哉?"

제6장
우필차송 : 중도(中道)

○

1. 진과 속의 불이(不二)

무릇 선정[定]과 산란함[亂]이 나뉘어도 움직임[動]과 고요함[靜]의 근원은 둘이 아니고, 어리석음[愚]과 지혜[慧]가 길이 어긋나도 밝음[明]과 어둠[闇]의 근본은 다르지 않다.

夫定亂分歧, 動靜之源莫二. 愚慧乖路, 明闇之本非殊.

```
                 ┌ 움직임[動] : 산란함[亂]      ┌ 어둠[闇] : 어리석음[愚]
 하나의 근원 ───┤           ↕               ├           ↕
      ‖          └ 고요함[靜] : 선정[定]=〈사마타〉  └ 밝음[明] : 지혜[慧]=〈비파사나〉
  〈우필차〉
```

마음이 안정되지 못하고 대상을 좇아 움직이는 것이 산란함이다. 산란함을 가라앉히는 사마타 수행이 산란함을 그치는 지(止)이며 선정[定]이다. 그렇게 선정과 산란함은 서로 구분된다. 그렇지만 산란함에서의 움직임도 선정에서의 고요함에 기반하여 가능한 것이기에 움직임과 고요함의 근원은 둘이 아니다. 마음이 산란하지 않고 고요하게 되도록 사마타를 수행하지만, 움직임과 고요함이 근원에 있어서는 별개의 둘이 아니라는 것이 우필차, 즉 중도가 강조하는 것이다.

　마찬가지로 비파사나는 밝음을 얻으려는 관(觀)이고 지혜[慧]이며, 그와 반대되는 것은 무명의 어둠이고 지혜롭지 못한 어리석음이다. 그렇게 어리석음과 지혜는 서로 다른 것이지만, 어둠은 밝음으로부터 나오기에 어둠과 밝음의 근원은 둘이 아니다. 그러므로 우필차는 어둠과 밝음의 근원이 서로 다르지 않다고 말한다.

　행정은 이상 네 구에 대해 이렇게 설명한다. "그러나 이 네 구는 앞의 두 편에 관한 글이다. 사마타에서는 선정과 산란함이 서로 치우치므로 갈래로 나뉨이 분명하고, 비파사나에서는 지혜와 어리석음이 서로를 없애니 길이 각각임이 분명하다. 지금 말하는 우필차는 앞의 둘을 융합하고 통합한다. 고요함과 움직임은 그 기원을 달리하지 않고, 밝음과 어둠은 그 근본을 가르지 않는다. 그러므로 '둘이 아니다. 다르지 않다'고 말한다."[292] 네 구 중 앞의 두 구는 제4장에서 논한 사마타에 관한 것이고, 뒤의 두 구는 제5장에서 논한 비파사나에 관한 것이라는 말이다. 사마타에서는 움직임과 고요함을 구분하고 움직임에서 고요함으로 나아가려 했지만 여기 중도에서는 다시 그 둘의 근원이 서로 다르지 않다는 것을 강조하고, 비파사나에서는 어둠과 밝음을 구분하고 어둠에서 밝음으로 나아가려 했지만 여기 중도에서는 다시 그 둘의 근원이 둘이 아니라는 것을 논한다고 설명한다.

---

292) 행정, 193중, "然玆四句, 屬上二篇. 奢摩以定亂相傾, 分歧歷爾, 毗婆以慧愚互蕩, 路各如然. 今說畢叉, 融通前二. 動之以靜, 不別其源, 闇之以明, 無瞞其本. 故曰莫二非殊."

미혹한 무리는 어둠을 좇아 밝음을 등지고 고요함을 버리고서 움직임을 구한다. 깨우친 무리는 움직임을 등져 고요함을 좇고 어둠을 버리고서 밝음을 구한다.

群迷從暗而背明, 捨靜以求動. 衆悟背動而從靜, 捨暗以求明.

미혹한 자 :	움직임[動] : 산란함[亂]	어둠[暗] : 어리석음[愚]
	↕	↕
깨우친 자 :	고요함[靜] : 선정[定]	밝음[明] : 지혜[慧]

움직임과 고요함, 동과 정의 근원이 둘이 아니고 어둠과 밝음, 암과 명의 기원이 다르지 않다고 해도, 현상적으로는 움직임과 고요함이 하나가 아니고 어둠과 밝음이 서로 다르다. 미혹한 자는 움직임에만 머물러 고요함을 모르고 어둠에 갇혀 밝음을 모르지만, 깨우친 자는 움직임의 근원인 고요함을 알고 어둠의 바탕인 밝음을 안다. 미혹한 자와 깨우친 자는 서로 추구하는 방향이 다르다.

행정은 동과 정, 암과 명에 대해 이렇게 설명한다. "미혹한 무리는 또한 범부를 가리킨다. 어둠을 좇음은 번뇌를 따름이고, 밝음을 등짐은 보리를 어김이며, 고요함을 버림은 열반을 버림이고, 움직임을 구함은 생사를 사랑함이다. 이 때문에 3계(界)에 길이 잠들어 그 근원에 미혹하다."[293] 어둠은 번뇌이고 밝음은 보리이며, 움직임은 생사이고 고요함은 열반에 해당한다. 미혹한 자는 결국 보리 아닌 번뇌를 따르고, 열반 아닌 생사를 구한다는 말이다.

---

293) 행정, 193중, "群迷者, 且指凡夫. 從暗, 順煩惱, 背明, 違菩提, 捨靜, 棄涅槃, 求動, 愛生死. 是以長眠三界, 迷其源也."

```
미혹한 자 :   움직임[動] = 생사      어둠[暗] = 번뇌
                    ↕                    ↕
깨우친 자 :   고요함[靜] = 열반      밝음[明] = 보리
```

　행정은 어둠과 움직임, 밝음과 고요함을 각각 고·집 그리고 멸·도와 연관지어 다음과 같이 설명한다. "고제와 집제의 어둠과 움직임을 깨우쳐서 도제와 멸제의 고요함과 밝음을 증득한다.『원각경』에서 '제보살은 고요한 지혜로 인해 지극히 고요한 성품을 증득하여 번뇌를 끊고 생사를 영원히 벗어난다'고 하였다."[294] 이상 언급된 대로 동·정과 명·암을 고·집·멸·도와 연관지어 보면 다음과 같다.

```
움직임[動]=생사 : 산란함[亂]  - 집제      어둠[暗]=번뇌 : 어리석음[愚]  - 고제
              ↕                                      ↕
고요함[靜]=열반 : 선정[定]   - 도제      밝음[明]=보리 : 지혜[慧]     - 멸제
```

밝음이 생기면 어리석음을 바꾸어 지혜를 이루고, 고요함이 서면 산란함을 멈춰 선정을 이룬다. 선정이 서는 것은 움직임을 등짐에서 비롯되고, 지혜가 생기는 것은 어둠을 버림으로 인한다.

明生則轉愚成慧, 靜立則息亂成定. 定立由乎背動, 慧生因乎捨暗.

```
움직임[動] : 산란함[亂]              어둠[暗] : 어리석음[愚]
          │〈식난성정(息亂成定)〉             │〈전우성혜(轉愚成慧)〉
          ↓ =사마타                         ↓ =비파사나
고요함[靜] : 선정[定]                밝음[明] : 지혜[慧]
```

---

294) 행정, 193하, "悟苦集之暗動, 證道滅之靜明. 圓覺云, '若諸菩薩, 以靜慧故, 證至靜性, 便斷煩惱, 永出生死.'" 여기에서의 인용문은 행정이『원각경』(『대정장』권17, 918중)에서 가져온 것이다.

밝게 하여 어리석음 아닌 지혜를 이루는 것이 비파사나이고, 고요하게 하여 산란함 아닌 선정을 이룸이 사마타이다. 그렇게 하여 사마타와 비파사나, 선정과 지혜로써 각각 움직임과 어둠, 산란함과 어리석음을 버리는 것이다.

행정은 "식(識)의 번잡한 움직임을 자각하면, 고요한 지혜가 발생한다. 선정과 지혜의 공덕[功]이 이루어지면, 어리석음과 산란함은 저절로 사라진다."[295]고 설명한다. 식(識)의 움직임을 알면 그렇게 아는 것이 곧 고요함이며 그로써 지혜가 발생한다는 것이다. 그렇게 선정과 지혜가 이루어지면, 산란함과 어리석음이 물러가게 된다.

어둠과 움직임은 번뇌의 틀에 매여 있고, 고요함과 밝음은 사물 바깥으로 나아간다. 사물이 어리석게 하지 못하는 공덕은 지혜에서 오고, 번뇌가 산란하게 하지 못하는 공덕은 선정에서 온다.
暗動連繫於煩籠, 靜明相趨於物表. 物不能愚, 功由於慧. 煩不能亂, 功由於定.

움직임[動] : 산란함[亂]	어둠[暗] : 어리석음[愚]	: 번뇌에 매임
↕	↕	
고요함[靜] : 선정[定]=사마타 (번뇌를 벗어남)	밝음[明] : 지혜[慧]=비파사나 (사물로부터 자유로움)	: 사물을 초월함

미혹한 자는 어둠과 움직임에 머무는데 이는 번뇌에 매여 있기 때문이며, 깨우친 자는 고요함과 밝음을 갖추는데 이는 현상적 사물

---

295) 행정, 193하, "覺識煩動, 靜慧發生. 定慧功成, 愚亂自走."

세계의 상(相)에 매여 있지 않고 상으로부터 자유롭기 때문이다. 지혜로운 자가 사물로부터 자유로운 것은 비파사나의 지혜 덕분이고, 번뇌로부터 자유로운 것은 사마타의 선정 덕분이다.

행정은 선정과 지혜의 힘에 대해 다음과 같이 말한다. "선정과 지혜를 올바르게 사용하지 않으면, 어리석음과 산란함은 바꾸려고 해도 꿈쩍하지 않는다. 승조는 '티끌에 물들지 않는 것은 반야의 힘이고, 능히 증득을 드러내지 않는 것은 구화(방편)의 공덕이다'라고 하였다.[296)]

선정과 지혜는 다시 고요함과 밝음에 힙입고, 어리석음과 산란함은 어둠과 움직임에 매여 있다.(A)
定慧更資於靜明, 愚亂相纏於暗動.

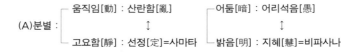

깨우친 자가 얻게 되는 선정과 지혜는 고요함과 밝음에 근거한 것이고, 미혹한 자가 빠져드는 산란함과 어리석음은 움직임과 어둠 때문이라는 것이다. 지금까지 논한 것을 정리하여 말한 것이다. 이로써 깨우친 자와 미혹한 자의 두 층위가 서로 대립관계에 있음을 밝힌다.

---

296) 행정, 193하, "定慧用以無方, 愚亂易之不動. 肇師云, '不染塵累, 般若力也, 能不形證, 漚和功也.'" 여기에서의 인용문은 행정이 승조의 『조론』(『대정장』 권45, 150하~151상), "能不形證, 漚和功也. 適化衆生, 謂之漚和. 不染塵累, 般若力也."에서 가져온 것이다.

움직이되 능히 고요할 수 있으면 산란함에 즉해서도 선정을 이루고, 어두우면서도 능히 밝을 수 있으면 어리석음에 즉해서도 지혜롭다.(B)

動而能靜者, 卽亂而定也. 暗而能明者, 卽愚而慧也.

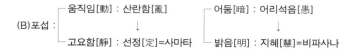

앞 문장(A)에서 산란함과 선정, 어리석음과 지혜를 대립으로 놓았다면, 여기(B)에서는 진정한 고요함은 움직임을 배제하지 않으므로 산란함 속에서도 선정을 유지하고, 진정한 밝음은 어둠을 배제하지 않으므로 어리석음에 처해서도 지혜를 간직한다고 말한다. 마음 본래의 고요함과 밝음, 적적과 성성은 일체의 현상적 변화를 모두 포용하고 수용한다는 말이다.

결국 앞의 문장(A)은 일상의 논리에 따라 동과 정, 암과 명을 서로 분별하여 말한 것인 데 반해, 여기 문장(B)은 동·정의 근원이 하나이고 암·명의 근원이 하나라는 근원적 관점 내지 포섭의 관점에서 정이 동을 수용하고 명이 암을 수용한다는 것을 밝힌 것이다. 예를 들어 물과 파도에 대해 분별의 관점에서 보면 동파(東派)와 서파(西派)는 서로 다르다. 그러나 포섭의 관점에서 보면 동파와 서파는 둘 다 물이라는 점에서 서로 같다. 중생의 본성인 불성과 중생의 드러남인 차별적 모습에 대해서도 마찬가지이다. 수천 겁을 두고 윤회하는 어리석은 중생은 현상적으로 보면 깨달은 부처와 다르지만, 심층마음의 본래 자리에서 보면 중생이 곧 부처이다. 어리석은 중생과 본래 고요한 부처가 둘이 아닌 것이다.

행정은 이렇게 설명한다. "앞(A)에서는 포섭의 수(收)를 생략하고 분별의 간(揀)을 논하므로 어둠과 움직임을 그르다(非)고 하였고, 여기(B)에서는 분별의 간(揀)을 생략하고 포섭의 수(收)를 논하므로 산란함과 어리석음을 모두 옳다(是)고 하였다. 중도의 묘한 도리가 아니라면 어찌 능히 이 두 문(門)을 갖출 수 있겠는가?"[297) 여기서 포섭[收]은 근본이 말단을 거두어 수용함을 말하고 분별[揀]은 근본과 말단을 가려내어 분별함을 말한다. 현상 내지 일상의 논리에 따라 분별하여 말하자면 고요함과 밝음은 움직임과 어둠에 대비되지만(A), 근원적 차원에서 보자면 움직임이 고요함으로부터 일어나고 어둠이 밝음으로부터 나오므로 고요함과 밝음이 움직임과 어둠을 포함하고, 결국 선정과 지혜가 산란함과 어리석음을 거두어 포괄한다(B)는 말이다.

분별(A) : 고요함과 밝음 : 시 ↔ 움직임과 어둠   : 비 ─ 약수논간(約收論揀)
   ↕
포섭(B) : 고요함과 밝음 : 시 ⊃ 산란함과 어리석음 : 시 ─ 약간논수(約揀論收)

이와 같은즉 어둠과 움직임의 근본이 차이가 없어 고요함과 밝음이 이로부터 도(道)와 합하고, 어리석음과 산란함의 근원이 다르지 않아 선정과 지혜가 여기에서 종(宗)을 같이한다.

如是則暗動之本無差, 靜明由兹合道, 愚亂之源非異, 定慧於是同宗.

---

297) 행정, 193하~194상, "前則約收論揀, 所以暗動成非, 此則約揀論收, 故得亂愚俱是. 若非中道妙理, 安能具兹兩門?"

```
움직임[動]        어둠[暗] : 어두운 움직임[暗動] ┐
                                                  ├ 합도(合道) : 〈중도 1〉
고요함[靜]        밝음[明] : 고요한 밝음[靜明] ┘
  = 선정           = 지혜
   └─────────────────┘
    동종(同宗) : 〈중도 2〉
```

여기에서 어둠과 움직임의 근본에 차이가 없다는 것은 어둠이 그 근본인 밝음과 차이가 없고, 움직임이 그 근본인 고요함과 차이가 없다는 말이다. 즉 어두운 움직임[暗動]과 고요한 밝음[靜明]이 근본에서 둘이 아니라는 것이다. 그렇게 현상은 도와 합치[合道]하며, 이로써 진속불이(眞俗不二)가 성립한다. 이것이 〈중도 1〉이다.

그다음 어리석음과 산란함의 근원이 다르지 않다는 것은 어리석음이나 산란함이 모두 근본무명에서 비롯된 것이기에 그 근원이 같다는 것이다. 이렇게 어리석음과 산란함의 근원이 서로 다르지 않다면, 그 산란함을 벗어나고자 하는 선정과 그 어리석음을 벗어나고자 하는 지혜 또한 궁극적으로 서로 다른 것이 아니게 된다. 따라서 선정과 지혜가 서로 다른 것이 아니고 하나의 종지인 동종(同宗)이라고 말한다. 즉 앞 장에서 각각 논한 사마타와 비파사나가 함께 동종으로서 중도를 이루니, 이것이 〈중도 2〉이다.

우필차송에서 지금까지 어둠과 움직임이 고요함과 밝음에 근거하고 그 안에 포섭된다는 〈중도 1〉의 의미를 논하였다면, 이하에서는 그러한 중도에 기반하되 동·정을 포괄하는 선정을 닦는 사마타와 암·명을 포괄하는 지혜를 닦는 비파사나가 서로 중도로서 합치한다는 〈중도 2〉를 밝힌다.

행정은 위의 문장에 대해 이렇게 설명한다. "어둠과 움직임이 고요함과 밝음에 사무치고 고요함과 밝음이 어둠과 움직임을 갖추고 있어, 우필차의 도에 합치하고 무연(無緣)의 종(宗)에 완전히 부합한다는 것을 마땅히 알아야 한다. 현수 법장은 '동정이 서로 사무치고 진속이 함께 융합한다'고 하였다."[298] 어두운 움직임이 고요한 밝음과 분리되지 않고 고요한 밝음이 어두운 움직임을 포섭한다는 〈중도 1〉의 의미를 강조한 것이라고 볼 수 있다.

움직임[動] : 산란함[亂]　　어둠[暗] : 어리석음[愚]　─　동　　　속
　　　↕　　　　　　　　　↕　　　　　↓　　↓　│〈중도 1〉
고요함[靜] : 선정[定]　　밝음[明] : 지혜[慧]　─　정　　　진
　　　　　　　　　　　　　　　動靜交徹　眞俗雙融

2. 선정과 지혜의 중도

종(宗)이 같으므로 무연의 자비이고, 선정과 지혜이므로 고요하되 항상 비춘다.

宗同則無緣之慈, 定慧則寂而常照.

사마타　─　비파사나　　　　공관(아공)　─　가관(법공)
선정 : 적적　지혜 : 비춤　　　중생연자　　　법연자
　└─────┘　　　　　└─────┘
　적이상조(寂而常照)　　　　　중도관(공공)
　무연의 자비　　　　　　　　　무연자

---

298) 행정, 194상, "當知暗動徹於靜明, 靜明該於暗動, 故合畢叉之道, 全符無緣之宗. 藏師云, '動靜交徹, 眞俗雙融.'" 여기에서의 인용문은 행정이 법장의 『대승기신론의기(大乘起信論義記)』권상(『대정장』 권44, 240하)에서 가져온 것이다.

선정과 지혜가 같은 종지라는 것은 둘이 함께하여 중도관을 이룬다는 것이다. 사마타의 선정은 마음을 비운 고요함 속에서 아공을 깨달아 중생의 번뇌를 더는 '중생을 연한 자비'인 '중생연자(衆生緣慈)'에 해당하고, 비파사나의 지혜는 일체의 연기를 관하여 법공을 깨달아 무명을 벗어나는 '법을 연한 자비'인 '법연자(法緣慈)'에 해당한다. 그리고 선정과 지혜를 별개의 둘이 아닌 하나의 종지로 통합하는 우필차 중도는 중생에도 법에도 치우침 없이 일어나는 자비이며, 이것을 '무연의 자비'인 '무연자(無緣慈)'라고 한다. 무연자비는 아무런 인연 없이 무심(無心)으로 베푸는 자비이다.

행정은 다음과 같이 설명한다. "『석론』에서 '자(慈)'에는 세 가지가 있다. 첫째는 중생연이니 무심으로 일체 중생을 반연하되 중생에게 자연스럽게 이익을 나타내는 것이다. 둘째는 법연이니 무심으로 법을 관하되 제법을 자연히 널리 비추는 것이다. 셋째는 무연이니 무심으로 진리를 관하되 평등한 제일의 의미에 자연히 안주하는 것이다'라고 하였다. 여기서 말하는 무연은 곧 앞의 둘을 포함한다."[299] 중생을 이롭게 하는 자비가 '중생연자비'[衆生緣慈]이고, 법을 널리 비추는 자비가 '법연자비'[法緣慈]이며, 둘을 포섭하여 평등한 진리에 안주함이 '무연자비'[無緣慈]이다. 중생과 법, 공관과 가관, 둘 중 어느 하나에 치우치지 않고 무연으로 남으면서 중도관을 이루기에 '무연자비'라고 한다.

---

299) 행정, 194상, "釋論云, '慈有三種. 一衆生緣, 無心攀緣一切衆生, 而於衆生, 自然現益. 二者法緣, 無心觀法, 而於諸法, 自然普照. 三無緣, 無心觀理, 而於平等第一義中, 自然安住.' 此謂無緣卽該前二." 여기에서의 인용문은 행정이 지의의 『관무량수불경소(觀無量壽佛經疏)』(『대정장』 권37, 192하)에서의 인용을 그대로 가져온 것으로 보인다. 『석론』은 『대지도론』이다.

3자(慈) :

1. 중생연자(衆生緣慈):무심으로 중생을 반연 ── 자연히 중생에게 이익을 냄:선정(사마타)
2. 법연자(法緣慈):무심으로 법(法)을 관 ── 자연히 제법을 널리 비춤:지혜(비파사나)
3. 무연자(無緣慈):무심으로 리(理)를 관 ── 자연히 평등제일의에 안주함:중도(우필차)

고요하되 항상 비추므로 함께 주는 것이고, 무연의 자비이므로 함께 뺏는 것이다. 함께 뺏으므로 우필차이고, 함께 주므로 비파사나와 사마타이다.

寂而常照則雙與, 無緣之慈則雙奪. 雙奪故優畢叉, 雙與故毘婆奢摩.

사마타(적) + 비파사나(조)

우필차

1. 적이상조 : 쌍여(雙與) : 사마타 + 비파사나
2. 무연자비 : 쌍탈(雙奪) : 사마타 + 비파사나 = 우필차

일체 번뇌가 사라져 고요한 적(寂)은 사마타를 닦아 얻어지는 고요한 선정을 말하고, 일체 법을 비추는 조(照)는 비파사나를 닦아 얻어지는 밝은 지혜를 말한다. 고요하면서도 항상 비추는 '적이상조(寂而常照)'는 사마타와 비파사나를 함께 행하는 '쌍여(雙與)'이다.

이처럼 둘을 함께 행하는 것이 중도이다. 그런데 둘을 함께 갖춘다는 것은 결국 둘을 다 넘어선다는 것이다. 결국 중도에서는 둘을 다 주는 '쌍여'뿐 아니라 둘을 다 빼앗는 '쌍탈(雙奪)'이 일어나야 한다. 이처럼 중도인 우필차는 사마타와 비파사나를 차원을 달리하여 종합하는 것이다.

행정은 사마타와 비파사나를 함께 하는 쌍여의 우필차와 그 둘을 함께 넘어서는 쌍탈의 우필차가 서로 다르기에 이 둘을 작용[用]과 본

체[體]의 관계로 설명한다. "본체에 즉한 작용이므로 명확하게 두 문[門]이고, 작용에 즉한 본체이므로 쓸어서 일상(一相)이다."[300] 사마타와 비파사나는 하나의 본체에 근거한 두 작용으로서 '두 문'이 되고, 우필차는 그 두 작용의 공통의 근거가 되므로 하나의 본체로서 '일상'이다.

사마타이기에 비록 고요하지만 항상 비춘다. 비파사나이기에 비록 비추지만 항상 고요하다. 우필차이기에 비추는 것도 아니고 고요한 것도 아니다.

以奢摩他故, 雖寂而常照. 以毘婆舍那故, 雖照而常寂. 以優畢叉故, 非照而非寂.

사마타   비파사나
〈적이상조(寂而常照)〉   〈조이상적(照而常寂)〉
              쌍여
               ↑
              쌍탈
              우필차
        〈비조비적(非照非寂)〉

300) 행정, 194상, "卽體之用, 了然二門, 卽用之體, 蕩然一相."

사마타는 적적성성이다. 즉 고요하면서 깨어 있기에 '적이상조(寂而常照)'라고 한다. 비파사나는 관하여 지혜롭되 고요해야 한다. 즉 비추면서 고요하므로 '조이상적(照而常寂)'이라고 한다. 우필차는 이 둘을 모두 지니면서 또 동시에 둘을 넘어서는 것이다. 그러므로 '비조비적(非照非寂)'이라고 한다.

행정은 사마타에 대해 "일이 곧 일체이므로 인과가 분명하다."[301]고 하고, 비파사나에 대해 "일체가 곧 일이므로 모두 본성이 없음과 같다."[302]고 하며, 우필차에 대해 "고요함과 비춤이 둘이 아닌 일심(一心)으로 공(空)과 유(有)가 함께 융합한 중도에 계합한다."[303]고 말한다. 사마타의 공관을 통해 일체가 인연화합임을 깨닫게 되므로 이를 '일즉일체(一卽一切)' 내지 '인과역연(因果歷然)'이라고 하고, 비파사나의 가관을 통해 일체 제법이 모두 무자성의 공임을 깨닫게 되므로 이를 '일체즉일(一切卽一)' 내지 '무자성'[無性]이라고 설명한 것이다. 그리고 이 둘을 동시에 포섭하여 넘어가는 우필차를 공과 유[假]를 융합하는 중도로 설명하였다.

사마타	비파사나
일즉일체	일체즉일
인과역연	무성(無性)

적조불이의 일심
공유쌍융(空有雙融)의 중도에 계합

---

301) 행정, 194상, "一卽一切, 因果歷然."
302) 행정, 194중, "一切卽一, 皆同無性."
303) 행정, 194중, "以寂照不二之一心, 契空有雙融之道."

함허는 사마타와 비파사나와 우필차에 대해 각각 이렇게 설명한다. "우필차로써 사마타를 하므로 비추되 항상 고요하다. 우필차로써 비파사나를 하므로 고요하되 항상 비춘다. 사마타와 비파사나로써 우필차를 하므로 적(寂)도 아니고 조(照)도 아니다."[304] 사마타와 비파사나가 우필차 안에서 융합되므로, 그렇게 융합된 우필차 내에서의 사마타를 '우필차로써 사마타를 한다'고 하고 또 그렇게 융합된 우필차 내에서의 비파사나를 '우필차로써 비파사나를 한다'고 한다. 함허는 사마타를 고요한 적(寂)을 강조하여 '적이상조' 대신 '조이상적'으로 규정하고, 비파사나를 성성한 비춤을 강조하여 '조이상적' 대신 '적이상조'로 규정한다. 함허의 규정은 아래와 같이 정리된다.

우필차로써 사마타   우필차로써 비파사나
〈조이상적〉   〈적이상조〉
└─────────────┬─────────────┘
사마타 · 비파사나로써 우필차
〈비적비조〉

비추되 항상 고요하므로 속(俗)을 말해도 진(眞)에 즉해서이다. 고요하되 항상 비추므로 진(眞)를 말해도 속(俗)에 즉해서이다. 고요한 것도 아니고 비추는 것도 아니므로 비야(毘耶)에서 입을 다문다. 照而常寂故, 說俗而卽眞. 寂而常照故, 說眞而卽俗. 非寂非照, 故杜口於毘耶.

---

304) 함허, 194중, "以畢叉以奢摩故, 雖照而常寂. 畢叉以毗婆故, 雖寂而常照. 奢摩毗婆以畢叉故, 非寂而非照."

선정[定] : 사마타　　　　지혜[慧] : 비파사나

〈적이상조〉　　　　　　〈조이상적〉

설진(說眞)+즉속(卽俗)　　설속(說俗)+즉진(卽眞)

쌍여

↕

쌍탈

〈비조비적〉

입을 다묾

　　사마타의 고요는 진제에서 나오는 고요이고, 비파사나의 비춤은 세속에 대한 비춤이다. 그래서 사마타는 진제를 말하고, 비파사나는 속제를 말한다. 그러나 진은 속에 대해 성립하므로 사마타가 진제를 말해도 속을 즉해서 진을 말하는 것이고, 속은 진에 대해 성립하므로 비파사나가 속제를 말해도 진을 즉해서 속을 말하는 것이다. 이처럼 진과 속, 사마타와 비파사나가 서로 연결되기에 그 둘을 융합하는 중도로 나아가게 된다. 중도인 우필차는 그 둘을 넘어서기에 고요도 아니고 비춤도 아니며 진제를 말하지도 않고 속제를 말하지도 않는다. 그래서 오히려 침묵한다고 말한다. '비야(毘耶)'는 유마거사가 살았던 비야리성(毘耶離城)을 뜻한다.

　　행정은 사마타의 '설진즉속(說眞卽俗)'과 비파사나의 '설속즉진(說俗卽眞)'에 대해 이렇게 설명한다. "환으로 있는 속(俗)에 즉하여 무성의 진(眞)이 성립하고, 무성의 진을 요달하여야 환으로 있는 속이 된다. 경에서 '2제(諦)가 함께 둘이 아니므로 항상 어긋나면서도 아직 각각인 적이 없다'고 말한다."[305] 이어 우필차의 '비진비속'에 대해 말한다.

---

305) 행정, 194중, "卽幻有之俗, 成無性之眞, 了無性之眞, 爲幻有之俗. 經云, '二諦並非雙, 恒乖未嘗各.'" 여기에서의 인용문은 행정이 길장의 『중관론소』 권2본(『대정장』 권42, 26중), "動陽傳大士二諦頌云, 二諦並非雙, 恒乖未曾各"에서 가져온 것으로 보인다.

"경에서 '유마가 침묵하며 말이 없자 문수가 '문자와 언어가 없는
데에 이르니 이는 진실로 불이법문에 들어간 것이다'라고 찬탄하
여 말하였다'라고 하였다. 그러므로 실상(實相)은 언설상(言說相)과 심
연상(心緣相) 등을 떠났음을 알기에, 말을 막아 진실의 근원을 보인
것이다."306)

적이상조	조이상적
료'무성지진'(了無性之眞)	즉'환유지속'(卽幻有之俗)
= 위'환유지속'(爲幻有之俗)	= 성'무성지진'(成無性之眞)

불일[恒乖] · 불이[未嘗各]

3. 관심10문(觀心十門)

그다음 마음을 관하는 10문이다. 1) 처음에는 그 '항상 그러함'[法
爾]을 말한다. 2) 그다음은 그 관하는 본체[體]를 드러낸다. 3) 세 번
째는 그 상응을 말한다. 4) 네 번째는 그 교만[上慢]을 경계한다. 5)
다섯 번째는 그 게으름[疏怠]을 경계한다. 6) 여섯 번째는 관하는
본체를 다시 드러낸다. 7) 일곱 번째는 그 '옳고 그름'[是非]을 밝힌

---

306) 행정, 194중, "經云, '維摩默然無言. 文殊嘆曰,「乃至無有文字語言, 是眞入不二法門.」'
故知實相離言說心緣等相, 是以杜口敻示眞源." 여기에서의 인용문은 행정이 『유마경』
권중(『대정장』 권14, 551하), "時維摩詰默然無言. 文殊師利歡曰, 善哉, 善哉. 乃至無有
文字語言, 是眞入不二法門."에서 가져온 것이다.

다. 8) 여덟 번째는 그 말[詮]과 취지[旨]를 가려낸다. 9) 아홉 번째는 닿는 곳마다 관을 이룬다. 10) 열 번째는 현묘한 근원에 묘하게 계합한다.

復次觀心十門. 初則言其法爾. 次則出其觀體. 三則語其相應. 四則警其上慢. 五則誡其疏怠. 六則重出觀體. 七則明其是非. 八則簡其詮旨. 九則觸途成觀. 十則妙契玄源.

마음을 관(觀)하는 10문 :
　1) 그 '항상 그러함'[法爾]을 말함
　2) 그 관하는 본체를 드러냄
　3) 그 상응을 말함
　4) 그 교만[上慢]을 경계함
　5) 그 게으름[疏怠]을 경계함
　6) 관하는 본체를 다시 드러냄
　7) 그 '옳고 그름'[是非]을 밝힘
　8) 그 말[詮]과 취지[旨]를 가려냄
　9) 닿는 곳마다 관을 이룸
　10) 현묘한 근원에 묘하게 계합함

이하에서는 마음을 관하는 것이 구체적으로 무엇을 행하는 것인지를 열 가지 단계로 구분하여 설명하는데, 여기에서는 일단 그 제목만을 열거하였다.

행정은 이상 열 단계의 진행 과정에 대해 이렇게 설명한다. "도에 들어가는 방편으로 1) 우선 '진제의 진리'[諦理]를 보이고, 2) 그 진리[理]에 의거해서 관(觀)을 세우고, 3) 관의 상응을 말한다. 4) 상응하지 못하면 곧 큰 교만과 5) 게으름[疎怠]에 빠지니, 6) 이 때문에 다시 거듭 관을 세우고, 7) 옳고 그름을 결정적으로 가려낸다. 8) 그런 연후에 지종(旨宗)을 보이고, 9) 가든 머무르든 관(觀)을 이룬다. 10) 그 관이 깊게 들어가면 환중에 묘하게 계합한다."[307]

1) '항상 그러함'〔法爾〕을 말함

(1) 심성[眞如]과 현상[萬法]의 불이

첫째로 그 '항상 그러함'을 말한다는 것은 무릇 마음의 본성은 허하고 통하여서 움직임과 고요함의 근원이 둘이 아니라는 것이다.
第一言其法爾者, 夫心性虛通, 動靜之源莫二.

여기에서는 앞으로 열 가지 방식으로 관하고자 하는 마음이 어떤 존재인가를 우선 말한다. 대승은 마음을 만법의 근원으로 본다. 만법의 근원으로서의 마음은 주객분별, 능소분별, 색심분별, 자타분별 등 일체의 분별을 넘어서되 다시 그 일체를 자신 안에서 포괄하는 전체로서의 마음, 궁극의 마음인 일심 내지 진여심이다. 마음이 전체를 자신 안에 포괄할 수 있는 것은 마음이 그 자체 비어 있어 만물과 통하기 때문이다. 그러므로 일체 현상의 궁극의 근원이 되는 것이다. 마음이 본래 이와 같이 항상 그러함을 '법이(法爾)'라고 한다.

행정은 '법이'에 대해 이렇게 설명한다. "예나 지금이나 항상 그러함을 '법이(法爾)'라고 이름하니, 진여법이 법이하여 연을 따라 만법이 모두 일어나고, 법이하여 본성으로 돌아가는 것을 말한다. 본래 저절

---

307) 행정, 194하, "入道方便, 先示諦理, 依理立觀, 語觀相應. 其不相應, 卽墮上慢疎怠, 仍重立觀, 決擇是非. 然後克示旨宗, 行住作觀. 其觀深入, 妙契寰中."

로 이와 같으므로 '법이'라고 말한다."[308] 진여법은 일체 만법의 근원
으로서의 진여심이다. 일체 만법은 이 진여심으로부터 인연을 따라
생겨난 갖가지 상(相)이며, 만법의 본성은 결국 무자성의 공이므로 공
의 마음인 진여심으로 되돌아간다. 일체가 본래 그러함을 '법이'라고
하는 것이다.

만법
법이수연(法爾隨緣) ↑ ↓ 법이귀성(法爾歸性)
진여심

행정은 이러한 법이의 마음, 만법의 근원으로서의 마음에 대해
이렇게 설명한다. "횡(橫)적으로 3제(際)에 다하고 수(竪)적으로 시방에
펼쳐지므로 '허하고 통한다'[虛通]고 말한다. 움직이되 항상 고요하고
고요하되 항상 움직이므로 '둘이 아니다'[莫二]라고 한다."[309] 가로 횡은
3제, 즉 과거·현재·미래의 시간적 지평을 말하고, 세로 수는 10방,
즉 상하와 8방의 공간적 지평을 말한다. 마음은 시공간적 지평의 근
원으로서 만법을 모두 포괄한다는 것을 강조한 말이다.

횡적(시간적) : 3제에 다함[窮] = 통(通)

수적(공간적) : 시방에 다함[亘] = 허(虛)

308) 행정, 194하, "古今常然, 名爲法爾, 謂眞如之法, 法爾隨緣, 萬法俱興, 法爾歸性, 本自如
斯, 故云法爾."
309) 행정, 194하, "橫窮三際, 堅亘十方, 故曰虛通, 動而常靜, 靜而常動, 故曰莫二."

진여는 사려(慮)를 끊지만, 반연하고 헤아리는 념(念)과 다르지 않다.
眞如絶慮, 緣計之念非殊.

<pre>
        념(念) : 반연하여 계탁함   ── 다(多)
          ↑
        진여 : 절려(絶慮)   ── 일(─)
</pre>

　일체 사고와 존재의 근원이 진여이다. 진여 자체는 일체 대상을
반연하는 사려분별이나 그러한 사려분별의 대상이 되는 차별적 존
재를 넘어선 것이다. 그렇지만 그 진여로부터 일체의 생각인 념(念)이
일어나므로, 념은 진여를 떠난 것이 아니고 모두 진여 안에 포섭된
다. 진여 또한 념 바깥에 있지 않고 일체 념을 모두 포섭하므로 념과
다른 것이 아니라고 말한다.

　행정은 설명한다. "하택은 '진여는 무념인데, 념이란 것은 진여를
념한다는 것이다'라고 말한다."[310] 진여 자체는 사려를 끊은 무념이지
만 일체 념은 그 진여로부터 일어난다. 그러므로 념의 궁극 실상은
바로 진여이다.

미혹한 견해는 어지럽게 치달리지만 그것을 궁구하면 오직 하나
의 고요함일 뿐이다. 신령한 근원은 형상화되지 않지만 그것을 비
춰 보면 천 가지 차이가 있다.
惑見紛馳, 窮之則唯一寂. 靈源不狀, 鑒之則以千差.

---

310) 행정, 194하, "荷澤云 '眞如無念, 念者卽念眞如.'"

미혹한 견해 : 천 가지 차이   — 다

↑

신령한 근원 : 하나의 고요함   — 일

마음은 본래 고요한 진여이다. 그러나 마음이 본래 고요한 진여이고 평등한 불성이라고 해도 바로 그 마음으로부터 또한 수천 가지의 현상적 차별상이 빚어져 나온다. 진여로부터 갖가지 념이 일어나고 미혹한 견해도 생겨나는 것이다. 그러나 그 경우에도 마음의 근원이 고요한 진여라는 것은 변함이 없다. 그러므로 미혹한 생각의 바탕에는 무념의 진여가 있다고 말한다. 그렇게 무념의 진여가 있어도 그것을 자각하지 못함으로 인해 결국 수천 가지 상이한 념들, 미혹한 념들이 일어난다.

행정은 이렇게 설명한다. "견(見)번뇌와 애(愛)번뇌는 분연하게 치달려 흩어지지만 항상 하나의 고요한 진공이다. 신령한 지혜는 그 모양이 없지만, 근기를 살펴서 모나거나 둥글어야 하는 바를 따른다."[311] 일체 상이한 념들이 실은 모두 적적성성한 신령한 근원 및 지혜로부터 일어난다는 것을 설명한 것이다.

(2) 3안(眼) : 혜안 · 법안 · 불안

① 천 가지 차이가 같지 않으므로 '법안(法眼)'의 이름이 저절로 선다. ② 하나의 고요함이 다름이 아니므로 '혜안(慧眼)'의 기호가 이에 존재한다. ③ 진리[理]와 헤아림[量]이 함께 사라지므로 '불안(佛

---

311) 행정, 194하, "見愛紛然馳散, 恒常一寂眞空. 靈智無其相狀, 鑑機隨所方圓."

眼'의 공덕이 원만하게 나타난다.

① 千差不同, 法眼之名自立. ② 一寂非異, 慧眼之號斯存. ③ 理量雙消, 佛眼之功圓著.

3안(眼):
  ① 법안(法眼) : 천차(千差)를 보는 눈, 속제를 보는 여량(如量)의 눈
  ② 혜안(慧眼) : 일적(一寂)을 보는 눈, 진제를 보는 여리(如理)의 눈
  ③ 불안(佛眼) : 여리와 여량을 넘어서는 눈

마음의 아는 능력을 세 단계의 마음의 눈으로 구분하였다.

① 법의 눈인 법안(法眼)은 현상세계의 천차만별의 상들을 하나하나 다 아는 눈이다.

② 지혜의 눈인 혜안(慧眼)은 현상적 차별상 너머 마음 근원의 본성인 진여를 알아보는 눈이다.

③ 부처의 눈인 불안(佛眼)은 법안이 보는 세속의 다(多)와 혜안이 보는 진여의 일(一)을 함께 보면서 동시에 그 둘을 넘어서는 눈이다. 진여의 일에 관한 앎이 '여리지(如理智)'이고, 세속의 다에 관한 앎이 '여량지(如量智)'이다. 불안은 이 둘을 모두 포괄하며 넘어선다.

행정은 법안과 혜안과 불안에 대해 이렇게 설명한다. ① 법안에 대해 "법안은 속제를 비추니, 크고 작은 것이 훤하게 나뉜다."[312]고

---

312) 행정, 195상, "法眼照俗, 洪纖洞分."

하고, ② 혜안에 대해 "혜안은 진제를 비추니, 염오와 청정이 모두 고요하다."[313]고 말한다. ③ 그리고 마지막으로 불안에 대해 "『섭대승론』에서 '여리와 여량이 통달하여 자재하다'라고 하였다. 여량은 속제를 비추고 여리는 진제를 관하니, 진리[理]와 헤아림[量]을 함께 잊음을 불안(佛眼)이라고 한다."[314]고 설명한다.

함허는 진리 자체의 차원인 3제(三諦 : 진제·속제·제일의제)와 진리 인식의 차원인 3관(三觀 : 공관·가관·중도관)을 구분하여 논한다. "3제(諦)는 법(法)에 대해 말한 것이고, 3관(觀)은 인(人)에 대해 말한 것이다. 법이 이러하므로[法如是], 득입도 이러하다[得入如是]고 한다. 진제는 일체법을 없애고 속제는 일체법을 세우며 제일의제(第一義諦)는 성(性)과 상(相)이 함께 원융하기도[俱圓] 하고 함께 사라지기도[俱泯] 하니, 이것이 법여시(法如是)이다. 리지(理智)는 진(眞)을 비춰 범성(凡聖)이 함께 가라앉고 량지(量智)는 속(俗)을 비춰 상(相)마다 밝아지며 리량쌍소(理量雙消)는 성상이 함께 가라앉기도 하고 함께 원융하기도 하는 뜻이 그 안에 있으니, 이것이 득입여시(得入如是)이다."[315] 이상 내용은 다음과 같이 정리된다.

---

313) 행정, 195상, "慧眼照眞, 染淨俱寂."
314) 행정, 195상, "攝大乘云, '如理如量, 通達自在.' 如量照俗, 如理觀眞, 理量俱忘, 謂之佛眼.'" 여기에서의 인용문은 행정이 지의의 『묘법연화경문구(妙法蓮華經文句)』 권4상(『대정장』 권34, 51중), "攝大乘師云, 如理如量, 通達自在."에서 가져온 것으로 보인다.
315) 함허, 195상, "三諦就法而言. 三觀就人而言. 謂法如是故, 得入如是. 眞諦泯一切法, 俗諦立一切法, 第一義諦性相俱圓俱泯, 是法如是也. 理智照眞, 凡聖俱沈. 量智照俗, 相相宛然. 理量雙消, 性相俱沈俱圓之義, 亦在其中, 此則得入如是也."

<3관(觀)>
인(人) : 득입여시(得入如是)

여리지 — 여량지
(凡聖俱沈)　(相相宛然)

리량쌍소
(性相俱沈俱圓)
= 득입여시

<3제(諦)>
법(法) : 법여시(法如是)

진제 — 속제
(泯一切法)　(立一切法)

제일의제
(性相俱圓俱泯)
= 법여시

(3) 3덕(德) : 법신 · 반야 · 해탈

① 이 때문에 3제(諦)가 하나의 경계이어서 '법신'의 진리가 항상 맑다. ② 3지(智)가 하나의 마음이어서 '반야'의 밝음이 항상 비춘다. ③ 경계와 지혜가 명합하여서 '해탈'의 감응이 근기를 따른다. ① 是以三諦一境, 法身之理恒清. ② 三智一心, 般若之明常照. ③ 境智冥合, 解脫之應隨機.

3덕(德) :
1. 법신(法身) : 삼제일경(三諦一境)
2. 반야(般若) : 삼지일심(三智一心)
3. 해탈(解脫) : 경지명합(境智冥合)

반야 — 법신
(3지-일심)　(3제-일경)

해탈
(경지명합)

앞서 사마타송에서 논한 3덕(德)인 법신[斷德] · 반야[智德] · 해탈[恩德]을 여기에서는 3제일경과 3지일심 그리고 경지명합의 관점에서 다시 하나씩 논한다.

① 법신의 3제(諦)는 진제·속제·중도제일의제로서 모두 법신의 하나의 진리가 드러난 것이다. 모두 청정한 법신이 드러난 진리이기에 결국 '3제가 하나의 경계'일 뿐이라고 말한다.

② 반야의 3지(智)는 여리지·여량지·일체지로서 이러한 지혜는 모두 마음 안에서 일어나는 지혜이다. 그러므로 '3지가 일심'이라고 말한다.

③ 해탈은 경계와 지혜가 하나로 명합하여 더 이상의 능소분별이 일어나지 않는 것이다. 경지명합이 일어나는 그 지점에서 근기에 따라 해탈의 감응이 일어나게 된다.

행정은 ① 법신의 3제(諦)에 대해 "3제의 이름에는 또 다름이 있으나, 경계는 오직 법신의 진리일 뿐이다."[316]라고 말한다. ② 반야의 3지(智)에 대해서는 "3지가 나뉘어 비록 다르지만, 일심이 통합하여 다르지 않다. 천태 지의는 '세 가지 지혜가 일심에 있으니, 이것이 묘한 것이다'라고 하였다."[317]고 말한다. ③ 그리고 마지막으로 해탈에 대해 행정은 법신의 3제, 반야의 3지와 마찬가지로 세 가지를 말한다. "경계와 지혜가 각각 셋이고 해탈도 또한 셋이니, 본성의 청정함[性淨]과 원만함의 청정함[圓淨]과 방편의 청정함[方便淨]이다. 이런즉 하나이되 셋을 논하고, 셋이되 아홉을 논하니, 아홉이 오직 셋이고, 셋이 오직 하나일 뿐이다. 나누고 더하면 다르지만, 그 근본에는 다름이 없

---

316) 행정, 195상, "三諦名且有殊, 境惟法身之理."
317) 행정, 195중, "三智分而雖異, 一心統而不殊. 天台云, '三智在一心, 是則爲妙.'" 여기에서의 인용문은 행정이 지의의 『묘법연화경현의』 권5하(『대정장』 권33, 745상), "三智在一心中, 不縱不橫, 是則理妙."에서 가져온 것으로 보인다.

다. 『법화경』에서 '모든 것이 하나의 모습[相]이고 하나의 종류[種]이다. 성인이 찬탄한 바로서 능히 청정하고 묘한 제일의 즐거움을 일으킨다'고 하였다."[318] 반야의 3지와 법신의 3제에다 다시 해탈의 3정(淨)을 더하여 아홉이 된다. 그러나 이 모든 것이 결국 근본인 일심 하나로 귀결된다는 것을 강조한다.

해탈/경지명합 :   〈성정〉   -   〈방편정〉
                          〈원정〉

　함허는 ① 법신의 '3제(諦) 일경'에 대해 이렇게 설명한다. "인연으로 생긴 법을 나는 곧 공(空)이라고 설한다. 그것을 가명(假名)이라고 이름하며 또한 '중도의(中道義)'라고 이름한다. 다만 인연에 이 세 의미가 갖추어져 있으므로 '3제(諦)가 하나의 경계이다'라고 말한다. 법신에는 상이 없으므로 이것이 곧 공(空)이고, 또한 상에 매이지 않으므로 이것이 곧 가(假)이다. 색과 공에 둘이 없으므로 이것이 곧 중도(中道)이다. 비록 공이지만 불공(不空)이고 비록 색이지만 색이 아니므로 비공비색(非空非色)이되 즉중(卽中)이다. 비록 즉중이지만 즉변(卽邊)이어서 중과 변에 머무르지 않으므로 항상 맑다."[319]

---

318) 행정, 195중, "境智各三, 解脫亦三, 謂性淨圓淨方便淨. 是則一而論三, 三而論九, 九祇是三, 三祇是一. 離合異爾, 其本無殊. 法華云, '皆是一相一種. 聖所稱歎, 能生淨妙第一之樂.'" 여기에서의 인용문은 행정이 『법화경』 권2(『대정장』 권9, 13하)에서 가져온 것이다.

319) 함허, 195상중, "因緣所生法, 我說卽是空. 是名爲假名, 亦名中道義. 只是因緣上具此三義, 故云三諦一境. 法身無相, 是則爲空, 亦不礙於相, 是則爲假. 色空無二, 是則中道. 雖空而不空, 雖色而非色, 非空非色而卽中. 雖卽中而卽邊, 不滯於中邊, 所以恒淸."

법신 3제 :　　　〈진제〉　　　－　　　　〈속제〉
　　　　　공(空) : 무상　　　가(假) : 무애상(無碍相), 색(色)

〈중도제〉
(色空不二)
즉중+즉변 (비공비색)

　　함허는 ② 반야의 '3지(智) 일심'에 대해 이렇게 설명한다. "마음이
라는 것은 허하면서도 신령하고, 고요하면서도 묘하다. 비었기 때문
에 위로 진리와 명합하고, 신령하기 때문에 아래로 기연과 상응하니,
이것이 소위 여리지와 여량지 두 지혜이다. 여리지로써 진제를 비추
고, 여량지로써 속제를 비춘다. 여리와 여량은 동일한 본체이니, 이
것이 소위 '제일의 지혜'이며, 또 '일체종지(一切種智)'라고 이름한다. 이
것이 곧 중도의 지혜를 비춘다. 일심에 이 세 의미가 갖추어져 있으
므로 '3지(智)가 일심이다'라고 한다."[320] 이어 '반야의 밝음이 항상 비
춘다'[般若之明常照]에 대해 이렇게 말한다. "반야가 반야인 까닭은 '고요
하되 항상 비추고'[寂而常照] '비추되 항상 고요하여'[照而常寂] 고요함과
비춤이 동시이며 비춤의 작용이 늘 항상되기 때문이다. 그러므로 '반
야의 밝음이 항상 비춘다'고 말한다."[321]

320) 함허, 195중, "心也者, 虛而靈, 寂而妙. 虛故上冥於理, 靈故下應機緣, 此所謂理量二智.
　　 如理智以照眞, 如量智以照俗. 理量同體, 此所謂第一義智. 亦名一切種智, 此則照中道之
　　 智也. 一心上具此三義, 故云三智一心."
321) 함허, 195중, "般若之所以爲般若, 寂而常照, 照而常寂, 寂照同時, 照用尋常. 故云般若之
　　 明常照."

350

일심 : 허(虛) : 적(寂) – 령(靈) : 묘(妙)
반야 3지 : 〈여리지〉 〈여량지〉
진(眞)을 비춤 속(俗)을 비춤

〈일체종지(一切種智)〉
리량동체(理量同體)

함허는 ③ 해탈의 '경지명합'에 대해 이렇게 설명한다. "진리는 지혜[智] 바깥에 있지 않고, 지혜는 진리 바깥에 있지 않다. 능과 소가 둘이 아니므로 '경계와 지혜가 명합한다'고 말한다. 소위 '진여 바깥의 지혜가 진여를 증득할 수 없고, 지혜 바깥의 진여가 지혜에 의해 증득될 수가 없다'는 말이 이것이다."[322] 우리의 일상의식은 지혜와 경계, 주와 객의 분별에서 출발하므로 내가 무엇인가를 안다고 해도 그렇게 알려진 것은 그것을 아는 나와 분리되어 있으며 나는 그것을 단지 대상화하는 방식으로 삼인칭적으로만 알 수 있다고 생각한다. 이에 반해 '경지명합'은 아는 나와 알려지는 대상, 지혜와 경계가 분리되기 이전의 무분별 경지를 말한다. 주와 객, 지혜와 경계가 분리되기 이전의 경지는 계탁분별하는 제6의식의 차원이 아니라 오직 심층마음에서만 자각될 수 있는 경지이다. 마음이 능과 소, 견분과 상분으로 이원화되기 이전, 념이 일어나기 이전, 바로 경계와 지혜가 하나인 상태에서 아는 것이다.

이어 '해탈의 감응이 근기를 따른다'[解脫之應隨機]에 대해 함허는 이렇게 설명한다. "근기는 주되게 발하는 것을 의미한다. 3제(諦)와 3지(智)에 각각 그 근기가 있다. ⓐ 진제는 일체를 없앰이 근기이고, 속제

---

322) 함허, 195중하, "理非智外, 智非理外. 能所無二, 故云境智冥合. 如所謂'無如外智能證於如, 無智外如爲智所證', 是也."

는 일체를 세움이 근기이며, 중도제는 함께 버리고 함께 비춤이 근기이다. 또 ⓑ 여리지는 연을 잊음[忘緣]이 근기이고, 여량지는 비춰 살핌[照鑑]이 근기이며, 제일의지는 고요와 지(知)의 불이가 근기이다. ⓒ 하나하나의 근기를 따르되 해당하는 근기를 돌아보지 않고 지견을 내지 않아 하나하나에 머무름이 없으면, 이것이 소위 '해탈의 감응이 근기를 따름'이다."323) 3제와 3지에서는 각각 근기가 드러나는 모습을 논하고, 해탈에서는 그렇게 드러난 근기를 따라 응하되 그 근기에 매이지 않고 자유로운 모습을 논하였다. 근기를 따르되 근기를 돌아보아 매이지 않고[當機不顧] 근기에 대한 견해를 일으키지 않음[不生知見]이 곧 머무름이 없는 해탈의 길이다.

ⓐ 3제 :　진제 : 민(泯)일체　　속제 : 입(立)일체
　　　　　　└─────────────┘
　　　　　　중도제 : 쌍차쌍조(雙遮雙照)

ⓑ 3지 :　여리지 : 망연(忘緣)　여량지 : 조감(照鑑)
　　　　　　└─────────────┘
　　　　　　제일의지 : 적지불이(寂知不二)

ⓒ 해탈 :　당기불고(當機不顧)　　수기(隨機)
　　　　　　└─────────────┘
　　　　　　일일무체(一一無滯)

　　이상 법신과 반야와 해탈을 다시 간략히 정리해보면 다음과 같다.

---

323) 함허, 195하, "機以主發爲義. 三諦三智, 各有其機. 謂眞諦泯一切爲機, 俗諦立一切爲機, 中道諦以雙遮雙照爲機. 又理智以忘緣爲機, 量智以照鑑爲機, 第一義智以寂知不二爲機. 隨一一機, 當機不顧, 不生知見, 一一無滯, 此所謂解脫之應隨機也."

법신 : 일경 – 경(境)   〈3제〉: 공 : 진제 – 가 : 속제 – 중 : 중도제
반야 : 일심 – 지(智)   〈3지〉: 여리지 – 여량지 – 일체종지
해탈 : 경지명합   〈3해탈〉: 성정 – 방편정 – 원정

(4) 일심(一心)으로 귀의 : 진속불이

종도 아니고 횡도 아니고 '원이(∵)의 도'가 현묘하게 모인다.
非縱非橫, 圓伊之道玄會.

횡 〈∵〉는 위·아래로 점이 있어(:) 비횡

종 〈∵〉는 좌·우로 점이 있어(··) 비종

　　원만한 이(伊)는 〈∵〉로 표기되는 범어의 이(伊) 자를 말한다. 위의
두 점이 횡으로 있으므로 종으로 일렬이 아니어서 종도 아니라고 하
고, 아래 한 점이 내려와 있어서 횡으로 일렬로 모여 있는 것도 아니어
서 횡도 아니라고 하는 것이다. 이는 종도 횡도 다 있어 단일한 하나의
규칙으로 묶어서 말할 수 없는 현묘함을 문자를 들어 비유한 것이다.
　　행정은 이렇게 설명한다. "범어 이자(伊字, ∵)는 두 점이 위에 있어
서 떨어지는 물의 종(縱)과 같지 않고, 한 점이 아래 있어서 타는 불의
횡(橫)과 같지 않다. 3덕(德)이 상생(相生)으로 그런 것도 아니고 상합(相
合)으로 그런 것도 아니고, 타고난 참됨의 진리가 자연(自然)히 이와 같
은 것을 비유한 것이다."[324]

---

324) 행정, 195하, "梵書伊字, 二點在上, 不同點水之縱, 一點居下, 不同烈火之橫. 取譬三德非
　　相生而然也, 非相合而然也, 天眞之理, 自然如是."

함허는 종을 하나로, 횡을 셋으로 보아, 비종과 비횡을 하나도 아니고 셋도 아님으로 해석하여 다음과 같이 설명한다. "'종이 아니다'라는 것은 하나가 아님을 말하고, '횡이 아니다'라는 것은 셋이 아님을 말한다. '셋도 아니고 하나도 아님'을 '함께 사라진다'[俱泯]고 말한다. '셋인즉 하나'이므로 셋이 아니고, '하나인즉 셋'이므로 하나가 아니다. '하나이고 셋임'을 '함께 원만하다'[俱圓]고 이름한다. 함께 원만함을 또한 '함께 비춤'[雙照]이라고도 부르고, 함께 사라짐을 또한 '함께 버림'[雙遮]이라고도 부른다. 버림과 비춤에 둘이 없음이 '원이지도(圓伊之道)'이다."[325]

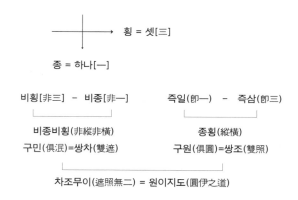

함허는 원이지도가 '현묘하게 모인다'[玄會]에 대해 이렇게 설명한다. "만약 그것을 하나라고 규정하면 그것이 셋임을 어찌하겠는가? 만약 그것을 셋이라고 규정하면 그것이 하나임을 어찌하겠는가? 소위 셋이란 것은 셋이 아니며, 소위 하나란 것은 하나가 아니다. 셋

---

325) 함허, 195하, "非縱言非一, 非橫言非三. 非三非一, 謂之俱泯. 三卽一故非三, 一卽三故非一. 卽一卽三, 名爲俱圓. 俱圓亦謂之雙照, 俱泯亦謂之雙遮, 遮照無二, 圓伊之道也."

과 하나가 함께 원만하고 함께 사라져서 이 '원이'를 이루니, 이것을 '현묘하게 모인다'[玄會]라고 부른다."[326] 이와 같은 하나와 셋의 관계는 곧 반야에서 일심(一心)과 3지(智)의 관계이며, 법신에서 일경(一境)과 3제(諦)의 관계이다. 그러므로 함허는 하나와 셋의 관계를 다음과 같이 설명한다. "위에서 말한 경계와 지혜의 뜻은 '하나이면서 셋'이고, '셋이 아니면서 하나도 아님'이다. 셋이므로 종이 아니고, 하나이므로 횡이 아니다. 종이 아니므로 3제와 3지이고, 횡이 아니므로 1경과 1심이다. 셋이 곧 하나이고 하나가 곧 셋이므로 셋과 하나가 원융하며, 셋이 셋이 아니고 하나가 하나가 아니므로 셋과 하나가 '함께 사라지고'[俱泯] '함께 원만하다'[俱圓]. 함께 사라지고 함께 원만함은 법이(法爾)로서 그와 같은 것이지 인간으로 인해 그렇게 된 것이 아니다. 그러므로 '원이지도가 현묘하게 모인다'라고 한다."[327]

함허는 이상의 논리를 반야의 3지(智)인 여리지, 여량지, 일체지와 연관하여 다음과 같은 비유를 들어 설명한다. "① 여리지로써 진제를 비추면 눈앞에 법이 없고 귓가에 소리가 없어 정(情)에 상응하는 어떤 법도 없으니, 나아가 부처를 꾸짖고 조사를 욕하면서 입을 벽 위에 걸어두고, 바람을 꾸짖고 비를 욕하면서 눈은 은하수를 바라본다. ② 여량지로써 속제를 비추면 파도가 수행의 바다를 타고 구름이 자비의 문에 퍼지니, 나아가 얼굴에 흙칠하고 머리에 재를 쓰고 표주박을 들고 시장에 들어간다. ③ 동체(同體)의 지혜로써 중도를 비추면 법

---

326) 함허, 195하~196상, "若定是一, 爭奈是三? 若定是三, 爭奈是一? 所謂三者非三, 所謂一者非一. 三一俱圓俱泯, 成此圓伊, 此謂之玄會."
327) 함허, 196상, "上來境智等意, 卽一卽三, 非三非一. 卽三故非縱, 卽一故非橫. 非縱故三諦三智, 非橫故一境一心. 三卽一, 一卽三, 三一圓融, 三非三, 一非一, 三一俱泯俱圓. 俱泯俱圓, 法爾如然, 非因人致, 故云圓伊之道玄會."

의 해탈을 기뻐하지도 않고 법의 속박을 싫어하지도 않으며, 생사를 싫어하지도 않고 열반을 구하지도 않는다. 치워 없애는 것도 내게 있고 건립하는 것도 내게 있어, 내가 법의 왕이 되어 법에 자재하므로 모름지기 도를 믿어 한나라 땅도 챙기지 않고 진나라 땅도 상관 않고 나귀를 타고 양주를 지나간다."[328] 여기서 '입을 벽 위에 걸어두고 눈은 은하수를 바라본다'는 것은 진(眞)만을 추구하면서 속(俗)을 폄하함을 말한 것이다. '표주박 들고 시장으로 들어간다'는 것은 자비를 발휘하여 범부가 살고 있는 속(俗)의 세상 한가운데로 나아감을 말한다. 이 둘이 각각 여리지와 여량지, 진제와 속제의 둘 중 어느 한 방향으로 치우친 것이라면, 그다음 세 번째는 그 둘 중 어느 하나에도 치우침이 없는 중도를 말한다. 진제를 비추되 속제를 폄하하지 않고 속제에 뛰어들되 진제를 잃지 않는 태도이다. 따라서 진제와 속제, 열반과 생사, 그 둘 사이에서 자유자재함을 중도를 비추는 동체(同體)의 지혜라고 말한다.

① 여리지	② 여량지
진제 : 열반의 추구	속제 : 생사의 긍정

③ 동체(同體)의 지혜
중도제 : 생사즉열반

---

328) 함허, 196상, "① 以理智照眞, 則目前無法, 耳畔無聲, 無一法可當情, 乃至訶佛罵祖, 口掛壁上, 訶風罵雨, 目視雲漢. ② 以量智照俗, 則波騰行海, 雲布慈門, 乃至土面灰頭, 提瓢入市. ③ 以同體之智照於中道, 則不忻法脫, 不厭法縛, 不厭生死, 不求涅槃. 掃蕩亦在我, 建立亦在我, 我爲法王, 於法自在, 須信道, 漢地不收, 秦不管, 又騎驢子過揚州."

그러므로 3덕의 묘한 성품이 완연하여 어그러짐이 없음을 안다.

故知三德妙性, 宛爾無乖.

3덕은 지금까지 계속 논한 대로 법신과 반야와 해탈의 세 가지 덕을 말한다. 이 세 가지 덕이 모두 각각 중도를 이루어 원만하고 자유 자재하며 부족한 것이 없다.

행정은 진제 차원의 법신·반야·해탈을 다시 각각 속제 차원에서의 온·처·계와 탐·진·치와 업행을 통해 설명한다. "그러므로 3덕이라는 것은 음(陰)·입(入)·계(界)의 고통이 곧 법신이지, 드러나는 것[顯現]을 법신이라고 이름하는 것이 아니다. 탐·진·치의 성품이 곧 반야이지, 능히 밝히는 것을 반야라고 이름하는 것이 아니다. 업행으로 속박에 매임을 해탈이라고 부르지, 속박을 끊음을 해탈이라고 이름하는 것이 아니다. 하나와 셋이 융합하므로 어그러짐이 없다고 말한다."[329] 말하자면 법신은 일체의 근원이므로 5온·12처·18계로 이루어진 고통의 현상세계 자체가 곧 법신의 표현이라는 말이다. 이렇게 진제는 속제를 포괄하는 것이지 속제를 배제한 것이 아니다. 상락아정의 법신의 현현만이 법신이 아니라, 범부가 느끼는 온처계(蘊處界)의 고통도 모두 법신에 속하는 것이다. 또 밝음만이 반야가 아니라 탐·진·치의 성품도 모두 반야에 속하고, 속박을 끊는 것만이 해탈이 아니라 업행의 속박도 모두 해탈에 속한다. 이와 같이 일체가 법신·반야·해탈의 3덕(德)에 포섭된다.

---

329) 행정, 196상, "陰入界苦, 卽是法身, 非顯現名法身. 貪瞋癡性, 卽是般若, 非能明名般若. 業行繫縛, 名爲解脫, 非斷縛名解脫. 一三融卽, 故曰無乖."

속제 :	온 · 처 · 계의 고	탐 · 진 · 치의 성	업행의 매임
	↑	↑	↑
	(현현)	(능명)	(속박을 끊음)
진제 :	법신	반야	해탈

일심은 깊고 넓어 생각하기 어려우니 어느 것이 벗어남(해탈)의 요점의 길이 아니겠는가?

一心深廣難思, 何出要而非路?

법신과 반야와 해탈, 이 3덕은 모두 일심의 발로이며 따라서 모두 일심으로 귀결된다. 이렇게 일심은 일체를 포괄하기에 그 넓이와 깊이가 무한히 넓고 깊어 그것을 온전히 파악하기가 쉽지 않다. 이 일심이 해탈의 핵심이지만, 일심의 무한한 넓이와 깊이 안에 모든 것이 포함되어 있으므로, 결국 어떤 수행이든 모두 해탈의 길이 될 수 있다. 어떤 수행방법이든 일심 안에 포함된 것으로서 중생을 번뇌로부터 구제하는 해탈의 길이 될 수 있다.

행정은 이렇게 설명한다. "근본 지혜와 깊이 명합하고 진여의 근원을 널리 비추어도 진여의 지혜는 생각하기 어려우니, 어느 것이 해탈이 아니겠는가? 일심이 총섭하니, 벗어남(해탈)의 요점이 여기에 있다."[330] 일심은 법신과 반야와 해탈 전체를 포섭하므로 그 안에 무한한 해탈의 길이 놓여 있다.

---

330) 행정, 196중, "沈冥本智, 廣照如源, 如智難思, 何非解脫? 一心摠攝, 出要在玆."

이 때문에 마음에 즉해 도를 구하는 자는 흐름을 찾아 근원을 얻는다고 말할 수 있다.

是以卽心爲道者, 可謂尋流而得源矣.

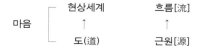

3덕이 모두 일심 안에 있으므로 일심은 일체를 모두 포함한다. 따라서 일심의 마음에서 도를 구하는 자는 곧 일체 모든 것 안에서 도를 구하게 된다. 일체 모든 것은 곧 인연 따라 현상세계를 형성하며 흐름으로 유동하는 것들이다. 그러므로 일심에서 도를 찾는다는 것은 곧 일체 안에서, 일체의 흐름 안에서 도를 찾는 것이다. 도는 세상 너머에 있는 것이 아니라 세상 안에 그 근원으로 작동하고 있기 때문이다.

흐름의 근원은 흐름 바깥이 아니라 흐름 안에 있다. 그렇듯 만물의 근원인 일심은 만물 밖이 아니라 만물 안에 존재한다. 그러므로 마음 안에서 도를 구하는 자는 곧 만물의 흐름 안에서 그 근원을 추구한다. 흐름의 근원은 흐름 밖이 아니라 흐름 안에서 찾아야 하는 것이다.

행정은 "그 도를 심(心)으로 여기면 날마다 쓰면서 요달하여 알고, 그 근원을 흐름으로 여기면 헤엄을 치면서 알 수 있다."[331]고 말한다. 도가 마음을 떠나 있지 않고, 근원이 흐름을 떠나 있지 않으므로, 흐

---

331) 행정, 196중, "心其道者, 日用而了知, 流其源者, 游泳而可測."

름 속에서 근원을 알듯이 마음이 포함하는 일체 안에서 도를 발견한다는 것이다.

마음 안의 도(道) :   도를 심으로 여김(心化함)   = 도의 일용화   → 도를 앎
흐름[流] 안의 근원 : 근원을 흐름으로 여김(유동화함) = 근원의 유동화 → 근원을 앎

함허는 마음 안에 일체가 포함되어 있기에 모든 수행이 마음을 관하는 공부로 귀결된다는 것에 대해 이렇게 설명한다. "마음을 관하는 하나의 법이 모든 수행을 총괄적으로 포섭한다. 마음을 관하여 통달하면 일체가 갑자기 끝나게 된다. 그러므로 일심을 지적하여 해탈의 요점이라고 한다."[332] 마음을 관하는 관심(觀心)이 철저해지면, 일체의 수행이 완수된다. 그러므로 일심을 해탈의 요점이라고 한다.

2) 관하는 본체를 드러냄

둘째로 그 관하는 본체를 드러낸다는 것은 단지 일념이 곧 공이고 불공이며 공도 아니고 불공도 아니라는 것을 아는 것이다.

第二出其觀體者, 祇知一念卽空不空, 非空非不空.

3관의 본체 = 일념 : 1. 공
                   2. 불공
                   3. 비공 · 비불공

---

332) 함허, 196중, "觀心一法, 揔攝諸行. 觀心得達, 一切頓畢, 故指一心爲出要."

3관 :   〈공관〉   〈가관〉
                공   불공
                └──────┬──────┘
              비공 · 비불공
              〈중도관〉[雙奪]

여기서 관하는 본체는 앞에서 말한 일체 수행의 요체로서의 마음
이다. 이 마음이 행하는 관이 바로 3제(諦)의 3관(觀)인 공관, 가관, 중
도관이다. 여기서 마음은 마음이 일으킨 분별적 념이 아니라 바로 마
음 본체의 일념(一念)이다. 본체를 드러내는 것은 곧 이 마음의 일념이
공이고 불공이고 비공비불공이라는 것을 아는 것을 말한다. 공관으
로써 일념이 공임을 알고, 가관으로써 일념이 불공임을 알며, 중도관
으로써 일념이 비공·비불공임을 안다.

행정은 "먼저 3관을 세워서 닦게 하고, 그다음 상응의 깊고 얕음
을 체득하게 한다."[333]고 말한다.[334] 여기에서 공·가·중 3관을 논하고,
이어 마음이 그 각각에 상응하는가의 여부를 논한다는 것을 말한다.

3) 상응을 말함

셋째로 그 상응을 말한다는 것은 [다음과 같다].
第三語其相應者.

---

333) 행정, 196중, "先立三觀令修, 次驗相應深淺."
334) 행정은 이곳에서의 '祇'자는 잘못된 것으로 '應'자로 수정해서 '일념이 곧 공이되 불공
이며 공도 아니고 불공도 아니라는 것을 마땅히 알아야 한다'로 읽어야 한다고 주장한
다. 그러나 뒤에 나오는 '6) 관하는 본체를 다시 드러냄'과 연관지어 생각해보면, '마땅
히'[應]로 바꾸지 않고 그냥 '다만'[祇]으로 읽는 것이 더 타당해 보인다.

앞에서 일념이 공이되 불공이며 공도 아니고 불공도 아니라는 것을 논한 데 이어 이하에서는 ① 심(心)과 ② 식소변(識所變)인 정보(正報)로서의 몸(유근신) 그리고 ③ 그 몸이 의거해 사는 의보(依報)로서의 세계(기세간), 이 세 가지가 각각 어떻게 공과 불공과 비공·비불공 모두에 상응하는지를 차례로 논한다.

행정은 각각의 관이 어떤 미혹을 깨는지에 대해 이렇게 설명한다. "공(空)은 애혹(愛惑)·견혹(見惑)을 깨고, 가(假)는 진사혹(塵沙惑)을 깨고, 중(中)은 무명을 깬다. 하나하나가 넘치지 않으니 이를 '상응'이라고 한다."[335] 천태는 혹을 견사혹과 진사혹과 무명혹, 세 가지로 설명한다. 견사혹(見思惑)은 '아견의 번뇌'(견혹)와 '아애의 번뇌'(애혹=사혹)로서 아공을 깨달은 2승과 보살이 끊는 혹이다. 진사혹은 그것보다 더 심층마음의 혹으로서 10지(地) 수행을 하는 보살이 끊는 혹이다. 그리고 무명혹은 근본무명으로서 불지(佛地)에 오른 부처만이 끊는 혹이다. 아공을 관하는 공관은 견사혹을 깨고 법공을 관하는 가관은 진사혹을 깨며 공공을 관하는 중도관은 무명혹을 깬다.

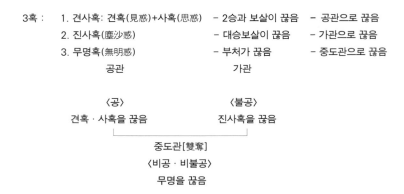

335) 행정, 196중, "空破愛見, 假破塵沙, 中破無明. ——不濫, 謂之相應."

(1) 공과 상응

① 마음이 공과 상응하면 나무람과 헐뜯음 또는 칭찬과 기림에 대해 무엇을 근심하고 무엇을 기뻐하겠는가? ② 몸이 공과 상응하면 칼로 베든 향을 바르든 무엇을 괴로워하고 무엇을 즐거워하겠는가? ③ 의보가 공과 상응하면 주든 빼앗든 무엇을 얻고 무엇을 잃겠는가?

① 心與空相應, 則譏毀讚譽, 何憂何喜? ② 身與空相應, 則刀割香塗, 何苦何樂? ③ 依報與空相應, 則施與劫奪, 何得何失?

(1) 〈공과 상응〉
① 마음 : 8풍(風)에 무심해짐
② 몸 : 고락을 넘어섬
③ 의보 : 소유에 자유로워짐

　① 마음이 텅 비어 공과 같이 되는 것을 공에 상응한다고 말한다. 마음이 허공과 같이 텅 비어 걸림이 없고 집착이 없다면, 나에 대한 상(相)도 없고 나에 대한 견(見)도 없고 나에 대한 애(愛)도 없을 것이다. 그렇게 견혹과 애혹을 넘어서게 된다. 마음이 공에 상응하면 누군가 나를 높이든 낮추든 아무 상관이 없게 된다. 흔히 나를 높이거나 낮춤으로써 내 마음을 흔들어 놓는 것을 '8풍(風)'이라고 한다. 내 마음이 공과 상응하면, 8풍에 흔들림이 없어져 누가 나를 높인다고 해서 기뻐하거나 나를 낮춘다고 해서 슬퍼하게 되지 않는다.

8풍(風) : 이(利) · 쇠(衰) · 예(譽) · 훼(毁) · 칭(稱) · 기(譏) · 락(樂) · 고(苦)
　　　　이익　　손실　　기림　헐뜯음　칭찬　나무람　즐거움　괴로움

② 마음이 공에 상응하면 일체 경계에 대해 마음의 흔들림이 없게 되듯이, 몸이 공에 상응하면 몸 또한 일체 경계에 대해 흔들림이 없게 된다. 누군가 몸에 해를 가해도 괴롭지 않고 몸에 이익을 줘도 즐겁지 않은 것이 몸이 공에 상응하는 경지이다.

③ 개체의 심신이 의거해 살고 있는, 개체의 심신 바깥의 세계를 불교는 그 세계 속 중생의 업에 의해 형성되는 보(報)로 간주한다. 개체의 몸인 유근신(有根身)은 각각의 개체적 업의 직접적 보인 정보(正報)이고, 그들이 함께 의거해 사는 기세간(器世間)은 공통의 업의 보로서 '정보가 의거해 사는 보'라는 의미에서 '의보(依報)'이다. 여기에서 의보는 소위 '나 아닌 것'[非我] 또는 '나의 소유'[我所]라고 할 수 있는 내 주위의 것들이다. 심신과 마찬가지로 의보도 공과 상응하면, 누가 내 것을 더해주든 뺏어가든 내게 아무 차이를 만들지 않게 된다.

행정은 마음과 몸과 세간사물이 공에 상응하는 경지에 대해 각각 이렇게 설명한다. ① 마음이 공과 상응함에 대해서는 이렇게 말한다. "나무람[譏]과 헐뜯음[毀]은 두 가지 거슬림[違]이고, 칭찬[讚]과 기림[譽]은 두 가지 수순함[順]이다. 이 뒤에 이익[利]과 손실[衰]과 괴로움[苦]과 즐거움[樂]을 더하면 8풍(風)이 된다. 그러나 공(空)을 증득한 자는 그를 귀히 여겨도 기뻐하지 않고, 그를 천히 여겨도 노하지 않는다. 『증도가』에서 '돈오하여 무생을 요달한 후부터는 모든 영화와 치욕에 대해 어찌 근심하거나 기뻐하겠는가?'라고 하였다."[336] 마음이 공과 상응하면 순풍이든 역풍이든 일체 풍으로부터 자유롭다는 것이다. ②

---

336) 행정, 196중, "譏毁則二違, 讚譽則二順. 加後利衰苦樂, 乃成八風. 然證空者, 貴之不喜, 賤之不怒. 歌云, '自從頓悟了無生, 於諸榮辱何憂喜?'" 여기에서의 인용문은 행정이 현각의 『영가증도가』(『대정장』 권48, 396상)에서 가져온 것이다.

몸이 공에 상응하는 것에 대해서는 "심이 이미 공하면, 몸도 또한 거기 따르게 된다. 『열반경』에서 '향을 바르거나 몸을 베는 두 가지 일이 그 마음에 둘이 아니다'라고 하였다."[337]고 말한다. ③ 마지막으로 의보가 공에 상응하는 경지에 대해서는 "일체 수용(受用, 쓸 수 있는 것)을 의보라고 한다. 얻어도 본래 있던 것과 같으므로 얻는다고 그 때문에 기뻐하지 않고, 잃어도 본래 없던 것과 같으므로 잃는다고 그 때문에 근심하지 않는다."[338]고 말한다. 의보가 공과 상응한다 함은 나의 소유로부터 자유로워지는 경지를 말한다.

(2) 공·불공과 상응

① 마음이 공·불공과 상응하면 애(愛)와 견(見)을 모두 잊되 자비로 널리 구제할 것이다. ② 몸이 공·불공과 상응하면 안으로는 고목과 같되 밖으로는 위의를 드러낼 것이다. ③ 의보가 공·불공과 상응하면 탐하여 구함을 영원히 끊되 자재(재물)를 주어 제도할 것이다.

① 心與空不空相應, 則愛見都忘, 慈悲普救. ② 身與空不空相應, 則內同枯木, 外現威儀. ③ 依報與空不空相應, 則永絕貪求, 資財給濟.

	(1) 〈공과 상응〉	(2) 〈공·불공과 상응〉
① 마음 :	애·견 없앰	자비로 구제함
② 몸 :	고목과 같음	4위의를 드러냄
③ 의보 :	탐구를 끊음	재물을 나눠줌

---

337) 행정, 196하, "心既卽空, 身亦隨爾. 涅槃云, '塗割二事, 其心無二.'" 여기에서의 인용문은 행정이 『열반경』 권29(『대정장』 권12, 540하)에서 가져온 것이다.
338) 행정, 195하, "一切受用, 謂之依報. 得如本有, 得之不以喜, 失如本無, 失之不以憂."

① 마음이 공과 상응하는 것은 자신의 아애와 아견을 극복하는 측면만을 강조하지만, 마음이 공뿐 아니라 불공에도 상응한다는 것은 그러한 자기수행 또는 자기극복에만 머무르지 않고 보살의 마음으로 여러 중생을 자비심으로 보살피는 것을 말한다.

② 몸이 공과의 상응에만 머물러 있으면 그 몸가짐이 고목처럼 부동이 되겠지만, 공뿐 아니라 불공과도 상응하면 몸은 여러 가지 구체적인 삶의 방식으로 자신을 표출한다. 행주좌와의 삶의 방식이 모두 집착 없는 마음의 발현으로서 법도에 맞고 위엄을 갖춘 방식이 된다. 그러므로 밖으로 번뇌 없는 자의 행주좌와를 드러낸다고 한다.

③ 의보가 공하고만 상응하면 주변의 나의 것에 대해 일체 부동의 마음으로 남아 탐하거나 구함이 없겠지만, 공뿐 아니라 불공과도 상응하면 자비의 마음으로 나의 것들을 이웃 중생에게 나눠주게 된다.

행정은 마음과 몸과 의보가 공·불공과 상응하는 경지에 대해 각각 이렇게 설명한다. ① 마음이 공·불공과 상응하면 "공은 애와 견을 잊게 하고 가(假)는 자비를 움직여 무위를 증득하지 않고서 모든 중생을 이롭게 한다. 『방광경』에서 '등각(等覺)을 움직이지 않고 제법을 건립한다'고 하였다."[339]라고 설명한다. ② 몸이 공·불공과 상응하면 "안으로는 하나의 멸(滅)과 명합하고 밖으로는 4위의(威儀)에 따른다. 『보적경』에서 '심의 뜻이 없으나 행(行)을 나타낸다'고 하였다."[340]라고

---

339) 행정, 196하, "空忘愛見, 假運慈悲, 不證無爲, 利生諸趣, 放光云, '不動等覺, 而建立諸法.'" 여기에서의 인용문은 행정이 승조의 『조론』(『대장정』 권45, 153중), "放光云, 不動等覺, 而建立諸法."에서 가져온 것으로 보인다.
340) 행정, 196하, "內冥一滅, 外順四儀, 寶積云, '以無心意而現行.'" 여기에서의 인용문은 행정이 승조의 『조론』(『대장정』 권45, 153중), "寶積曰, 以無心意而現行"에서 가져온 것으로 보인다.

설명한다. 그리고 ③ 의보가 공·불공과 상응하는 것에 대해 "탐하여 구함이 이미 사라지니 진리가 공에 따르고, 남에게 주어 제도하기를 항상 펴니 일이 가(假)에 부합한다. 승조는 '반야문은 공(空)을 관하고, 구화문(방편문)은 유(有)에 이른다'[341]고 하였다."라고 설명한다.

(3) 공 · 불공 · 비공 · 비불공과 상응

① 마음이 공 · 불공 · 비공 · 비불공과 상응하면 실상이 처음으로 밝아져 '부처의 지견'[佛知見]을 열 것이다. ② 몸이 공 · 불공 · 비공 · 비불공과 상응하면 하나의 먼지로 삼매[正受]에 들어 모든 먼지에서도 삼매가 일어날 것이다. ③ 의보가 공 · 불공 · 비공 · 비불공과 상응하면 향대와 보각으로 장엄해진 땅에 화생할 것이다.
① 心與空不空非空非不空相應, 則實相初明, 開佛知見. ② 身與空不空非空非不空相應, 則一塵入正受, 諸塵三昧起. ③ 依報與空不空非空非不空相應, 則香臺寶閣, 嚴土化生.

	(1) 〈공과 상응〉	–	(2) 〈불공과 상응〉
	(3) 〈비공 · 비불공과 상응〉		

	(1) 〈공과 상응〉	(2) 〈공 · 불공과 상응〉	(3) 〈공 · 불공 · 비공 · 비불공과 상응〉
① 마음:	애 · 견 없앰	자비로 구제함	불지견이 열림
② 몸:	고목 같음	4위의를 드러냄	삼매[正受]에 듦
③ 의보:	탐을 끊음	재물을 나눠줌	화엄정토에 화생

---

341) 행정, 196하, "貪求已泯, 理順於空, 給齊恒施, 事符於假. 肇師云, '般若之門觀空, 漚和之門涉有.'" 여기에서의 인용문은 행정이 승조의 『조론』(『대정장』 권15, 151상)에서 가져온 것이다.

① 심(心)이 공·불공과 상응할 뿐 아니라 그 둘을 포괄하면서도 그 둘을 뛰어 넘는 비공·비불공과도 상응하면, 즉 공·불공·비공·비불공과 상응하면, 심은 공관과 가관을 종합하는 중도관을 이루어 부처와 같은 수준의 지견인 불지견(佛知見)을 갖게 된다.

② 심과 더불어 몸이 공·불공·비공·비불공과 상응하면 몸이 자유자재하여 하나의 먼지로 삼매에 들고 모든 먼지로도 삼매에 들게 한다고 한다.

③ 의보가 공·불공·비공·비불공과 상응하면 심신이 함께 자유로워져서 결국은 청정 불국토에 태어난다고 말한다. 의보에 대해 자유자재해지는 것이다.

행정은 심과 몸과 의보가 공·불공·비공·비불공과 상응하는 경지에 대해 각각 다음과 같이 설명한다. ① 우선 마음이 공·불공·비공·비불공에 상응해서 얻게 되는 불지견에 대해 지(知)와 견(見)을 구분해서 "3관(觀)이 현전하면 지견이 명백해지니, 지(知)는 심(心)의 공적(空寂)을 아는 것이고 견(見)은 성(性)의 무생(無生)을 보는 것이다. 지견이 확연하여 오직 하나의 실상일 뿐이다."[342]라고 설명한다. ② 심과 더불어 몸이 공·불공·비공·비불공과 상응하는 것에 대해서는 "하나의 먼지와 모든 먼지는 단지 의보(依報)를 간략히 말한 것이다. 단지 하나의 먼지에 있어서도 들어가자마자 나오는 것도 있고, 쌍으로 들어가고 나오는 것도 있고, 들어가지도 나오지도 않는 것도 있다. 의보 중에서도 하나하나마다 자재하니 정보 중에서도 역시 그와 같다. 삼매라는 것은 여기에서 '정수(正受)'라고 하였다. 여러 수를 받지 않으므로

---

342) 행정, 196하, "三觀現前, 知見明白, 知則知心空寂, 見則見性無生. 知見了然, 惟一實相."

'정수'라고 한 것이다."³⁴³⁾라고 설명한다. 몸이 자유로워 신체의 한계를 뛰어넘어 먼지에의 입출이 가능하다는 말인 듯한데, 먼지에의 입출의 정확한 의미는 알지 못하겠다. ③ 의보가 공·불공·비공·비불공과 상응하는 의보의 자유자재함에 대해서는 "처음 성불하고부터 미래세가 다하기까지 상속하고 변(變)하여 순수하고 청정한 불국토가 된다. 두루 원만하여 한계가 없고 여러 보물로 장엄하여 자수용신(自受用身)이 항상 의거하여 머무른다."³⁴⁴⁾고 설명한다.

4) 교만을 경계함

넷째로 그 교만[上慢]을 경계한다는 것은 만약 그렇지 않다면 아직 상응하지 않았다는 것이다.
第四警其上慢者, 若不爾者, 則未相應也.

마음을 관함에 있어 마음과 몸과 의보가 공·불공·비공·비불공과 상응하는가를 관하였으면, 그다음으로는 그 마음에 교만함이 남아 있는지를 관해야 한다. 만일 마음에 교만이 없지 않다면, 마음이 실제로 공·불공·비공·비불공과 상응하였다고 보기 어렵다는 것이다.
　행정은 "자신의 공덕이 성인에 이르도록 높다고 말하고, 마음이 암암리에 자연에 일치한다고 논하는 것은 이미 3관(觀)에 의지한 훈습

343) 행정, 197상, "一塵諸塵, 惟約依報. 秖於一塵, 卽入卽出, 卽雙入出, 卽不入出. 於依報中, 一一自在, 於正報中, 亦復如是. 三昧者, 此云正受. 良以不受諸受, 名爲正受."
344) 행정, 197상, "從初成佛, 盡未來際, 相續變爲純淨佛土. 周圓無際, 衆寶莊嚴, 自受用身常依而住."

이 아니고 무지한 상만(上慢)에 떨어진 것이다."[345]라고 말한다. 수행을 통해 그 단계가 점점 올라간다고 해도 그것에 대해 상을 내어 스스로를 높다고 여기면 이는 아직 참된 3관의 수행을 이루지 못한 것이다.

5) 게으름을 경계함

다섯째로 그 게으름[疏怠]을 경계한다는 것은 바다를 건너려면 마땅히 배를 타야지 배가 아니면 어떻게 건널 수 있겠느냐는 것이다. 마음을 닦으려면 반드시 관(觀)에 들어야 하니, 관이 아니면 마음을 밝힐 수 없다. 마음이 아직 밝지 않은데 언제 상응하겠는가? 이것을 생각해서 자신을 믿지 말아야 한다.

第五誡其疏怠者, 然渡海應須上船, 非船何以能渡. 修心必須入觀, 非觀無以明心. 心尙未明, 相應何日? 思之勿自恃也.

수행함에 있어 스스로를 높이는 교만도 경계해야 하지만, 그것 못지않게 또 경계해야 할 것은 바로 게으름이다. 마음을 닦겠다고 말만 앞세우고 실질적으로 정진하고 노력하지 않는다면, 이루어질 것이 없기 때문이다. 생사의 바다, 고해의 바다 건너 피안에 이르고자 한다면, 즉 해탈하고자 한다면, 배를 타고 열심히 노를 저어 바다 건너 저편으로 나아가야 한다. 결국은 버려야 할 배라고 배를 타지도 않고 노를 젓지도 않고 그냥 저 너머를 바라보기만 한다면, 아무것도

---

345) 행정, 197상, "謂己功高至聖, 論心暗叶自然. 旣非三觀資薰, 卽墮無知上慢."

이루어지는 것이 없을 것이다.

그렇다면 게으름을 극복하고 수행을 행할 때, 구체적으로 무엇을 해야 하는가? 이에 대해, 마음을 닦으려면 마땅히 마음을 들여다보는 관(觀)을 실행해야 한다고 말한다. 지금 논하고 있는 관심10문의 관(觀)이 바로 그것이다. 마음이 일체 제법과 일체 행함의 근본이기에, 그 마음을 밝게 비추는 관이 요구되는 것이다.

행정은 "회남자는 '배와 노를 버리고 능히 강과 바다를 건널 수 있는 사람은 아무도 없다'[346]고 하였다."라고 말한다. 수행에서 해탈에 이르고자 한다면, 마땅히 게으름을 극복하고 정진해야 한다는 것을 강조한 말이다. 그리고 이어 자문자답한다. "〈문〉 이 문장과 앞의 문장이 어떻게 다른가? 〈답〉 앞에서는 견을 일으키면 곧 성(聖)을 범하는 허물을 부른다는 것을 논했고, 여기에서는 게으르면 반드시 치우친 견문[偏聞]의 과실에 빠진다는 것을 경계한 것이다."[347] 수행을 제대로 하기 위해서는 교만해서도 안 되고 게을러서도 안 된다는 것을 구분해서 말한 것이다.

4) 교만(상만)	-	성인을 범하는 허물을 부름
5) 게으름(소태)	-	치우친 견문의 과실에 빠짐

---

346) 행정, 197상, "淮南子曰, '未有捨舟楫, 能涉江海乎.'" 회남자(?~기원전 123)는 중국 전한 시기 학자로 유안(劉安)이다. 그가 편찬한 책이름이 『회남자』이다.

347) 행정, 197상중, "問, 此文與前文何異? 答, 前論起見卽招偕聖之愆, 此誡疎惰必墮偏聞之失."

6) 관하는 본체를 다시 드러냄

여섯째로 관하는 본체를 다시 드러낸다는 것은 단지 일념이 곧 공이고 불공이며 유도 아니고 무도 아니라는 것만 알고, 그 념이 곧 공이고 불공이며 유가 아닌 것도 아니고 무가 아닌 것도 아니라는 것은 모르는 것이다.

第六重出觀體者, 祇知一念卽空不空非有非無, 不知卽念卽空不空非非有非非無.

'2) 관하는 본체를 드러냄'에서는 〈일념이 공·불공·비공·비불공〉임을 알아야 한다고 설명했다. 그리고 여기 '6) 관하는 본체를 다시 드러냄'에서는 〈일념이 공·불공·비유·비무〉라는 것만 알고 〈념이 공·불공·비비유·비비무〉라는 것은 모르기에 다시 드러낸다고 말한다. 그러니까 2)에서 이미 밝혀진 것은 〈공·불공·비공·비불공〉, 즉 〈공·불공·비유·비무〉이고, 아직 밝혀지지 않아 이제부터 논해져야 하는 것은 〈공·불공·비비유·비비무〉이다. 이것을 구체적으로 밝히는 것은 다음 '7) 그 옳고 그름을 밝힘'에서이다.

행정은 이렇게 설명한다. "앞에서는 3관(觀)을 밝혀 차례로 중관에 나아간 듯하고, 여기에서는 일심을 논해 전후 없이 원만히 구족하였다. 앞에서는 두 개의 비(非)로써 소(所)를 파하였고, 여기에서는 두 개의 비(非)를 더하여 능(能)을 파하니, 전후가 서로 기다려 묘하게 둘이 없게 된다."[348] 다시 말해 앞의 2)에서 관하는 본체를 논한 것과 지금 여기 6)에서 관하는 본체를 다시 논하는 것을 비교해 보면 우선 앞에서는 3관(觀)을 논하고 여기서는 일심(一心)을 논한다는 것이고, 앞에서는 비(非)로써 소(所)를 파하고 여기서는 다시 두 개의 비(非)를 더해 앞에서 소(所)를 파하던 능(能)을 다시 또 파한다는 것이다. 결국 앞에서 행한 부정에 대해 여기에서 한 번의 부정을 다시 또 더함으로써 부정의 부정을 이룬 것이라고 볼 수 있다.

7) 옳고 그름을 밝힘

일곱째로 그 '옳고 그름'[是非]을 밝힌다는 것은 [다음과 같다].
第七明其是非者.

여기에서는 6)에서 언급한 대로 마음이 〈공·불공·비유·비무〉일 뿐 아니라 〈공·불공·비비유·비비무〉라는 것을 밝힌다. 이를 위해 마음에 관한 념의 시시비비를 밝히되, 다음과 같은 다섯 단계로 밝힌다.

---

348) 행정, 197중, "前明三觀, 似次第而卽中, 此論一心, 不前後而圓具. 前以二非破所, 此加二非破能, 前後相須, 妙無二矣."

(1) 주장 : 일단 마음 이해의 약과 병을 함께 제시함

(2) 병 : 두 가지 병을 말함

(3) 병을 타파하는 약 : 그 각각의 병을 타파할 각각의 약을 밝힘

(4) 약의 한계 : 약의 한계를 밝힘

(5) 시비의 유혹을 넘어섬 : 시비에 조심해야 함을 논함

행정은 이와 같이 논하는 이유에 대해 이렇게 설명한다. "아래에서 해석한 세 구절(心不是有, 心不是無, 心不非有, 心不非無)은 '6) 중출관체(重出觀體)'에서 가져온 것이다. 의미를 알지 못하면 관(觀)에 집착함이 병이 되어 '공을 닦음'을 '무(無)'라고 하고 '가(假)를 지음'을 '유(有)'라고 하며 '2비(非)'를 '중(中)'이라고 부르니, 모두 참된 마음이 아니다. 그러므로 '심(心)은 있는 것이 아니다'[心不是有] 등이라고 가려내어 말한다."[349] 3관에 집착하여 공관에서 아공의 공을 무로, 가관에서 법의 가를 유로, 그리고 중도관에서 중도를 비유비무(非有非無)로 간주해서는 안 된다는 것을 강조한 말이다. 그럴 경우 '아공법유'에 빠지기 쉽고, 참다운 의미의 중도를 알지 못하게 되기 때문이다.

(1) 주장

〈마음은 있는 것이지도 않고, 마음은 없는 것이지도 않으며〉, 〈마음은 있는 것이 아니지도 않고, 마음은 없는 것이 아니지도 않다.〉

〈心不是有, 心不是無〉, 〈心不非有, 心不非無〉.

---

349) 행정, 197중, "下釋三句, 從重出觀來. 不得意者, 執觀成病, 修空謂無, 造假謂有, 二非謂中, 俱非眞心. 故揀云心不是有等."

	〈시〉			〈비〉		
	시유(是有)·시무(是無)			비유(非有)·비무(非無)		〈병〉
	↕			↕		
주장:	〈불(不)시유·불(不)시무〉			〈불(不)비유·불(不)비무〉		〈약〉

　일상적으로 마음에 대해 '있는 것이다'[是有], '없는 것이다'[是無] 또는 '있는 것이 아니다'[非有], '없는 것이 아니다'[非無]라는 네 가지 규정을 생각할 수 있다. 그러나 영가집은 이 네 가지를 모두 잘못된 것, 병이라고 본다. 위의 문장은 이상 네 가지를 모두 부정하기 위해 각각에다 불(不) 자를 붙인 것이다. 이것은 병을 치유하는 약에 해당한다. 이하에서는 이 약의 주장에 이르기까지의 과정을 다시 병에서부터 시작해서 설명하고 마지막에는 이 약의 한계가 무엇인지를 밝힌다.

　행정은 위의 주장에 대해 "시와 비를 다 세우고, 약과 병을 겸해서 폈다."[350]고 말한다. 이하에서 논하는 바와 같이 마음에 대해 '시유·시무'의 '시(是)'와 '비유·비무'의 '비(非)'를 세우는 것은 잘못된 것으로서 병이고, 다시 그것을 부정하는 '불시유·불시무'와 '불비유·불비무'는 그 잘못된 병을 타파하는 것으로서 약에 해당한다.

(2) 병 : 타시(시유·시무)·타비(비유·비무)

〈있는 것이다·없는 것이다〉[是有·是無]라고 하면 곧 긍정[是]에 떨어지고, 〈있는 것이 아니다·없는 것이 아니다〉[非有·非無]라고 하면 곧 부정[非]에 떨어진다.
〈是有·是無〉卽墮是, 〈非有·非無〉卽墮非.

---

350) 행정, 197중, "是非俱立, 藥病兼陳."

```
        〈시〉              〈비〉
      시유 · 시무        비유 · 비무     : 〈병〉
      =타시(墮是)        =타비(墮非)
```

　　마음에 대해 '있는 것이다' 또는 '없는 것이다'라고 주장하는 것은
마음을 '무엇무엇이다'[是]라고 긍정적으로 단정하는 것이다. 이것을
'긍정[是]에 떨어짐'인 '타시(墮是)'라고 한다. 이와 반대로 마음에 대해
'있는 것이 아니다' 또는 '없는 것이 아니다'라고 주장하는 것은 마음
을 '무엇무엇이 아니다'[非]라고 부정적으로 단정하는 것이다. 이것을
'부정[非]에 떨어짐'인 '타비(墮非)'라고 한다. 여기에서는 마음은 긍정적
으로도 부정적으로도 단정하여 규정할 수 있는 것이 아니기에, 긍정
에 떨어진 타시나 부정에 떨어진 타비나 둘 다 모두 옳지 않다고 본
다. 이 점에서 이 둘을 모두 치유되어야 할 병이라고 말한다.

　　행정은 "이것은 단지 병을 드러내어 그 잘못된 바를 비판한다."[351]
고 말한다. 긍정에 떨어진 타시의 병과 부정에 떨어진 타비의 병을
말한 것이다.

이와 같으면 단지 〈긍정[是]과 부정[非]의 그름[非]〉일 뿐이다.
如是秪是〈是 · 非之非〉.

```
        〈시〉              〈비〉
      시유 · 시무   ㅡ   비유 · 비무     : 〈병〉
      =타시(墮是)        =타비(墮非)
       是之非            非之非        是 · 非之非(그름)
```

---

351) 행정, 197중, "此單出病, 判其所負."

'마음은 〈있는 것이다·없는 것이다〉(시유·시무)'는 마음을 '—이다'라고 단정하는 긍정인 시(是)에 떨어졌기에 잘못된 그름[非]이다. 반면 '마음은 〈있는 것이 아니다·없는 것이 아니다〉(비유·비무)'는 그것을 부정함으로써 잘못이 시정된 것 같지만 실은 마음을 '아니다'라고 단정하는 부정인 비(非)에 떨어졌기에 그것 역시 잘못된 그름[非]이다. 긍정[是]에 떨어진 것은 '긍정의 그름'[是之非]이고, 부정[非]에 떨어진 것은 '부정의 그름'[非之非]이다. 이 '긍정의 그름'과 '부정의 그름' 둘을 합해서 '긍정과 부정의 그름'[是·非之非]이라고 한다. 긍정이나 부정 둘 중 하나에로 치우친 판단은 결국 시비분별의 판단으로서 모두 잘못된 그름[非]이라는 것이다.

행정은 "결론적으로 긍정[是]과 부정[非]이 모두 그름[非]이라고 지시한다."[352]고 말한다. 타시(墮是)와 타비(墮非)가 둘 다 시비분별의 그름, 시비지비(是非之非)라는 말이다.

아직 〈'긍정의 부정'[非是]과 '부정의 부정'[非非]의 옳음[是]〉이 아니다.

未是〈非是·非非之是〉.

〈시〉	〈비〉	
시유·시무 —	비유·비무	: 〈병〉 = 是·非之非(그름)
〈是〉之非	〈非〉之非	
↕	↕	
〈非是〉之是	〈非非〉之是	: 〈약〉 = 非是·非非之是(옳음)

352) 행정, 197하, "結指是非俱非."

타시나 타비는 긍정이나 부정에 빠진 병이다. 긍정[是]에 빠진 타시의 병[是之非]을 고치자면 그 병이 빠져 있는 긍정[是]을 부정[非]해야 한다. 즉 '긍정의 부정'[非是]이 필요하다. 다시 말해 '-이다'[是]의 규정에 빠져 있는 병은 '-이다가 아니다'[非是]로써 극복되어야 한다. 이 긍정의 부정인 '비시(非是)'는 타시의 병을 고치는 약으로서 옳은 것이기에 이를 '긍정의 부정의 옳음'[非是之是]이라고 한다. 마찬가지로 부정[非]에 빠진 타비의 병[非之非]을 고치자면 그 병이 빠져 있는 부정[非]을 부정[非]해야 한다. 즉 '부정의 부정'[非非]이 필요하다. 다시 말해 '아니다'[非]의 규정에 빠져 있는 병은 '아니다가 아니다'[非非]로써 극복되어야 한다. 이 부정의 부정인 '비비(非非)'는 타비의 병을 고치는 약으로서 옳은 것이기에 이를 '부정의 부정의 옳음'[非非之是]이라고 한다. 이상과 같이 타시의 '시지비(是之非)'를 고치는 약인 '비시지시(非是之是)'와 타비의 '비지비(非之非)'를 고치는 약인 '비비지시(非非之是)'를 합해서 '비시·비비지시(非是·非非之是)'라고 한다. '〈긍정의 부정〉과 〈부정의 부정〉의 옳음' 또는 '〈-이다가 아니다〉와 〈아니다가 아니다〉의 옳음'이라고 할 수 있다.

그런데 위의 문장은 긍정과 부정, 시와 비는 그름[非]이고 병일 뿐이며 아직 옳음[是]의 약은 아니라는 것을 단언한 것일 뿐, 그 병이 왜 그 약으로 타파되는지를 말한 것은 아니다. 이것은 이어지는 '(3) 병을 타파하는 약'에서 다시 상세히 설명된다.

행정은 여기서 언급한 '긍정의 부정과 부정의 부정의 옳음'(非是非非之是)에 대해 "앞의 상대적인 그름에 대한 것이지 아직 절대의 옳음인 것은 아니다."[353]라고 덧붙인다. 즉 '비시·비비의 옳음'은 앞의 상대

---

353) 행정, 197하, "對前相待之非, 未爲絶待之是."

적인 시비분별상의 그름 내지 병에 대해 그 병을 치유하는 약이라는 의미에서의 옳음일 뿐이지, 그 자체로 절대적 옳음을 뜻하는 것은 아니라는 말이다. 약의 옳음은 상대적 그름인 병에 대한 상대적 옳음일 뿐 아직 그 자체로 성립하는 절대(絶對)의 옳음은 아닌 것이다.

```
        〈시〉              〈비〉
  시유 · 시무    ─    비유 · 비무   : 〈병〉 = 是 · 非之非(그름)   ── 상대(相待)의 非
   〈是〉之非          〈非〉之非
     ↕                  ↕
 〈非是〉之是          〈非非〉之是   : 〈약〉 = 非是 · 非非之是(옳음) ── 상대(相對)의 是
                                                              (∴ 절대의 是가 아님)
```

(3) 병을 타파하는 약 : 비시 · 비비

이제 쌍 비(非)로써 양 긍정을 타파하니, 긍정이 타파되어 〈긍정 [是]〉이 아니고 오히려 〈부정[非]〉이 된다.

今以雙非破兩是, 是破, 非〈是〉猶是〈非〉.

```
            〈양 시(是)〉
  병 :    시유 · 시무       = 타시(墮是)
            ↑ 파(破)
  약 :  불시유 · 불시무
         〈쌍 비(非)〉      = 시파(是破) = 시가 아니고[非是] 오히려 비다[是非] = 비(非)
```

'마음은 〈있는 것이다 · 없는 것이다〉(시유·시무)'의 긍정[是]에 빠진 병을 타파하는 약은 '(1) 주장'에서 언급되었던 대로 시유 · 시무의 두 긍정을 부정하는 불(不), 즉 '마음은 〈있는 것이지도 않다 · 없는 것이지도 않다〉(불시유·불시무)'이다. 이 불(不)이 곧 시(是)를 부정하는 비(非)이다.

그러므로 한 쌍의 비로써 시에 빠진 양 긍정을 타파한다고 말한다.

　그런데 타시의 병은 양 불(不) 내지 양 비(非)로써 타파되지만, 그렇게 병이 타파되고 나면 약 또한 부정[非]된다. 병을 다스리기 위한 약은 그 병에 대해서만 의미가 있으며, 병이 다하면 약 또한 쓸모가 없어지기 때문이다. 약이 병을 타파하지만, 병이 타파되고 나면 약도 함께 타파되어야 할 처지가 된다. 병이 부정인 만큼 그것을 다스리는 약도 그만큼 부정인 것이다. 그러므로 부정[非]의 약으로써 긍정[是]의 병을 다스리면 긍정이 타파되어서 결국 긍정[是]이 아니고 부정[非]이 된다고 말한다. 긍정[是]이 부정되어 긍정이 아니고 부정[非]이 된다는 것은 곧 병이 타파되면 그 병을 타파하던 약 또한 옳음[是]이 아니고 그름[非]이 된다는 뜻이다.

　행정은 '쌍 비(非)로써 양 긍정을 타파한다'에 대해 "그러므로 앞의 양 불(不)을 가지고서 '시유·시무의 타시'를 타파한다."[354]라고 말한다. 시유·시무를 타파하는 양 불(不)은 곧 불시유·불시무의 양 불(不)이다. 이 양 불(不)로써 양 긍정의 병을 타파하니, 긍정[是]이 타파된다. 행정은 '긍정이 타파되어 긍정이 아니다'[是破, 非是]에 대해 "양 긍정이 이미 타파되므로 '긍정이 아니다'[非是]라고 말한다."[355]고 설명한다. 양 긍정의 병이 없어지니, 약 또한 긍정이 아니게 된다는 것이다. 이어 '오히려 부정이 된다'[猶是非]에 대해 "무릇 타파하는 것[能破]이 바뀌어 타파되는 것[所破]이 되니, 장군이 오히려 도적이 되고 약이 병이 된다는 것을 요달해야 한다."[356]고 설명한다. 능파(能破)가 소파(所破)가 된다는

---

354) 행정, 197하, "仍將前之兩不, 破是有是無卽墮是."
355) 행정, 197하, "兩是卽破, 故云非是."
356) 행정, 197하, "須了能破轉爲所破, 將還爲賊, 藥成病矣."

것은 약은 병이 나아지면 쓸모가 없어 병이 파해질 때 함께 파해진다는 말이다. 약이 처음에는 병을 타파하는 '능파'였지만, 병이 타파되고 나면 약도 함께 타파되어야 할 '소파'가 된다는 것이다. 그래서 능파가 소파가 된다고 말한다. 쌍 불(不)에 의해 병의 그름[非]이 타파되고 나면 약의 긍정도 함께 타파되어 결국 긍정[是]이 아니고 부정[非]이 된다. 그러므로 '부정이다'라고 말한다. 병이 부정이듯이 약도 똑같이 부정이다. 병을 버리면, 약도 버려야 한다. 그래서 도적을 잡는 장군[能]이 오히려 다시 잡히는 도적[所]이 된다고 말한다.

또 쌍 비(非)로써 양 부정[非]을 타파하니, 부정이 타파되어 〈부정[非]〉이 아니고 곧 〈긍정[是]〉이 된다.
又以雙非破兩非, 非破, 非〈非〉卽是〈是〉.

```
            〈양 비(非)〉
  병 :   비유 · 비무    = 타비(墮非)
            ↑ 파(破)
  약 : 불비유 · 불비무
     〈쌍 비(非)〉    = 비파(非破) = 비가 아니고[非非] 오히려 시다[是是] = 시(是)
```

'마음은 〈있는 것도 아니다 · 없는 것도 아니다〉(비유 · 비무)'의 부정에 빠진 병을 타파하는 약은 다시 그 두 부정을 부정하는 두 부정, 즉 '마음은 〈있는 것이 아니지도 않다 · 없는 것이 아니지도 않다〉(불비유 · 불비무)'이다. 비(非)에 빠진 타비의 병은 비(非)를 다시 부정하는 양 불(不)로써 타파된다.

그런데 앞에서 쌍 비(非)로써 타시의 병을 타파하면 긍정이 타파되어 부정[非]이 되었는 데 반해, 여기에서 쌍 비(非)로써 타비의 병을 타파하면 부정[非]이 타파되어 오히려 긍정[是]이 된다고 한다. 부정[非]의 약으로써 부정의 병을 다스리면 병의 부정이 타파되어 결국 부정[非]이 아니고 긍정[是]이 된다는 것이다. 다시 말해 타시를 타파하는 약은 그름, 비(非)인 데 반해, 타비를 타파하는 약은 옳음, 시(是)로 간주된 것이다. 이러한 차이는 어디에서 오는 것일까? 병을 타파하는 약은 병이 타파되면 함께 타파되어야 하므로 병의 그름만큼 결국 그름이어야 할 텐데, 왜 양 시(是)를 타파하는 약은 그름[非]인 데 반해 양 비(非)를 타파하는 약은 옳음[是]인가? 양 시를 타파하는 약은 왜 비(非)이고, 양 비를 타파하는 약은 왜 시(是)라고 말하는 것일까?

전자는 단일 부정인 데 반해, 후자는 이중 부정이기 때문일 것이다. 〈있는 것이다·없는 것이다〉(시유·시무)는 긍정의 주장이고, 〈있는 것이 아니다·없는 것이 아니다〉(비유·비무)는 유·무를 한 번 부정한 것이다. 시유·시무를 타파하는 약은 긍정을 부정하는 단일 부정이다. 반면 비유·비무를 타파하는 약은 부정을 다시 부정하는 것이며 따라서 이중 부정으로서 긍정의 의미를 갖고 있다. 즉 마음은 〈있는 것이 아니다·없는 것이 아니다〉(비유·비무)는 이미 마음은 〈있는 것이다·없는 것이다〉(시유·시무)의 분별을 비판적으로 부정한 것이다. 유무분별에 대한 이러한 비판정신은 속제상으로는 의미가 있지만, 불교는 이것도 시비분별을 떠나지 못했다는 점에서 부정에 빠진 병, 타비의 병으로 본 것이다. 바로 이 부정을 다시 부정하여서 마음은 〈있는 것이 아니지 않다·없는 것이 아니지 않다〉라고 하는 것이 타비의 병을 타파하는 약이다. 따라서 이는 부정의 부정으로서 긍정의 의미를 지니며, 이 점에서 세속적 시비분별을 넘어서는 것으로 간주될 수 있다.

비록 비판을 다시 비판하는 것으로서 그 자체 부정적 정신활동이기는 하지만, 부정을 부정하여 긍정에 이르려고 한다는 점에서 이는 방편상 긍정[是]으로 간주할 수 있는 것이다.

행정은 '쌍 비(非)로써 양 부정을 타파한다'에 대해 "다시 뒤의 양 불(不)을 취해서 비유·비무의 타비를 타파한다."[357]고 말한다. 비유·비무를 타파하는 양 불은 곧 불비유·불비무의 양 불이다. 이 양 불로써 양 부정의 타비의 병을 타파하니, 곧 부정이 타파되는 것이다. '부정이 타파되어 부정이 아니다'[非破, 非非]에 대해 행정은 "양 부정[非]이 이미 타파되므로 '부정이 아니다'[非非]라고 말한다."[358]고 설명한다. 부정의 병이 없어지니, 약은 부정이 아니라는 것이다. 이어 '오히려 긍정이다'[是是]에 대해서는 "방편[權]으로 긍정을 세우는 것은 무한소급[無窮]을 범하게 될까 우려해서이다. 아래에서 다시 능계(분별)를 이룬다고 결론내린다."[359]고 설명한다. 쌍 불(不)의 약이 양 비(非)의 병을 타파하므로, 양 부정이 타파되어 결국 부정이 아니라[非非] 긍정이 된다[是是]는 것이다. 그런데 부정(병)을 파하는 이 쌍불의 약도 병을 타파하고 나면 그 자체 의미가 없으므로 사실은 더불어 타파되어야 할 비(非, 그름)일 뿐이다. 그렇지만 여기에서 '시(是, 옳음)'라고 한 것에 대해 행정은 '방편상 시(是)를 세운 것'이라고 풀이했다. 부정(병)을 부정하는 것(약)을 부정이라고 하면, 다시 그 부정을 또 부정해야 하는데, 그것 역시 부정이 되고, 그럼 또 다시 그 부정을 부정해야 하고… 그런 식으로 무한하게 부정[非]만 있고 긍정으로 나아갈 수 없게 되겠기

357) 행정, 197하, "還取後之兩不, 破非有非無卽墮非."
358) 행정, 197하, "兩非卽破, 故云非非."
359) 행정, 197하, "權立爲是, 慮犯無窮. 向下結成還成能計."

에, 그러한 무한소급[無窮]의 오류를 벗어나기 위해 방편상 부정의 불(不, 부정)을 '비(非, 그름)'가 아닌 '시(是, 바름)'로 간주한다는 것이다. 이와 같이 타비의 병을 타파하는 부정[非]은 부정의 부정으로서 방편상 긍정으로 간주된다. 그렇지 않으면 일체가 다 부정으로 부정되기만 하고, 그 부정에 끝이 없을 것이기 때문이다. 앞에서 부정의 부정을 이중 부정으로서 긍정[是]으로 본다고 말한 것과 같은 의미라고 할 수 있다.

(4) 약의 한계

이와 같으면 단지 〈긍정의 부정[非是]과 부정의 부정[非非]의 옳음[是]〉일 뿐이다.
如是秖是〈非是 · 非非之是〉.

```
              〈시〉            〈비〉
   병 : 시유 · 시무   ―   비유 · 비무    : 〈병〉 = 是非之非(그름)
         〈是〉之非        〈非〉之非
            ↕                ↕
   약 : 〈非是〉之是      〈非非〉之是    : 〈약〉 = 非是非非之是(옳음)
```

앞에서 마음은 〈있는 것이다 · 없는 것이다〉(시유·시무)의 타시의 병을 타파하는 약은 마음은 〈있는 것이지 않다 · 없는 것이지 않다〉(불시유·불시무)로서 타시의 병을 타파하기에 '긍정을 부정하는 옳음'[非是之是]이고, 마음은 〈있는 것도 아니다 · 없는 것도 아니다〉(비유·비무)의 타비의 병을 타파하는 약은 마음은 〈있는 것도 아니지 않다 · 없는 것도 아니지 않다〉(불비유·불비무)로서 타비의 병을 타파하기에 '부정을 부정하는 옳음'[非非之是]이라고 하였다. 둘 다 병 내지 그름[非]을 타파하는 약이라는 점에서 옳음[是]이다. 이와 같이 '긍정의 부정의 옳음'[非是之是]과 '부정의 부정의 옳음'[非非之是]의 두 옳음을 합하여 '긍정의 부정 및 부정의 부정의 옳음'[非是·非非之是]이라고 한다. 이것은 약의 옳음[是]을 합하여 말한 것이다.

　그렇지만 전자는 긍정의 부정으로서 부정이고, 후자는 부정의 부정으로서 긍정이라는 차이가 남는다. 그래서 다시 전자는 '긍정의 부정'[非是]으로서 결국 긍정이 아니라 부정[非]이고, 후자는 '부정의 부정'[非非]으로서 결국 부정이 아니라 긍정[是]이라고 하였다. 이와 같이 약은 아직도 긍정과 부정의 이분법, 시비분별을 넘어서지 못한 것이다.

아직 〈부정도 아니고 부정 아닌 것도 아님〉 및 〈긍정도 아니고 긍정 아닌 것도 아님〉은 아니다.

未是〈不非·不不非〉,〈不是·不不是〉.

	〈시〉	〈비〉				
병 :	시유·시무 ─	비유·비무 :	〈병〉=是非之非(그름)	─ 상대의 비	공 ─ 가	
	〈是〉之非	〈非〉之非				
	↕	↕	↑ 파(破)		↕	
약 :	불시유·불시무	불비유·불비무 :	〈약〉= 非是非非之是(옳음) ─ 상대의 시		중	
	〈非是〉之是	〈非非〉之是				
	= 非	= 是				
	↕	↕			↕	
	不非·不不非	不是·不不是 :	일체 시비분별을 넘어섬 ─ 절대의 시		진심	

　〈있는 것이다·없는 것이다〉(시유·시무)의 병을 타파하는 〈있는 것

이지도 않다·없는 것이지도 않다〉(불시유·불시무)의 약은 그렇게 긍정을 부정하여 부정[非]에 머물러 있을 뿐, '부정도 아니고 부정 아닌 것도 아님'[不非·不不非]으로 나아가지는 못한 것이다. 마찬가지로 〈있는 것이 아니다·없는 것이 아니다〉(비유·비무)의 병을 타파하는 〈있는 것이 아니지도 않다·없는 것이 아니지도 않다〉(불비유·불비무)의 약은 그렇게 부정을 부정하여 긍정[是]에 머물러 있을 뿐, '긍정도 아니고 긍정 아닌 것도 아님'[不是·不不是]으로 나아가지는 못한 것이다.

그러므로 여기에서는 위의 두 가지 약이 두 가지 병을 타파하는 효용은 있지만 긍정과 부정의 분별인 시비분별을 모두 넘어서는 절대의 경지에 이르지는 못한 것이라고 말한다. 두 가지 약이 모두 '긍정의 부정'[非是]과 '부정의 부정'[非非]의 옳음일 뿐, 긍정과 부정을 넘어서는 무분별의 경지, 즉 부정도 아니고 부정 아닌 것도 아니면서 긍정도 아니고 긍정 아닌 것도 아닌 그런 경지로 나아간 것은 아니라는 것이다.

행정은 이상의 과정에 대해 이렇게 설명한다. "위에서 첫 번째로 거듭 소(所)를 타파하고 능(能)을 세웠는데, 여기서 또 그것을 타파하므로 불불비(不不非)라고 한다. 위에서 두 번째로 거듭 병은 가고 약이 남았는데, 여기서 또한 그것을 타파하므로 불불시(不不是)라고 한다."[360] 첫 번째는 양 시(是)에 대한 것이고, 두 번째는 양 비(非)에 대한 것이다. 양 시의 병[所]이 타파되고 약[能]이 세워지지만, 그 약이 부정으로서 한계가 있기에 '부정 아닌 것도 아니다'[不不非]라고 말한다. '부정도

---

360) 행정, 197하~198상, "上一重, 破所立能, 此亦破之, 故云不不非, 上二重 病去藥存, 此亦破之, 故云不不是."

아니고 부정 아닌 것도 아니다[不非不不非]에서 앞의 '불비(不非)'를 생략한 것으로 보인다. 두 번째로 양 비의 병이 타파되고 그것을 타파한 약은 긍정으로 남게 되지만, 그것 또한 단지 긍정에만 머무르는 한계가 있기에 '긍정 아닌 것도 아니다'[不不是]라고 말한다. 이것 또한 '긍정도 아니고 긍정 아닌 것도 아니다'[不是不不是]에서 앞의 '불시(不是)'를 생략한 것으로 보인다.

(5) 시비의 미혹을 넘어섬

긍정[是]과 부정[非]의 미혹은 작고 미세해서 알아보기 어렵다. 정신이 맑고 사려가 고요한 상태에서 세밀히 연구해야 한다.
是非之惑, 綿微難見. 神淸慮靜, 細而硏之.

마음은 과연 있는가, 없는가? 영가집은 마음을 유 또는 무로써 '-이다'라고 긍정하는 것이나 '아니다'라고 부정하는 것이나 모두 긍정[是] 또는 부정[非]에 빠진 병이라고 본다. 그리고 다시 그 병을 타파하기 위해 긍정을 부정하는 것 또는 부정을 부정하는 것도 궁극적으로는 시비분별이라는 한계를 떠난 것이 아니라고 본다. 병을 타파하는 약은 병에 대해서만 상대적 가치를 가질 뿐 병을 떠나 그 자체의 절대적 가치를 갖고 있지 않다는 한계가 있기 때문이다.

이와 같이 마음의 유·무에 대한 긍정과 부정의 문제점을 모두 명확하게 이해하는 것은 쉬운 일이 아니다. 그래서 이러한 시비의 미혹은 미세하여 알아보기 어렵다고 말하며, 맑은 정신으로 깊이 사고해야 한다고 강조한다.

행정은 이와 같은 세밀한 사유와 연구가 무엇을 위해 필요한 것인가를 묻는다. 시비의 미혹을 극복하기 위해 치밀한 사유가 요구되는 것은 바른 깨달음을 위해서인지, 아니면 바른 삶을 위해서인지를 다음과 같이 자문자답한다. "〈문〉 이 미혹은 다시 진리[理]를 가리는가, 아니면 사물[事]을 가리는가? 〈답〉 능히 진리를 가리지 사물을 가리는 것은 아니다. 바로 무명으로 요달하지 못함으로 인해 멋대로 시비를 계탁하는 것이다. 만약 온[陰]의 주재(主宰)를 잊는다면 시비가 모두 사라질 것이다."[361] 자아의 유무에 관한 시시비비는 진리에 관한 무지와 무명에서 비롯되는 것이지, 세간 사물에 대한 무지에서 비롯되는 것은 아니다. 아공을 분명하게 깨닫는다면 자아에 대한 시시비비는 사라질 것이다. 따라서 시비의 미혹을 사유로써 밝혀보는 것은 진리를 깨닫기 위해 필요한 것일 뿐, 그 미혹이 남아 있다 해도 구체적 삶에서는 별 지장이 없다는 말이기도 하다. 행정은 이어 "옳고 그름은 그윽하고 미세하여, 그 미혹이 아주 세밀하다. 관찰해도 모양이 없고 생각해도 한계가 없어, 지혜의 눈이 맑지 않은 자가 아니어야 비로소 이 집착을 제거한다."[362]고 덧붙인다.

함허는 행정이 말한 음재(陰宰)에 대해 "'음재'란 5온 중의 주재이니, 곧 아(我)다."[363]라고 말한다. 5온의 주재라고 생각되는 아가 곧 공이라는 것, 그렇게 5온이 곧 공이라는 것을 깨닫는 것이 중요하다. 결국 자아가 시비분별을 넘어선다는 것은 곧 아공의 공이 단순한 부

---

361) 행정, 198상, "問, 此惑爲復障理障事? 答, 能障於理. 非障於事. 乃由無明不了, 橫計是非. 陰宰若忘, 是非都泯."
362) 행정, 198상, "是非幽微, 其惑最細. 察之無象, 尋之無邊, 莫非智眼朗然, 方祛斯執."
363) 함허, 198상, "陰宰, 陰中主宰, 是我也."

정이 아니라는 것을 말하는 것이다.

8) 언전[詮]과 취지[旨]를 가려냄

여덟째로 그 언전[詮]과 취지[旨]를 가려낸다는 것은 [다음과 같다].
第八簡其詮旨者.

취지[旨] : 말씀의 취지　　─ 소전(所詮)
↑
언전(詮) : 부처님의 말씀　─ 능전(能詮)

　언전[詮]은 의미를 드러내는 표현수단인 언어이고, 취지[旨]는 그
언전에 의해 표현되고 드러내지는 뜻, 의미이다. 여기에서는 불교의
종지를 나타내는 언어적 표현을 전(詮)이라고 한 것이므로 곧 부처님
의 말씀을 뜻하고, 그 말씀에 의해 표현되는 진리를 지(旨)라고 한 것
이므로 곧 불교의 취지를 뜻한다. 언전은 부처님의 말씀, 취지는 그
말씀의 취지라고 할 수 있다.
　행정은 "언전[詮]은 능히 나타내는 것[能詮]이고, 취지[旨]는 나타내
어지는 것[所詮]이다. 그 중요한 요지를 가려내므로 가려낸다고 말한
다."[364]고 설명한다. 언전과 취지는 곧 언어와 의미, 기표와 기의, 능
전(能詮)과 소전(所詮)의 관계라고 볼 수 있다.

---

364) 행정, 198상, "詮卽能詮, 旨卽所詮. 攝其樞要, 故云簡也."

그러나 지극한 진리[理]는 말이 없지만 글과 말을 빌려 그 취지[旨]를 밝히고, 취지의 으뜸[宗]은 관(觀)이 아니지만 관을 닦음에 의거하여 그 으뜸을 안다.

然而至理無言, 假文言以明其旨. 旨宗非觀, 藉修觀以會其宗.

취지[旨]/소전 :	으뜸[宗]	취지 : 진리[理]
	↑ 회(會)	↑ 명(明)
언전[詮]/능전 :	관(觀)	글[文]·말[言]

진리 자체는 말을 넘어서서 있는 것이며, 말은 단지 우리가 그 진리를 이해하고 밝히기 위해 사용하는 수단일 뿐이다. 그렇지만 말 너머의 진리의 의미를 이해하고 밝히자면 말을 빌리지 않을 수 없다. 말이나 글을 통해서만 진리의 의미가 드러난다.

말과 글을 통해 알려지는 진리의 취지의 근본을 으뜸[宗]이라고 한다. 취지의 으뜸은 우리의 관(觀)과 상관없이 있는 것이지만 우리가 그것을 알아보기 위해서는 관을 행해야 한다. 그래서 '취지의 으뜸은 관이 아니지만 관을 닦음에 의거하여 그 으뜸을 안다'고 말한다. 결국 지혜에서 드러날 으뜸의 취지인 종지는 우리의 수행을 떠나 있는 것이지만, 그 종지를 얻기 위해서는 관 수행을 해야 하는 것이다.

행정은 취지[旨]에 대해 "진리는 본래 말을 끊지만 말로 인해 취지를 드러낸다. 『대품』에서 '총지에는 문자가 없지만 문자가 총지를 나타낸다'고 하였다."[365]라고 설명하고, 이어 진리와 수행과의 관계에 대해 이렇게 말한다. "진리[理]와 지혜[智]는 수행이 아니지만 수행에

---

365) 행정, 198상, "理本絶言, 因言顯旨. 大品云, '摠持無文字, 文字顯摠持.'"

의거하여 완성된다. 『원각경』에서 '비록 또 본래 금이어도 결국은 녹여야 성취된다'고 하였다. 지금 말하는 취지[旨]는 '직접 원인'[正因]이고, 으뜸[宗]은 '요달의 인'[了因]이며, 관(觀)은 '인연의 인'[緣因]이다. 이로써 글을 새기면 의미가 분명해진다."366) 여기서 언급하는 세 가지 인(因)은 천태에서 논하는 3인불성(三因佛性)의 3인이다. 3인불성은 첫째는 모든 중생이 다 가지고 있는 진여로서 법신의 덕을 성취하는 원인이 되는 '정인불성(正因佛性)'이고, 둘째는 그 진여의 이치를 깨달아 알게 되는 지혜로서 반야의 덕을 성취하는 원인이 되는 '료인불성(了因佛性)'이며, 셋째는 료인을 도와 정인을 계발하는 6바라밀의 수행공덕으로서 해탈의 덕을 성취하는 원인이 되는 '연인불성(緣因佛性)'이다. 여기에서는 법신을 성취하게 하는 정인은 취지이고, 반야를 성취하게 하는 료인은 으뜸이며, 해탈을 성취하게 하는 연인은 관이라고 말한다.

3인불성 :
1. 정인불성(正因佛性) : 진여. 법신 성취의 인
2. 료인불성(了因佛性) : 지혜. 반야 성취의 인
3. 연인불성(緣因佛性) : 수행. 해탈 성취의 인

종(宗) : 료인(了因)→반야   지(旨) : 정인(正因)→법신
      ↑   ↑
관(觀) : 연인(緣因)→해탈   언(言)

---

366) 행정, 198상, "理智非行, 藉行薰成. 圓覺云, '雖復本來金, 終以銷成就.' 今謂旨卽正因, 宗卽了因, 觀卽緣因. 以此消文, 於義明矣." 여기에서의 인용문은 행정이 『원각경』(『대정장』 권17, 916상)에서 가져온 것이다.

만약 취지[旨]가 아직 밝혀지지 않았다면 말이 아직 적확하지 않고, 만약 으뜸[宗]이 아직 알려지지 않았으면 관이 아직 깊지 않다.
若旨之未明, 則言之未的, 若宗之未會, 則觀之未深.

종(宗) : 으뜸을 앎[會宗]	지(旨) : 취지를 밝힘[明旨]
↓	↓
관(觀) : 관을 깊게 함[深觀]	언(言) : 말을 적확하게 함[的言]

여기에서는 일단 취지가 밝혀져야 말이 적확해지고, 일단 으뜸이 알려져야 관을 깊이 있게 할 수 있음을 논한다. 말하거나 관하기에 앞서 우선 말로 표현될 취지 자체가 밝게 밝혀지고, 관찰되어야 할 으뜸이 알려져야 한다는 것이다.

행정은 말한다. "진리가 이미 어둡다면 내뱉은 말이 어찌 적확함을 이루겠는가? 지혜가 밝지 않으면 수행이 깊은 데에 이르지 못한다. 천태 지의는 '지(智)는 행(行)의 근본이니, 행이 능히 지를 완성하기 때문이다'라고 하였다."[367] 행정은 언을 통해 밝혀지는 취지[旨]를 진리[理]라고 부르고, 관의 수행을 통해 알려지는 으뜸[宗]을 지혜[智]라고 말한다.

종(宗) = 지혜[智]	지(旨) = 진리[理]
↓	↓
관(觀)	언(言)

---

367) 행정, 198중, "理之既昏, 出語那成準的? 智之未郎, 所修未至淵深. 天台云, '智是行本, 行能成智故.'" 여기에서의 인용문은 행정이 지의의 『묘법연화경현의』 권3하(『대정장』 권33, 715중), "解是行本, 行能成智故."에서 가져온 것으로 보인다.

깊이 관하면 그 으뜸[宗]을 알게 되고, 적확하게 말하면 필히 그 취지[旨]를 밝히게 된다.

深觀乃會其宗, 的言必明其旨.

종(宗) : 으뜸을 앎[會宗]　　　　　지(旨) : 취지를 밝힘[明旨]
　　↑　　　　　　　　　　　　　　　　　↑
관(觀) : 관을 깊게 함[深觀]　　　　언(言) : 말을 적확하게 함[的言]

여기에서는 위의 문장과 반대 방향으로 논한다. 즉 일단 깊이 관해야 핵심적인 으뜸을 알게 되고, 일단 말을 적확하게 해야 취지가 밝혀진다는 것이다. 앞의 문장과 이 문장을 합하면 결국 으뜸을 아는 것과 관을 깊이 행하는 것, 취지를 밝히는 것과 말을 적확하게 하는 것은 서로 인(因)이 되고 과(果)가 되는 상호의존관계에 있음을 알 수 있다. 즉 말이 적확해야 취지를 분명하게 알 수 있지만, 또한 취지를 분명히 알아야 말이 적확해지는 법이다. 또 관을 깊이 해야 으뜸에 이를 수 있지만, 또한 으뜸에 이르러야 관이 깊어지는 법이다.

행정은 이렇게 설명한다. "관(觀)은 신묘함[神]으로 알고, 지혜[智]는 경(境)과 명합한다. 징관 법사는 '지혜[智]가 아니면 그 고요함[寂]을 궁구할 수 없고, 선(禪)이 아니면 그 비춤[照]을 깊게 할 수 없다'고 하였다."[368] 선정이 고요함으로 나아감에도 지혜가 함께해야 하고, 지혜가 비춤으로 나아감에도 선이 함께해야 함을 말한 것이다. 여기서 선(禪)은 선정의 정(定)의 의미로 쓰였지만, 궁극적으로는 선정과 지혜,

---

368) 행정, 198중, "觀以神會, 智以境冥. 觀師云, '非智, 無以窮其寂. 非禪, 無以深其照.'" 여기에서의 인용문은 행정이 징관의 『대방광불화엄경소』 권3(『대정장』 권35, 525중), "禪非智, 無以窮其寂, 智非禪, 無以深其照."에서 가져온 것이다.

고요함과 비춤, 적적과 성성을 포괄하는 것이라고 본다.

취지[旨]와 으뜸[宗]이 이미 밝게 알려지면, 언(言)과 관(觀)이 어찌 다시 있을 수 있겠는가?
旨宗既其明會, 言觀何得復存耶?

으뜸[宗] = 지혜[智]   취지[旨] = 진리[理]
↑회(會)   ↑명(明)
관(觀) = 행(行)   언(言) = 교(敎)

　　말로써 취지를 밝히고 관으로써 으뜸에 이르지만, 일단 취지가 충분히 밝혀지고 으뜸이 분명히 파악되고 나면, 말과 관은 다시 필요 없게 된다.
　　행정은 이렇게 설명한다. "진리[理]가 분명하면 말이 없어지고, 지혜[智]를 알면 관이 다한다. 또 무릇 취지는 곧 진리[理]이고 으뜸은 곧 지혜[智]이며, 말은 곧 교(敎)이고 관은 곧 행(行)이다. 진리의 드러남은 말로 인한 것이지만 이 때문에 말을 잊고[忘言], 지혜의 밝음은 관으로 인한 것이지만 이 때문에 관을 잊음[忘觀]을 마땅히 알아야 한다. 토끼를 잡으면 올무를 잊음이 진실로 이와 같다."[369] 진리의 궁극에 이르러 취지와 으뜸인 일체 종지가 분명해지면, 더 이상 말도 필요 없고 거기 이르고자 하는 수행으로서의 관(觀)도 필요 없는 것이다.

---

369) 행정, 198중, "理明則言廢, 智會則觀亡. 且夫旨卽理, 宗卽旨, 言卽敎, 觀卽行. 應知理顯因言, 是以忘言, 智明因觀, 是以忘觀. 得兎忘蹄, 誠如此也."

9) 닿는 곳마다 관(觀)을 이룸

아홉째로 닿는 곳마다 관을 이룬다는 것은 다시 부언해서 관하는 본체를 거듭 말하는 것으로 으뜸[宗]과 취지[旨]에는 다름이 없지만 언(言)과 관(觀)에는 곳에 따라 달라짐이 있음을 밝히고자 하는 것이다.

第九觸途成觀者, 夫再演言辭, 重標觀體, 欲明宗旨無異, 言觀有逐方移.

종(宗)	지(旨)	— 다름이 없음
↑회(會)	↑명(明)	
관(觀)	언(言)	— 방편상의 차이가 있음

관(觀)이나 말[言]은 으뜸[宗]과 취지[旨]라는 목적지에 이르는 수단이다. 마치 산꼭대기는 하나이지만 그 정상에 오르기 위한 등산로가 여럿 있을 수 있듯이, 관법이나 언어는 상황에 따라 서로 다른 것일 수 있다. 그렇다고 해서 그것들을 통해 도달하고자 하는 으뜸과 취지가 달라지는 것은 아니다. 이는 결국 하나의 관법이나 언어에 매이지 말고 자신의 근기와 주변 상황에 맞춰 적절하게 대처해서 수행해야 함을 뜻한다.

행정은 상황에 따라 다양한 방식으로 수행할 수 있음을 이렇게 설명한다. "경계에 매인 채 오래 닦음에 의거하지 않고 마음이 행하는 대로 맡겨 행·주·좌·와에서 병에 따라 대치한다. 실로 수행하는 자의 편의에 따르므로 '닿는 곳마다 관을 이룬다'고 말한다."[370] 관법

---

370) 행정, 198중, "不約繫境長修, 而乃任心所造, 行住坐臥, 隨病對治. 誠由行者之便宜, 故曰觸途成觀."

이나 말이 달라져도 그 목적에 해당하는 으뜸이나 취지에는 변화가 없다는 것을 행정은 이렇게 설명한다. "말이 바뀌면 교를 펴는 것이 천 가지로 나뉘지만 어찌 그 취지[旨]에 어긋나겠는가? 관이 바뀌면 닦음을 행함이 만 가지 종류가 되지만 어찌 그 으뜸[宗]을 바꾸겠는가? 진리와 지혜는 같은 근원이지만 근기와 인연이 다른 자취이니, 그렇기 때문에 말은 방편[權]과 실질[實]을 겸하고, 관은 얕음과 깊음을 가지게 된다. 으뜸과 취지의 현미함을 밝히기 위해 다시 말과 관을 따름을 나타내고자 한 것이다."[371] 취지를 나타내기 위한 언어 교설에는 권(權)과 실(實)의 구분이 있고, 으뜸에 이르기 위한 관의 수행에는 깊고 얕음의 구분이 있다는 것이다.

으뜸[宗] =지(智)   취지[旨] =리(理) ── 다름이 없음
　↑ 회(會)　　　　　　↑ 명(明)
관(觀) =행(行)　　　　언(言) =교(敎) ── 근기와 인연에 따라 다름
┌ 심(深. 깊음)　　　　┌ 실(實, 실질)
└ 천(淺. 얕음)　　　　└ 권(權, 방편)

말을 바꿔도 말의 진리에는 차이가 없고, 관을 바꿔도 관의 취지[旨]는 다르지 않다. 다르지 않은 취지가 곧 진리이고, 차이가 없는 진리가 곧 으뜸[宗]이다.

移言則言理無差, 改觀則觀旨不異. 不異之旨卽理, 無差之理卽宗.

---

371) 행정, 198중하, "言移則設敎千端, 何乖其旨? 觀移則造修萬種, 安易其宗? 理智同源, 機緣異轍, 是以言兼權實, 觀帶淺深, 爲明宗旨玄微, 欲顯且隨言觀."

근기나 상황에 따라 취지를 이해하거나 표현하는 말들이 달라진다고 해도, 그 안에서 변하지 않고 남아 있는 취지가 바로 진리이다. 말이 바뀌어도 달라지지 않는 취지가 곧 진리인데, 그 차이 없는 진리를 곧 으뜸이라고 말하니, 이것은 결국 취지와 으뜸, 진리[理]와 지혜[智]가 둘이 아니라는 말이 된다.

행정은 말이나 관이 바뀌어도 동일하게 남는 진리에 대해 "말이 옮겨가면 교(教)가 달라지지만, 진리의 드러남에는 다름이 없다. 관이 바뀌면 행(行)이 바뀌지만, 지혜의 밝음에는 다름이 없다. 말을 옮기고 관을 바꿈은 옛 근본을 스승으로 삼는다."[372]라고 설명한다. 그리고 그렇게 변함없는 진리가 곧 으뜸이라는 것에 대해 "다름이 없는 취지가 으뜸이니, 이 으뜸이 온전한 진리이다. 그러므로 '곧 진리다'라고 하였다. 차이가 없는 진리는 이 진리가 온전한 지혜[智]이다. 그러므로 '곧 으뜸이다'라고 하였다. 진리[理]와 지혜[智]가 여여하므로, 말과 관이 사라진다."[373] 이와 같이 언과 관의 수행이 궁극에 이르면 진리와 지혜, 종(宗)과 지(智)가 결국 하나가 된다.

함허는 진리가 비록 항상 동일하게 남는다고 해도 수행하는 과정에서는 근기와 상황에 따라 다양한 수행법을 활용하는 것이 더 낫다는 것을 이렇게 설명한다. "금속 다루는 자에게 부정관을 가르치고 세탁하는 자에게 수식관을 가르쳐도 득입(得入)하지 못하다가 바꿔서 하자 능히 득입하였다."[374] 금속을 다루는 자는 자신의 숨을 조절

---

372) 행정, 198하, "言移則教別, 理顯無殊. 觀改則行遷, 智明不異. 移言改觀, 師古本矣."
373) 행정, 198하, "不異之旨是宗. 此宗全理, 故云卽理. 無差之理, 此理全智, 故云卽宗. 理智如如, 言觀泯矣."
374) 함허, 198하, "金師之子, 教不淨觀, 濯衣之子, 教數息觀, 未能得入, 換是乃能得入." 스승이 제자의 근기에 따라 다른 수행법을 가르치는 예는 『열반경』권26에 나온다.

하는 것에 더 익숙하니까 수식관이 더 적절하고, 세탁하는 자는 본래 하는 일이 더러운 것을 씻어내는 일이니까 부정관이 더 적절하다는 말이다. 각자 자신이 처한 상황에 맞는 수행법을 선택하는 것이 중요하다는 것을 밝힌 말이다.

으뜸[宗]과 취지[旨]는 하나이되 두 이름이니, 말과 관은 그 조율[弄引]임을 밝힐 뿐이다.
宗旨一而二名, 言觀明其弄引耳.

```
으뜸[宗]    =    취지[旨]    ─ 일이이명(一而二名)
 ↑회(會)          ↑명(明)
관(觀)            언(言)     ─ 농인(弄引)
```

　지혜와 진리가 하나이고, 으뜸과 취지가 하나이다. 결국 주관 쪽에서 보느냐 객관 쪽에서 보느냐의 차이로 이름만 다를 뿐, 주객무분별의 차원에서는 둘이 하나인 것이다. 관이나 말은 그 지혜와 진리에 이르고자 하는 방편 수단이기에 다양할 수 있다. 그래서 이를 현을 고르는 '농인(弄引)'이라고 말한다.

　행정은 이렇게 설명한다. "으뜸[宗]과 취지[旨]는 체가 하나이고 두 이름을 세운 것이니, 마치 거울과 빛이 두 이름을 갖는 것과 같다. 말로 인해 진리에 도달하고, 관에 의거해서 으뜸에 계합한다. 진리[理]와 지혜[智]가 이미 함께 밝아지면, 말과 관은 곧 방편이다."[375]

───────────────
375) 행정, 198하, "宗旨體一而立二名, 如鏡與光亦彰二號. 因言達理, 藉觀契宗. 理智旣其齊明, 言觀卽爲方便."

종(宗) = 지(智)　　=　　지(旨) = 리(理)　　── 한 체의 두 이름(거울/거울 빛)
　↑ 계(契)　　　　　　　↑ 달(達)
관(觀) = 행(行)　　　　언(言) = 교(敎)　　── 방편

10) 현묘한 근원에 계합함

열째로 현묘한 근원에 묘하게 계합한다는 것은 무릇 마음을 깨우친 사람이 어찌 관(觀)에 집착하여 취지[旨]에 미혹하겠으며, 교(敎)에 통달한 사람이 어찌 말에 막혀서 진리에 미혹하겠느냐는 것이다.

第十妙契玄源者, 夫悟心之士, 寧執觀而迷旨, 達敎之人, 豈滯言而惑理.

〈오심(悟心)〉　　　〈달교(達敎)〉
종(宗)=지(智)　=　지(旨)=리(理)
　↑ 계(契)　　　　　↑ 달(達)
관(觀)=행(行)　　　언(言)=교(敎)

지혜[智]와 진리[理] 그리고 으뜸[宗]과 취지[旨]에 도달하기 위한 방편 수단으로 관을 행하고 말을 사용한다. 그러므로 관을 행하여 종(宗)을 아는 지혜를 이루었으면, 더 이상 관에 집착할 필요가 없다. 그리고 말을 통하여 변하지 않는 취지인 진리를 깨달았으면, 더 이상 언어나 교(敎)에 집착할 필요가 없다. 이미 마음을 깨닫고 교에 통달하였으면 수단 방편에 매일 필요가 없는 것이다. 그것이 현묘한 근원에 계합하는 길이다.

행정은 근원에 계합함에 대해 "견(見)이 치우치지 않으므로 '묘하게 계합한다'고 말하고, 중도를 밟으므로 '현묘한 근원'이라고 말한

다."376)라고 설명한다. 이어 근원에 계합하면 어디에도 매임이 없다
는 것에 대해서는 "깨우친 자가 관에 들면 그 지혜[智]가 더욱 밝아지
고, 통달한 자가 문장[文]을 생각하면 그 진리[理]가 더욱 밝아지니, 진
실로 그 도를 얻으면 어찌 다시 막히겠는가?"377)라고 말한다. 궁극에
이르면 일체에 막힘이 없이 자유롭게 된다는 것이다.

진리가 밝아지면 언어의 길이 끊어지니, 어찌 말로 논할 수 있겠
는가? 취지[旨]를 알게 되면 마음 가는 곳이 멸하니, 어찌 관(觀)으
로 생각할 수 있겠는가?
理明則言語道斷, 何言之能議? 旨會則心行處滅, 何觀之能思?

　　진리가 밝아지고 지혜가 드러나 더 이상 말이나 관이 불필요한
상태가 되면, 그 경지를 '언어도단(言語道斷)'이라 하고 '사념절려(捨念絶
慮)'라고 한다. 그 경지에서는 더 이상 말로 논함이 불필요하고, 관찰
하고 사유함이 부적절해진다.
　　행정은 이렇게 설명한다. "말로 논의할 수 없으니 진리가 본래 이
름이 아니며, 마음으로 생각할 수 없으니 지혜가 원래 사려를 끊는
다. 천태 지의는 '입으로 말하고자 하나 말이 사라지고, 마음으로 생
각하고자 하나 사려가 없다'고 하였다."378)

---

376) 행정, 198하, "見之不偏, 故云妙契, 履乎中道, 乃曰玄源."
377) 행정, 199상, "悟人入觀, 其智逾明, 達士尋文, 其理彌曉, 苟得其道, 復何滯哉?"
378) 행정, 199상, "言不能議, 理本非名, 心不能思, 智元絶慮. 天台云, '口欲言而辭喪, 心欲思
　　而慮亡.'" 여기에서의 인용문은 행정이 징관의 『대방광불화엄경소』 권49(『대정장』 권
　　35, 878중), "口欲辯而辭喪, 心將緣而慮亡."에서 가져온 것으로 보인다.

마음과 말로 생각하고 논할 수 없어야, 환중(寰中)에 묘하게 계합했다고 말할 수 있다.

心言不能思議者, 可謂妙契寰中矣.

　지혜와 진리만이 남고 거기에 이르는 모든 수단 방편을 다 뛰어넘어야, 그래서 마음으로 생각하려 해도 생각이 일어나지 않고 입으로 말하려고 해도 말이 끊어져야, 진리의 가장 깊은 자리인 환중(寰中)에 계합했다고 말할 수 있다.

　행정은 "사물[事]의 법은 이미 허(虛)하여 상(相)이 다하지 않은 것이 없고, 진리의 성품은 진실하여 본체[體]가 나타나지 않음이 없다. 그러므로 '묘하게 환중에 계합한다'고 말한다."[379]라고 설명한다. 진리가 확연해지면, 리(理)와 사(事), 성(性)과 상(相)이 하나가 되고, 더 이상 관이나 말이 불필요해진다. 환중은 본래 천자가 머무는 가장 깊은 곳으로서 모든 수행자가 수행을 통해 도달하고자 하는 궁극의 깨달음의 경지, 진리의 원천, 우주 삼라만상의 궁극 근원을 말한다.

```
　　　사(事)　-　법(法)의 허(虛)　-　상(相)
　　　　↑　　　　　　　　　　　　　↑현(現)
　　　리(理)　-　성(性)의 실(實)　-　체(體)
```

---

379) 행정, 199상, "事法既虛, 相無不盡, 理性眞實, 體無不現. 故曰妙契寰中矣."

제7장
3승의 점차

○

1. 3승의 구분

무릇 미묘한 도는 깊고 미세하여 진리[理]가 이름[名]과 모양[相]의
밖에서 끊어지며, 지극한 참됨[眞]은 비고 고요하여 양[量]이 모든
수를 초월한다.

夫妙道沖微, 理絶名相之表, 至眞虛寂, 量超群數之外.

도(道) : 깊고 미세함[沖微]   –   여리(如理) : 명(名)과 상(相) 너머
진(眞) : 비고 고요함[虛寂]   –   여량(如量) : 모든 수(數) 너머

불법(佛法)의 도는 깊고 미세하여 그 진리는 우리의 개념적 분별이
나 형상으로 다 드러낼 수가 없다. 위의 문장은 위정의 서(序)의 첫 문
장 〈지혜[慧]의 문이 넓게 열리니 진리[理]가 색상의 끝에서 끊어지고,
깨달음[覺]의 길이 멀리 올라가니 자취가 명언의 밖에서 사라진다.〉와
상통하는 의미를 담고 있다. 이처럼 진리 자체는 언설이나 형상의 차
원을 넘어서 있다.

그러나 진리가 표현되는 방식은 일체 만물 존재의 다양함만큼 끝

없이 다양하다. 불법의 진리는 일체 세간의 진리를 모두 포함하므로 한정된 수를 넘어서는 것이다. 즉 진리는 하나이지만, 그 진리의 표출 방식은 무한하게 다양하다. 그러므로 진(眞)의 양은 모든 수를 초월한다고 말한다.

행정은 설명한다. "작용 없이도 항상 충족한 것은 도(道)보다 더 묘한 것이 없으니, 능히 3제(諦)를 깊이 꿰뚫고 천여(千如)의 세계에 널리 퍼져 마음과 말이 자취를 끊으므로 이를 '묘한 도'라고 부른다."[380] 여기서 천여(千如)의 세계는 천태의 세계관에 나오는 개념이다. 천태는 6도(道) 윤회하는 6취(趣) 중생과 해탈을 지향하는 4성인(聖人)의 세계를 합해서 10계(界)라고 한다. 이 10계의 각각 안에 다시 10계가 포함되어 있어 10×10으로 100계(界)가 되고, 여기에 다시 10여시(如是)를 곱해 1,000개의 세계가 된다고 말한다. 천태에서 논하는 10계와 10여시는 다음과 같다.

10계(界) : 6범(지옥·아귀·축생·아수라·인간·천) + 4성(성문·연각·보살·부처)
10여시(如是) : 상(相)·성(性)·체(體)·력(力)·작(作)·인(因)·연(緣)·과(果)·보(報)·
　　　　　　　본말구경(本末究竟)

행정은 진리의 무한함에 대해 이렇게 말한다. "진리의 근원은 번뇌를 끊으며, '고요하여 함이 없다'[寂然無爲]. 양(量)은 태허를 초월하니 어찌 뭇 수(數)에 구속되겠는가? 『증도가』에서 '일체 수(數)가 수가 아니니, 나의 신령한 깨어 있음[靈覺]과 어찌 교섭하겠는가?'라고 하였다."[381] 적연

380) 행정, 199상, "無用而常足者, 莫妙乎道, 而能深徹三諦, 廣亘千如, 心言絶蹤, 謂之妙道."
381) 행정, 199상, "眞源絶累, 寂然無爲. 量超太虛, 豈拘群數? 歌云, '一切數句非數句, 與吾靈
　　覺何交涉?'" 여기에서의 인용문은 행정이 현각의 『영가증도가』(『대정장』 권48, 396중)
　　에서 가져온 것이다.

무위(寂然無爲)의 진리는 일체의 헤아림과 수적 현상을 넘어서 있음을 강조한 말이다.

그러나 능히 무연의 자비로 유정의 근기를 따라 감응하며, 둘이 아닌 취지로 근기의 성품을 좇아 구분한다.
而能無緣之慈, 隨有機而感應, 不二之旨, 逐根性以區分.

　진리는 어느 하나에의 치우침 없이 일체 존재에 대해 평등하다. 이것이 '무연자비'이다. 보살은 그러한 무연자비로써 각 중생의 근기에 따라 불법을 다양하게 설한다. 불법의 종지는 하나이지만 불법을 듣는 중생의 근본 성품을 따라 각각의 근기에 맞춰 다양하게 펼친다.
　행정은 "서두르지 않아도 빨라서, '감하면 곧 통한다'[感而遂通]. 그러므로 능히 밝고 그윽하게 비추어 아직 형태화되지 않은 것을 비춘다."[382]고 하였다. 행정이 앞에서 언급한 '적연무위(寂然無爲)'와 여기서 언급하는 '감이수통(感而遂通)'은 유학에서의 '적연부동 감이수통(寂然不動 感而遂通)'과 같은 말이다. 이어 "여래가 둘이 아닌 진심(眞心)에 의거하여 하나가 아닌 상이한 가르침을 펴니, 어긋나도 다르지 않은 것은 오직 성인의 말씀뿐이다!"[383]라고 감탄한다.

---

382) 행정, 199중, "不疾而速, 感而遂通. 故能朗然玄照, 鑒於未形也."
383) 행정, 199중, "如來乘莫二之眞心, 吐不一之殊敎, 乖而不可異者, 其惟聖言乎!"

사물을 따르되 생각을 잊고, 베풀되 짓지 않는다. 종일 말하고 보여주되 무언(無言)과 다를 바 없고, 여러 가지 방식으로 교(敎)를 펴되 하나의 도에 어긋남이 없다.

順物忘懷, 施而不作. 終日說示, 不異無言, 設敎多途, 無乖一揆.

〈진실〉	↔	〈방편〉
망회(忘懷)		순물(順物)
부작(不作)		시이(施而)
무언(無言)		종일설시(終日說示)
일규(一揆)		설교다도(設敎多途)

중생의 근기에 따라 그에 응하여서 말하고 교를 펴지만, 그런 것들이 모두 다 방편이라 그 일을 마음에 담아두지 않는다는 뜻이다. 여러 가지 방식으로 설법하고 교설을 펴도 모두 하나의 불법, 언설을 넘어선 하나의 진리를 드러내고자 하는 것이다.

행정은 설명한다. "'사물을 따름'[順物]은 속(俗)을 비추는 것이고, '생각을 잊음'[忘懷]은 진(眞)을 비추는 것이다. 종일 베푸는 것이 함께 '지음 없음'[無作]으로 돌아간다. 승조는 '진(眞)을 말함에 옮기지 않을 말이 있고, 속(俗)을 말함에 유동하는 설이 있다. 비록 또 천 가지 방식으로 다르게 말하여도, 모여 귀의함은 동일한 이치이다'라고 하였다."[384] 진리를 다양한 방식으로 표출하는 것은 속(俗)을 비추는 것이며, 그러한 다양한 방식에도 불구하고 결국 하나의 진리를 나타내고 있는 것은 진(眞)을 비추는 것이다.

---

384) 행정, 199중, "順物照俗, 忘懷照眞. 終日施爲, 同歸無作. 肇師云, '談眞有不遷之稱, 導俗有流動之說. 雖復千途異唱, 會歸同致矣.'" 여기에서의 인용문은 행정이 승조의 『조론』(『대정장』 권45, 151하)에서 가져온 것이다.

```
〈조진(照眞)〉        ↔        〈조속(照俗)〉
   망회(忘懷)                    순물(順物)
   부작(不作)                    시이(施而)
〈불천지칭(不遷之稱)〉    〈유동지설(流動之說)〉
```

이 때문에 큰 성인은 자비로워서 근기를 따라 중생을 이롭게 하
니, 그 그윽한 이치를 통합하면 여러 교설[籍]이 다르지 않다.

是以大聖慈悲, 隨機利物, 統其幽致, 群籍非殊.

　　교설의 내용과 방식이 시기마다 서로 다르고 또 듣는 자의 근기
에 따라 서로 다르다고 해도, 그 근본정신은 변함없는 하나의 진리라
는 말이다.

　　행정은 이렇게 설명한다. "성인은 그 근기를 관하여서 그에 응하
며, 그 때를 헤아려서 그것을 활용한다." 성인의 자유자재한 무연자
비를 말하는 것이다. 또 "통합하여 논하자면 청정 법계로부터 12분
교(分敎)가 유출되니 미루어 생각하면 12분교가 다시 곧 청정법계이
다. 그러므로 '다르지 않다'고 하였다."[385]

중·하근기의 무리는 4성제(聖諦)와 12연기(緣起)를 관하여 스스로 작
아지고, 높은 상근기의 사람은 6바라밀(波羅蜜)을 행하여 크게 된다.

中下之流, 觀諦緣而自小, 高上之士, 御六度而成大.

---

385) 행정, 199중, "聖人觀其機而應之, 度其時而用之. 統而論之, 從淸淨法界, 流出十二分敎.
　　推而思之, 十二分敎, 還卽淸淨法界. 故云非殊."

상근기 – 보살(菩薩) : 6바라밀을 닦음 ─ 대승
중근기 – 연각(緣覺) : 12연기를 관함 ┐
하근기 – 성문(聲聞) : 4성제를 관함 ┘ 2승

불법은 근본에서는 하나이지만 그 불법을 듣는 근기에 따라 차이가 나타난다. 그 차이를 구체적으로 셋으로 구분하여 3승(乘)을 논한다. 2승의 성문과 연각을 각각 하근기와 중근기로 구분하고 대승을 상근기로 보면서, 그 각각이 닦는 수행을 4제관과 연기관 그리고 6바라밀행으로 구분한다.

행정은 설명한다. "상근기는 보살로 6바라밀을 닦고, 중근기는 연각으로 인연법을 관하며, 하근기는 성문으로 4성제를 익힌다. 그런즉 지은 것에서는 다른 적이 없지만, 본 것에서는 같은 적이 없으므로 '스스로 작아진다'고 말한다."[386] 이하에서는 성문, 연각, 보살 순으로 각각의 수행을 논한다.

1) 성문(聲聞)

이로 말미암아 온갖 중생이 어리석고 미혹해서 스스로 밝힐 능력이 없으나 혹 설법으로 인해 깨우쳐 이해하므로 '성문'이라고 부른다.
由是品類愚迷, 無能自曉, 或因說而悟解, 故號聲聞.

---

386) 행정, 199중. "上根菩薩修六道, 中根緣覺觀因緣, 下根聲聞習四諦. 然則所造未嘗異, 所見未嘗同. 故謂之自小."

우주 삼라만상 속에서 살아가다가 스스로 진리를 깨우쳐 아는 것이 아니라, 불법을 설하는 타인의 말을 듣고서 비로소 깨우쳐 아는 사람을 '성문(聲聞)'이라고 한다.

행정은 "능히 인연을 멈추고 반조하여 스스로 무생(無生)을 증득하지는 못하고, 가르침을 빌려 들은 것에 의거해서 비로소 성도(聖道)를 닦는다."[387]고 말한다. 스스로 무생법인(無生法忍)을 증득하지 못하고 부처의 교설을 듣고서야 비로소 깨우쳐 알므로 이를 '성문'이라고 부른다.

그 닦는 바를 따져보면 4제(諦)가 근본 수행이 된다.

原其所修, 四諦而爲本行.

성문의 수행법은 4성제(고성제·집성제·멸성제·도성제)를 닦는 4제관이다. 고통의 현실을 보고, 그 고통이 쌓이는 과정을 보고, 고통의 멸함을 보고, 그러한 고통의 멸에 이르는 길을 닦는 것이 4제관이다.

행정은 설명한다. "『열반경』에서 '고(苦)는 나타난 모습이고 집(集)은 옮겨 가는 모습이며, 멸(滅)은 제거된 모습이고 도(道)는 능히 제거하는 모습이다'라고 하였다. 그러므로 4제를 닦아 행을 이루면 그 행이 계합하는 곳에서 곧 무여열반(無餘涅槃)을 증득한다는 것을 안다."[388]

---

387) 행정, 199하, "不能息緣反照, 自證無生, 乃由籍教所聞, 方修聖道."
388) 행정, 199하, "涅槃云, '苦者現相, 集者轉相, 滅者除相, 道者能除相.' 故知四諦修之成行, 行之所契, 卽證無餘." 여기에서의 인용문은 행정이 『열반경』 권12(『대정장』 권12, 434하)에서 가져온 것이다.

무상(無常)을 관하여 두려움을 일으키고, 공적(空寂)을 생각하여 안정을 구하며, 6도(道)의 윤회를 걱정하고, 3계(界)의 생사를 싫어한다.
觀無常而生恐, 念空寂以求安, 患六道之輪迴, 惡三界之生死.

> 4성제를 닦음 :
>   1. 무상을 관해 두려움을 일으킴
>   2. 공적을 념해 안정을 구함
>   3. 6도 윤회를 걱정함
>   4. 3계 생사를 싫어함

성문의 수행은 고·집·멸·도 4성제를 닦는 것이다. 여기서는 성문이 왜 4성제를 닦는지를 구체적으로 언급한다.

행정은 이렇게 설명한다. "허망한 환(幻)을 능히 관하는 것이 곧 도(道)이고, 생각하는 바가 무위인 것이 곧 멸(滅)이며, 6도 유전이 집(集)이고, 3계의 과보 받음이 고(苦)이다. 수승함을 높여 말한 것이니, 이것은 인(因)에 대해 논한 것이고, 아래는 과(果)의 증득에 대한 것이다."[389] 4성제를 닦는 까닭을 논한 것이다. 업의 과보로서 받게 될 3계에서의 생사를 싫어하기 때문에 고성제를 관하고, 6도(道) 윤회를 염려하기 때문에 집성제를 관하며, 공적(空寂)을 생각하여 안정을 구하기 때문에 멸성제를 관하고, 무상을 보아 두려움을 일으키기 때문에 도성제를 관한다는 것이다.

---

389) 행정, 199하, "能觀虛幻卽道, 所念無爲卽滅, 六道流轉是集, 三界受報是苦. 增勝而言, 此就因論, 下就果證."

〈인(因)〉		〈4성제〉
1. 무상을 관해 두려움을 일으킴	→	허환을 관함 : 도성제
2. 공적을 념해 안정을 구함	→	념이 무위 : 멸성제
3. 6도 윤회를 걱정함	→	6도 유전 : 집성제
4. 3계 생사를 싫어함	→	3계 보 받음 : 고성제

고(苦)를 보고 항상 '싫어 떠나려는 마음'[厭離心]을 품고, 집(集)을 끊어 항상 그 태어남을 두려워하며, 멸(滅)을 증득하여 홀로 무위에 계합하고, 도(道)를 닦아 오직 자신의 제도만을 논한다.
見苦常懷厭離, 斷集恒畏其生, 證滅獨契無爲, 修道惟論自度.

〈인(因)〉	〈4성제〉	〈과(果)〉
1. 3계 생사를 싫어함 :	고를 견(見) →	염리심(厭離心)을 품음
2. 6도 윤회를 걱정함 :	집을 단(斷) →	생사를 두려워함
3. 공적을 념함 :	멸을 증(證) →	홀로 무위(無爲)에 계합하려 함
4. 무상을 관함 :	도를 수(修) →	자신의 제도만을 논함

이는 성문이 고집멸도를 각각 관함으로써 어떤 결과에 이르는가를 보여주는 것이다. 고를 견함으로써 이 고통스런 윤회세계를 싫어 떠나고자 하는 염리심(厭離心)을 일으키고, 그러한 고통의 축적인 집을 끊음으로써 생사를 벗어나고자 한다. 그리고 일체 고통을 제거한 멸을 증득함으로써 홀로 무위에 머무르려고 하고, 그 멸에 이르는 도를 닦음으로써 오직 자신의 제도만을 위해 노력한다. 홀로 무위에 계합하고 자신만의 제도를 논한다는 것은 성문의 한계를 지적한 말이다.

행정은 덧붙여 설명한다. "고를 관하여 항상 몸을 멸하기를 바라고, 집을 끊어 오직 지혜가 다하기만을 생각하며, 멸을 증득하되 중생들과 함께하지 않고, 도를 닦되 자신을 이롭게 함을 우선으로 한

다. 수행과 이해가 이와 같으니, 정직한 도가 아니다."[390] 성문 수행
의 한계를 밝혀 그것이 진정한 도가 아니라는 것을 말한다.

〈인(因)〉		〈과(果)〉	〈성문의 한계〉
1. 고를 견(見)	→	염리심을 품음	- 몸을 멸하려 함
2. 집을 단(斷)	→	생사를 두려워함	- 지혜를 다하고자 함
3. 멸을 증(證)	→	홀로 무위에 계합하려함	- 중생들을 겸하지 않음
4. 도를 수(修)	→	자신의 제도만을 논함	- 이타를 생각하지 않음

큰 서원(4홍서원)의 마음이 아직 넓지 못하고, 포섭하여 교화하려는
도(4섭법)를 펼치지 않으며, 여섯 가지 화합과 공경(6화경)이 비어 있
고, 3계의 자비가 운행되지 않는다. 원인이 만행에 어그러지니 결
과에 원만함과 항상됨이 없다.

大誓之心未普, 攝化之道無施, 六和之敬空然, 三界之慈靡運. 因乖萬
行, 果闕圓常.

> 4홍서원(弘誓願) : 보살이 세우는 네 가지 원
> 1. 중생을 다 제도함
> 2. 번뇌를 다 끊음
> 3. 법문을 다 배움
> 4. 불도를 다 이룸
>
> 4섭법(攝法) : 보살이 중생을 포섭하여 교화하는 네 가지 방편
> 1. 보시섭(菩施攝) : 보시로써 마음을 끌어 포섭
> 2. 애어섭(愛語攝) : 애어로써 마음을 끌어 포섭
> 3. 이행섭(利行攝) : 신구의의 선행으로써 이익을 주어 마음을 끌어 포섭
> 4. 동사섭(同事攝) : 상대의 근성 따라 변신해서 일을 같이 하여 마음을 끌어 포섭

---

390) 행정, 199하, "觀苦而恒欲灰身, 斷集而惟思盡智, 證滅而匪兼群品, 修道而自利居先. 行
解如斯, 非正直道."

6화경(和敬) : 서로 화합하고 공경하는 여섯 가지 길

  1. 신화경(身和敬) : 몸을 같이 하여 공주(共住) = 신자화경(身慈和敬)
  2. 구화경(口和敬) : 말을 같이 하여 무쟁(無諍) = 구자화경(口慈和敬)
  3. 의화경(意和敬) : 뜻을 같이 하여 동사(同事) = 의자화경(意慈和敬)
  4. 계화경(戒和敬) : 계율을 같이 하여 동수(同修) = 동계화경(同戒和敬)
  5. 견화경(見和敬) : 견해를 같이 하여 동해(同解) = 동견화경(同見和敬)
  6. 이화경(利和敬) : 이익을 같이 하여 동균(同均) = 동행화경(同行和敬)

　이상은 성문의 한계를 지적한 것이다. 성문은 자신의 생사 고통
을 싫어하여 홀로 6도 윤회로부터 벗어나 자신이 해탈하기를 지향
할 뿐, 일반 중생의 고통을 함께 느끼고 그것을 덜어주려는 자비행을
실천하지 않는다는 것이다. 큰 서원을 내지 않는다는 것은 대승보살
의 4홍서원(四弘誓願)을 염두에 둔 말이며, 섭화지도를 펼치지 않는다
는 것은 대승보살의 4섭법(四攝法)을 염두에 둔 말이다. 또 성문은 6화
경(六和敬)을 실행하지 않는다고 한다. 6화경은 대승보살이 중생과 화
합하고 공경하여 같게 하려는 여섯 가지 길을 말한다. 이처럼 성문은
4홍서원과 4섭법을 행하지 않고 6화경을 실행하지 않으므로 결과적
으로 얻게 되는 것이 두루 원만하지 못하다고 논한다. 이로써 대승의
자비에 비해 성문의 수행이 어떤 한계를 갖는지를 밝힌 것이다.

　행정은 "능히 그 4홍(四弘)을 채우거나 그 4섭(四攝)을 행하지 않는
것은 마치 노루가 홀로 뛰면서 본래의 무리를 돌아보지 않는 것과 같
다."[391]고 설명한다. 자신의 해탈만 염두에 두고 일반 중생의 교화에
힘쓰지 않는다는 것을 홀로 지내는 노루에 비유한 것이다. 이어 6화
경에 대해 이렇게 설명한다. "6화경이라는 것은 첫째 같은 계율의 화
경, 둘째 같은 견해의 화경, 셋째 같은 행의 화경, 넷째 몸의 자비로

---

391) 행정, 199하~200상, "不能填其四弘, 行其四攝, 如麛獨跳, 不顧本群."

운 화경, 다섯째 입의 자비로운 화경, 여섯째 뜻의 자비로운 화경이다. 이미 6화경을 능히 행하지 않으니, 만물을 기를 때가 없다."[392]고 말한다. 소위 이익을 균등히 나누는 이화경(利和敬)을 여기에서는 행화경(行和敬)이라고 하였다. 나아가 인(因)이 부족해서 과(果)에도 한계가 있음에 대해 "인(因)에서 '함께 구제함'[兼濟]을 행하지 않기에 과(果)에서 '홀로 지킴'[孤調]을 증득한다."[393]고 말한다. 대승보살과 같이 너른 중생구제를 지향하지 않기에 그 결과 증득을 얻는다고 해도 결국 홀로만의 깨달음에 머무를 뿐이라는 것이다.

6도(六度)를 아직 닦지 않으니 소(小)가 아니라면 무슨 부류이겠는가? 이와 같은 것이 성문의 도이다.
六度未修, 非小何類? 如是則聲聞之道也.

6도 = 6바라밀 : 보시 + 지계 + 인욕 + 정진 + 선정 + 지혜

6도는 대승보살의 수행인 6바라밀이다. 성문은 6바라밀을 닦지 않으므로 2승에 속한다고 결론짓는다. 바라밀행이야말로 일체 중생의 제도를 염두에 둔 대승보살의 수행법이기 때문이다.

---

392) 행정, 200상, "六和敬者, 一同戒和敬, 二同見和敬, 三同行和敬, 四身慈和敬, 五口慈和敬, 六意慈和敬. 旣不能行六和敬, 闕時育萬物."
393) 행정, 200상, "因不兼濟, 果證孤調."

2) 연각(緣覺)

간혹 다른 사람의 말로 인하지 않고도 스스로 항상되지 않음을 깨우치거나 우연히 인연의 펼쳐짐에 따라 진리를 체득하기도 하므로 '연각(緣覺)'이라고 부른다.

或有不因他說, 自悟非常, 偶緣散而體眞, 故名緣覺.

남으로부터 교설을 듣지 않고도 우주 삼라만상과 접하여 스스로 그 안에서 무상과 공을 체득하고 연기법을 깨닫는 사람을 연각이라고 부른다.

행정은 "문장에 두 가지 각(覺)이 있으므로 읽는 자가 마땅히 알아야 한다. 『대론』에서 '만약 부처 없는 세상에 나와 자연히 도를 깨우치면 이는 곧 '독각(獨覺)'이고, 만약 부처 있는 세상에 나와 12인연법을 듣고 이를 받아 득도하면 그렇기에 '연각(緣覺)'이라고 이름한다'고 하였다."394)라고 하면서 위의 문장을 둘로 나누어 각각 '독각'과 '연각'의 설명으로 논한다. 즉 '다른 사람의 말에 의거하지 않고 스스로 무상을 깨우친 자'는 부처 없는 세상에 나와 스스로 깨달은 '독각'이고, '인연의 펼쳐짐에 따라 진리를 체득한 자'는 부처 있는 세상에 나와 12인연법을 듣고 깨달은 '연각'이라는 것이다.

---

394) 행정, 200상, "文含二覺, 讀者應知. 大論云, '若出無佛世, 自然悟道, 此卽獨覺. 若出佛世, 聞十二因緣法, 稟此得道, 故名緣覺.'" 여기에서의 인용문은 행정이 지의의 『묘법연화경현의』권4하(『대정장』권33, 729중), "大論稱獨覺因緣覺, 若出無佛世, 自然悟道, 此卽獨覺, 若出佛世, 聞十二因緣法, 稟此得道, 故名因緣覺."에서 가져온 것으로 보인다. 『대론』은 『대지도론』으로 『석론』이라고도 부른다.

1. 연각 : 부처 있는 세상에서 12인연을 듣고 깨달은 자
2. 독각 : 부처 없는 세상에서 홀로 깨달은 자

그러나 12인연법을 듣고 깨달으면 그것은 곧 성문이지 연각이 아니다. 연각은 다른 사람으로부터 연기법을 들어서 아는 것이 아니라 우주 자연의 변화를 직접 관찰함으로써 스스로 연기의 이치를 깨닫는 자, 즉 독각이다. 그러므로 연각이 곧 독각이고 이를 '벽지불(辟支佛)'이라고 음역하기도 한다.

그 익힌 바를 따져 보면 12인연(因緣)이 근본 수행이 된다.
原其所習, 十二因緣而爲本行.

12지 연기 : 무명→ 행→ 식→ 명색→ 육입처→ 촉→ 수→ 애→ 취→ 유→ 생→ 노사
　　　　　　無明　行　識　名色　六入處　觸　受　愛　取　有　生　老死

석가가 보리수 아래에서 얻은 깨달음을 연기법이라고 하듯이, 연각이 자연을 보고 깨달아 스스로 닦는 수행법도 연기법이라고 말한다.

행정은 "12인연은 합하면 3세(世)와 1기(期)와 일념(一念)의 세 가지 종류가 있다. 이하에서 해석한 것은 3세에 해당한다."[395]고 말한다. 3세, 1기, 일념은 다음과 같이 구분되는데, 이하에서는 연기를 3세(世) 연기로 풀이한다.

---

395) 행정, 200상, "十二因緣, 約有三種, 三世, 一期, 一念. 向下所釋, 卽當三世."

3세(世)의 연기 : 12지를 전세·현세·내세의 3세에 걸친 인과 과로 설명
1기(期)의 연기 : 12지를 한 생에서의 과거와 현재와 미래의 일로 설명
일념(一念)의 연기 : 12지를 한순간의 일념 안에 포함되는 인과 과의 일로 설명

무명을 관하니 곧 공이고 제행에 통달하니 지음이 없다. 두 가지 인(因)이 이미 업(業)이 아니니, 다섯 가지 과보(果報)가 어찌 따르겠는가?

觀無明而卽空, 達諸行而無作. 二因旣非其業, 五果之報何酬?

무명 → 행 → 식 → 명색 → 육입처 → 촉 → 수 → 애 → 취 → 유 → 생 → 노사

두 가지 因   다섯 가지 果

12지 연기에서 그 첫 항인 무명을 관하여 공이 되면 그 이후의 지음인 행도 없게 된다. 그렇게 해서 무명과 행의 두 가지 인(因)이 없어지면 그로 인한 과(果) 또한 따라서 없어지게 된다. 여기서 인은 과거 생에서 지은 업이고, 과는 그 업의 보로서 형성되는 현재생을 뜻한다. 무명과 행의 과거생의 인으로부터 발생하는 것이 바로 그다음의 다섯 가지인 식·명색·육입처·촉·수이다. 무명과 행으로 인해 남겨진 업력이 아뢰야식[識]으로서, 현재 생에서 부모가 될 사람의 수정란에 들어가 명색(名色)의 오온이 되고, 안·이·비·설·신·의의 6입처(六入處)로 전개되며, 때가 되면 태 밖으로 나와 세상과의 부딪침인 촉(觸)을 이루고 그로부터 느낌인 수(受)를 갖게 된다. 만일 무명과 행의 두 가지 인이 없으면 윤회할 업력이 없으므로 그 이후의 다섯 가지 과도 발생하지 않게 된다. 그러므로 두 가지 인이 없으니 다섯 가지 과도

없다고 말한다.

행정은 이렇게 설명한다. "무명이 본래 없으므로 '즉공(即空)'이라고 말하고, 행이 선악에 통하므로 '제행(諸行)'이라고 말한다. 과거의 두 가지 지(支)의 인(因)이 사라지므로, 현재의 다섯 가지 지(支)의 과(果)가 사라진다."[396]

애(愛)와 취(取)와 유(有)가 허물이 없으니, 노사(老死)가 또한 무슨 문제가 되겠는가?

愛取有以無疵, 老死亦何所累?

무명 → 행 → 식 → 명색 → 육입처 → 촉 → 수 → 애 → 취 → 유 → 생 → 노사

세 가지 因   두 가지 果

전생의 무명과 행의 인이 있다면 그 인의 과로서 현생의 식·명색·육입처·촉·수가 일어나는 것은 피할 수 없는 일이다. 그런데 만약 그런 식으로 12지 전체가 각각 그 이전 항의 필연적 결과로서 발생하는 것이라면, 12지 연기는 일체를 과거에 의해 규정되는 것으로 간주하는 결정론이 될 것이다. 그러나 연기설은 결정론이 아니다. 그것은 연기의 12지 연결고리 중에 필연적이지 않은 연결고리, 즉 우리가 결단하여 그 연결을 끊을 수 있는 고리가 포함되어 있기 때문인데, 그것이 바로 수(受)에서 애(愛)로의 연결고리이다.

---

396) 행정, 200중, "無明本無, 故云即空. 行通善惡, 故云諸行. 謂過去二支因忘故, 現在五支果泯."

수는 과거 원인으로부터 필연적으로 일어나는 느낌이지만, 수에서 애로의 이행은 필연적이 아니다. 느낌은 느낌일 뿐이다. 느낌에 따라 탐·진·치에 이끌려 애나 취(取)로 나아간다면 이것은 업(業)으로 인한 어쩔 수 없는 보(報)가 아니라, 그렇게 하지 않을 수도 있었는데 행한 것으로서 자기 책임의 행위가 된다. 그러므로 애(愛)와 취(取)가 새로운 업지음이 된다. 결국 이러한 이행이 저절로 일어나지 않도록 스스로의 느낌을 잘 관찰하여 느낌으로부터 물러서는 것이 관건이다. 수에서 애로 그냥 이끌려 가면 윤회의 수레바퀴를 따라 돌아가게 되지만, 그 이행을 멈추고 애와 취의 새로운 업을 스스로 짓지 않으면 그로 인한 업력인 유(有)가 쌓이지 않아 윤회를 벗어나게 된다. 즉 현생에서 애와 취로 새로운 업을 짓지 않으면 새로운 업력(有)이 없고 결국 그 과보로서 내생의 생과 노사도 일어나지 않게 된다. 그래서 애와 취로써 허물을 짓지 않는다면 노사가 무슨 문제가 되겠는가라고 말한다. 이렇게 하면 12지 인연을 따라 연기 고리로부터 벗어나게 되는 것이다.

행정의 설명이다. "현재의 세 가지 인이 이미 기우니, 미래의 두 가지 과가 어디 있겠는가? 번갈아 망(忘)과 민(泯)을 말하니, 이치의 수(數)가 그러하다."[397] 현재생에서 애와 취의 업지음이 없으면 결국 내생을 이끌어올 업력의 유(有)가 있지 않게 되고, 그러면 그 결과로서 미래생의 생·노사가 없게 된다. 그러므로 현재의 애·취·유의 세 가지 인이 없으면, 미래의 생·노사의 두 가지 과도 없다고 말한다.

---

397) 행정, 200중, "現在三因旣傾, 未來二果何有? 互論忘泯, 理數然爾."

그러므로 능히 훨훨 홀로 벗어나서 조용한 곳에 그윽이 거하면서 사물의 변화를 관하여 무상을 깨우치고 가을의 영락을 바라보며 진실한 도에 들어간다.

故能翛然獨脫, 靜處幽居, 觀物變而悟非常, 睹秋零而入眞道.

연각은 스스로 12지 연기법을 깨우쳐서 더 이상 업을 짓지 않으며 세상의 매임으로부터 풀려나 깊고 외진 곳에 홀로 머물기를 좋아한다. 자연 속에서 일체의 무상과 공성의 깨우침이 더 확실하기 때문일 것이다.

행정은 말한다. "겨울에 사라지고 봄에 펼쳐지는 것을 관(觀)하고, 여름에 무성하고 가을에 떨어지는 것을 깨우치니, 꽃의 나부낌을 보면서 과(果)를 증득하고, 팔찌의 흔들림을 들으면서 진리에 들어갈 수 있다. 이는 단지 법이 인연을 따르되 인연에 본성이 없음을 요달하기 때문이다."[398] 석가가 연기법을 깨달은 것도 자연 변화 속에 나타나는 일체 존재의 무상함과 공성을 깨달았기 때문이다. 그렇듯 특별히 불법을 듣지 않고도 자연 변화에 깊이 주목하다 보면 자연의 무상성과 공성을 통해 연기법을 깨달을 수 있다.

4위의(威儀)가 바르고 심려를 거두어 즐거우며, 성품이 홀로 살기를 좋아해서 한가한 숲에서 쉬면서 유유자적한다. 설법을 좋아하지 않으나 신통력을 나타내 남을 교화하니, 부처가 없는 세상에 출현해서 부처의 등불의 '뒷 불꽃'[後焰]이 된다.

---

398) 행정, 200중, "觀冬索而春敷, 悟夏茂而秋落, 有以見花飄而證果, 聞釧撼而入眞, 秖由了法從緣, 緣無性矣."

四儀庠序, 攝心慮以恬愉, 性好單棲, 憩閑林而自適. 不忻說法, 現神力以化他. 無佛之世出興, 作佛燈之後焰.

여기서는 연각의 삶의 방식을 설명한다. 자연의 이치를 보면서 스스로 깨우치고 그 깨우침에 상응하여 편안하고 유유자적한 삶을 영위해나간다. 다른 사람에 대해서도 스스로 깨닫게 되기를 기대할 뿐 말로써 설법하고 설득하는 것을 좋아하지 않는다. 다만 깨우침을 통해 얻은 신통력을 발휘하기에 남들이 그를 따르게 된다고 말한다.

행정은 "『열반경』에서 '연각의 사람은 적멸법(寂滅法)을 닦아 그 뜻이 홀로 있기를 즐긴다. 만약 중생을 교화해도 다만 신통을 나타낼 뿐 종일 침묵하고 교설을 펴지 않는다'고 하였다. 부처 없는 세상에 나와 군생을 이롭게 하여 부처의 광명을 이으므로 '후염'이라고 한다."[399]고 설명한다.

몸은 편안한 고요함을 생각하고 뜻은 청정한 비움을 좋아하니, 홀로 고독한 봉우리에 머물러 인연이 흩어져 멸함을 관한다.
身惟善寂, 意翫淸虛, 獨宿孤峰, 觀緣散滅.

연각은 스스로 혼자 깨우친 자인만큼 깨우치고 나서도 홀로 있기를 좋아하며 고독한 산중에 홀로 머문다.

---

399) 행정, 200중, "涅槃云, '緣覺之人, 修寂滅法, 志樂獨處. 若化衆生, 但現神通, 終日默然, 無所宣說.' 出無佛世, 以利群生, 續佛光明, 故云後稻." 여기에서의 인용문은 행정이 『열반경』 권17(『대정장』 권12, 463하)에서 가져온 것이다.

행정은 "한가함에 힘씀으로써 생(生)을 덜고, 변천을 관하여 도(道)를 더한다. 경에서 '정밀한 닦음을 즐겨 익히며 한가로이 홀로 머문다'고 하였다."[400]라고 설명한다.

남을 이롭게 하는 것이 넓지 못하고 자신을 이익되게 하는 것도 아직 원만하지 못하니, 아래에 비하면 나은 점이 있지만 위에 비하면 부족하다. 둘이 그 부류가 아니므로 지위가 중승에 처한다. 이와 같은 것이 벽지불의 도이다.

利他不普, 自益未圓, 於下有勝, 於上不足. 兩非其類, 位處中乘. 如此辟支佛道也.

```
상 : 대 - 보살        : 자리 + 이타
중 : 중 - 연각 = 벽지불
하 : 소 - 성문        : 자리
```

연각은 홀로의 깨달음에만 자족하여 머무를 뿐 남을 깨우치게 하는 데에 크게 마음을 쓰지 않기 때문에, 이는 대승의 보살정신 내지 자비심이 부족한 것이다. 그러므로 대승에 비해 못하다고 말한다. 그러나 스스로 깨달음을 이루고 생사를 싫어하지 않고 연기를 관한다는 점에서 성문보다는 나은 면이 있으므로 대와 소 사이의 중승(中乘)이라고 부른다.

---

400) 행정, 200중, "務閑散以損生, 觀遷變而增道. 經云, '樂習精修, 閑居獨處.'" 여기에서의 인용문은 행정이 『불설연도속업경(佛說演道俗業經)』(『대정장』 권17, 835하~836상)에서 가져온 것이다.

행정은 "보살보다는 못하고 성문보다는 나아서 그 처음과 끝의 중간에 있으므로 벽지불이라고 한다."[401]고 설명한다.

3) 보살

(1) 보살의 특징

만약 근본 성품이 본래 밝고, 깊은 공덕이 예로부터 드러난다면, 배움이 넓게 미치지 않아도 이해는 저절로 나면서부터 안다.
如其根性本明, 玄功宿著, 學非博涉, 解自生知.

성문이나 연각보다 근기가 더 수승한 자가 대승보살이다. 보살은 특별히 공부를 많이 하지 않아도 본래 근기가 좋아서 성취가 뛰어나다고 보는데, 그것을 전생에 공부를 많이 해서 그 공덕이 드러나는 것이라고 간주한다.
행정은 "공을 더하고 덕을 쌓음이 어찌 한 생에 그치겠는가? 실로 배워서 모으고 물어서 판단하는 것이 아니다."[402]라고 말한다.

마음에 반연되는 것이 없어도 능히 중생을 이롭게 하며 자비가 지극히 크지만 애혹과 견혹에 의해 구속됨이 없어, 종일 중생을 제

제401) 행정, 200하, "劣於菩薩, 勝於聲聞, 在孟季之間, 號辟支佛."
402) 행정, 200하, "積功累德, 何止一生? 誠非學以聚之, 問以辨之."

402) 행정, 200하, "積功累德, 何止一生? 誠非學以聚之, 問以辨之."

도하고도 중생이 제도할 만하다고 보지 않는다.

心無所緣, 而能利物, 慈悲至大, 愛見之所不拘, 終日度生, 不見生之
可度.

　보살은 특정한 인연을 따르지 않고 널리 중생을 이롭게 하는 무
연자비를 베푼다. 중생을 위하고 생각하되 일체 공의 지혜를 갖고 있
기 때문에 애혹과 견혹에 의해 제한되지 않는다. 애혹과 견혹은 아애
와 아견의 아상에 매인 번뇌이며, 탐·진·치에 물든 번뇌이다. 보살
은 '나'라는 아상을 떠났기에 애견을 일으키지 않으며, 중생을 제도하
여도 남을 제도하였다는 상(相)을 내지 않는다. 그러므로 종일 제도해
도 누구를 제도하였다는 생각을 내지 않는다. 중생이 곧 부처임을 알
기에 중생을 제도되어야 할 존재라고 보지 않는 것이다.

　행정은 "자비가 있고 지혜가 없으면 애혹과 견혹이 생기고, 지혜
가 있고 자비가 없으면 2승의 지위에 떨어진다. 이제 근기를 잊은 지
혜로써 무연의 자비를 이끌어낸다. 『금강삼매경』에서 '만약 중생을
교화하려면, 교화도 드러내지 않고 교화 없음도 드러내지 않아야 그
교화가 큰 것이다'라고 하였다."[403]고 설명한다. 보살은 지혜와 자비
를 두루 갖추고 있다는 것을 강조한 말이다. 지혜를 갖춘 자비이어
야 참된 자비이며, 지혜 없는 자비는 애견의 번뇌에 불과하다. 범부
는 지혜가 없이 사랑하는 마음만 갖고 있기에 흔히 견혹과 애혹에 빠
지게 된다. 반면 성문과 연각은 수행을 통해 마음의 번뇌인 견사혹을

---

403) 행정, 200하, "有悲無智, 愛見是生. 有智無悲, 墮二乘地. 今以忘機之智, 導無緣之悲. 金
　　剛三昧云, '若化衆生, 不生於化, 不生無化, 其化大焉.'" 여기에서의 인용문은 행정이
　　『금강삼매경』(『대정장』 권9, 366중), "若化衆生, 無生於化, 不生無化, 其化大焉."에서
　　가져온 것이다.

끊어 지혜는 갖추지만 일체 중생을 향한 자비심이 부족하다. 이 둘(범부와 2승)은 지혜와 자비 중 어느 하나만을 갖추고 둘 다를 구족하지 못한 한계를 가진다. 반면 보살은 지혜와 자비를 모두 갖춘다.

보살 : 지혜 + 자비 = 무연자비
2승 : 지혜 + 자비
범부 : 지혜 + 자비 = 애견

행정은 보살의 상(相) 없음에 대해 "『기신론』에서 '일체 중생을 내 몸같이 여기기 때문에'라고 하며, 그래서 '중생을 제도한다'[度生]고 말한다. 또 '또한 중생상을 취하지 않기 때문에'라고 하며, 그래서 '보지 않는다'[不見]고 말한다."[404]라고 설명한다. 보살은 일체 중생을 나와 불이로 알기 때문에 아상 및 중생상을 내지 않는다. 그러므로 중생을 제도하고도 중생을 제도하였다는 상을 내지 않는다.

하나와 다름이 같은 취지이고, 이해와 미혹이 동일한 근원이며, 인과 법이 모두 공(空)하므로 보살이라고 이름한다.
一異齊旨, 解惑同源, 人法俱空, 故名菩薩.

대승보살은 일체의 분별심을 넘어선 자이다. 그러므로 같음과 다름, 진과 속에 대한 차별상을 짓지 않는다. 또 자신은 깨닫고 남은 미

---

404) 행정, 200하, "起信云, '以取一切衆生如己身故', 故云度生. 而又'亦不取衆生相故', 故云不見." 여기에서의 인용문은 행정이 『대승기신론』(『대정장』 권32, 579중), "以取一切衆生如己身故, 而亦不取衆生相."에서 가져온 것이다.

혹에 빠져 있다는 그런 판단도 하지 않는다. 깨달음과 미혹이 본래 근원적 깨달음의 두 모습이라는 것을 알기 때문이다. 보살은 지혜와 자비를 완성한 자이다. 한편으로는 지혜로써 아공·법공의 2공을 깨달아 '이공소현진여(二空所顯眞如)'를 증득하고, 다른 한편으로는 자비로써 일체 중생을 제도하고자 6도(道)에 머문다.

행정은 "하나는 진(眞)을 비추는 것이고, 다름은 속(俗)을 비추는 것이다. 진과 속이 비록 다르지만, 묘한 취지는 다르지 않다. 이해와 미혹도 또한 그러하다."[405]고 말하고, 보살에 대해 "범어로 '보리살타'이고, 줄여서 '보살'이라고 한다. 자리(自利)는 큰 지혜를 으뜸으로 여기므로 이미 2공(空)을 증득하고, 이타(利他)는 큰 자비를 우선으로 하므로 오래도록 6취(趣)에 머문다. 자비와 지혜를 함께 운용하므로 보살의 이름을 얻는다."[406]고 설명한다.

보살 : 자리   +   이타
지혜   자비
2공(空)을 증득   6도(道)에 머묾

(2) 보살의 6바라밀(波羅蜜)

그 닦는 것을 따져 보면, 6바라밀이 바른 원인이 된다.

原其所修, 六度而爲正因.

---

405) 행정, 200하, "一謂照眞, 異謂照俗. 眞俗雖異, 妙旨不殊. 解惑例然."
406) 행정, 201상, "梵云菩提薩埵, 略云菩薩. 自利則大智爲首, 已證二空, 利他則大悲爲先, 長棲六趣. 悲智俱運, 得斯名焉."

6도(度) = 6바라밀 : 보시 + 지계 + 인욕 + 정진 + 선정 + 지혜

6도(度)는 곧 6바라밀이다. 보살 수행법의 기반은 6바라밀이다. 이하에서는 6바라밀을 차례대로 설명한다.

'보시를 행함'[行施]은 목숨을 다하고 재물을 모두 주는 것이다.
行施則盡命傾財.

보시행 :
1. 목숨[命]
2. 재물[財]

6바라밀의 첫 번째는 보시이다. 무아에 입각하여 자타분별을 넘어섬으로써 내가 가진 것을 아낌없이 남에게 내어주는 것이 보시이다. 보시에 대해서는 이 책 제2장 '교만하고 사치스런 뜻을 경계함'에서 상세히 언급하였다.

행정은 이렇게 설명한다. "재물[財]과 목숨[命]을 함께 버리는 것에 몸[身]도 겸한다. 이렇게 보시를 행함이 3견법(堅法)을 닦는 것이다.『현겁경』에서 '일체 소유를 모두 능히 버리기에 이를 보시라고 한다'고 하였다."[407] 목숨과 재물과 몸까지 보시하고 얻게 되는 불멸의 몸과 무궁한 생명과 무진장의 재물을 3견법이라고 한다. 3견법은 제3장 '3업을 청정하게 닦음' 중 신업 부분에서 논하였다.

---

407) 행정, 201상, "財命俱捨, 則兼於身. 如此行檀, 修三堅法. 賢劫經云, '一切所有, 皆能放捨, 是曰布施." 여기에서의 인용문은 행정이 『현겁경(賢劫經)』권2(『대정장』권14, 17상)에서 가져온 것이다.

〈보시하는 것〉	〈얻게 되는 것 : 3견법〉
1. 목숨[命]	견명(堅命)
2. 재물[財]	견재(堅財)
3. 몸[身]	견신(堅身)

'계를 지킴'[持戒]은 작은 죄(돌길라)도 범하지 않는 것이다.

持戒則吉羅無犯.

두 번째 바라밀은 계율을 지키는 지계바라밀이다. 여기서 '길라(吉羅)'는 '돌길라(突吉羅)'의 준말이며, 돌길라는 범어 duṣkṛta의 음역으로 작은 죄지음인 악작(惡作)을 뜻한다. 계는 계·정·혜 3학(學)의 첫 단계로서 일체 수행의 기반이 된다. 지계에 대해서는 이 책 제3장 '3업을 청정하게 닦음'에서 상세히 서술하였다.

행정은 "보살은 도를 닦되 작은 허물도 오히려 금한다. 『영락경』에서 '도는 마땅히 청정해야 하니, 오염되거나 탁한 것은 도가 아니다'라고 하였다."[408]라고 말한다.

인욕(忍辱)은 비아(非我)를 깊이 밝히니 베고 잘라도 무엇을 상하게 하겠는가? 헐뜯음도 높임도 편안하게 견뎌 8풍(風)에 움직이지 않는다.

忍辱則深明非我, 割截何傷? 安耐毁譽, 八風不動.

---

408) 행정, 201상, "菩薩修道, 尙禁小愆. 瓔珞云, '道當淸淨, 穢濁非道.'" 여기에서의 인용문은 행정이 『보살영락경』 권13(『대정장』 권16, 111하)에서 가져온 것이다.

세 번째 바라밀은 인욕바라밀이다. 남들이 나를 높이거나 괴롭히는 것에 대해 흔들리지 않고 견뎌내는 것을 말한다. 베거나 자름에도 견딜 수 있는 것은 아상(我相)이 없기 때문이다. 따라서 남이 나를 올리거나 내리는 등 나를 흔드는 8풍에 대해서도 흔들리지 않을 수 있는 것이다. 8풍은 제6장 '우필차송' 관심10문 중 '공과 상응'을 논하는 부분에서 언급하였다.

행정은 "할절(割截)에 대해서는 경에서 '내가 예전에 마디마디 사지가 찢길 때 만약 아상 등이 있었다면 화나 원한을 일으켰을 것이다'라고 하였다. 진실로 4상(相)이 모두 공하면 수순하거나[順] 거슬릴[違] 기반이 없어 법에 칭합하여 인욕을 이루므로 '깊이 밝힌다'고 말한다."[409]라고 설명한다. 여기서 4상(相)은 아상(我相)·인상(人相)·중생상(衆生相)·수자상(壽者相)이다. 이 상에 의해 나의 경계가 그어지므로, 그 경계선 위에서 위경계나 순경계가 성립하게 되고 그에 따라 고나 락을 느끼게 된다. 애당초 상이 없어 거슬리거나 수순할 경계선이 그어지지 않는다면, 그로 인한 고와 락으로부터도 자유로워질 것이다.

정진(精進)은 지극한 도를 부지런히 구하되 마치 머리의 불을 끄듯하여 스스로 행하고 남을 교화함에 한 찰나의 간극도 없는 것이다.
精進則勤求至道, 如救頭燃, 自行化他, 刹那之頃無間.

---

409) 행정, 201상, "割截者, 經云, '我於往昔, 節節支解時, 若有我等相, 應生瞋恨.' 良謂四相卽空, 順違無地, 稱法成忍, 故曰深明." 여기에서의 인용문은 행정이 『금강반야바라밀경』(『대정장』 권8, 750중), "我於往昔, 節節支解時, 若有我相人相衆生相壽者相, 應生瞋恨." 에서 가져온 것이다.

네 번째 바라밀이 정진이다. 오롯하게, 그러면서도 쉼 없이 정진하는 것은 그렇게 함으로써 나에게도 도움이 되고 남에게도 이익을 줄 수 있기 때문이다.

행정은 설명한다. "정(精)은 잡(雜)이 아니고, 진(進)은 게으르지 않은 것이다. 뜻은 도를 증득함을 구하여 자리와 이타를 겸해서 닦는다. 경에서 '경전을 독송하되 게으르지 않음으로써 모든 위급한 액난(厄難)을 널리 구제하고자 한다'고 하였다. 그러므로 여법한 수행을 정진이라고 이름한다는 것을 안다."[410]

선나(禪那)는 심신이 고요하고 호흡[安般]이 드물고 미세하여 고요한 정(定)에 머물러 스스로를 돕고 4위의(威儀)를 운용하여 중생을 이롭게 하는 것이다.

禪那則身心寂泊, 安般希微, 住寂定以自資, 運四儀而利物.

다섯 번째 바라밀은 선정(禪定)이다. 선정에는 몸의 바른 자세와 바른 마음가짐 그리고 바른 호흡을 유지함이 포함된다. 여기서 호흡으로 번역한 '안반(安般)'은 '안나반나(安那般那)'의 줄임이다. 안나반나는 범어 아나파나(āna-apāna)의 음역으로 들숨인 아나(āna)와 날숨인 파나(apāna)를 합한 것이다. '아나파나(阿那波那)'라고도 하며, 숨을 헤아리거나 숨에 집중하는 수식관을 뜻한다. 수식관을 포함하여 고요함에 머

---

410) 행정, 201상중, "精謂無雜, 進謂不怠. 志求證道, 二利兼行. 經云, '讀誦經典, 不以懈倦, 廣欲救齊諸危厄難.' 故知如法如行, 是名精進." 여기에서의 인용문은 행정이 『불설연도속업경(佛說演道俗業經)』(『대정장』 권17, 835하), "勤諷深典, 不以懈倦. … 廣欲救齊諸危厄者."에서 가져온 것으로 보인다.

무르는 선정 수행에 대해서는 이 책 제4장 '사마타송'에서 이미 논하였다.

　행정의 설명이다. "범어로 '안나반나(安那般那)'라고 하니 날숨과 들숨을 뜻하며, 또 '아나파나(阿那波那)'라고도 한다. 모든 마하연(대승)을 얻을 수는 없으니, 이 이치에 이미 통달하면 중생을 교화함에 어찌 끝이 있겠는가?"[411] 호흡관만으로 대승 수행을 이룰 수는 없지만, 대승의 선정바라밀 안에 호흡관도 포함된다는 것을 밝힌 말이라고 여겨진다.

지혜(智慧)는 연기의 자성이 무생(無生)이고 만법이 모두 그러하여 진실한 근원이 지극히 고요하다는 것을 아는 것이다.

智慧則了知緣起, 自性無生, 萬法皆如, 眞源至寂.

　여섯 번째 바라밀은 지혜이다. 지혜는 연기가 공이라는 것, 따라서 연기 소생의 만법 또한 공이라는 것을 아는 것이다. 그렇게 만법의 근원을 깨달아 일체가 불생불멸의 근원, 성성적적의 심(心)으로부터 생겨난 것임을 아는 것이다. 지혜를 얻기 위한 관(觀) 수행에 대해서는 이 책 제5장 '비파사나송'에서 논하였다.

　행정은 이렇게 설명한다. "지혜는 제법이 모두 인연을 따라 생기며 인연의 근본은 공이라는 것을 비춘다. 그러므로 '지극히 고요하다'고 하였다. 정명 거사는 '연기에 깊이 들어가 모든 존재의 맺힘을 끊

---

411) 행정, 201중, "梵云安那般那, 卽出入息. 亦云阿那波那. 皆摩訶衍, 以不可得故, 旣達斯理, 化物何窮?"

는다'고 하였다."[412] 이상으로 보살이 기본 수행으로 삼는 6바라밀을 논하였다.

(3) 보살행 : 중생제도

비록 번뇌는 버릴 것이 없고 보리는 얻을 것이 없다는 것을 알지 만 능히 무위(無爲)를 증득하지 않고 오랜 세월 동안 중생을 제도한 다. 만행을 널리 닦아 여러 방편을 평등하게 보며 아래로는 4제(諦) 와 12인연에 미치고 위로는 불공(不共)을 갖춘다.
雖知煩惱無可捨, 菩提無可取, 而能不證無爲, 度生長劫. 廣修萬行, 等 觀群方, 下及諦緣, 上該不共.

	4성제+12인연법	6바라밀	18불공법
불	○	○	○
보살	○[2승과 공(共)]	○[2승과 불공(不共)]	
성문+연각	○		

보살은 번뇌와 보리, 중생과 부처, 생사와 열반이 둘이 아니라는 것을 안다. 따라서 성문과 연각처럼 생사를 싫어하며 열반에 집착하 거나 번뇌를 멸하여 보리를 이루려고 하지 않는다. 그렇게 번뇌와 보 리가 하나임을 알아 번뇌를 버릴 것으로, 보리를 얻을 것으로 분별하 지 않는다. 따라서 무위로 나아갈 수 있지만, 보살은 무위를 증득하

---

412) 행정, 201중, "智照諸法, 皆從緣生, 緣之本空. 故云至寂. 淨名云, '深入緣起, 斷諸有結.'" 여기에서의 인용문은 행정이 『유마경』 권상(『대정장』 권14, 537상), "深入緣起, 斷諸邪 見."에서 가져온 것으로 보인다. 정명 거사는 유마 거사를 말한다.

여 불과(佛果)로 나아가는 길을 택하지 않는다. 부처가 되어 열반에 머물기보다는 6도 윤회로 고통받는 중생을 제도하기 위하여 중생과 함께하기를 원하기 때문이다. 이것이 보살의 무연자비이다. 무위를 증득하지 않는다는 것은 근본무명의 종자를 남겨둔다는 말이다. 무위를 증득하여 홀로 해탈하기보다는 고통 속에 남는 마지막 중생까지도 모두 제도하기 위해 스스로 미혹의 종자를 남겨 이 세상으로 되돌아오는 자가 바로 보살이다.

널리 일체 중생의 제도에 뜻을 두므로 어떤 수행이든 중생제도의 길이기만 하면 방편으로 두루 취한다. 그래서 성문의 4성제법과 연각의 12연기법도 함께 닦는다. 이것들은 성문과 연각과 보살이 함께 공통으로 닦으므로 '공법(共法)'이라고 하고, 그 외 성문·연각은 닦지 않고 보살만 닦는 6바라밀은 '불공법(不共法)'이라고 칭하였다.

행정은 이렇게 설명한다. "번뇌를 보지 않으니 무엇을 버린다고 하겠는가? 보리를 보지 않으니 무엇을 취한다고 하겠는가? 버리지도 취하지도 않고 다만 실제(實際)에 머무른다. 그러나 이 보살은 인공혜(人空慧)를 얻어 견(見)번뇌와 수(修)번뇌가 현전하지 않는다. 그래서 '증득하지 않는다'[不證]라고 말한다. 『섭론』에서 '만약 자기가 높다는 생각을 끊지 못하면 범부와 다르지 않고, 만약 미혹의 종자를 남겨두지 않으면 2승과 다르지 않다'고 하였다."[413] 번뇌와 보리를 상이한 둘로 보아 번뇌를 버리고 보리만을 구하는 2승과 달리 보살은 '번

---

413) 행정, 201중, "不見煩惱, 云何捨? 不見菩提, 云何取? 不捨不取, 但住實際. 然此菩薩得人空慧, 見修煩惱, 不得現前, 故云不證. 攝論云, '若不斷上心, 則不異凡夫. 若不留惑種子, 則不異二乘.'" 여기에서의 인용문은 행정이 법장의 『대승기신론의기』 권하본(『대정장』 권44, 267중), "攝論云, 若不斷上心, 則不異凡夫. 若不留種子, 則不異二乘."에서 가져온 것으로 보인다. 『섭론』은 『섭대승론』을 말한다.

뇌즉보리', '중생즉부처'를 실천하기 위해 번뇌의 중생계를 떠나지 않는다. 견혹과 수혹은 넘어서되 마지막 불과의 증득으로 나아가지 않으므로 '증득하지 않는다'고 말한다. 중생제도를 위하여 미혹 종자인 근본무명 종자를 남겨놓으므로 아직 궁극의 경지를 증득한 것은 아닌 것이다.

이어 공법(共法)과 불공법(不共法)에 대해 행정은 다음과 같이 설명한다. "반야에는 공과 불공이 있는데, 공은 아래로 4성제와 12인연에 이르니, 가까운 진리는 함께 증득한다. 불공은 오직 보살의 법이니, 먼 진리를 스스로 안다. '위로 여래의 18불공법을 갖춘다'는 설이 있지만, 그 뜻이 멀다."[414] 보살이 성문 연각과 함께 닦는 공법은 4성제와 12인연법이며, 보살만 닦는 불공법은 보살법인 6바라밀이다. 행정은 여기에서의 불공법이 여래만이 갖추는 18불공법을 뜻하는 것은 아니라고 지적한다.

여래의 18불공법 : 10력(十力) + 4무소외(四無所畏) + 3념주(三念住) + 대자비(大慈悲)

큰 서원의 마음을 널리 펴고 4섭(攝)의 도(道)를 두루 거두어, 3계(界)를 모아 집으로 삼고 4생(生)을 묶어 자식으로 삼는다.
大誓之心普被, 四攝之道通收, 總三界以爲家, 括四生而爲子.

---

414) 행정, 201중하, "般若有共不共. 共則下及諦緣, 近理同證. 不共則獨菩薩法, 遠理自知. 有云上該如來十八不共法, 其義疎矣."

4섭 : 보시(布施)·애어(愛語)·이행(利行)·동사(同事)
3계 : 욕계(欲界)·색계(色界)·무색계(無色界)
4생 : 난생(卵生)·태생(胎生)·습생(濕生)·화생(化生)

    대승보살의 서원은 크고 넓기에 4홍서원이라고 한다. 보살의 원
(願)과 자비는 일체 중생을 남김없이 모두 제도하는 것이다. 보시(布施)
나 애어(愛語), 이행(利行)이나 동사(同事) 등 다양한 방법으로 욕계와 색
계와 무색계 3계(界)의 모든 중생과 난생(卵生)과 태생(胎生)과 습생(濕生)
과 화생(化生) 4생(生)의 일체 중생을 남김없이 제도하고자 한다. 모든
중생을 자타분별 없이 자신과 하나라고 여기기 때문이다.
    행정은 "이는 교화하는 도의 이익이 이와 같음을 찬탄한 것이
다."[415]라고 말한다.

자비[悲]와 지혜[智]를 함께 운용하고 행복[福]과 지혜[慧]를 둘 다 장
엄하게 하여, 2승을 초월해서 홀로 그 위에 머무른다. 이와 같은
것이 곧 대승의 도이다.
悲智雙運, 福慧兩嚴, 超越二乘, 獨居其上. 如是則大乘之道也.

       ┌ 지혜[智] - 혜(慧)
       └ 자비[悲] - 복(福)

    지혜는 자리이고, 자비는 이타이다. 이 둘을 구비하고 있는 것이
대승보살도이다.

---

415) 행정, 201하, "此歎化道利益若斯."

행정은 "보살이 2승과 크게 다르다고 결론내리며 찬탄한다. 도(道)와 관(觀)을 함께 이루어 교화의 공이 자신에게 귀의하므로 '대승의 도'라고 말한다."[416]

이 때문에 하나의 참된 진리가 근기의 성품을 따라 단계적으로 차이가 난다. 이익을 취함이 근기를 따르므로 3승(乘)의 주장이 구비되어 있다.

是以一眞之理, 逐根性以階差. 取益隨機, 三乘之唱備矣.

이와 같이 불법은 본래 하나이지만, 불법을 듣고 대하는 중생의 근기에 차이가 있기 때문에 중생의 수행 방식에도 세 가지 다른 양태가 있다. 그 각각의 단계가 서로 다르므로 3승의 구분이 있는 것이다.

행정은 "진리는 비록 하나이지만, 근기가 셋을 이룬다. 천태 지의는 '근기가 다르기 때문에 교(敎)가 다르다'고 하였다."[417]라고 말한다. 석가가 설법한 진리는 하나이지만 그것으로부터 다양한 교가 전개된 것은 석가의 설법을 듣는 중생의 근기가 다양한 만큼 그에 따라 설법 내용이 다르게 받아들여지기 때문이다.

---

416) 행정, 201하, "結歎菩薩迥異二乘. 道觀雙流, 化功歸己. 故曰大乘之道也."
417) 행정, 201하, "理之雖一, 機且成三. 天台云, '機異故敎異.'" 여기에서의 인용문은 행정이 지의의 『묘법연화경현의』 권9상(『대정장』 권33, 791상), "如三藏四門, 赴機異說, 故言四."에서 가져온 것으로 보인다.

2. 하나의 법(法)과 3승(乘)의 관계

1) 하나와 셋의 관계

그러나 지극한 진리는 비고 깊어 극히 미세하고 절묘하니, 오히려 그 하나도 아닌데 어찌 셋이겠는가?

然而至理虛玄, 窮微絶妙, 尚非其一, 何是於三?

> 지극한 진리는 하나(1)도 아니고 셋(3)도 아님 :
> 하나(1) : 불법의 하나의 진리 : 법(法)
> 셋(3) :   인간의 다양한 근기 : 인(人)

일체를 포괄하는 전체는 무한히 크고 무한히 작아 무엇이라고 규정하여 논할 수가 없다. 그것은 하나라고도 셋이라고도 규정할 수 없는 것이다. 하나는 하나의 진리, 하나의 불법의 종지를 뜻하고, 셋은 세 가지 방편교설 또는 3승의 교설을 뜻한다. 이상에서 3승의 차이를 밝혔다면, 이제는 그 셋과 하나, 3승과 1불법이 서로 어떤 관계에 있는가를 논한다.

행정은 설명한다. "진리[理]는 본래 생각[思]이 없어서 이름이나 말의 길이 끊어진다. 자체가 허(虛)이므로 색(色)으로도 취하지 못하고, 사려가 없으므로 심(心)으로도 구하지 못한다. 법계를 포함하면서도 크지 않고 털끝에 있으면서도 작지 않다. 원래 그러한 것이므로 셋이라고도 하나라고도 칭할 수 있는 것이 아니다."[418] 불법의 진리가 색

---

418) 행정, 201하~202상, "理本無思, 名言路絶. 體虛不可以色取, 無慮不可以心求. 包法界而不大, 處毫末而不微. 自爾如然, 非三一之謂也."

의 형상을 떠나고 심의 사려를 떠난 것임을 강조한다. 그러므로 '하나다' 또는 '셋이다'라고 규정하여 말할 수 없다는 것이다.

셋이지 않은 셋을 셋이라고 말하고, 하나이지 않은 하나를 하나라고 말한다.
不三之三, 而言三, 不一之一, 而言一.

3과 1을 각각 논해도[各論], 3과 1이 아님 :
3 ≠ 3 : 3(3승의 3) ≠ 숫자 3
1 ≠ 1 : 1(1법의 1) ≠ 숫자 1

3승의 셋이 지칭하는 것은 숫자 3으로 헤아릴 수 있는 것이 아니지만 달리 부를 수 없어 셋이라고 부른다. 그리고 마찬가지로 하나의 법의 하나가 지칭하는 것은 숫자 1로 헤아릴 수 있는 것이 아니지만 달리 부를 수 없어 그냥 하나라고 부른다. 이처럼 셋과 하나를 각각 따로 생각해도 하나는 흔히 하나라고 하는 그 하나가 아니고, 셋은 흔히 셋이라고 하는 그 셋이 아니다.

행정은 "이것은 셋과 하나를 각각으로 논한 것이다. 셋이 없는데도 셋을 말하고, 하나가 없는데도 하나를 말한다."[419]고 설명한다.

하나의 셋은 셋이 아니다. 셋조차도 아닌데, 셋의 하나인 하나가

---

419) 행정, 202상, "此單論三一. 無三中說三, 無一中說一."

또한 어찌 하나이겠는가?

一三非三. 尚不三, 三一之一, 亦何一?

3과 1을 합하여 논해도[合論], 3과 1이 아님 : (1+1+1) ≠ 3
〈1의 3〉 ≠ 3 :   1+1+1 ≠ 3(3승의 3)
〈3의 1〉 ≠ 1 :   3÷3 ≠ 1(1법의 1)

하나와 셋을 서로 연관지어 생각해도 하나와 셋이 성립하지 않는
다. 대개 숫자 1은 3에 대해 1이고, 숫자 3은 1에 대해 3이다. 1을 세
번 합하면 3이 되고, 3을 3으로 나누면 1이 된다. 그러나 여기서 말
하는 셋은 하나를 세 번 합해서 얻어지는 셋이 아니므로 1의 3이 아
니고, 여기서 말하는 하나는 셋을 셋으로 나눠서 얻어지는 하나가 아
니므로 3의 1이 아니라는 것이다. 그러므로 하나의 셋이 셋이 아니
고, 셋의 하나도 하나가 아니라고 말한다.

　행정은 "이것은 셋과 하나를 합해서 논한 것이다. 하나 중의 셋에
는 본래 셋이 없으며, 셋 중의 하나에 본래 하나가 없으니, 하나와 셋
은 근기에 따르는 방편상의 교묘한 말이다."[420]라고 말한다.

하나는 하나이지 않으니 자연히 셋이 아니고, 셋은 셋이지 않으니
자연히 하나가 아니다.

一不一, 自非三, 三不三, 自非一.

---

420) 행정, 202상, "此合論三一. 一中之三, 本無三, 三中之一, 本無一, 一三就機, 權巧言矣."

$$\langle 1 \neq 1 \rangle \rightarrow \langle 1 \neq 3 \rangle : \quad 1법 \neq 3승$$
$$\langle 3 \neq 3 \rangle \rightarrow \langle 3 \neq 1 \rangle : \quad 3승 \neq 1법$$

　하나와 셋은 서로 상대적이다. 즉 1은 3에 대해 1이고 3은 1에 대해 3이다. 그러므로 1이 아니면 3도 아니게 되고, 또 3이 아니면 1도 아니게 된다. 일승의 일이 숫자 1이 아니기에 숫자 3과도 함께 생각할 수 없고, 3승의 셋이 숫자 3이 아니기에 숫자 1과도 함께 생각할 수 없는 것이다.

　행정은 "하나와 셋은 서로 벗어나니, 형상화도 탈형상화도 사라진다."[421]고 말한다. 하나의 불법이 구체적인 근기의 셋으로 나타나는 것이 형상화이고, 세 근기가 하나의 불법에 포섭되는 것이 탈형상화일 수 있겠지만, 하나와 셋이 동일 차원의 숫자가 아니므로 이러한 형과 탈의 관계로 고정화시킬 수 없다는 말이다.

1불법　──(형 : 형상화)──→ 3근기　┐이러한 형상화와 탈형상화가 아니다.
1불법　←──(탈 : 탈형상화)── 3근기　┘

하나가 아니면 하나가 틀리므로 셋이 머무르지 않고, 셋이 아니면 셋이 틀리므로 하나가 서지 않는다. 서지 않는 하나에는 본래 셋이 없고, 머무르지 않는 셋에는 본래 하나가 없다.
非一, 一非, 三不留, 非三, 三非, 一不立. 不立之一, 本無三, 不留之三, 本無一.

---

421) 행정, 202상, "一三互脫, 形奪忘也."

1이 틀림 → 3이 불류(不留),   불류의 3 → 1이 무(無)
3이 틀림 → 1이 불립(不立),   불립의 1 → 3이 무(無)

하나가 하나가 아니면 하나에 상대한 셋도 성립하지 않는다. 이를 셋이 머무르지 않는다고 한다. 불법에 대해 3승이 성립하지 않는다는 말이다. 또 셋이 셋이 아니면 하나도 성립하지 않는다. 이를 하나가 서지 않는다고 말한다. 3승을 포괄하는 하나의 교법이라고 하나를 세울 필요가 없다는 말이다. 하나를 세우지 않는다면 3승을 둘 필요가 없고, 3승을 구별하지 않으면 하나를 논할 필요가 없는 것이다.

행정은 설명한다. "석가(세웅)가 교를 펴되 근기와 인연에 따라 셋과 하나의 다른 이름을 세우고 대(大)와 소(小)의 임시 이름을 나누었다. 만약 근기와 인연이 멈춘다면, 셋과 하나도 또한 사라질 것이다. 그러면 형상화와 탈형상화가 서로 기울면서 셋과 하나가 서로 벗어나고, 하나가 본래 없으므로, 셋 또한 없게 된다."[422] 중생의 근기와 인연에 따라 나타난 구별들은 모두 임시방편일 뿐이며 궁극적 다름이 아니다. 그 근기와 인연의 차이에 따라 3승을 논하고 그것을 관통하는 하나의 법을 논하지만 궁극에는 하나이다 셋이다 할 것도 없다. 그러므로 근기와 인연을 떠나면 하나도 없고 셋도 없다고 한다.

하나와 셋이 본래 무이고, 무 또한 무이다. 무의 무도 근본이 없으므로 묘하게 끊어진다.

---

422) 행정, 202상, "世雄設教, 逗彼機緣, 立三一之殊名, 分大小之假號. 機緣若息, 三一亦忘, 是以形奪互傾, 三一交奪, 一本不有, 三亦無之."

一三本無, 無亦無. 無無無本, 故妙絕.

〈1이 무〉 ┐ → 〈무도 무〉 → 〈무무도 무〉 ── ∴ 묘절(妙絕)
〈3이 무〉 ┘

　이렇게 하나와 셋을 다 부정하면 무(無)만 남는다. 그러나 그 무 또
한 무이다. 그러므로 무무(無無)라고 할 수 있는데, 무무라는 것 또한
무이다. 이처럼 일체가 부정된다. 이렇게 해서 일체의 상대적인 규정
가능성을 넘어선 절대로 나아가게 된다. 절대는 하나라고도 셋이라
고도, 유라고도 무라고도 규정할 수 없는 묘(妙)일 뿐이다. 일체가 다
부정되어 끊어진 곳이 절대이다.

　행정은 "하나와 셋이 원래 무일 뿐 아니라, 그 무 또한 무이다. 능
소가 함께 사라지니, 다시 무엇을 말하겠는가?"[423]라고 말한다.

이와 같으니 하나가 어찌 나뉘는 것이고, 셋이 어찌 합해지는 것
이겠는가? 합하고 나눔이 그 자체 인간에 의할 뿐, 어찌 진리가
말에 따라 다르겠는가?
如是則一何所分, 三何所合? 合分自於人耳, 何理異於言哉?

1 ── (분) ── 3 ┐ 이러한 분과 합이 아니다
1 ── (합) ── 3 ┘

　하나를 셋으로 분할하여서 셋이 되고, 셋을 하나로 합하여서 하

---

423) 행정, 202상, "非唯一三元無, 此無亦無. 能所俱泯, 復何言哉?"

나가 되는 것이 아니다. 하나와 셋의 관계는 그렇게 나누거나 합해서 얻어지는 관계가 아닌 것이다. 이는 곧 하나의 불법과 3승의 관계를 나눔이나 합의 관계로 생각할 수 없다는 것을 말한다. 즉 불법을 3승의 구분처럼 그렇게 서로 다른 세 차원의 진리로 나눠서 생각해서는 안 된다는 뜻이다. 하나와 셋은 모두 인간의 사려분별에 따른 방편적 규정일 뿐 진리 자체에 속한 것이 아니다.

행정은 "하나가 셋으로 나뉘지 않으니, 셋이 어찌 하나로 합하겠는가? 하나와 셋은 사물에 있을 뿐, 진리에는 차이가 없다."[424]라고 말한다.

함허는 "셋과 하나의 진리가 없는데, 어찌 셋과 하나의 말을 따라 차이가 있겠는가? 그러므로 '셋과 하나는 사물에 있을 뿐, 진리에는 차이가 없다'고 했다."[425]라고 설명한다.

2) 하나의 강과 세 짐승의 비유

비유컨대 세 짐승이 강을 건넌다고 해보자. 강의 하나가 어찌 짐승을 따라 합한 것이겠는가? 또 어찌 유독 강만 짐승이 합한 것이 아니겠는가? 짐승도 또한 강을 나눈 것이 아니다.

譬夫三獸渡河. 河一寧從獸合? 復何獨河非獸合? 亦乃獸不河分.

---

424) 행정, 202상중, "一不分三, 三何合一? 一三在物, 理無異焉."
425) 함허, 202중, "無三一之理, 豈隨三一之言而異哉? 故云, '三一在物, 理無異焉'."

강(1) —— (분) —→ 짐승(3) ⎤ 이러한 분과 합이 아니다.
1법 ←— (합) —— 3승 ⎦

```
          ┌ 성문                              ┌ 짐승 1
1법 ≠ 3승 │ 연각      1(강) ≠ 3(짐승)         │ 짐승 2
          └ 보살                              └ 짐승 3
```

셋과 하나의 관계, 즉 3승과 하나의 진리의 관계를 세 마리 짐승이 하나의 강을 건너는 것에 비유하여 논한다. 하나의 강이 세 짐승을 더해서 되는 것이 아니듯, 하나의 불법이 3승을 합해서 되는 것이 아니고, 세 짐승이 하나의 강을 나눠서 되는 것이 아니듯, 3승이 하나의 불법을 셋으로 나누어 성립하는 것도 아니라는 것이다.

행정은 설명한다. "세 짐승이 강을 건너고자 동일하게 물에 들어가도, 세 짐승에는 강함과 약함이 있고 강물에는 바닥과 가장자리가 있다. 세 짐승은 3승에 비유되고, 하나의 강은 하나의 진리[理]에 비유된다. 하나는 셋이 합해서 하나가 된 것이 아니고, 셋은 하나가 나뉘어서 셋이 된 것이 아니다."[426]

함허는 이렇게 설명한다. "3승이 동일하게 하나의 진리를 관하는 것을 세 짐승이 함께 하나의 강을 건너는 것에 비유하였다. 강이 하나가 되는 이유가 어찌 세 짐승이 합하여 하나가 되기 때문이겠는가? 강은 본래 하나이지, 세 짐승이 합함으로써 하나가 되는 것이 아니다. 강이 하나가 되는 이유가 세 짐승이 합해 하나가 되는 것이 아닐 뿐만 아니라, 짐승이 셋이 되는 이유도 또한 강이 나뉘어서 셋으

---

426) 행정, 202중, "三獸渡河, 同入於水, 三獸有强弱, 河水有底岸. 三獸喩三乘, 一河喩一理, 一非三合爲一, 三非一分成三."

로 되는 것이 아니다."[427] 하나와 셋의 관계가 하나가 셋으로 나뉘어 셋이 된다거나, 셋이 하나로 합해서 하나가 된다거나 하는 것이 아님을 비유로 설명한 것이다.

강이 아직 셋이 되지 않는데, 강이 어찌 강으로서 짐승과 합할 수 있겠는가? 짐승이 아직 하나가 되지 않는데, 짐승이 어찌 짐승으로서 강을 이룰 수 있겠는가? 강이 짐승이 아니니 어찌 셋이겠는가? 짐승이 강이 아니니 어찌 하나이겠는가?
河尙不成三, 河豈得以河而合獸? 獸尙不成一, 獸豈得以獸而成河? 河非獸而何三? 獸非河而何一?

1	≠	3
강	≠	짐승
진리[理]	≠	3승

하나가 나뉘어 셋이 되거나 셋이 합해 하나가 되지 않는다는 말은 또한 하나는 하나이고, 셋은 셋이라는 말이기도 하다. 불법의 진리는 언제나 하나이다. 그렇지만 그것을 받아들이는 중생은 근기에 따라 셋으로 구분되니 3승은 또 여전히 3승인 것이다. 그러나 그렇다고 해서 진리가 셋이 된다거나 3승이 하나가 된다는 것은 아니라는 말이다.

---

427) 함허, 202중, "三乘同觀一理, 比三獸共渡一河. 河之所以爲一, 豈是三獸合成之一也? 河本是一, 非從三獸合而爲一也. 非唯河之所以爲一, 不是三獸合而爲一, 獸之所以爲三, 亦非一河分而爲三也."

행정은 "강은 셋이 아니기에 진리가 항상 하나이고, 짐승은 하나가 아니기에 근기가 저절로 셋이다."[428]라고 말하고, 이어 "진리는 근기가 아니므로 저절로 하나이고, 근기는 진리가 아니므로 항상 셋이다."[429]라고 말한다.

1 : 강, 진리[理]   ≠   3 : 짐승, 근기

하나의 강이 홀로 세 짐승을 포괄하지만, 강은 셋인 적이 없다. 세 짐승이 함께 하나의 강을 밟지만, 짐승은 일찍이 하나인 적이 없다. 一河獨包三獸, 而河未曾三. 三獸共履一河, 而獸未嘗一.

1강   ≠   3짐승

강과 짐승이 서로 뒤바뀌지 않듯이, 3승이 있다고 불법이 셋으로 나뉘는 것도 아니고 하나의 불법이라고 3승의 차이가 사라지는 것도 아니다. 강이 늘 하나이듯 불법은 언제나 하나이고, 세 마리 짐승이 지나가듯 방편은 여러 가지일 수 있다.

행정의 설명이다. "하나의 진리가 응하는 것에 셋이 있지만, 진리에는 원래 차이가 없다. 3승이 관하는 것이 비록 하나이지만, 근기에는 또한 다름이 있다."[430]

---

428) 행정, 202중, "河不三而理恒一, 獸不一而機自三."
429) 행정, 202중, "理不是機自一, 機不是理恒三."
430) 행정, 202하, "一理應之有三, 理元無異. 三乘觀之雖一, 機且有殊."

짐승이 하나가 아니라는 것으로 그 다리에 길고 짧음이 있음이 분명해지고, 강이 셋이 아니라는 것으로 그 물에 깊고 얕음이 없음을 안다.

獸之非一, 明其足有短長, 河之不三, 知其水無深淺.

1강 : 물에 심천(深淺) 없음　　≠　　3짐승 : 다리에 장단(短長) 있음

　짐승은 다리가 긴 짐승, 다리가 짧은 짐승 등 구분이 있어 하나가 아니지만, 강의 물은 다 똑같은 물이므로 하나일 뿐이다. 3승의 구분은 다리가 길고 짧은 세 짐승에 비유되고, 그들이 듣게 되는 하나의 불법은 그들 짐승이 건너게 될 하나의 강물에 비유된 것이다.

　행정은 설명한다. "2승은 지혜가 얕아서 깊이 구할 수 없으니, 비유하면 토끼나 말과 같다. 보살은 지혜가 깊어서 비유하면 큰 코끼리와 같다. 근기에 따르면 이와 같지만, 진리를 어찌 [그렇게] 말하겠는가?"[431] 보살과 2승이 근기에서는 차이를 보여도 근본 진리에서는 차이가 없다는 것이다.

┌ 성문 1법 ≠ 3승 ─┤ 연각 └ 보살 (지혜의 심천의 차이)	┌ 짐승 1 = 토끼 1강 ≠ 3짐승 ─┤ 짐승 2 = 말 └ 짐승 3 = 코끼리 (다리의 장단의 차이)

---

431) 행정, 202하, "二乘智淺, 不能深求, 喩如兔馬. 菩薩智深, 喩如大象. 約機如此, 理何言哉?"

물에 깊고 얕음이 없음은 법의 차이 없음에 비유된다. 다리에 길고 짧음이 있음은 지혜에 밝음과 어둠이 있음에 비유된다.

水無深淺, 譬法之無差. 足有短長, 類智之有明昧.

〈1〉　　　　　〈3〉
강의 물 : 무심천(無深淺) ≠ 짐승의 족 : 유장단(有短長)
1의 불법 : 무차(無差)　　3의 지혜 : 유명암(有明昧)

　　강물은 하나이고 짐승은 셋이어서 서로 뒤바뀌지 않는다는 말은 3승의 구분은 결국 하나의 불법을 받아들이는 중생의 근기에 따른 구분이고 중생이 만든 차이일 뿐이지 불법에 존재하는 차이는 아니라는 것이다. 근기에 따른 방편 교설에서의 구분일 뿐, 불법은 처음부터 끝까지 동일한 하나이다.

이와 같은즉 법에는 본래 셋이 없는데, 사람이 스스로 셋으로 여길 뿐이다.

如是則法本無三, 而人自三耳.

법, 진리 : 1　≠　근기 : 3

　　성문과 연각과 보살을 구분해서 셋을 말하지만, 그들이 깨닫고자 하는 진리 및 도달하고자 하는 경지는 서로 다를 바가 없는 하나이다.

3) 4성제를 깨닫는 세 가지 길

지금 3승(乘)의 시작에서 4제(諦)를 가장 먼저 말하였지만 법에 이미 차이가 없는데, 4제가 또 어찌 대(大)가 아니라고 하고, 성문이 그것을 관하므로 그 지위가 소(小)에 머문다고 말하겠는가?

今之三乘之初, 四諦最標其首, 法之旣以無差, 四諦亦何非大, 而言聲聞觀之, 位居其小者哉?

1 : 4성제법 ― 3 : 3승의 구분

앞에서 가장 하근기인 성문은 4성제를 관하는 것을 수행의 근본으로 삼는다고 하였다. 그러나 그렇다고 해서 4성제가 열등한 진리라는 말은 아니다. 4성제는 셋으로 나눌 수 없는 하나의 불법이기 때문이다. 이 점을 밝히기 위해 앞에서 진리는 하나이고, 중생의 근기는 셋이라는 것을 논한 것이다.

행정은 "4제는 관해지는 법이고 3승은 능히 관하는 사람이다. 관하는 자의 지혜에는 자연히 깊고 얕음이 있지만, 4제의 법이 어찌 높고 낮겠는가?"[432]라고 말한다. 불법을 등급을 나누어 마치 4성제는 얕은 진리인 것처럼 생각해서는 안 된다는 것을 강조한 말이다.

이로써 4제(諦)는 강과 같고 사람은 짐승과 같음을 안다. 성문은 가장 열등하여 토끼와 짝이 되니, 비록 물결을 달린다 해도 어찌 물

---

432) 행정, 202하, "四諦所觀之法, 三乘能觀之人. 觀智自有淺深, 諦法何曾高下?"

결의 바닥에까지 이르겠는가? 아직 그 깊은 궁극을 알지 못해 지위가 스스로 낮은 데 있는 것일 뿐, 어찌 꼭 4제를 관하는 무리가 한결같이 모두 소를 이루겠는가?

是知諦似於河, 人之若獸. 聲聞最劣, 與兎爲儔, 雖復奔波, 寧窮浪底?
未能知其深極, 位自居卑, 何必觀諦之流, 一槪同其成小?

〈1〉강		〈3〉짐승
4성제법(=소관법)	≠	3승(=능관자) : 성문·연각·보살

　4성제는 그것을 이해하는 사람의 근기에 따라 조금씩 다르게 이해될 수 있지만, 4성제 자체는 불법으로서 하나일 뿐이다. 4성제를 관하되 누가 관하는가에 따라 고·집·멸·도 4성제를 얼마나 깊이 있게 관하는가의 차이가 나타나는 것이지, 관의 대상이 되는 진리 자체에 차이가 있는 것은 아니다. 진리는 하나의 진리로서 동일하다.

　행정은 설명한다. "낮은 지혜는 깊지 못해서 관하는 것도 저절로 작지만, 상근기가 이룬 것이 어찌 마찬가지로 작겠는가?"[433] 똑같은 4성제를 관하여도 하근기 중생이 관하면 그것으로부터 얻는 것이 작을 테고, 중근기 중생이면 그것보다 좀 많고, 상근기 중생이 관하면 그것으로부터 많은 것을 얻을 것이다. 그러므로 차이는 관하는 중생들 간에 나타나는 차이이지, 관해져야 할 진리 자체의 차이는 아닌 것이다.

---

433) 행정, 203상, "下智不深, 觀之自小, 上根所造, 寧同小哉?"

만약 지혜의 비춤이 높고 밝아 역량이 큰 코끼리와 같다면, 근원을 궁구하고 끝을 다할 수 있어 분명히 대승을 이룰 것이다.
如其智照高明, 量齊香象者, 則可以窮源盡際, 煥然成大矣.

4제를 관하는 주체인 성문과 연각이 2승이지 그들에 의해 관해지는 4제의 진리 자체가 2승은 아니다. 그러므로 4제법을 관한다고 다 2승인 것은 아니다. 지혜가 밝은 보살이 4제를 관한다면, 심층 근원까지 다 관하여 대승을 이룬다.

행정은 설명한다. "보살은 지혜가 밝아서 범부나 2승과 달리 진리를 궁구하고 본성을 다하여 양극단으로 떨어지지 않는다. 『열반경』에서 '범부는 유(有)를 집착하고 2승은 공(空)을 집착하지만, 보살인 사람은 공이라고도 하지 않고 유라고도 하지 않는다'라고 하였다."[434]

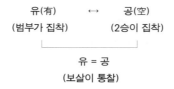

유(有)　　←→　　공(空)
(범부가 집착)　　　(2승이 집착)

유 = 공
(보살이 통찰)

그러므로 낮은 지혜의 관찰자는 성문과를 얻고 중간 지혜의 관찰자는 연각과를 얻고 높은 지혜의 관찰자는 보살과를 얻는다는 것

---

434) 행정, 203상, "菩薩智明, 異乎凡小, 窮理盡性, 不落二邊. 涅槃云, '凡夫著有, 二乘著空, 菩薩之人, 不空不有.'" 여기에서의 인용문은 행정이 지의의 『유마경략소』 권1(『대정장』 권38, 572상), "大經云, 凡夫者有, 二乘者空, 菩薩之人, 不空不有."에서 가져온 것으로 보인다. 다만 여기에서 '者'는 '著'의 오자일 것이다.

을 안다.

故知下智觀者, 得聲聞果, 中智觀者, 得緣覺果, 上智觀者, 得菩薩果.

〈1〉　　　　　〈3〉
4성제법(=소관법) ≠ 3승(=능관자)　┌ 성문이 4성제를 관 → 성문과를 이룸
　　　　　　　　　　　　　　　　　├ 연각이 4성제를 관 → 연각과를 이룸
　　　　　　　　　　　　　　　　　└ 보살이 4성제를 관 → 보살과를 이룸

　　같은 하나의 불법인 4성제도 하근기의 지혜를 가진 자가 관하면 그로 인해 성문과를 얻게 되고, 중근기의 지혜를 가진 자가 관하면 연각과를 얻게 되고, 상근기의 지혜를 가진 자가 관하면 그로부터 보살과를 얻게 된다. 각자 관하여 얻은 결과가 다르다고 해도, 그들이 관하고자 하는 진리는 하나이다.

　　행정은 이렇게 설명한다. "『열반경』에서 '낮은 지혜의 관찰자는 성문보리를 얻고 나아가 높고 높은 지혜의 관찰자는 불보리를 얻는다'고 하였다. 여기서는 3승을 논하였으므로 높고 높은[上上] 단계는 언급하지 않았다."[435] 여기서 언급하지 않은 '상상(上上)의 지혜'는 성문과 연각과 보살 너머의 부처의 지혜로서 이 지혜에 의해서는 보살과(菩薩果) 너머의 불과(佛果)를 얻는다. 여기에서는 성문·연각·보살의 3승만 논하고 그다음 궁극 단계의 부처를 논하지 않으므로 상상지(上上智)인 불지(佛智)는 언급하지 않는다는 말이다.

---

435) 행정, 203상, "涅槃云, '下智觀者, 得聲聞菩提, 乃至上上智觀者, 得佛菩提.' 今論三乘故, 不言上上也." 여기에서의 인용문은 행정이 지의의 『묘법연화경현의』 권3상(『대정장』 권33, 710하), "大經云, 十二因緣, 有四種觀, 下智觀故, 得聲聞菩提, 中智觀故, 得緣覺菩提, 上智觀故, 得菩薩菩提, 上上智觀故, 得佛菩提."에서 가져온 것으로 보인다.

```
              ┌── 성문 : 하지(下智)        - 성문과
    3승        ├── 연각 : 중지(中智)        - 연각과
              └── 보살 : 상지(上智)        - 보살과
    3승 너머 ── 부처 : 상상지(上上智) - 불과
```

종지를 밝힌 것이 분명하니, 어찌 헤아리는 것을 허용하겠는가?

明宗皎然, 豈容圖度者矣?

　석가에 의해 설해지고 수행자들에 의해 관해지는 불법은 하나이
지만 그 불법을 듣고 그에 따라 관하는 중생의 근기가 서로 다르기
때문에 결국 그러한 근기와 인연의 차이에 따라 수행이나 수행자에
단계나 차제가 성립하게 되었다는 것을 지금까지 논하였다. 이렇게
해서 3승의 차이가 어떻게 성립하게 되는지를 밝힌 것이다.

이 때문에 성문은 고(苦)를 보고 집(集)을 끊고, 연각은 집(集)의 흩어
짐을 깨우쳐 떠남을 관하며, 보살은 참된 근원을 요달하여 집(集)
에 본래 화합이 없음을 안다. 세 사람이 똑같이 4제를 관하여도
증득한 결과의 차이는 현저하다.

是以聲聞見苦而斷集, 緣覺悟集散而觀離, 菩薩了達眞源, 知集本無和
合. 三人同觀四諦, 證果之所差殊.

　〈3승의 차이〉
　하지가 4제를 관 → 성문과 : 고(苦)를 보고 집(集)을 끊음
　중지가 4제를 관 → 연각과 : 집(集)의 흩어짐[散]을 보고 떠남[離]을 관함
　상지가 4제를 관 → 보살과 : 진원을 요달하여 집(集)이 본무화합(本無和合)임을 앎

452

동일한 하나의 4성제를 관하여도 성문·연각·보살 3승이 얻는 결과는 서로 다르다. 성문은 고(苦)를 관하여 집(集)을 끊으려고 하고, 연각은 집이 흩어짐을 관하여 생사를 떠나려고 하며, 보살은 집에 본래 일어남이 없음을 본다는 것이다.

행정은 이러한 3승의 구분에 대해 이렇게 설명한다. "고(苦)를 관하되 다시 고의 근본을 잊기에 성문이라고 하고, 집(集)을 관하되 집이 공이라는 것을 먼저 알기에 연각이라고 한다. 도(道)와 멸(滅)의 불변(不變)을 궁구하고 고와 집의 수연(隨緣)을 요달하므로 홀로 상승(上乘)이라고 부르니, 3승이 구별된다."[436]

> 성문 : 고(苦)를 관, 고의 본(本)을 잊음
> 연각 : 집(集)을 관, 집의 공(空)을 앎
> 보살 : 도(道)와 멸(滅)의 '불변(不變)'을 궁구 + 고와 집의 '수연(隨緣)'을 요달

진실로 관에 깊고 얕음이 있기에 비춤에 대해 그 높고 낮음을 밝힐 뿐이다.

良由觀有淺深, 對照明其高下耳.

> 관(觀)　↓　────　↑　조(照)
> 심천(淺深)의 차이　　　고하(高下)의 차이

얼마나 깊은 곳까지 내려가 눈을 떠서 거기서부터 바라보며 관하

---

436) 행정, 203상, "觀苦而次忘苦本, 故曰聲聞, 觀集而先了集空, 乃云緣覺. 窮道滅之不變, 達苦集之隨緣, 獨號上乘, 三乘別矣."

느냐에 따라 그 비춤의 명암과 고하가 결정된다. 그렇게 관의 깊이에 따라 관조(觀照)의 차이가 나타난다. 강을 건너는 세 마리 동물의 차이는 다리 길이의 차이이다. 모두 헤엄쳐서 동일한 강을 건넌다고 해도 다리가 짧은 토끼는 강 표면만 알 뿐이고 다리가 조금 더 긴 말은 물의 깊이를 좀 더 알겠지만 아직 강바닥은 모를 것이다. 오직 큰 코끼리만이 긴 다리로 깊은 강바닥을 딛고 지나갈 것이다. 누구나 삶을 살아가지만 생사의 깊은 근원을 깨달아 아는 자는 많지 않다. 지혜의 깊이는 우리가 얼마만큼 심원으로, 깊은 근원으로 내려가느냐에 달려 있다. 깊이 관할수록 지혜의 비춤이 더 밝아진다.

행정은 "관은 관하는 지혜를 말하며, 우열이 분명하다. 비춤도 또한 지혜이다."[437]라고 말한다. 깊이 관할수록 지혜가 깊어지고 비춤도 밝아진다.

이 때문에 하승은 하를 행하되 중과 상의 것을 아직 닦지 않으며, 상승은 상을 행하고 중과 하를 닦는다. 중승은 중과 하를 행하되 상을 닦지 않는다. 상·중·하는 사람에게 달려 있지 4제가 그것을 크거나 작게 하는 것이 아니다.
是以下乘行下, 中上之所未修, 上乘行上, 而修中下. 中行中下, 不修於上. 上中下之在人, 非諦令其大小耳.

---

437) 행정, 203중, "觀謂觀智, 優劣皎然. 照亦智也."

```
관(觀)   명(明)
淺      下    ↓ 성문(하승)
 ·       ·          ↓ 연각(중승)
深      高                  ↓ 보살(상승)
= 심극(深極)
```

이처럼 상중하의 차이는 4제법을 닦는 중생의 차이이지, 관해지는 법 자체에 심천(深淺)이나 고하(高下) 내지 상중하의 차이가 포함되어 있는 것이 아니다. 성문은 깊이에 이르지 못해 얕게 닦고 가장 깊은 근원에 이른 보살은 깊이 닦으므로 전체를 포괄한다. 연각은 그 중간이다.

행정은 이렇게 말한다. "깊음[深]은 반드시 얕음[淺]을 갖추므로 중과 하를 닦을 수 있고, 얕음은 깊음에 미치지 못하므로 중과 상을 닦지 못한다. 깊음과 얕음은 근기에 의한 것이지, 4제가 어찌 이와 같겠는가?"[438]

3. 범부·2승·대승의 비교

1) 2승의 능력과 한계

(1) 2승의 능력 : 3명 6통

---

438) 행정, 203중 "深必該淺, 故行中下, 淺不至深, 不修中上. 深淺約機, 諦安如此?"

그러나 3승이 비록 달라도 고통을 벗어나는 요점으로 동일하게 귀결된다.

然三乘雖殊, 同歸出苦之要.

다 같이 4성제를 닦아도 성문, 연각, 보살이 각각 얻는 과(果)가 다르듯이 그렇게 3승이 서로 다르지만, 어떤 단계에서든 고통을 벗어난다는 점에서는 3승이 마찬가지이다. 세 짐승이 강을 건널 때 다리가 강의 어느 깊이까지 이르는가에는 차이가 있겠지만, 모두 강을 건넌다는 점에서는 마찬가지인 것과 같다.

행정은 "동일하게 3계(界)의 화택에서 벗어나 모두 9지(地)의 무명을 깨트린다. 관을 논함에는 비록 어둠과 밝음이 있지만, 고를 벗어남에는 우열이 없다."[439]고 말한다. 9지(地)는 욕계·색계·무색계 3계(界)를 9단계로 나눈 것으로 다음과 같다.

9지(地) :
1. 욕계5취지(欲界五趣地) : 욕계의 5도. 지옥, 아귀, 축생, 인간, 천상
2. 이생희락지(離生喜樂地) : 색계 제1선천(禪天). 희락이 느껴지는 경지
3. 정생희락지(定生喜樂地) : 색계 제2선천. 선정이 낳는 즐거움의 경지
4. 이희묘락지(離喜妙樂地) : 색계 제3선천. 희를 초월한 묘한 즐거움의 경지
5. 사념청정지(捨念淸淨地) : 색계 제4선천. 념(念) 버리고 청정한 사수(捨受)의 경지
6. 공무변처지(空無邊處地) : 무색계 제1선천. 무변의 공을 반연
7. 식무변처지(識無邊處地) : 무색계 제2선천. 무변의 의식을 반연 - 유상(有想)
8. 무소유처지(無所有處地) : 무색계 제3선천. 의식을 초월 - 무상(無想)
9. 비상비비상처지(非想非非想處地) : 무색계 제4선천. 유상도 무상도 아님

---

439) 행정, 203중, "同出三界火宅, 共破九地無明. 論觀雖有晦明, 脫苦且無優劣."

456

성문은 비록 2승이지만 견혹과 애혹이 이미 제거된다. 그러므로 3계(界)에 근심이 없으며 분단(分段)의 형(形)이 멸한다.
聲聞雖小, 見愛之惑已袪. 故於三界無憂, 分段之形滅矣.

성문 :
1. 견혹과 애혹(사혹)을 제거
2. 분단지형[分段之形, 분단생사(分段生死)]을 멸

견애(見愛)의 혹(惑)은 견혹(見惑)과 애혹(愛惑)이다. 애혹은 사혹(思惑)이라고도 하므로, 둘(견혹과 애혹)을 합하여 견애혹(見愛惑) 또는 견사혹(見思惑)이라고 한다. 견혹은 견해에서의 미혹이고, 애혹 내지 사혹은 감정에서의 미혹이다. 성문·연각도 이 두 가지 미혹은 제거한다.

견사혹이 제거되므로, 견사혹으로 인한 과보인 분단지형(分段之形)을 받지 않는다. 분단지형은 전생의 업에 따라 윤회하여 다시 태어날 때 수명의 장단의 분(分)과 신체의 대소의 단(段)이 규정되어 있는 몸을 말한다. 3계 6도를 윤회하는 범부의 생사는 분단생사(分段生死)이고, 견사혹을 끊어 3계를 넘어선 성문은 더 이상 분단생사를 받지 않는다.

행정은 "자박(自縛)이 이미 다하였으니, 과박(果縛)이 어찌 있겠는가? 영원히 무여(無餘)에 들어가니 무슨 근심이 있겠는가?"[440]라고 말한다.

자박(自縛) : 현생에서의 견혹과 사혹이 몸을 속박함
과박(果縛) : 지난 업의 과보로서의 생사번뇌가 몸을 속박함

---

440) 행정, 203중, "自縛旣盡, 果縛寧存? 永入無餘, 何憂之有?"

3명(明)이 밝게 비추어 훤해지니 8만 겁이 앞에 나타난다. 6통(通)을 마음대로 무위(無爲)에 맡겨 산과 벽지도 곧장 건너가 노닌다.

三明照耀開朗, 八萬之劫現前. 六通縱任無爲, 山壁遊之直度.

3명(明):
　1. 숙명지증명(宿命智證明): 과거를 앎
　2. 생사지증명(生死智證明): 현재를 앎
　3. 누진지증명(漏盡智證明): 미래를 앎

6통(通):
　1. 천안통(天眼通): 모든 형색을 자유자재로 봄
　2. 천이통(天耳通): 모든 소리를 자유자재로 들음
　3. 타심통(他心通): 타인의 마음을 직접 앎
　4. 숙명통(宿命通): 과거를 상세히 앎
　5. 신족통(神足通)=신여의통(身如意通): 몸을 자유자재하게 씀
　6. 누진통(漏盡通): 일체 번뇌를 끊음

2승인 성문과 연각도 분단의 형인 신체적 제한을 넘어서므로 여러 가지 신통력을 발휘한다. 과거세나 미래세의 일도 알아보고, 나의 마음을 알듯 남의 마음도 알아본다. 또한 산이나 물이나 공기 중을 아무런 제한 없이 마음대로 오고 갈 수도 있다고 한다.

행정은 이렇게 설명한다. "3명(明)은 과거·현재·미래에 대해 밝게 아는 것이니 능히 8만겁의 일을 손바닥 보듯 분명하게 관한다. 6통(通)은 천안·천이·타심·숙명·누진·신여의이다. 이 여섯 가지가 모두 막힘이 없어 '곧장 건넌다'고 한다."[441]

---

441) 행정, 203중, "三明者, 過現未來明也, 能觀八萬劫事, 指掌分明. 六通者, 天眼天耳他心宿命漏盡身如意, 此六悉皆無擁, 故云直度."

458

때로 또 공중을 다니거나 머물기도 하며 혹 앉거나 눕기를 편안히 한다. 연못에 떠서는 기러기 털처럼 가볍고, 땅을 건너기를 오히려 물을 밟듯이 한다.

時復空中行住, 或坐臥之安然. 汎沼則輕若鴻毛, 涉地則猶如履水.

이것도 3명이나 6통 등의 신통력이 발휘된 상태에서 자유자재하게 활동하는 것을 묘사한 것이다.

행정은 "『법화경』에서 '땅에 들어가기를 물처럼 하며, 물을 밟기를 땅처럼 한다'고 하였다."[442]라고 말한다. 땅 속으로도 물을 통과하듯 막힘없이 들어갈 수 있고, 물 위로도 땅을 밟듯이 빠지지 않고 걸을 수 있다는 말이다.

9선정[定]의 공덕이 만족되고, 18가지 변화가 마음을 따른다.

九定之功滿足, 十八之變隨心.

9선정[定] :	4선 :	1. 초선	4정 :	5. 공무변처정	멸진 :	9. 상수멸정
		2. 제2선		6. 식무변처정		
		3. 제3선		7. 무소유처정		
		4. 제4선		8. 비상비비상처정		

18변화 :[443] 진동(振動), 치연(熾燃), 유포(流布), 시현(示現), 전변(轉變), 왕래(往來), 권(卷), 서(舒), 중상입신(衆像入身), 동류왕취(同類往趣), 은(隱), 현(顯), 소작자재(所作自在), 제타신통(制他神通), 능시변재(能施辯才), 능시정념(能施情念), 능시안락(能施安樂), 방대광명(放大光明)

---

442) 행정, 203하, "法華云, '入地如水, 履水如地.'" 여기에서의 인용문은 행정이 『법화경』 권 7(『대정장』 권9, 60상)에서 가져온 것이다.

443) 이 내용은 『유가사지론』 권37 및 『법화경』 「엄왕품」에 나온다.

9선정[定]은 4선(禪)과 4정(定)과 멸진정이다. 이 선정은 지혜가 깊어 한 선정에서 다음 선정으로 잡념이 끼어듦 없이 서로 이어진다. 18변화는 갖가지의 신통 변화이다.

행정은 9선정에 대해 이렇게 말한다. "9선정은 선(禪)에 들어갈 때에 지혜가 깊고 예리하여 능히 한 선에서 나와 한 선으로 들어가므로 마음과 마음이 상속하여 다른 념으로 인한 끊어짐이 없다. 그러므로 '구차제정(九次第定)'이라고 이름한다."[444]

(2) 2승의 한계 : 무명

그러나 3장(藏)의 부처를 6근(根) 청정위와 견주어 보면, 같은 것도 있고 열등한 것도 있다. 동일하게 4주(住)를 제거한다는 점에서는 같지만, 무명을 조복시킴은 3장이 열등하다. 부처도 아직 열등하니, 2승은 알 만하다.

然三藏之佛, 望六根淸淨位, 有齊有劣. 同除四住, 此處爲齊, 若伏無明, 三藏則劣. 佛尙爲劣, 二乘可知.

```
5주지(住地) : 번뇌를 내는 의지처
               ┌ 견혹 ─ 1. 견일처주지(見一處住地) : 3계에서의 견혹 ┐
4주 : 지말주지 ┤       2. 욕애주지(欲愛住地) : 욕계의 애혹          │
               └ 애혹 ─ 3. 색애주지(色愛住地) : 색계의 애혹          ├ 2승도 제거
                       4. 유애주지(有愛住地) : 무색계의 애혹        ┘
무명 : 근본주지 ──── 5. 근본무명주지(根本無明住地) : 3계의 무명 ─ 대승불만 제거
```

---

444) 행정, 203하, "九定者, 若入禪時, 智慧深利, 能從一禪入一禪, 心心相續, 無異念間斷. 故名九次第定."

여기에서는 2승의 한계가 무엇인가를 밝힌다. 3장의 부처인 2승불은 일체의 번뇌를 제거하지만 그 번뇌의 근본이 되는 무명은 제거하지 못한다고 한다. 무명을 제거하는 것은 대승의 부처에 이르러서이다. 2승불이 제거하는 네 가지 번뇌와 대승불이 비로소 제거하는 무명을 합해서 '5주(住)' 또는 번뇌가 머무는 곳이라는 의미에서 '5주지(住地)'라고 한다.

행정은 이렇게 설명한다. "이 일단의 문장은 깊은 의미에서 나온다. 교(敎)는 권(權)과 실(實)로 나뉘고, 사람은 길이 다르다. 3장(三藏, 2승)은 권(權)에 있고, 6근(六根, 6근청정위=대승)은 실(實)에 있다. 장(2승)이 견혹과 애혹을 파하는 것은 근(대승)과 마찬가지지만, 근(대승)이 무명을 조복하는 것은 장(2승)과 크게 다르다. 장의 부처도 아직 열등한데, 그 제자(아라한)는 알 만하다. 경에서 '무명주지(無明住地)는 그 힘이 가장 크다'고 하였다."[445]

교 ┌ 권(權) : 2승불 – 견애를 파함
   └ 실(實) : 대승불 – 견애를 파함 + 무명을 조복

위를 보면 단멸과 조복에서 비록 다르지만, 아래로는 깨우침과 미혹의 격차가 있다. 이와 같은즉 2승은 무슨 허물이 있어 닦지 않으려 하는 것인가?

望上斷伏雖殊, 於下悟迷有隔. 如是則二乘何咎, 而欲不修者哉?

---

445) 행정, 203하, "此一段文, 出自玄義. 敎分權實, 人卽殊途. 三藏在權, 六根在實. 藏破見愛, 卽與根齊, 根伏無明, 遇與藏別. 藏佛猶劣, 弟子可知. 經云, '無明住地, 其力最大.'" 여기에서의 인용문은 행정이 『대보적경』 권119(『대정장』 권11, 675중)에서 가져온 것이다.

대승 – 견애를 단멸 + 무명을 조복
2승 – 견애를 단멸   ── 깨우침[悟]
범부   ── 미혹[迷]

2승의 부처를 위로 대승불과 비교하면 견애를 단멸하되 무명을 조복시키지 못하는 차이를 보인다. 그러나 2승의 부처와 성문을 아래로 범부와 비교해 보면 깨우침을 얻었는가 미혹에 머물러 있는가의 큰 차이를 보인다. 2승불과 성문은 깨우침을 통해 견혹과 사혹을 벗었기에 범부의 미혹함으로부터 거리가 멀다.

그런데 그렇게 깨우쳤는데도 2승은 왜 더 닦아서 무명을 조복시키려 하지 않는 것인가? 2승은 지말번뇌인 견애만 극복할 뿐 근본번뇌인 무명은 아직 극복하지 못하였는데, 왜 대승으로 나아가지 않고 2승에 머무르는 것인가? 이것은 답을 구하는 물음이 아니라 마땅히 더 수행해야 함을 권고하는 말이다.

행정은 "위를 보면 단멸과 조복에서 그 길이 다름을 널리 안다. 아래로는 깨우침과 미혹에 천양지차가 있음을 진실로 안다."[446]라고 말하며, 이어 "2승의 공덕은 중생의 무리를 초월하고 수행은 많은 겁을 넘어선다. 하물며 용렬한 범부들이야 어찌 족히 말하겠는가?"[447]라고 말한다. 2승이 대승에 비하면 근본무명을 극복하지 못하는 한계가 있지만, 범부와 비교하면 그 수행의 공덕이 월등히 뛰어나다는 말이다.

---

446) 행정, 203하, "望上斷之以伏, 彌覺道殊, 於下悟之以迷, 信知天隔."
447) 행정, 203하, "二乘功越群生, 修逾浩劫. 況凡常之瓌璩, 何足以之云云?"

여래는 대근기에 대해 보배 있는 곳으로 귀의하도록 인도하기 위하여 종지(種智, 일체종지)를 닦게 하여 원이(圓伊, 원이의 도)에 계합하도록 하였다. 혹 꾸짖기도 하고 혹 칭찬하기도 하며 때에 따라 누르거나 세웠을 뿐이다.

如來爲對大根, 引歸寶所, 令修種智, 同契圓伊. 或毁或譽, 抑揚當時耳.

수행으로 얻는 지혜 :
1. 근본무분별지
2. 무분별후득지 ─ 일체종지

　범부나 2승이 자신의 한계를 넘어 부지런히 정진하도록 여래가 다각도로 권면하였음을 설명한다. 원이(圓伊)의 도는 범어의 첫 글자 이(伊, ∴)에 내포된 근본 도로서 두루 원만한 도를 의미한다. 원이의 도에 대해서는 제6장 '우필차송' 관심10문 "항상 그러함'을 말함'에서 상세히 논하였다.

　행정은 이렇게 설명한다. "석가(大雄)가 세상에 나온 것, 이것은 근기에 맞추기 위해서이다. 혹 성문을 꾸짖기도 하고 혹 보살을 추켜세우기도 하니, 그 뜻은 똑같이 비장(秘藏)에 귀의하여 모두 불승(佛乘)에 들게 하려는 것이다. 경에서 '사람을 홀로 멸도를 얻게 하지 않으니 모두 여래의 멸도로써 멸도하게 한다'고 하였다."[448] 석가는 모든 사람이 단지 성문이 아니라 무명을 넘어 궁극을 깨달은 부처가 되도록 제도하고자 하였다. 불과에 이르는 불승이 되게 하고자 한 것이다.

---

448) 행정, 204상, "大雄出世, 此*爲調機. 或毁聲聞, 或揚菩薩, 意欲同歸秘藏, 俱入佛乘. 經云, '不令有人獨得減度, 皆以如來減度, 而減度之.'" 여기에서의 인용문은 행정이 『법화경』 권2(『대정장』 권9, 13하)에서 가져온 것이다. 『한국불교전서』에 '比'로 되어 있는 것을 여기에서 '此'로 교감하였다.

2) 범부의 한계 : 견혹과 애혹

범부는 알지 못하여 꾸짖음을 받을까 미리 두려워하니, 견혹과 애혹이 아직 남아 있어 2승으로부터 매우 멀리 떨어져 있음을 어찌 알겠는가?
凡夫不了預畏被呵, 寧知見愛尙存, 去二乘而甚遠?

대승에 비해 비록 근본무명은 제거하지 못하였다고 해도 2승은 그래도 이미 견·애의 미혹은 극복한 자들이다. 이에 반해 범부는 견·애의 미혹조차도 벗어나지 못한 자들이니 2승으로부터 한참 멀리 있다는 것이다.

행정은 범부의 부족함을 이렇게 설명한다. "범부의 마음과 행위에는 3혹(惑)이 널리 있으니 2승과 비교하면 하늘과 땅 사이가 어찌 멀겠는가? 남산 율사는 '고담허론이 세상에 남아돌지만 마음을 모아 교를 따름에는 하나도 통하지 않는다'고 하였다."[449]라고 말한다. 범부와 2승이 미혹의 정도에서 천양지차보다 더 큰 차이를 보인다고 설명한다. 여기서 말하는 3혹은 천태의 설로서 아공을 모르는 데서 오는 견사혹(견혹·애혹), 법공 내지 가(假)를 모르는 데서 오는 진사혹, 그리고 그 두 미혹의 근본이 되는 무명혹을 말한다.

---

449) 행정, 204상, "凡夫心行, 三惑浩然, 若比二乘, 天地何遠? 南山云, '高談虛論, 世表有餘, 攝心順敎, 一事不徹.'" 여기에서의 인용문은 행정이 당나라 도선의 『사분율산번보궐행사초』 권하2(『대정장』 권40, 124상)에서 가져온 것이다. 남산은 남산율종의 시조인 도선 율사를 말한다.

3혹(惑) :
  1. 견사혹(見思惑) : 유(有)에 집착하여 공(空)을 모르는 미혹
      ┌ 견혹(견도에서 끊음)　　　= 견(見)
      └ 사혹=수혹(수도에서 끊음) = 애(愛)
  2. 진사혹(塵沙惑) : 공에 집착하여 가(假)를 모르는 미혹
  3. 무명혹(無明惑) : 근본무명

비록 또 수도를 말한다고 해도 혹(惑)과 사(使)가 모두 제거되지 않
은 자는 몸과 입이 바르지 못할 뿐 아니라 마음까지도 아첨으로
굽어 있다.

雖復言其修道, 惑使諸所不袪, 非惟身口未端, 亦乃心由諂曲.

번뇌 :
  ┌ 혹(惑) : 미혹하게 함
  └ 사(使) : 결사(結使). 미혹으로 마음을 묶어 악업을 짓게 만듦

　범부는 견혹과 사혹의 미혹을 버리지 못해서 결국 신·구·의 3업
(業)이 모두 올바르지 못함을 말한다.

　행정은 범부에 대해 "능히 지엽말단을 버리고 근본으로 돌아가거
나 거짓을 떠나 진실로 돌아가지 못한다. 이 때문에 몸과 입이 끓어
오르고 애증이 멋대로 일어난다. 이와 같은데 도를 논한들 무슨 이익
이 있겠는가?"[450]라고 말한다.

---

450) 행정, 204상, "不能棄末而反本, 背僞而歸眞. 是以身口沸騰, 愛憎橫起. 如斯論道, 詎有益
　　乎?"

견해는 자신의 뜻[意]으로부터 생기고, 이해는 참된 말씀[詮]에 위배된다. 성인의 가르침에 의거하지도 않고, 현명한 스승을 일찍이 이어받은 적도 없다.

見生自意, 解背眞詮. 聖教之所不依, 明師未曾承受.

범부의 견해는 개인적인 유근신 내지 5온의 의(意)로부터 생겨난 것이므로 그 이해가 진실되지 않다. 범부의 견해는 불법에 의거한 것도 아니고, 현명한 스승으로부터 배워 얻은 것도 아니다.

행정은 이렇게 설명한다. "편벽된 이해를 스스로 드러내며 통달한 자에게 청하지 않고, 무지한 자를 현혹하여 자기를 두고 진리라고 말한다. 오호라, 정(情)이 어두워 밤에 노니니, 어찌 진리에 이를 수 있겠는가? 밥을 구하여 소리치되, 배부를 이치가 있지 않다."[451]

근기와 인연이 전생에 익힌 것이 아닐 뿐 아니라 견해와 이해도 생이지지와 관련이 없건만 능히 세속 지혜의 말재주와 똑똑함으로 종일토록 담론한다. 수시로 경전의 말을 끌어다가 자신의 감정에 맞게 곡해하고, 삿된 말을 멋대로 하여 어리석은 자를 기만하며 인과를 폐하고 죄와 복을 배척한다.

根緣非唯宿習, 見解未預生知, 而能世智辯聰, 談論以之終日. 時復牽於經語, 曲會私情, 縱邪說以誑愚人, 撥因果而排罪福.

---

451) 행정, 204상, "僻解自貽, 通人不請, 詃誘無智, 存我道眞. 嗚呼情暗夜遊, 何能到諦? 叫喚求食, 無有飽理."

범부는 근기가 낮은 자이다. 근기가 낮다는 것은 전생의 닦음으로 인해 나면서부터 이미 도를 아는 경지에 있지 못하다는 말이다. 그러므로 세속을 뛰어넘는 안목과 지혜를 갖고 있지 못해 세속적 지식과 세속적 논변을 좋아한다. 세속적 논변에서 박식하게 보일 만큼 경전을 많이 인용하지만 그 바른 뜻을 제대로 이해하지 못한 채 자신의 삿된 의견을 따라 뜻을 곡해하기도 하고 궤변을 펴기도 하며 결국 연기나 윤회를 부정하기도 한다.

행정은 설명한다. "근(根)이 선을 쌓은 것도 아니고 견해가 무리를 넘어서는 것도 아니면서, 성인의 말을 얕보고 마음이 사사롭게 곡해하여 장래의 보(報)를 참아가며 입으로 속임이 끝이 없다. 경에서 '어리석은 도적이 금 보배를 버리고서 기와 조각을 지는 것과 같다'고 하였으니, 무지한 것이다."[452] 범부의 어리석음을 설명한 것이다.

감정에 맞으면 기뻐하여 애(愛)를 일으키고, 뜻에 어긋나면 슬퍼하며 화를 품는다. 3수(受)의 상황이 분명 그러한데도 지위를 칭할 때는 보살과 짝하려 한다.

順情則嬉怡生愛, 違意則於諸[453]懷瞋. 三受之狀固然, 稱位乃儔菩薩.

수행이 모자라는 범부와 수행을 행하는 수행자의 차이는 느낌[受]

---

452) 행정, 204중, "根非積善, 見不超群, 侮聖人之言, 心私曲會, 忍將來之報, 口誑多端. 經云, '譬如癡賊, 棄捨金寶, 擔負瓦礫.' 爲無知矣." 여기에서의 인용문은 행정이 『열반경』 권9(『대정장』 권12, 662하~663상), "譬如癡賊, 棄捨眞寶, 擔負草木."에서 가져온 것으로 보인다.

453) 『한국불교전서』에는 '惚懍'로 되어 있다.

에 대한 대처에서 찾아진다. 즉 범부는 느낌에 이끌리어 업을 짓는데 반해, 수행자는 느낌을 그 자체로 바라보며 느낌에 이끌려 다니지 않는다. 범부는 순경계에 임해 즐거운 느낌이 오면 애탐의 마음을 일으켜 취착하고, 역경계에 임해 괴로운 느낌이 오면 증오의 마음을 일으켜 화를 내는 등 새로운 업을 짓는다. 반면 수행자는 락수(樂受)든 고수(苦受)든 느낌을 느낌 자체로 바라보면서 느낌에 이끌려 탐심과 진심을 일으키지 않는다. 범부는 이렇게 느낌을 받아들이는 태도가 수행자와 확연하게 다르면서도 자신을 보살의 수준에 있다고 착각한다.

　행정은 "군자의 수행이 오히려 빠져 있고 보살의 도는 영원히 없다. 멋대로 흉금에 의지하므로 기준 삼을 가르침이 없으면서도 살피지 못하는 후배로 하여금 받아들이고 숭상하게 한다."[454]고 말한다. 범부의 한계를 지적한 말이다.

첫 편의 잘못도 면치 못하고 누구보다도 더한 허물에 매여 있으면서 대승의 것을 닦지 않는다. 그러면서 또 소학을 비방하고 일시로 험한 말을 하여 비방하는 말의 근심이 시끄러우니, 3악도(惡道)의 고통스런 윤회가 긴 세월 동안 보로 이어질 것이다. 아, 슬프고 슬프다. 말로 하자니 창연히 슬프고 쓰리다.

初篇之非未免, 過人之釁又繁, 大乘之所不修, 而復譏於小學, 恣一時之強口, 謗說之患鏗然, 三塗苦輪, 報之長劫. 哀哉吁哉. 言及愴然悲酸矣.

---

454) 행정, 204중, "君子之行尙闕, 菩薩之道永虧. 自任胸襟, 無敎可準, 使後輩不鑒者, 許之尙之."

범부는 앞서 제1장에서 언급했던 기본적인 것도 잘 지키지 못하면서 2승을 비방하고 또 대승 수행도 하지 않는다는 것이다. 결국 업에 따른 보로서 6도 윤회를 면치 못할 테니, 불쌍할 뿐이라고 말한다.

행정은 이렇게 설명한다. "첫 편은 사음, 살생, 도둑질, 망언을 뜻한다. 사음과 살생을 끊지 못하면 그 (나머지) 둘은 알 만하다. 대승과 2승에서 중죄를 범하면 승단의 범주에 들지 못한다고 하는데, 만약 또 늦은 무리를 나무란다면, 다가올 보의 허물을 누가 견딜 수 있겠는가? 남산 율사는 '지금 넘쳐나도록 대승을 배우는 자가 행이 취할 바가 없고 말이 진실을 넘으니, 자신을 비방함을 부끄러워하여 그릇되게 자신을 드높인다'고 하였다."[455]

3) 보살의 태도

그러나 본성에 통달한 자는 경계를 대해도 더욱 그 비춤을 더하고, 마음을 잊은 선비는 서로 잘 지내도 그리워하는 데까지 나아가지 않는다. 하물며 3업(業)의 삿된 잘못을 어찌 조금이라도 마음에 담아두겠는가?

然而達性之人, 對境彌加其照, 忘心之士, 相善不涉其懷. 況乎三業之邪非, 寧有歷心於塵滴?

---

455) 행정, 204중, "初篇謂婬殺盜妄. 婬殺未斷, 其二可知. 大小乘中, 謂之犯重, 不得陪於僧數, 如更譏於晚流, 來報之愆, 孰可忍也? 南山云, '今濫學大乘者, 行非可採, 言過其實, 耻己毀犯, 謬自襃揚.'" 여기에서의 인용문은 행정이 도선의 『사분율산번보궐행사초』 권중 1(『대정장』 권40, 50상)에서 가져온 것이다.

범부와 달리 보살은 그 성품이 원만 통달하여 일체를 두루 비추어 알며, 마음이 매인 데 없이 자유로워서 선을 보고도 상을 내지 않고 악을 보아도 분별상을 내지 않아 일체를 마음에 담아두지 않는다.

행정은 말한다. "법성의 원만한 통달함을 깨우친 자는 경계의 연(緣)을 대하면 오히려 그 수행을 더하고, 망심의 깊은 적막함을 맑게 한 자는 좋은 모습을 보아도 오히려 그 감정을 잊는다. 능과 소가 다 사라지니, 악한 원인이 어찌 있겠는가?"[456]

이 때문에 현묘한 것을 통찰하는 무리는 3수(受)를 심원에서 맑게 하고, 더러움을 씻는 무리는 7지(支)를 몸과 입에서 쓸어낸다.
是以鑒玄之侶, 淨三受於心源. 滌穢之流, 掃七支於身口.

```
10업 :
  의업 ― 3수(受)에 따라 일으키는 의업
  구업  ┐
  신업  ┘7지(支)
```

대승의 무리는 느낌을 맑게 비추어 알 뿐 느낌을 따라 업을 짓지 않는다. 일단 마음이 맑아 의업을 짓지 않으므로, 네 가지 구업이나 세 가지 신업 등 7악업도 짓지 않는다. 그리하여 신·구·의 3업이 청정해진다.

행정은 "도를 배우는 무리는 모름지기 3업을 닦아야 한다. 3업이

---

456) 행정, 204하, "悟法性之圓通, 對境緣而D猶加其行. 澄妄心之湛寂, 見善相而尙忘其情. 能所蕩然, 惡因何有?"

청정하지 못하면, 알아서 무엇하겠는가?"⁴⁵⁷⁾라고 말한다.

무정물은 먼지와 잎사귀도 침해하지 않고, 유정물[有識]은 작은 벌레[蝐螟]도 괴롭히지 않는다. 깊은 계곡도 그 맑음에 족히 비교될수 없고, 날리는 눈도 그 청결함에 견줄 수 없다.

無情罔侵塵葉, 有識無惱蝐螟. 幽澗未足比其淸, 飛雪無以方其素.

　불교는 유정인 동물을 해하지 않으려고 할 뿐 아니라, 식물과 무생물까지도 침해하지 않으려고 한다. 식물도 생명이기 때문에 함부로 파괴하지 않고, 흙먼지의 광물도 그 안에 생명체가 공존하고 있기에 함부로 대하지 않는다. 이처럼 일체 만물을 해하거나 고통을 주지않으려는 마음이 바로 보살의 마음이다. 맑고 순수한 자타불이의 마음에서 자비가 넘쳐나는 것이다.

　행정은 이런 설명을 덧붙인다. "먼지를 침해하지 않는 것은 땅 파는 일을 하지 않는 것이고, 잎사귀를 침해하지 않는 것은 산 것을 해치지 않는다는 말이다. 『십송률』에서 '땅에 글자를 쓸 때, 한 획 그을 때는 가볍고, 두 획 그을 때는 무겁다'고 하였다. 생명을 해침은 알만하다."⁴⁵⁸⁾ 눈에 보이는 생명체를 해치지 말아야 함은 말할 것도 없고 우리 눈에 가려서 보이지 않는 미세한 생명체까지도 해치지 말아

457) 행정, 204하, "學道之流, 須修三業. 三業不淨, 知而奚爲?"
458) 행정, 204하, "不侵於塵, 不犯掘地. 不侵於葉, 不犯壞生. 十誦律云, '畫地作字, 一頭時輕, 兩頭時重.' 壞生可知." 여기에서의 인용문은 행정이 도선의 『사분률산번보궐행사초』 권중2(『대정장』 권40, 60상), "善見云, 畫地作字, 一頭時輕, 畫兩頭時重."에서 가져온 것으로 보인다.

야 한다는 말이다.

덕을 생각하는 것은 새들이 날개를 펴서 별과 달을 바라보며 높이
이르는 것과 같고, 악을 버리는 것은 물고기들이 낚싯바늘에 놀라
강과 바다로 뛰어들어 바닥까지 내려가는 것과 같다.
眷德若羽群揚翅, 望星月以窮高, 棄惡若鱗衆驚鉤, 投江瀛而盡底.

> 덕을 생각 – 새가 하늘 높이로 날아오름 ── 지(智)
> 악을 버림 – 고기가 물 바닥으로 내려감 ── 행(行)

　지혜와 해탈 등 이루고자 하는 것을 얻기 위해서는 있는 힘을 다
해 분발하여 높이 정진하고, 번뇌와 무명 등 닦아 없애고자 하는 것
에 대해서는 일체의 유혹을 물리치고 철저하게 멀리한다는 것을 새
와 물고기의 비유를 들어 말하였다.
　행정은 "덕을 생각하는 것은 새가 허공을 날아오르는 듯이 하여
지혜의 길을 더욱 높이고, 악을 버리는 것은 고기가 낚시 피하는 듯
이 하여 수행의 문에서 조심하고 삼간다."[459]라고 설명한다.

하늘의 해가 그 멀리 비춤을 부끄러워하고, 상계(上界)가 인연의 소
멸을 부끄러워한다.
玄曦慚其照遠, 上界恧以緣消.

---

459) 행정, 204하, "眷德似鳥冲虛, 彌高智路, 棄惡如魚避鉤, 謹愼行門."

보살의 지혜 〉해의 비춤　　　　　　　　 ─ 해(解)
보살의 공덕 〉상계(색계 · 무색계)의 인연 소멸 ─ 행(行)

　해가 멀리 비추지만 보살의 지혜의 비춤이 더욱더 멀리 나아가
고, 상계인 색계와 무색계에서는 욕계의 인연이 소멸하지만 보살의
무연자비(無緣慈悲)가 그보다 더 크다는 것을 말한다. 그렇게 보살의 지
혜와 수행 공덕이 월등히 뛰어나다는 것을 강조한 말이다.

　행정은 "지혜의 비춤이 높고 멀어 역량이 해보다 뛰어나다. 3계
(界)의 인연이 녹아 공덕이 상계보다 뛰어나다. 앎과 행이 이와 같아
더할 것이 없다."[460]고 말한다.

　경계와 지혜가 합하여 원만한 허(虛)이고, 선정과 지혜가 균등하여
평등한 묘(妙)이다. 뽕나무 밭이 바뀌어도 마음에는 변화가 없고,
바다와 산이 옮겨져도 의지는 바뀌지 않는다.
境智合以圓虛, 定慧均而等妙. 桑田改而心無易, 海嶽遷而志不移.

　보살은 해(解)와 행(行), 즉 지혜와 수행을 두루 갖추고 있다. 이는
보살이 지(止)와 관(觀)을 닦아 정과 혜를 이루고, 경지명일(境智冥一)의
경지에 있기 때문이다. 그러므로 마음이 자유로워 어디에도 매이거

───────────

460) 행정, 204하, "智照高遠, 量越玄曦. 三有緣消, 功逾上界. 解行如此, 無以加焉."

나 끌리는 것이 없기에 늘 평정하고 변화가 없다.

행정은 "경(境)과 지(智)가 항상 그러함을 이미 통달하였는데, 어찌
고치고 옮겨 움직여지겠는가?"[461]라고 말한다.

그리고 혼란한 곳에 처해도 소란스럽지 않고 정신을 모아 빼어나
게 비추며, 마음의 근원이 밝고 청정하여 지혜의 앎이 끝이 없다.
而能處憒非喧, 凝神挺照, 心源朗淨, 慧解無方.

수행이 지극해지면 마음이 극히 평정해져서 어디에서나 흔들림
이 없고, 지혜가 뛰어나서 어느 것에도 막힘이 없다. 세상 만물로부
터 자유자재해지는 것이다.

행정은 이렇게 말한다. "눈과 귀로 보고 들음의 궁극으로 가도 소
리와 색에 의해 제지되지 않는 것은 어찌 그것이 만물의 자체 허(虛)
로 나아갔기에 사물이 그 신명(神明)에 누를 끼칠 수 없기 때문이 아니
겠는가?"[462] 마음이 만물의 허함에 나아가 있으므로 세상의 사물과
접촉해도 그 사물에 의해 아무런 영향도 받지 않고 자유자재하게 남
게 되는 것이다.

<hr/>

461) 행정, 205상, "旣達境智恒如, 豈爲改遷所動?"
462) 행정, 205상, "極耳目於視聽, 聲色所不能制者, 豈不以其卽萬物之自虛, 故物不能累其神
明者也?"

법성(法性)을 관하여 진여(眞如)에 통달하고 경전[金文]을 보아 료의(了義)에 의지한다. 이와 같은즉 일념 중에 어느 법문이 구비되지 않겠는가?

觀法性而達眞如, 鑒金文而依了義. 如是則一念之中, 何法門而不具?

법성을 관함 → 진여(眞如)에 통달
경전을 살핌 → 료의(了義)를 앎

법성을 관함으로써 법성 진여를 깨달아 알고, 불법의 경전을 읽음으로써 만물의 이치를 설하는 가르침인 료의(了義)를 이해한다. 그렇게 해서 지혜가 두루 완성되면 어떤 상황에 부딪치든 법대로 여여하게 대처하게 된다.

행정은 이렇게 말한다. "일체법이 진여와 다름이 없음을 관하고 능전(能詮)의 글을 보며 료의(了義)를 궁구한다. 그러면 알게 되니, 일념에 어떤 법이 허용되지 않겠는가?"[463] 진여를 깨닫고 또 능히 의미를 전하는 문장인 경전을 읽어 가르침의 진실한 의미인 료의를 이해하면, 그 마음의 일념 안에 허용되지 않는 법이 없다. 일념으로 일체 진리를 꿰뚫어 알 수 있다는 것이다.

만약 묘한 지혜가 아직 드러나지 않아 마음에 표준[準的]이 없어서, 앎이 진리에 계합하지 않고 행이 속세의 초월을 결여하면, 법성에 어긋난 채 일상의 감정을 따르며 원만한 말씀[詮]을 등지고 방편설

---

463) 행정, 205상, "觀一切法, 無異眞如, 鑒能詮文, 窮乎了義. 故知一念何法不容?"

에 집착하게 된다.

如其妙慧未彰, 心無準的, 解非契理, 行闕超塵, 乖法性而順常情, 背圓
詮而執權說.

묘한 지혜 → ┌ 해(解)가 진리[理]에 계합 ↔ 법성(法性)에 어긋남
            └ 행(行)이 속세[塵]를 초월 ↔ 상정(常情)을 따름

　보살의 해와 행이 두루 갖추어지면 그 지혜는 진리에 계합하고
그 행은 속세를 초월하게 된다. 만일 지혜가 완성되지 못하면 마음
안에 그 기준이 확립되지 않아서 흔들림이 있게 되고 그러면 결국 그
앎이 진리에 계합하지 않고 그 행이 속세를 초월하지 못하게 된다.
그럴 경우에는 마음이 법성 진여에 의해 움직이는 것이 아니라 단지
사적인 감정에 따라 좌지우지하게 되며, 결국 정도를 벗어나고 만다.
　행정은 설명한다. "앎이 진리에서 멀고 행이 속세와 합하면, 그런
자는 거칠고 얄팍하고 들뜨고 비어서 기와나 돌을 붙잡고 망령되게
보배라고 여길 것이다. 천태 지의는 '말단으로 배우는 자가 용렬하게
수용하는 것에는 아는 것이 하나도 없다'라고 하였다."[464]

이와 같은즉 차례로 근기에 따라 근기의 인연에 맞춰 가르침을 편
것이다.

如是則次第隨機, 對根緣而設教矣.

---

464) 행정, 205상, "解與理違, 行與塵合, 如斯之者, 麤淺浮虛, 兢執瓦石, 妄謂爲寶. 天台云,
　　'末學庸受, 太無所知.'" 여기에서의 인용문은 지의의 『마하지관』 권1하(『대정장』 권46,
　　11상)에서 가져온 것이다.

3승의 차제를 말한 것이 불법 자체의 차이에 근거한 것이 아니라, 법을 듣는 중생의 근기에 따른 것임을 다시 한 번 더 강조한다.

이 때문에 그 핵심 내용은 모두 상세히 서술하였고 나머지 아직 밝히지 않은 깊고 얕은 종지의 길은 간략하게 그 취지를 말하였다. 3승의 학은 영향으로 그 지위가 나누어질 뿐임을 안다.
是以敘其綱紀委悉, 餘所未明深淺宗途, 略言其趣. 三乘之學, 影響知其分位耳.

이상은 성문과 연각과 보살 3승을 구분하여 논한 것을 정리하여 마무리한 것이다. 여기에서는 3승에 대해 핵심적 차이만을 말했다는 것, 그리고 그 차이는 3승이 각각 드러내 보이는 행위양태나 영향에 따라 말한 것임을 밝히고 있다.

행정은 "이 한 문장은 대개를 간략히 논한 것이고, 나머지 지위와 차례는 말할 겨를이 없다는 것이다. 한편으로는 대사의 겸양으로서 자신의 공을 선양하지 않는 것이고, 다른 한편으로는 글이 부족하고 더 많은 것은 다른 종지에 있으니, 지혜로운 자는 마땅히 집착하지 말라는 뜻이다."[465]라고 설명한다.

이에 대해 함허는 "그림자[影]는 형태를 따라 있는 것이고, 메아리[響]는 소리를 따라 생기는 것이다. 3승의 자취로 인해 그 지위의 차례

---

465) 행정, 205중, "此一章, 約論大槩, 餘之位次, 不暇云云. 一則師之謙光, 善不自伐, 一則文之不足, 廣在他宗, 智者於中, 不應執著."

가 있음을 안다는 말이다."[466]라고 설명한다. 지금까지 설명한 3승의 구분은 모두 3승이 각각 보이는 구체적 자취에 따라 나눠놓은 것일 뿐이지 불법 자체가 포함하는 구분은 아니라는 것을 다시 한 번 더 강조한 말이다.

466) 함허, 205중, "影從形有, 響逐聲生. 謂因三乘之迹, 而知其位次耳."

제8장

사(事)와 리(理)가 둘이 아님

○

1. 진리[理]와 사물[事]의 원융

1) 유(有)와 무(無)의 중도

무릇 통하는 길을 묘하게 깨우치면 산이나 강도 막힘이 아니지만, 이름에 미혹하고 상에 걸리면 실이나 털 하나도 막힘이 된다.

夫妙悟通衢, 則山河非壅, 迷名滯相, 則絲毫成隔.

사(事)에 미혹함 : 명(名) + 상(相)
↕
리(理)를 깨우침

진리를 제대로 깨우쳐 알면 만사에 막힘이 없게 되고, 반대로 진리를 알지 못하면 매사에 이름마다 걸리고 상마다 걸려 자유롭지 못하다.

행정은 이렇게 설명한다. "이 한 문장은 우선 사물[事]과 진리[理]를 나누었다. 진리를 깨우치면 산이나 강도 장애가 아니고, 사물에 미혹

479

하면 실이나 털 하나도 어긋남을 만든다. 『환원관(還源觀)』에서 '취지를 아는 자는 산악을 옮기기도 쉽고, 으뜸[宗]에 어긋나는 자는 아주 작은 것에도 진입하기도 어렵다'고 하였다."[467]

함허는 '취지를 아는 자는 산악을 옮기기도 쉽다'에 대해 이렇게 설명한다. "수미산을 겨자씨에 집어넣고 대천세계를 세계 밖으로 던지는 것은 모두 각 사람의 일상 본분이므로 다른 기술을 빌리지 않는다. 무엇으로 인해 이와 같은가? 푸른 하늘에 둥근 달이 가득하고, 맑은 빛이 천지사방을 밝힌다."[468] 무슨 말인가? 수행을 통해 다른 차원으로 나아가 그 각도에서 보면 현실은 완전히 다른 모습으로 묘사될 수 있음을 말하는 것 같다.

그러나 만법의 본원이 원래 실상이고 진사혹의 생김도 원래 참된 으뜸이다. 그러므로 사물의 상(像)이 한계가 없고 반야가 끝이 없는 것은 그 법성의 본래 참됨을 요달하여 지혜를 이루기 때문이다.

然萬法本源, 由來實相, 塵沙惑趣, 原是眞宗. 故物像無邊, 般若無際者, 以其法性本眞, 了達成智故也.

미혹	–	사(事)
↑		↑
깨달음	–	리(理)

---

467) 행정, 205중, "此一文, 先分事理. 悟理則山河不礙, 迷事則絲毫成差. 還源觀云, '會旨者則, 山嶽易移, 乖宗者則, 錙銖難入.'" 여기에서의 인용문은 행정이 법장의 『수화엄오지망진환원관(修華嚴奧旨妄盡還源觀)』(『대정장』권45, 637상)에서 가져온 것이다.
468) 함허, 205중, "納須彌於芥子, 擲大千於方外, 皆人人之常分, 非假於他術. 因甚如此? 碧漢一輪滿, 淸光六合輝."

진리와 사물이 구분되고 깨우침과 미혹이 표면적으로는 서로 다르지만, 궁극적으로는 그것들이 서로 통하여 둘이 아니다. 일체 만물의 실상을 제대로 알지 못하는 진사혹 또한 본래는 참된 종지인 진종(眞宗)에서 비롯된 것이다.

행정은 이렇게 설명한다. "앞의 사물과 진리를 융합하여 간극이 없는 것은 진실로 미혹으로써 깨우치기 때문이니, 어찌 실상과 어긋나겠는가? 그러므로 사물과 진리가 하나의 이치가 되니, 어찌 능과 소가 다르게 나뉘겠는가? 경계를 알아 지혜를 이루면, 저와 내가 여여해진다. 『지론(智論)』에서 '유정물에 있는 것은 불성(佛性)이라고 이름하고, 무정물에 있는 것은 법성(法性)이라고 이름한다'라고 하였다. 능과 소를 빌려 말한 것일 뿐 실제는 차이가 없다."[469]

함허는 행정이 말하는 유정물과 무정물의 차이를 신묘한 앎[神解]이 있고 없음의 차이로 설명한다. "무정물에는 진리는 있지만 신묘한 앎이 없고, 유정물에는 진리도 있고 신묘한 앎도 있다."[470]

무정물	↔	유정물
법성		법성 + 불성
진리		진리 + 신해

함허는 깨우침과 미혹이 근본에서 서로 상통한다는 것, 미혹이 깨우침을 전제한다는 것에 대해 이렇게 설명한다. "어떤 사람이 방향

469) 행정, 205하, "融前事理, 而無間然, 良由悟之以迷, 何乖實相? 故得事理一致, 豈分能所兩殊? 其如了境成智, 彼我如如. 智論云, '在有情數中, 名爲佛性, 在非情數中, 名爲法性. 假設能所, 而實無差.'" 여기에서의 인용문은 행정이 징관의 『대방광불화엄경소』 권10(『대정장』 권35, 572중), "智論云, 在有情數中, …."에서 가져온 것으로 보인다. 『지론』은 『대지도론』이다. 『석론』 또는 『대론』이라고도 부른다.
470) 함허, 205하, "在非情數中, 有理無神解, 在有情數中, 有理有神解."

에 미혹해서 동쪽을 바꿔 서쪽으로 여기다가, 깨우치게 되면 다시 서쪽이 곧 동쪽이 되는 것과 같다. 이와 같이 어리석은 자의 미혹한 실상이 곧 지혜로운 자의 깨우친 실상이다. 미혹과 깨우침은 사람에 있을 뿐 실상에는 차이가 없다."[471] 동서를 헷갈리는 미혹함은 동서에 대한 바른 깨우침을 전제한다. 바른 깨우침이 그대로 드러나면 아는 것이고, 그것이 가려지면 미혹이다. 있기에 드러나거나 가려질 수 있는 것이다.

비유하자면 무릇 통하는 길을 가면 만 리를 기약할 수 있지만, 만약 사물과 부딪치거나 도랑과 충돌하면 하루 종일 그 구역 안에 있게 되는 것과 같다. 이것은 사물에 무형의 가장자리가 있고, 도랑에 빈 곳이 끝나는 구역이 있음을 알지 못하기 때문이다.

譬夫行由通徑, 則萬里可期, 如其觸物衝渠, 則終朝域內. 以其不知物有無形之畔, 渠有窮虛之域故也.

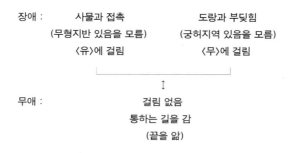

471) 함허, 205하, "如人迷方, 換東作西, 及至悟時, 便西卽東. 如是愚者所迷之實相, 卽智者所悟之實相. 迷悟在人, 實相無異."

제법의 실상을 제대로 깨우치기만 하면, 일체 제법에 대해 자유로울 수 있음을 비유로써 말한 것이다. 형태 지어진 사물의 끝은 형태가 다하는 무형(無形)이며, 비어 있는 도랑의 끝은 허가 다하는 유형(有形)이다. 그러므로 사물의 유에 머물러 있는 것 또는 도랑의 무에 빠져 있는 것은 둘 다 그 끝을 모르고 막혀 있는 것일 뿐이다. 유형의 끝이 무이고 무의 끝이 유형임을 알면, 사물에도 막히지 않고 무에도 빠지지 않게 된다. 이것이 유에도 걸림이 없고 무에도 걸림이 없는 무애(無碍)의 경지이다.

행정은 '통하는 길을 가면 만 리를 기약할 수 있다'는 것에 대해 "위의 말, '통하는 길을 묘하게 깨우치면 산이나 강도 막힘이 아니다'를 비유하였다."[472]고 말한다. 또 '사물과 부딪치거나 도랑과 충돌하면 하루 종일 그 구역 안에 있다'는 것에 대해서는 "위의 말, '이름에 미혹하고 상에 걸리면 실이나 털 하나도 막힘이 된다'는 것을 비유하였다. 사물과 부딪치는 것은 유에 걸리는 것이고, 도랑과 충돌하는 것은 무에 걸리는 것이다. 사물의 네 가장자리가 통과할 수 있고, 도랑의 기슭이 건널 수 있음을 통달하지 못한 것이다."[473]라고 설명한다.

이 때문에 배움이 중도(中道)에서 노닐면 실상을 기약할 수 있지만, 만약 유를 고집하거나 무에 걸리면 결국 변견(邊見)으로 귀착된다. 유에 유 아닌 상(相)이 있고, 무에 무 아닌 실(實)이 있음을 알지 못

---

472) 행정, 205하, "喩上'妙悟通衢, 山河非壅'."
473) 행정, 205하, "喩上'迷名滯相, 則絲毫成隔'. 觸物滯有, 衝渠滯無. 不達物之四畔可通, 渠之邊岸可度."

하기 때문이다.

是以學遊中道, 則實相可期, 如其執有滯無, 則終歸邊見. 以其不知有有非有之相, 無有非無之實故也.

변견(邊見) :　　　〈유〉를 고집　　　　　〈무〉에 걸림
　　　　　　　　(非有之相 있음을 모름)　　(非無之實 있음을 모름)
　　　　　　　　　　　└──────────┬──────────┘
　　　　　　　　　　　　　　　　　↕
중도(中道) :　　　　　　유와 무에 자유로움
　　　　　　　　　　　　　(실상을 봄)

　유에 머물러 있음도 무에 머물러 있음도 모두 치우침이며 장애이다. 이렇게 극단에 치우친 견해를 '변견(邊見)'이라고 한다. 유가 무와 함께하고 무가 유와 함께함을 알아 유나 무 어느 한쪽으로 치우침이 없는 것이 바로 변견을 벗은 '중도(中道)'이다.

　행정은 '배움이 중도에서 노닐면 실상을 기약할 수 있다'는 것에 대해 "'통하는 길을 가면 만 리를 기약할 수 있다'는 위의 말에 합치한다."[474]고 말한다. '유를 고집하거나 무에 걸리는 것'에 대해서는 이렇게 설명한다. "'사물과 부딪치거나 도랑과 충돌한다'는 위의 말과 합치하니, 대조해보면 알 수 있다. 유는 무의 유이고, 무는 유의 무임을 통달하지 못하기 때문에 유에 집착하고 무에 걸린다. 비유하면 봉우리에서 달아나 계곡으로 가는 것과 같으니, 모두 우환을 면치 못한다."[475] 유를 고집함도 무를 고집함도, 상견(常見)도 단견(斷見)도 모두

---

474) 행정, 206상, "合上'行由通徑, 萬里可期'."
475) 행정, 206상, "合上'觸物衝渠'. 對之可見. 以不達有是無有, 無是有無, 是以執有滯無. 譬猶逃峯而赴壑, 俱不免於患矣."

극단에 치우친 변견일 뿐이다. 치우침을 극복하고 그 둘 사이를 자유자재하게 오갈 수 있는 것이 바른 견해인 중도이다.

이제 색상이 분분하지만 그것을 궁구하면 상(相)이 아니고, 음성이 시끄럽지만 그것을 궁구하면 말[言]이 없다.
今之色相紛紜, 窮之則非相. 音聲吼喚, 究之則無言.

미혹한 마음 :	색상이 분분	음성이 후환
	↕	↕
깨우친 마음 :	색상은 찰나무상 결국 비상(非相)	음성은 찰나무상 결국 무언(無言)

　유는 무를 통해 유로 성립하고, 무는 유와 대비되어 무가 되므로, 그렇게 유무는 서로 분리되지 않는다. 그러므로 색상이 곧 무상이고, 음성이 곧 무언 내지 무음이라고 말한다.

　행정은 이렇게 설명한다. "보아도 무형이니 눈을 채운 것이 색(色)이 아니고, 들어도 무성이니 귀를 채운 것이 음(音)이 아니다. 이는 상(相)에 즉하여 상이 아니라는 것이지, 상이 없다는 말이 아니다. 세상은 이것을 남용하니 무릇 더욱 경계하고 신중해야 한다."[476] 상의 궁극이 무상이고, 소리의 궁극이 무음이라는 것이지, 그저 상이 없다거나 음이 없다는 말은 아닌 것이다.

---

476) 행정, 206상, "視之無形, 滿眼非色, 聽之無聲, 滿耳非音. 此卽相而非相, 非謂無相. 世濫用之, 彌須誡愼."

미혹하면 형상과 소리가 있다고 말하고, 깨우치면 그것이 고요하다는 것을 안다.

迷之則謂有形聲, 悟之則知其闃寂.

미혹한 마음:　　유형(有形)　　유성(有聲)　—　사(事)를 앎
　　　　　　　　　↑　　　　　　↑
깨우친 마음:　　　격(闃)　　　적(寂)　—　리(理)를 앎

　상(相)을 보되 상 너머의 공(空)을 보고 성(聲)을 듣되 성 너머의 고요[寂]를 듣는 것이 어디에도 막히지 않는 자유자재한 모습이다.
　행정은 "미혹하면 듣는 것이 소리를 벗어나지 못하고 보는 것도 색깔을 벗어나지 못하지만, 깨우치면 한 색깔이나 한 냄새가 중도(中道)가 아닌 것이 없다."[477]고 말한다.

이와 같은즉 진제(眞諦)가 사리(事理)에 어긋나지 않으므로 사리의 체(體)는 본원의 참됨이고, 묘지(妙智)가 이해[了知]와 다르지 않으므로 이해의 본성은 본원의 지혜이다.

如是則眞諦不乖於事理, 卽事理之體元眞, 妙智不異於了知, 卽了知之性元智.

속 : 료지(了知)　　　　　　　　　　　사리(事理)
　　　↑　　　　　　　　　　　　　　　　↑
진 : 묘지(妙智)=료지의 성(性)=원지(元智)　　진제(眞諦)=사리의 체(體)=원진(元眞)

---

477) 행정, 206상, "迷則聽不出聲, 見不超色, 悟則一色一香, 無非中道."

사물이나 사물을 아는 것은 속제에 속한다. 그런데 사물의 리가 곧 진제이고 사물을 아는 것이 곧 지혜이므로, 진과 속이 분리되지 않는다.

행정은 "진제는 양 극단에 어긋남이 없으니 양 극단에 즉한 실상이고, 묘한 지혜는 분별을 떠나지 않으니 분별에 즉한 본원의 신묘함이다."[478]라고 설명한다.

함허는 묘한 지혜가 사물을 아는 료지(了知)와 다르지 않다는 것에 대해 이렇게 설명한다. "여래는 5안(眼)이 있고 일반인[張三]은 한 쌍의 눈만 있는데도 하나같이 흑백을 구분하고 적확하게 청황(靑黃)을 분별한다. 그 사이 약간의 어긋남[誵訛]이 유월 염천에 눈서리를 내리게 한다."[479] 진정한 중도는 양변을 모두 포괄하며, 본(本)은 말(末)을 포섭한다는 것을 강조한 말이라고 본다.

2) 가(假)의 언어

그러나 묘한 취지[妙旨]는 말을 끊지만 글과 말을 빌려 취지를 나타내고, 참된 으뜸[眞宗]은 모습이 아니지만 이름과 모습을 빌려 으뜸을 표시한다.

然而妙旨絕言, 假文言以詮旨. 眞宗非相, 假名相以標宗.

---

478) 행정, 206상, "眞諦無睽二邊, 卽二邊而實相. 妙智不離分別, 卽分別而元神."
479) 함허, 206상, "如來有五眼, 張三只一雙. 一般分皁白, 的的別靑黃. 其間些子誵訛處, 六月炎天下雪霜."

	가(假) :	명상(名相, 이름과 모습)	문언(文言, 말과 글)
		↓표(標)	↓전(詮)
	진(眞) :	종(宗)	지(旨)

참된 종지나 묘한 뜻은 그 자체 글이나 말, 이름이나 상을 떠난 것이다. 그렇지만 그것을 표시하고 드러내기 위해서는 방편으로서 글이나 말, 이름이나 모습 등을 필요로 한다. 진리를 드러내기 위해 방편이 요구되는 것이다.

행정은 이렇게 설명한다. "진리는 본래 언전에 의거하지 않지만 언전(言詮)을 통해 취지를 나타낸다. 지혜는 원래 법상을 기다리지 않지만 법상(法相)에 의거하여 으뜸을 밝힌다. 『십지론』에서 '어째서 무언(無言)이라고만 설하지 않는가? 말에 의거하여 이해를 구함을 드러내기 때문이다'라고 하였다."[480]

		〈지혜[智]〉	〈진리[理]〉
	가(假) :	법상(法相)	언전(言詮)
		↓명(明)	↓현(顯)
	진(眞) :	종(宗)	지(旨)

비유하면 무릇 코끼리는 설산이 아니지만 설산을 빌려 코끼리 같다고 해도, 이것은 단지 그 능히 같은 것을 취한 것일 뿐 어찌 설산을 코끼리로 생각하겠는가?

譬夫象非雪山, 假雪山而類象者, 此但取其能類耳, 豈以雪山而爲象耶?

---

480) 행정, 206중, "理本不藉言詮, 由言詮而顯旨. 智源不須法相, 賴法相以明宗. 十地論云, '何故不但說無言? 示現依言求解故.'" 여기에서의 인용문은 행정이 세친의 『십지론경(十地論經)』 권2(『대정장』 권26, 133중)에서 가져온 것이다.

〈코끼리는 설산과 같다〉는 비유 :
설산
↓ 비유 : 공통의 특징에 의거한 비유
흰 코끼리

　　참된 종지는 말을 떠났지만 그 종지를 드러내기 위해 방편으로
말을 사용하듯이, 흰 코끼리는 산이 아니지만 그 큰 크기나 하얀색
등을 드러내기 위해 비유로 설산을 들 수 있다. '코끼리는 산과 같다'
라고 코끼리를 산에 비유하는 경우이다. 코끼리와 산이 공통적으로
가지고 있는 특징에 의거해서 코끼리를 산에 비유한 것이다.

　　행정은 설명한다. "설산은 능전에 비유되고 코끼리는 소전에 비유
되었다. 능전은 소전이 아니므로 그 상황을 빌려온다는 뜻이다. 『열반
경』에서 '흰 코끼리의 깨끗하고 순결함이 설산과 같다'고 하였다."[481]

설산　　　　　　　　　　　　　　── 능전(경전의 말)
↓ 비유 : 공통의 특징 = 깨끗하고 순결함
흰 코끼리　　　　　　　　　　　　── 소전(경전의 의미)

　　함허는 이렇게 설명한다. "이것은 '종문중이류(宗門中異類)'이다. 언
어는 유(類)이고 지혜가 미치지 못함이 이(異)이다. 이류(異類)에는 네 가
지가 있다. 왕래이류, 보살동이류, 사문이류, 종문중이류이다. 왕래
이류(往來異類)는 법신이 5도를 유전함이 유(類)이고, 유전을 따르지 않
음이 이(異)이다. 보살동이류(菩薩同異類)는 형상이 6도 윤회와 같음이

---

481) 행정, 206중, "雪山喩能詮, 象喩所詮. 意云能詮非所詮, 假其況矣. 涅槃云, '白象鮮潔, 猶
　　如雪山.'" 여기에서의 인용문은 행정이 『열반경』 권5(『대정장』 권12, 396중)에서 가져
　　온 것이다.

유이고, 6도 윤회와 같지 않음이 이이다. 사문이류(沙門異類)는 '털을 덮고 뿔을 이음'[披毛戴角]이 유이고, 피모대각(披毛戴角)과 같지 않음이 이이다."[482] 비유에서의 차이점을 이(異), 공통점을 유(類)라고 하면서, 범부에서부터 수행을 통해 불과에 이르기까지의 중생을 4부류로 구분한 것으로 보이지만, 네 가지 이류의 정확한 의미는 알지 못하겠다.

4이류(異類) :　　　　　　　〈같음[類]〉　　〈다름[異]〉
　1. 왕래이류(往來異類) :　　법신의 5도 유전　유전을 안 따름
　2. 보살동이류(菩薩同異類) : 형상의 6도 윤회　6도 윤회와 다름 – 피(皮)–문(門)– 계
　3. 사문이류(沙門異類) :　　피모대각　　　　피모대각과 다름 – 육(肉)–당(堂)– 정
　4. 종문중이류(宗門中異類) : 언어　　　　　지혜가 못 미침　– 골(骨)–실(室)– 혜
　　　　　　　　　　　　　　　　　　　　　　　　　　　　– 수(髓)–환중 – 심

지금의 법이 항상되지 않은데도 유(有)에 집착하면, 유 아님을 빌려서 상(常)을 타파한다. 성(性)이 단멸이 아닌데도 무(無)에 집착하면, 무 아님을 빌려서 단(斷)을 타파한다.

今之法非常而執有, 假非有以破常. 性非斷而執無, 假非無而破斷.

　　　　　　　　　　〈상견〉　　　　　　〈단견〉
　　　　　　　　유(有)에 집착　　　　무(無)에 집착
　　　　　　　　　↑ 파(破)　　　　　　↑ 파(破)
　　　　　　　　비유(非有)　　　　　비무(非無)

482) 함허, 206중, "此宗門中異類. 言語爲類, 智不到處爲異. 異類有四, 曰往來異類, 菩薩同異類, 沙門異類, 宗門中異類. 往來異類, 則法身流轉五道爲類, 不隨流轉爲異. 菩薩同異類, 則形同六道輪廻爲類, 不同六道輪廻爲異. 沙門異類, 則披毛戴角爲類, 不同披毛戴角爲異."

유에의 집착인 상견(常見)을 깨기 위해서는 유와 맞물려 있는 비유(非有)를 언급하여 그 집착을 깨고, 무에의 집착인 단견(斷見)을 깨기 위해서는 무와 맞물려 있는 비무(非無)를 언급함으로써 그 집착을 깬다. 이는 결국 유와 비유, 무와 비무가 불일불이의 관계에 있기 때문이다. 유와 무 양변에 치우친 변견을 파하는 중도를 지향한다.

행정은 이렇게 설명한다. "지금 있다고 말하는 것을 그르다고 여겨 있지 않다고 말하지만, 법체가 있지 않다는 말은 아니다. 지금 없다고 말하는 것을 그르다고 여겨 없지 않다고 말하지만, 법체가 없지 않다는 말은 아니다. 두 병이 함께 제거되면 하나의 진리가 밝아진다."[483] 이것은 우필차송에서 자아의 유무에 대한 타시의 병과 타비의 병을 타파하기 위해 약으로써 쌍 비(非)를 말했던 것과 마찬가지 논리이다. 쌍 비도 병과 마찬가지로 비일 뿐이며, 단지 병을 파하는 방편으로서만 인정될 뿐이다.

〈상견〉　　　　　　　　〈단견〉

유(有)에 집착　　　　　무(無)에 집착　　　　── 병

↑ 파(破)　　　　　　　↑ 파(破)

비유(非有)　　　　　　비무(非無)　　　　　── 약

↕　　　　　　　　　　↕

법체 ─ 비비유(非非有)　　법체 ─ 비비무(非非無)

비유하면 무릇 청정함은 물과 재가 아니지만 물과 재를 빌려 청정하게 씻는다 해도, 이것은 다만 그 능히 씻음을 취하는 것일 뿐 어

---

483) 행정, 206하, "今非謂有, 說非有, 非謂法體是非有. 今非謂無, 說非無, 非謂法體是非無. 二病雙祛, 一理昭然."

찌 물과 재를 청정하다고 생각하겠는가?

類夫淨非水灰, 假水灰而洗淨者, 此但取其能洗耳, 豈以水灰而爲淨耶?

물과 재   ── 비유하는 것 - 언어/능전
   ↓ 비유 : 세(洗)의 능력만 비유
청정함[淨]   ── 비유되는 것 - 진리/소전

　말을 빌려 진리를 드러내지만, 말은 진리를 드러내기 위한 수단일 뿐 진리 자체가 아니다. 그처럼 물과 재를 빌려서 어떤 것 x를 청정하게 씻으면 청정한 것은 x이지 물과 재가 아닌 것이다. 수단 내지방편인 언어를 그 언어를 통해 드러내고자 하는 진리와 동일시해서는 안 된다는 말이다. 즉 우리가 언어로써 분별하는 것들, 있음과 없음, 유와 무가 모두 실상을 드러내기 위한 방편일 뿐이라는 것을 강조하는 말이다.

　행정은 "물과 재는 능파(能破)에 비유하고, 사물의 청정함은 소현(所顯)에 비유한 것이다. 소현이 능파를 빌렸을 뿐, 능파가 소현은 아니라는 뜻이다."[484]라고 말한다. 비유하는 언어를 빌려 비유되는 것을 표현할 뿐이지, 언어가 곧 비유되는 사태인 것은 아닌 것이다. 언어는 진리를 드러내기 위한 수단이며, 병을 치유하기 위한 약에 불과하다.

물과 재 = 능파(能破)   ── 약
   ↓ 비유 : 세(洗)의 능력만 비유
청정함[淨] = 소현(所顯)

---

484) 행정, 206하, "水灰喩能破, 物淨喩所顯. 意云所顯假能破, 能破非所顯."

그러므로 중도는 치우치지 않으니 두 변을 빌려서 바름[正]을 밝히고, 단(斷)과 상(常)은 옳지 않으니 무와 유에 의거하여 그름을 밝힌다는 것을 안다. '있다'[有] 또는 '없다'[無]를 말함이 이미 그르니, '있는 것이 아니다'[非有] 또는 '없는 것이 아니다'[非無]가 또한 어찌 옳겠는가? 깊은 근원에 신묘하게 통달한 자는 일상의 감정으로 측량할 바가 아님을 진실로 안다.

故知中道不偏, 假二邊而辨正, 斷常非是, 寄無有以明非. 若有若無言旣非, 非有非無亦何是? 信知妙達玄源者, 非常情之所測也.

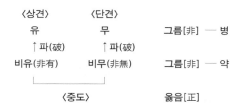

상견의 유나 단견의 무는 한편으로 치우친 것이기에 옳은 것이 아닌 그름[非]이고, 상견의 유를 깨는 비유(非有)나 단견의 무를 깨는 비무(非無) 또한 파하기 위한 방편으로서 한편으로 치우친 것이기에 역시 옳은 것이 아닌 그름[非]이다. 결국 둘 다 옳음의 시(是)가 아니고 그름의 비(非)이다. 그 어느 편에도 치우치지 않는 중도(中道)만이 옳은 것이다. 그러나 중도는 양 극단이 모두 배제되어 유도 아니고 무도 아니며 비유·비무도 아니니, 이러한 중도의 이치는 생각이나 일상의 느낌으로 계탁하여 알 수 있는 것이 아니다.

행정은 이렇게 설명한다. "중도의 진리는 바로 유와 무를 빌리지만, 만약 유에 걸리거나 무에 걸리면 중도가 아니다. 유와 무를 버리니, 쌍 비(非)가 어찌 남겠는가? 실제(實際)의 근원은 유나 무의 감정으로 사량하여 얻을 수 있는 것이 아님을 진실로 안다."[485] 여기서 실제의 근원은 곧 궁극의 실제를 말한다. 이 궁극의 실제는 유로도 무로도 또는 그 유와 무를 부정하는 쌍 비(非)로도 사량분별하여 알 수 있는 것이 아니다. 사량으로도 알 수 없고 보통 사람의 심정 내지 감정으로도 알 수 없다. 여기서 정(情)은 감정이지만 이는 곧 망정(妄情)이다.

3) 진실[眞]과 허망[妄]

왜 그러한가? 무릇 허망은 어리석음이 만들어내는 것이 아니고, 진실은 지혜가 낳는 것이 아니다. 허망에 통달하는 것을 진실이라고 이름하고, 진실에 미혹한 것을 허망이라고 한다. 어찌 어리석음을 따라 변하는 허망이 있고, 지혜를 좇아 돌아오는 진실이 있겠는가? 진실과 허망은 차이가 없고, 어리석음과 지혜가 스스로 다를 뿐이다.

何者? 夫妄非愚出, 眞不智生. 達妄名眞, 迷眞曰妄. 豈有妄隨愚變, 眞逐智迴? 眞妄不差, 愚智自異耳.

〈허망과 진실에 각각의 근원이 있다고 볼 경우〉
어리석음[愚] —— (출) → 허망[妄]
↑
지혜[智] —— (생) → 진실[眞]

---

485) 행정, 206하, "中道之理, 正假有無, 儻若滯有滯無, 則非中道. 有無旣遣, 雙非寧存? 信知實際之源非有無之情思議而得也."

<허망과 진실에 각각의 근원이 있지 않다고 볼 경우>

허망[妄]

진(眞)에 미(迷) = 우(愚)　　↑↓　　지(智) = 망(妄)에 달(達)

진실[眞]

　　진실과 허망, 진(眞)과 망(妄)이 근원을 달리해서 따로 있는 것이 아니다. 진실을 모르는 것이 허망이고 허망을 허망으로 아는 것이 진실이다. 그러므로 결국 진실과 허망은 그 내용이 하나이며, 다만 그 내용을 아는 지혜와 그 내용을 모르는 어리석음의 차이만이 있을 뿐이다. 한마디로 허망의 실체가 따로 있지 않은 것이다. 실체가 따로 있고 근원이 따로 있다면, 그것은 근거 있는 것으로서 오히려 허망이 아니고 진실이 될 것이기 때문이다.

　　행정은 이렇게 설명한다. "허망은 진실에 미혹해서 일어나는 것이지 어리석음이 능히 만드는 것이 아니고, 진실은 본래 항상된 것이지 지혜로 인해서 있는 것이 아니다. 진실을 등지면 허망이 성립하고, 허망을 요달하면 진실에 돌아가니, 어찌 허망이 체(體)가 있어 어리석음을 좇고, 진실이 근본이 없이 지혜를 따르겠는가? 징관 법사는 '진실에 미혹하면 망념이 생기고, 진실을 깨우치면 허망이 곧 멈춘다'고 하였다."[486] 본래 진실은 항상된 것으로 있을 뿐이며, 이것을 알면 지혜이고 모르면 어리석음이다. 모르는 상태에서 생각한 것은 허망하지만 허망이 실체로서 따로 있는 것이 아니며 허망의 체는 곧 본래 진실이다. 그 진실을 모르기에 어리석음이라고 하고, 어리석게

---

486) 행정, 206하~207상, "妄迷眞起, 非愚能生. 眞本恒常, 非因智有. 背眞成妄, 了妄還眞. 豈可妄有體而從愚, 眞無本而順智?' 觀師云, '迷眞, 妄念生, 悟眞, 妄即止.'" 여기에서의 인용문은 행정이 징관의 『대방광불화엄경수소연의초』 권58(『대정장』 권36, 464하)에서 가져온 것이다.

잘못 안 것을 허망하다고 하는 것이다.

2. 이름[名]과 본체[體]

1) 판별의 어려움

무릇 현묘한 으뜸을 신묘하게 알고자 하면 반드시 먼저 그 어리석음[愚]과 지혜[智]를 살펴야 한다. 그 어리석음과 지혜를 살피고자 하면 모름지기 그 진실[眞]과 허망[妄]을 잘 밝혀야 한다. 진실과 허망을 밝히고자 하면, 다시 마땅히 이름[名]과 본체[體]를 궁구해야 한다. 이름과 본체가 만약 구분되면 진실과 허망이 저절로 가려지고, 진실과 허망이 이미 가려지면 어리석음과 지혜가 멀어질 것이다.

夫欲妙識玄宗, 必先審其愚智. 若欲審其愚智, 善須明其眞妄. 若欲明其眞妄, 復當究其名體. 名體若分, 眞妄自辨. 眞妄既辨, 愚智迢然.

〈명(名)과 체(體)〉를 궁구→〈진(眞)과 망(妄)〉을 밝힘→〈우(愚)와 지(智)〉를 살핌→현종(玄宗)을 앎

참된 종지, 묘한 종지를 알고자 하면 어리석지 않고 지혜로워야 하며, 그렇게 지혜롭고자 하면 허망이 아니고 진실을 알아야 한다. 허망이 아닌 진실을 알고자 하면 이름과 본체의 관계를 잘 살펴야 한다. 그래서 이하에서는 이름[名]과 본체[體], 명(名)과 실(實)을 논한다.

행정은 "현묘함을 찾는 자는 어리석음과 지혜를 관찰해야 한다. 지혜로우면 진실을 깨우치고, 어리석으면 허망에 미혹한다. ① 허망은 이름은 있지만 본체가 없고, ② 진실은 본체도 있고 이름도 있다. 이름과 본체를 미루어 생각하면 옥석이 가려진다."[487]라고 말한다. 진실은 이름도 있고 본체도 있는 명실상부한 것이고, 허망은 이름만 있고 본체는 없는 유명무실한 것이다.

이 때문에 어리석음은 지혜를 알 능력이 없고, 지혜는 어리석음을 요달하는 실질이 있다. 그러므로 지혜가 아니면 그 진실과 허망을 밝힐 수 없고, 지혜가 아니면 그 이름과 본체를 판별할 수 없음을 안다.

是以愚無了智之能, 智有達愚之實. 故知非智無以明其眞妄, 非智莫能辨其名體.

지혜는 어리석음과 지혜를 다 알 수 있지만, 어리석음은 지혜를 모른다. 지혜만이 진실과 허망, 이름과 본체를 분별하여 알 수 있다.

행정은 "어리석음은 미혹에 있고 지혜는 깨우침에 있다. 깨우침

487) 행정, 207상, "探玄之者, 察其愚智. 智則悟眞, 愚則迷妄. ① 妄有名而無體, ② 眞有體而有名. 名體推之, 玉石甄矣."

은 능히 미혹을 알지만, 미혹이 어찌 깨우침을 알겠는가? 이 때문에 지혜는 진실과 허망, 이름과 본체를 비추지만, 어리석음은 그렇게 할 수 없다. 경에서 '반야를 증득하지 못하면 진제(眞諦)를 볼 수 없다'고 하였다."[488]라고 말한다. 지혜로써 명(名)과 체(體)를 판별하고 진(眞)과 망(妄)을 알아야 궁극의 진리에 이를 수 있다.

왜 그러한가? ① 어떤 것은 이름은 있고 본체가 없고, ② 어떤 것은 본체로 인해 이름을 시설하니, 이름과 본체가 섞여 있어서 진실로 궁구하기가 어렵다.

何者? ① 或有名而無體, ② 或因體而施名, 名體混緒, 實難窮究矣.

① 본체가 없는데 이름만 있는 것[有名無體]은 없는 것을 이름 부르는 것이니 거짓된 것이고, ② 본체도 있고 이름도 있는 것은 본체에 따라 이름을 세운 것[因體施名]이기에 참된 것이다.

행정은 이렇게 설명한다. "① 이름은 있고 본체가 없는 것은 허망한 법으로 마치 거북의 털과 같고, ② 본체도 있고 이름도 있는 것은

---

488) 행정, 207상, "愚之在迷, 智之在悟. 悟能了迷, 迷何了悟? 是以智鑒眞妄名體, 非愚之能爲. 經云, '不得般若, 不見眞諦.'" 여기에서의 인용문은 행정이 승조의 『조론』(『대정장』 권45, 154상), "經云, 不得般若, 不見眞諦."에서 가져온 것으로 보인다.

참된 성품으로 마치 거울 속 영상과 같다. 이름과 본체, 진실과 허망의 논의는 음미하여 궁구해야 하니, 혼동하여 뒤섞으면 어찌할 수가 없다."[489] '거북의 털'은 그런 단어는 있지만 그에 상응하는 것이 아예 존재하지 않는 것이고, '거울 속 영상'은 그런 단어에 상응하는 것이 현상적으로 있다. 다만 그것이 인연을 따라 연기한 그림자와 같은 것이기에 가유(假有)라고 하는 것이다.

2) 두 가지 경우

이 때문에 본체는 이름이 아니면 분별되지 않고, 이름은 본체가 아니면 시설되지 않는다. 본체를 말하려면 반드시 그 이름을 빌려야 하고, 이름을 말하려면 반드시 그 본체에 의거해야 한다.

是以體非名而不辨, 名非體而不施. 言體必假其名, 語名必藉其體.

$$
\begin{array}{ccc}
& \langle 명(名) \rangle & \text{— 체의 인식근거} \\
변(辨) \downarrow \uparrow 시(施) & & \\
& \langle 체(體) \rangle & \text{— 명의 존재근거}
\end{array}
$$

489) 행정, 207상, "有名無體妄法, 況之龜毛, 有體有名眞性, 喩之鏡像. 斯論名體眞妄, 味而研之, 脫或混淆, 無如何也."

본체와 이름의 관계를 설명한 것이다. 이름은 본체에 의거해서 성립하는 것이지만, 그 이름을 빌려서 이름 부르지 않으면 본체가 드러나지 않고 따라서 판별되지 않는다. 그러므로 이름은 본체에 의거해 시설되고, 본체는 이름에 의거해 판별되는 방식으로 본체와 이름은 서로 의존관계에 있다. 다시 말해 본체는 이름에 대해 그 존재근거가 되고, 이름은 본체에 대해 그 인식근거가 된다고 할 수 있다.

행정은 "본체는 이름으로 인해 드러나고, 이름은 본체에 기탁해서 성립하니, 이름과 본체는 서로 따르며 완연하게 부합한다."[490]고 설명한다.

(1) 유명무체(有名無體)

a. 본체를 타파[破]

이제 본체 바깥에다 이름을 시설하면, 이것은 다만 그 본체 없음을 이름하는 것일 뿐 어찌 그 이름에 합당한 본체가 있겠는가?
今之體外施名者, 此但名其無體耳, 豈有體當其名耶?

명　　　　○　　이름을 시설 : 본체가 없음을 나타내기 위해
↑
체　　　　×

---

490) 행정, 207중, "體因名顯, 名假體成, 名體相須, 宛而符順."

본체가 없어도 이름이 있는 것은 본체가 없음을 나타내기 위한 것일 뿐이다. 그러므로 이름이 있다고 해서 늘 그에 해당하는 본체가 있는 것은 아니다.

행정은 본체는 없고 이름만 있는 경우에 대해 이렇게 설명한다. "허망한 염오의 법은 파도의 이름과 같다. 『열반경』에서 '세속제[世諦]는 단지 이름만 있고 실제의 대상[義]은 없다'고 하였다."[491]

비유하자면 무릇 토끼는 뿔이 없지만 그 이름[토끼뿔]을 시설하니, 이것은 곧 그 뿔-없음을 이름하는 것일 뿐 어찌 그 이름에 합당한 뿔이 있겠는가?
譬夫兎無角而施名, 此則名其無角耳, 豈有角當其名耶?

명　　　○　　이름의 시설　　예) 토끼뿔
↑
체　　　×

'토끼뿔'이라는 이름은 토끼에게 뿔이 없다는 것을 나타내기 위한 말이지, 그런 이름이 있다고 그 이름이 지칭하는 것이 있다는 것을 뜻하지 않는다.

b. 이름을 타파

---

491) 행정, 207중, "妄染之法, 如波之名. 涅槃云, '世諦但有名無實義.'" 여기에서의 인용문은 행정이 지의의 『금광명경현의(金光明經玄義)』 권상(『대정장』 권39, 6중), "大經云, 世諦但有名無實義."에서 가져온 것으로 보인다.

본체가 없는데 이름을 시설하면, 곧 이름에 진실한 이름이 없다. 이름에 진실한 이름이 없으므로 곧 이름 불리는 것이 없다. 이름 불리는 것이 이미 없으므로 능히 이름하는 것도 있지 않다.

無體而施名者, 則名無實名也. 名無實名, 則所名無也. 所名旣無, 能名不有也.

명　　○ → ✕　：소명(所名)이 무 → 능명(能名)도 무
↑
체　　✕

　　본체는 없고 이름만 있다고 했지만, 이름에 의해 불려지는 본체가 없으므로 이름이 칭하는 바가 없고, 그렇게 이름에 칭해지는 것이 없다면 이름 또한 이름이 아니게 된다. 그러므로 이름 불러진 것인 '소명(所名)'이 없으면, 능히 이름하는 것인 '능명(能名)'도 또한 없다고 말한다.

　　행정은 "소명의 본체가 이미 없으니, 능명의 이름이 어찌 있겠는가?"[492]라고 말한다.

　　c. 본체와 이름을 타파

왜 그러한가? 이름을 시설하는 것은 본래 그 본체를 이름하려는 것인데, 본체가 없다면 무엇이 그 이름에 합당하겠는가? 본체를 말하는 것은 본래 그 이름에 합당하려는 것인데, 이름이 없다면

---

492) 행정, 207중, "所名之體旣無, 能名之名安有?"

무엇이 그 본체에 합당하겠는가?

何者? 設名本以名其體. 無體何以當其名? 言體本以當其名, 無名何以
當其體?

```
명 : 명당기체(名當其體) : 체 × → 명 ×
↓↑
체 : 체당기명(體當其名) : 명 × → 체 ×
```

　본체 없이 이름만 있을 경우 이름으로 불려질 본체가 없으니 이
름 또한 이름이 아니게 된다. 그렇게 유명무체(有名無體)의 경우는 본체
도 이름도 함께 파해진다.

　본체에 합당한 것이 없으므로 본체가 아니며, 이름에 이름한 것이
없으므로 이름이 아니다. 이런즉 어찌 오직 본체만이 원래 비었겠
는가? 이름도 또한 본래 고요하다.

體無當而非體, 名無名而非名. 此則何獨體而元虛? 亦乃名而本寂也.

```
명 : 명이 적(寂)
↑
체 : 체가 허(虛)
```

　이름이 없으니 본체도 없고, 본체도 없으니 이름도 없다. 이렇게
해서 본체와 이름이 다 파해지고, 본체도 비고 이름도 고요해진다.
　행정은 "망법(妄法)은 이름은 있고 본체는 없다. 이미 그 본체가 없
는데 어찌 그 이름이 있겠는가? 이름과 본체가 둘 다 비었으므로 '본

래 고요하다'라고 말한다."[493]라고 설명한다.

(2) 유체유명(有體有名) : 인체시명(因體施名)

그러나 이름에 합당한 본체가 없음은 본래 이와 같지만, 이름이
본체에 합당함은 어떻게 말해야 하는가?
然而無體當名, 由來若此, 名之體當, 何所云爲?

명 ○　　　이름이 체에 합당함
↑
체 ○　　　체가 있음

앞에서는 본체가 없고 이름만 있어서 이름에 합당한 본체가 없는
경우였다면, 이제부터는 본체도 있고 그것을 칭하는 이름도 있어서
이름이 본체에 합당한 경우를 논한다.

무릇 본체는 스스로 이름하지 않으므로 남의 이름을 빌려 나의 본
체를 이름한다. 이름은 스스로 시설하는 것이 아니므로 남의 본체
를 빌려 나의 이름을 시설한다.
夫體不自名, 假他名而名我體, 名非自設, 假他體而施我名.

---

493) 행정, 207하, "妄法有名無體, 旣無其體, 豈有其名? 名體兩虛, 故云本寂也."

〈명〉
타명(他名)을 빌려 → 아체(我體)를 이름함 ↓↑ 타체(他體)를 빌려 → 아명(我名)을 시설
〈체〉

본체가 있고 이름이 있는 경우라고 하여도 본체와 이름이 동일한
것은 아니므로 둘은 서로 구분된다. 본체는 본체 아닌 이름을 빌려서
그 이름으로 불리는 것이고, 이름은 이름 아닌 본체를 빌려서 그 이
름이 시설되는 것이다. 그러므로 서로 남(이름)을 통해 나(본체)를 이름
하고, 남(본체)을 통해 나(이름)를 시설한다고 말한다.

행정은 이렇게 설명한다. "본체는 본래 형상이 없으므로 이름으
로 인해 본체를 부르고, 이름은 본래 자취가 없으므로 본체에 의거해
서 이름을 이룬다. 이름과 본체는 비어 있지 않고 서로 자와 타를 이
룬다. 『열반경』에서 '제일의제(第一義諦)는 이름도 있고 실제의 대상(義)
도 있다'고 하였다."[494] 본체는 이름을 통해 드러나고 이름은 본체를
통해 시설되므로, 이름과 본체는 그렇게 서로 의존적으로 존재한다.
이러한 상호의존관계 속에서 이름도 있고 실제 대상도 있는 것이 제
일의제(第一義諦)이다. 앞에서 세속제(世俗諦)는 이름만 있고 실제 대상
은 없다고 말한 것과 대비된다.

만약 본체가 나타나지 않는다면, 이름이 어떻게 이름 지어지겠는
가? 이름이 시설되지 않는다면, 본체가 어떻게 밝혀지겠는가?

---

494) 행정, 207하, "體本無形, 因名召體, 名本無跡, 藉體成名. 名體不虛, 自他互立. 涅槃云,
'第一義諦, 有名有實義.'" 여기에서의 인용문은 행정이 『열반경』 권13(『대정장』 권12,
443상), "有名無實者, 卽是世諦, 有名有實者, 是第一義諦."에서 가져온 것으로 보인다.

若體之未形, 則名何所名? 若名之未設, 則體何所明?

이름의 시설
↓ ↑
본체의 드러남

본체가 있어야 그것을 이름하는 이름이 있게 되고, 이름이 있어야 그것에 의해 이름 붙여지는 본체가 드러나게 된다. 이처럼 이름과 본체는 서로 의존적이다.

행정은 "이름과 본체가 서로에 의거하고 있음을 반대로 나타낸다."[495]고 설명한다. 앞에서 '본체가 있어 이름이 있고, 이름이 있어 본체가 드러난다'를 말하였다면, 여기에서는 뒤집어서 '본체가 없으면 이름이 없고, 이름이 없으면 본체가 드러나지 않는다'고 말한다는 뜻이다.

a. 본체를 세움[立]

그러나 본체를 밝히려고 비록 그 이름을 빌리지만, 이름하지 않는다고 본체가 없는 것은 아니다.

然而明體雖假其名, 不爲不名而無體耳.

명 ○ / ✕
↑
체 ○   본체는 이름의 시설과 무관하게 있음

---

495) 행정, 207하, "反顯名體互相藉焉."

본체가 이름을 통해 드러나므로 이름에 의존적이긴 하지만, 그렇다고 이름이 없다고 본체도 없는 것은 아니다. 본체는 이름의 시설과 상관없이 본체 자체로 존재한다.

행정은 "실상의 본체가 비록 그 이름을 빌리기는 하지만, 이름이 없을 때에도 그 본체는 항상 존재한다. 경에서 '부처가 있든 없든 성(性)과 상(相)은 항상 머문다'고 하였다."[496]라고 설명한다.

함허는 이름이 없어도 본체는 존재한다는 것에 대해 이렇게 설명한다. "사람이 성(性)과 상(相)을 알게 되는 까닭은 부처의 설법으로 인해서이다. 부처가 세상에 오지 않았다면, 능히 설할 자가 없었을 것이다. 비록 부처가 없고 설법이 없었다고 해도, 성과 상은 항상 머물며 없지 않다."[497] 본체는 이름을 떠나 존재한다는 말이다.

b. 이름을 세움

이름의 시설은 그 본체로 인한 것이니, 본체가 없다면 이름은 본래 없다. 이와 같은즉 본체는 이름에서 생기지 않고, 이름은 본체에서 생길 뿐이다.

設名要因其體, 無體則名之本無. 如是則體不名生, 名生於體耳.

명	○ 시설됨
↑	↑
체	○

---

496) 행정, 207하, "實相之體, 雖假其名, 無名之時, 其體恒在. 經云, '有佛無佛, 性相常住.'" 여기에서의 인용문은 행정이 『열반경』 권21(『대정장』 권12, 492상)에서 가져온 것이다.

497) 함허, 208상, "人之所以知性相者, 以佛之說. 佛不出世, 無人能說. 雖無佛而無說, 性相常住而不無也."

507

본체와 이름이 상호의존적이라고 하여도, 근본은 본체이고 이름은 그에 따라 시설된 것임을 밝힌다. 즉 본체에서 이름이 생기지, 이름에서 본체가 생긴 것은 아니다. 본체가 있으면 이름이 있으므로, 본체를 따라 이름이 세워진다고 한다.

행정은 "진리는 본래 이름이 없지만, 이름으로 인해 본체가 드러난다."[498]고 말한다. 본체를 드러내는 것으로서 이름을 세운다.

c. 이름과 본체를 세움

이제 본체는 이름의 앞에 있고 이름은 본체의 뒤에 따른다. 분별하면 이와 같은즉 이름을 시설함으로써 그 본체를 이름한다. 그러므로 본체가 이름의 근원일 뿐임을 안다.

今之體在名前, 名從體後. 辨者如此, 則設名以名其體. 故知體是名源耳.

명	○	후
↑		↑
체	○	전, 名之源

본체가 있고 그것을 드러내기 위해 이름을 세우므로 본체가 앞서고 이름은 그 뒤를 따른다. 그렇게 본체가 이름의 근원이라고 강조한다. 근본이 되는 본체가 우선 있고 그에 따라 이름이 시설된다고 하여, 본체와 이름을 함께 세운다.

---

498) 행정, 208상, "理本無名, 因名顯體."

행정은 "먼저 본체가 있고 후에 이름이 있으므로, 이름이 본체로 인해 시설되고 본체는 그 근원이 된다. 천태 지의는 '속제는 본래 이름이 없는데 진제를 따라 이름을 세운다'고 하였다."[499]라고 설명한다. 본체는 진제에 속하는 것이고, 이름은 진제를 따라 우리가 속제에서 시설하는 개념을 말한다.

3. 본체와 인연, 법성과 무명

1) 본체와 인연의 상호의존성

이름의 유래는 본체로부터 연기하는데, 본체의 근원적 시작[元緒]은 무엇에 의거하는가?

則名之所由, 緣起於體, 體之元緒, 何所因依?

```
        명
        ↑  연기
        체
        ↑
   〈 ? 〉물음 : 본체의 근거는?
```

이름은 본체로부터 생기는데, 본체는 무엇에 의거한 것인가? 여

---

499) 행정, 208상, "先之有體, 後之有名. 名因體施, 體爲源耳. 天台云, '俗本無名, 隨眞立名.'" 여기에서의 인용문은 행정이 지의의 『금광명경현의』 권상(『대정장』 권39, 6중)에서 가져온 것이다.

기서는 본체가 있게 된 최초의 인연 내지 근원을 묻는다. 이하에서는
본체의 인연은 결국 무명이고 허망[妄]이며 이름[名]이라고 논한다.

무릇 본체는 아(我)가 나타나는 것이 아니라 인연의 모임을 빌려
본체가 되는 것이다. 인연은 아가 모이는 것이 아니라 본체로 모
임으로 인해 인연이 되는 것이다.
夫體不我形, 假緣會而成體. 緣非我會, 因會體而成緣.

〈연(緣)〉

假緣會 → 체(體)　　↓　↑　　因會體 → 연(緣)

〈체(體)〉

　　본체는 인연이 모여서 본체로 된 것이고, 인연은 본체로 인해서
인연으로 된 것이다. 이렇게 본체와 인연은 그 각각 실체성인 아(我)
가 있지 않고 서로 의존하여 성립한다.
　　행정은 이렇게 설명한다. "본체는 법성이고 인연은 무명(無明)이
다. 이 둘은 서로 의지하며 반드시 단독으로 행해지지 않는다. 『십지
론(十地論)』에서 '홀로 진실[眞]만 생기지도 않고, 단독으로 허망[妄]만 성
립하지도 않는다. 진실과 허망이 화합하여야 비로소 행해질 바가 있
다'고 하였다."[500]

---

500) 행정, 208상, "體爲法性, 緣爲無明. 此二相賴, 必不抗行. 十地論云, '惟眞不生, 單妄不成.
　　眞妄和合, 方有所爲.'" 여기에서의 인용문은 행정이 법장의 『대승기신론의기』 권중본
　　(『대정장』 권44, 255상), "唯眞不生, 單妄不成, 眞妄和合, 方有所爲."에서 가져온 것으
　　로 보인다.

```
                    〈연〉                  = 무명(無明)/허망
假緣會 → 체    ↓ ↑    因會體 → 연      ↓ ↑
                    〈체〉                  = 법성(法性)/진실
```

① 만약 본체가 나타나지 않는다면, 인연이 어디에 모이겠는가?
② 만약 인연이 모이지 않는다면 본체가 어디에 나타나겠는가?
② 본체가 나타나는 것은 인연이 모여 나타나는 것이고, ① 인연
이 모이는 것은 본체가 나타나서 모이는 것이다.

① 若體之未形, 則緣何所會? ② 若緣之未會, 則體何所形? ② 體形則
緣會而形, ① 緣會則體形而會.

```
                    〈연〉회(緣會)
① 체형 → 연회    ↑ ↓    ② 연회 → 체형
                    〈체〉형(體形)
```

　본체와 인연은 서로 의존적이다. ① 본체가 나타나야 인연이 모
이고, ② 인연이 모여야 본체가 나타난다. 본체와 인연이 각각 자기
자성으로 성립하는 것이 아니라, 서로를 통해 성립한다는 것이다. 그
상호의존관계 중에서도 ①은 본체의 나타남을 통해 인연의 모임이
성립한다는 것[체형(體形)→연회(緣會)]이므로 인연의 모임이 그 자체로 별
도로 있지 않다는 측면을 말하고, ②는 인연의 모임을 통해 본체의
나타남이 성립한다는 것[연회(緣會)→체형(體形)]이므로 본체의 나타남이
그 자체로 별도로 있지 않다는 측면을 말한다.
　본체가 법성이고, 인연이 무명이라는 것을 고려하면, ①은 법성이
있어서 무명이 있다는 것(법성→무명), 즉 법성 이외에 무명이 별도로 따

로 있지 않다는 것을 말하고, ②는 무명이 있어서 법성이 있다는 것(무명→법성), 즉 무명 이외에 법성이 별도로 따로 있지 않다는 것을 말한다.

<무명>
① 법성 → 무명　　↑↓　　② 무명 → 법성
<법성>

행정은 "본체와 인연이 서로를 기다려 이루어짐을 보여준다."[501]고 말하며, 다음과 같이 비유를 들어 설명한다. "비유하면 ② 물이 파도로 인해 일어나고 ① 파도가 물로 인해 성립하는 것과 같다. 파도와 물은 서로 의거하여 동일하게 연기한다."[502] 본체와 인연의 상호의존성을 물과 파도의 상호의존성을 통해 비유적으로 설명한 것이다.

<파도>
① 물 → 파도가 성립　　↑↓　　② 파도 → 물의 일어남
<물>

① 본체가 나타나서 [인연이] 모이니 그런즉 나타남에 별도의 모임이 없는 것이 분명하다. 나타남에 별도의 모임이 없으니 그런즉 모임은 본래 없는 것이다. ② 인연이 모여서 [본체가] 나타나니 그런즉 모임에 별도의 나타남이 없다는 것이 분명하다. 모임에 별도의 나타남이 없으니 그런즉 나타남은 본래 없는 것이다.

① 體形而會, 則明形無別會. 形無別會, 則會本無也. ② 緣會而形, 則

---

501) 행정, 208중, "反顯體緣相須成矣."
502) 행정, 208중, "譬如 ② 水因波起, ① 波因水成. 波水相依, 同一緣起."

明會無別形. 會無別形, 則形本無也.

① 본체가 나타남으로 인해 인연이 모이게 된다는 것(체형→연회)은 본체와 인연의 관계에서 본체의 나타남을 더 강조한 것이다. 본체가 나타나지 않는다면 인연이 모이지 않게 된다. 그러므로 본체의 나타남 이외에 별도로 인연의 모임이란 것은 없다. 그래서 '나타남에 별도의 모임이 없으니 그런즉 모임은 본래 없다'[形無別會, 則會本無]고 말한다 ② 인연이 모임으로 인해 본체가 나타나게 된다는 것(연회→체형)은 본체와 인연의 관계에서 인연의 모임을 더 강조한 것이다. 인연이 모이지 않는다면 본체가 나타나지 않게 된다. 그러므로 인연의 모임 이외에 별도로 본체의 나타남이란 것은 없다. 그래서 '모임에 별도의 나타남이 없으니 그런즉 나타남은 본래 없다'[會無別形, 則形本無]고 말한다.

행정은 앞에서 본체를 법성으로, 인연을 무명으로 해석하였고, 그 둘의 관계를 물과 파도의 관계로 비유하여 말하였다. 위의 두 구절에 행정은 각각 주를 단다. 본문 ①에 대한 주이다. "ⓐ 법성이 전부 무명이고, 무명에 별도의 법성은 없다[無明無別法性]. 마치 전체 물의 파도에서 파도가 곧 물은 아닌 것과 같으니, 동(動)의 뜻이 습(濕)은 아니기 때문이다."[503] 본문 ②에 대한 주이다 "ⓑ 무명이 전부 법성이고, 법

---

503) 행정, 208중. "ⓐ 法性全爲無明, 無明無別法性. 如全水之波, 波恒非水, 以動義非濕故."

성에 별도의 무명이 없다[法性無別無明]. 마치 파도에 즉한 물이 파도가 아닌 것과 같으니, 동과 습이 다르기 때문이다."[504] ⓐ에서 법성이 전부 무명이어서 무명 이외에 따로 법성이 없다고 하는 것은 전체를 무명으로 보고 무명을 강조하면서 하는 말이다. 물이 파도칠 때 파도에 주목하는 것과 같다. 반면 ⓑ에서 무명이 전부 법성이어서 법성 이외에 따로 무명이 없다고 하는 것은 전체를 법성으로 보고 법성을 강조하면서 하는 말이다. 물이 파도칠 때 물에 주목하는 것과 같다.

현각의 본문과 행정의 주를 비교해 보면, 현각은 본문 ① 〈체형→연회〉에서 '체형에 별도의 연회가 없다'[形無別會]고 말하는 데 반해, 행정은 그 구절의 주 ⓐ에서 '무명에 별도의 법성이 없다'[無明無別法性]고 말한다. 그리고 현각이 본문 ② 〈연회→체형〉에서 '연회에 별도의 체형이 없다'[會無別形]고 말하는 데 반해, 행정은 그 구절의 주 ⓑ에서 '법성에 별도의 무명이 없다'[法性無別無明]고 말한다. 강조점을 바꾼 것이다.

현각 : ① 〈A→B〉: A 외에 따로 B 없다. ② 〈B→A〉: B 외에 따로 A 없다.
행정 : ⓐ 〈A→B〉: B 외에 따로 A 없다. ⓑ 〈B→A〉: A 외에 따로 B 없다.

---

504) 행정, 208중, "ⓑ 無明全爲法性, 法性無別無明. 如卽波之水非波, 以動濕異故."

현각의 원문 ①과 ②에 행정이 왜 각각 ⓐ와 ⓑ의 주를 붙이는지를 행정은 이렇게 설명한다. "앞(ⓐ)은 말(末)에 즉한 본(本)이니 본에 별도의 본이 없다. 오직 무명이 있고 다시 별도의 법이 없다. 여기(ⓑ)는 본에 즉한 말이니 말에 별도의 말이 없다. 오직 법성이 있고 다시 별도의 법이 없다."505) 즉 ① 〈A(본)가 B(말)이다〉에서 현각은 A(본)를 강조한 데 반해 행정은 ⓐ 결과(末)에 주목하여 보면[卽末] 모두 B(말)가 되므로 '별도의 A(본)가 따로 없다'[無別本]고 하여 B(말)를 강조한다. 그리고 ② 〈B(말)가 A(본)이다〉에서 현각은 B(말)를 강조한 데 반해 행정은 ⓑ 근거(本)에 주목하여 보면[卽本] 모두 A(본)이므로 '별도의 B(말)가 따로 없다'[無別末]라고 하여 A(본)를 강조한다. ①과 ②를 바꿔서 풀이한 것이라고 볼 수 있다.

현각 : ① 〈A→B〉 : A 외에 따로 B 없다.　② 〈B→A〉 : B 외에 따로 A 없다.
행정 : ⓐ 〈A→B〉 : B 외에 따로 A 없다.　ⓑ 〈B→A〉 : A 외에 따로 B 없다.
　　　　　　(卽末之本, 本無別本)　　　　　　　　　(卽本之末, 末無別末)

함허는 이것을 정정한다. "앞(①)은 본에 즉한 것이 말이니, 말에 별도의 말이 없다. 법성이 무명임을 온전히 지시한다. 뒤(②)는 말에 즉한 것이 본이니, 본에 별도의 본이 없다. 무명이 법성임을 온전히 지시한다."506)

---

505) 행정, 208중, "ⓐ 前卽末之本, 本無別本. 惟有無明, 更無別法. ⓑ 此卽本之末, 末無別末. 惟有法性, 亦無別法."
506) 함허, 208하, "① 前則卽本是末, 末無別末. 全指法性爲無明. ② 後則卽末是本, 本無別本. 全指無明爲法性."

현각 : ① 〈A→B〉 : A 외에 따로 B 없다.　② 〈B→A〉 : B 외에 따로 A 없다.

행정 : ⓐ 〈A→B〉 : B 외에 따로 A 없다.　ⓑ 〈B→A〉 : A 외에 따로 B 없다.

　　　　(即末之本, 本無別本)　　　　　　(即本之末, 末無別末)

　　　　말이 본을 포섭함을 강조　　　　　본이 말을 포섭함을 강조

함허 : ① 〈A→B〉 : A 외에 따로 B 없다.　② 〈B→A〉 : B 외에 따로 A 없다.

　　　　(即本是末, 末無別末)　　　　　　(即末是本, 本無別本)

　　　　말이 본에 의존함을 강조　　　　　본이 말에 의존함을 강조

이렇게 보면 함허가 행정과 달리 현각 본문의 뜻을 그대로 살려서 풀이한 것으로 볼 수 있다. 그러나 순서는 다르더라도 결국 본과 말의 상호의존관계를 논하고 있다는 점에서는 차이가 없다.

함허는 본체와 인연, 법성과 무명을 물과 파도에 비유하여 이렇게 말한다. "본체와 인연을 파도와 물에 비유하면, 본체는 물과 같고 인연은 파도와 같다. 법성은 물과 짝이 되고 무명은 파도와 짝이 된다. ① 무엇이 파도인가? 전체 물이 곧 파도이므로 물 이외에 별도의 파도가 없으며 파도는 물과 분리되지 않는다. ② 무엇이 물인가? 전체 파도가 곧 물이므로 파도 이외에 별도의 물이 없으며 물은 파도와 분리되지 않는다."[507] ① 물이 곧 파도이기에 물 외에 파도가 따로 없고, ② 파도가 곧 물이기에 파도 외에 물이 따로 없다는 것이다.

인연 = 무명 = 파도

↑↓

본체 = 법성 = 물

함허는 물과 파도의 비유에 이어 법성과 무명 또한 그러함을 논

---

507) 함허, 208중, "體之與緣比之波水, 體則如水, 緣則如波. 法性可以配於水, 無明可以配於波. ① 何者是波? 全水是波, 水外無波, 波不離水故. ② 何者是水? 全波是水, 波外無水, 水不離波故."

한다. "① 무엇이 무명인가? 법성 전체가 무명이며, 법성 이외에 별도의 무명이 따로 없으니, 허망이 진실과 분리되지 않기 때문이다. 그러므로 '모임이 본래 없다'[會本無]라고 말한다. 모임은 인연이 모이는 것으로, 무명을 지시한다. ② 무엇이 법성인가? 무명 전체가 법성이며, 무명 이외에 별도의 법성이 따로 없으니, 진실이 허망 밖에 있지 않기 때문이다. 그러므로 '형본무(形本無)'라고 한다. 형은 본체가 나타나는 것으로, 법성을 지시한다."[508] ① 법성이 곧 무명이므로 법성 외에 무명이 따로 없다는 것, ② 무명이 곧 법성이므로 무명 이외에 법성이 따로 없다는 것을 말한다. 이로써 함허의 두 구절은 현각이 말한 ① 회본무(會本無), ② 형본무(形本無)와 그대로 일치한다.

함허는 이와 같이 현각 원문의 '회본무'와 '형본무'가 의미하는 바는 결국 본체와 인연, 법성과 무명의 상호연관성이라는 것을 강조한다. "본체와 인연은 둘 다 공적(空寂)이며, 모두 스스로 성립하는 것이 아니다. 따라서 '자체가 없다'고 말한다."[509]

---

508) 함허, 208하, "① 何者無明? 法性全是無明, 法性外無別無明, 妄不離眞故. 故云會本無也. 會則緣會, 指無明也. ② 何者法性? 無明全是法性, 無明外無別法性, 眞不外妄故. 故云形本無也. 形則體形, 指法性也."
509) 함허, 208하, "體之與緣, 二俱空寂, 皆非自立. 故云無自."

이 때문에 만법은 인연을 따른 것이지 자신의 본체가 없는 것이다.
是以萬法從緣, 無自體耳.

만물은 자기 자성의 본체를 가지고 존재하는 것이 아니라 인연을
따라 있을 뿐이다. 인연도 그 본체의 인연으로 따로 있는 것이 아니
라 여러 인연들의 어우러짐 속에서 인연으로 작용하게 된다.

행정은 이렇게 설명한다. "법성은 본체가 없으므로 온전히 무명
을 지시한다. 무명은 본체가 없으므로 온전히 법성을 지시한다. 법
성이 무명과 함께 두루 제법을 만들기에 그것을 '염오'[染]라고 이름한
다. 무명이 법성과 함께 두루 중연에 상응하기에 그것을 '청정'[淨]이
라고 부른다. 맑은 물이든 탁한 물이든 파도가 습하다는 점에서는 다
를 것이 없다."[510] 일체 만물이 모두 인연 따라 존재하므로 법성과 무
명이 분리되지 않고, 청정과 염오 또한 분리되지 않고 함께한다.

```
          무명/염오
           ↑ ↓    ∴ 만법 = 법성+무명 = 청정+염오
          법성/청정
```

2) 본체와 인연 : 비유비무(非有非無)

본체가 자체가 없으므로 본성이 공(空)하다고 이름한다. ① 본성이
이미 공이므로 비록 인연이 모여도 있는 것이 아니다. ② 인연이

---

510) 행정, 208하, "法性無體, 全指無明. 無明無體, 全指法性. 法性之與無明, 徧造諸法, 名之
爲染. 無明之與法性, 徧應衆緣, 號之爲淨. 淸水濁水, 波濕無殊."

이미 모이므로 비록 본성이 공이어도 없는 것이 아니다.

體而無自, 故名性空. ① 性之旣空, 雖緣會而非有. ② 緣之旣會, 雖性空而不無.

```
인연(緣=會) : ② 연회(緣會)이므로 (性空이어도) 비무(非無) ┐
    ↑                                                    ├ 비유비무
본체(性=空) : ① 성공(性空)이므로 (緣會이어도) 비유(非有) ┘
```

만물은 자기 자성의 본체가 없다. 무자성이므로 공이다. ① 본성이 공이므로 인연이 모여서 있는 것으로 나타난다고 해도 그 본성의 공성 때문에 있다고 할 수 없다. 즉 비유이다. ② 인연이 모여서 만물을 이룬다. 그러므로 그 본성이 아무리 공이라고 해도 또한 없다고 할 수도 없다. 즉 비무이다. 이와 같이 만물은 있는 것도 아니고 없는 것도 아니다. 즉 비유비무(非有非無)의 중도이다.

행정은 "① 본성에는 그것을 거스르는 것이 없으므로 비록 없지만 있다. ② 사물에는 그것을 거스르는 것이 없으므로 비록 있지만 없다. 있음과 없음이 서로 융합하니 '둘이 아니다'[不二]라고 말한다."[511]고 설명한다.

```
사물 – ② 유이무(有而無) ┐
    ↑                    ├ 유무불이(有無不二)
본성 – ① 무이유(無而有) ┘
```

함허는 이렇게 설명한다. "① 본성은 공이므로 마땅히 인연에 응

---

511) 행정, 208하, "① 性莫之逆, 雖無而有. ② 物莫之逆, 雖有而無. 有無互融, 謂之不二."

하지 않지만, 본성의 공을 고수하지 않고 인연에 따라 일체 사(事)와 법(法)을 성취한다. 그러므로 '본성에는 그것을 거스르는 것이 없으므로 비록 없지만 있다'라고 한다. ② 상(相)은 있으므로 마땅히 본성의 공(空)에 장애가 되지만, 본성의 공에 장애가 되지 않고 상마다 본체를 들어 온전히 허(虛)가 된다. 그러므로 '사물에는 그것을 거스르는 것이 없으므로 비록 있지만 없다'라고 한다."[512] 본체의 성과 사물의 상이 서로 장애가 되지 않고 유무불이를 이룸을 말한다.

```
상(相) : ② 본체를 들어 허(虛)가 됨 - 유이되 무 ┐
  ↑                                                ├ 유무불이(有無不二)
성(性) : ① 공이되 인연을 따름      - 무이되 유 ┘
```

이 때문에 ② 인연이 모여 있기에 있어도 있는 것이 아니며, ① 본성이 공하여 없기에 없어도 없는 것이 아니다. 왜 그러한가? ② 모인즉 본성이 공(空)하므로 있지 않다고 말하고, ① 공한즉 인연이 모이므로 없지 않다고 말한다.

是以 ② 緣會之有, 有而非有, ① 性空之無, 無而不無. 何者? ② 會即性空, 故言非有, ① 空即緣會, 故曰非無.

```
인연 : ② (緣會이므로) 유이비유(有而非有) ∵ 緣會=性空이므로 비유 ┐
  ↑↓                                                                    ├ 비유비무
본체 : ① (性空이므로) 무이불무(無而不無) ∵ 性空=緣會이므로 비무 ┘
```

---

512) 함허, 208하~209상, "① 性空故, 宜不應緣, 不守性空, 隨緣成就一切事法. 故云性莫之逆, 雖無而有. ② 相有故, 宜碍於性空, 而不碍於性空, 相相擧體全虛. 故云物莫之逆, 雖有而無."

만물은 그 본체 내지 본성이 공인데 인연이 모여 있게 된 것이다. ② 인연이 모여 있어도 본성이 공이기에 결국 있는 것이 아니라고, 비유(非有)라고 말하고, ① 또 본성이 공이어도 인연이 모여 있기에 결국 없는 것이 아니라고, 비무(非無)라고 말한다.

행정은 설명한다. "② 그 있음을 말하고자 해도 있음이 실유가 아니며, ① 그 없음을 말하고자 해도 없음이 실무가 아니다. 있음은 없음의 있음이며, 없음은 있음의 없음이니, 있음과 없음이 이미 융합하여 두 가지 허물로부터 멀다. 왜 그러한가? ① 사물이 없지 않으므로 단견(斷見)이 미혹이고, ② 사물이 있지 않으므로 상견(常見)도 가능하지 않다."[513]

```
인연 : 회(會)  - ② 비실유(非實有)  - 상견(常見) 아님  ┐
↑↓                                                      │  비유비무
본체 : 공(空)  - ① 비실무(非實無)  - 단견(斷見) 아님  ┘
```

이제 있지도 않고 없지도 않다고 말하는 것은 있음을 떠나 별도로 하나의 없음이 있는 것도 아니고 또 없음을 떠나 별도로 하나의 있음이 있는 것도 아니라는 것이다.

今言不有不無者, 非是離有, 別有一無也, 亦非離無, 別有一有也.

없음과 있음이 서로 의존하여 성립하는 것임을 말한다. 유는 무의 유이므로 무를 떠나 따로 유가 있지 않고, 무는 유의 무이므로 유

---

513) 행정, 209상, "② 欲言其有, 有非實有, ① 欲言其無, 無非實無, 有是無有, 無是有無, 有無旣融, 二過遠也, 何者? ① 以物非無故, 斷見爲惑, ② 以物非有故, 常見不得."

를 떠나 따로 무가 있지 않다.

행정은 이렇게 설명한다. "파도를 가리키지만 온전히 물이고, 물을 가리키지만 온전히 파도이다. 『환원관』에서 '작용은 파도의 날림이고 바다의 끓음이지만, 온전히 진실한 본체로써 운행하는 것이며, 본체는 거울의 깨끗함이고 물의 맑음이지만, 모두 인연을 따름으로써 고요함에 모인 것이다'라고 하였다."[514)

용(用) : 파도 – 파도의 등(騰)
↑↓
체(體) : 물 – 물의 적(寂)

이와 같은즉 법은 유(有)·무(無)가 아님이 분명하므로 비유(非有)·비무(非無)라고 이름할 뿐이지, 비유·비무인 것은 아니다. 이미 유·무가 아니므로 또 비유도 아니고 비무도 아니다.

如是則明法非有無, 故以非有非無名耳, 不是非有非無. 旣非有無, 又非非有非非無也.

유·무가 아님 → '비유·비무'라고 이름할 뿐 → 비유·비무도 아님
(비-유·무)   (비-비유·비무)

만물은 인연이 모여 있으나 본체가 없으므로 있는 것도 아니고, 또 본체가 없으나 인연이 모여 있으므로 없는 것도 아니다. 그렇게

---

514) 행정, 209상, "指波全水, 指水全波. 還源觀云, '用則波騰海沸, 全眞體以運行, 體則鏡淨水澄, 擧隨緣而會寂.'" 여기에서의 인용문은 행정이 연수의 『종경록』권94(『대정장』권48, 927중), "還原觀云, '用則波騰海沸, 全眞體以運行, 體則鏡淨水澄, 擧隨緣而會寂.'" 에서 가져온 것으로 보인다.

있는 것도 아니고 없는 것도 아니므로 '비유·비무'라고 한다. 그러나 만법이 있는 것도 없는 것도 아니기에 '비유·비무'라고 이름하는 것일 뿐, 만법이 그대로 비유·비무라는 것은 아니다. 유가 아니니 비무도 아니고 무가 아니니 비유도 아니므로, 결국 비유·비무도 아닌 것이다. 만법은 유·무도 아니고, 비유·비무도 아니라는 말이다.

행정은 이렇게 설명한다. "앞의 말을 매듭짓자면, 법은 규정된 유가 아니므로 사물[事]이 아니고, 법은 규정된 무가 아니므로 진리[理]가 아니다. 사(事)와 리(理)가 둘이 아니고 하나의 도인 것이 분명하다. 『열반경』에서 '진실한 제(諦)는 하나의 도(道)로 청정하며 둘이 아니다'라고 하였다."[515] 이어 "『기신론』에서 '진여자성은 유상(有相)도 아니고 무상(無相)도 아니며 비유상(非有相)도 아니고 비무상(非無相)도 아니다'라고 하였다."[516]고 말한다.

이와 같으니 어찌 유독 언어의 길만 끊어지겠는가? 마음이 가는 곳 또한 멸하게 되는 것이다.
如是何獨言語道斷, 亦乃心行處滅也.

불법은 유무와 비유비무의 상대적 개념으로 분별하여 알 수 있는 것이 아니다. 진리는 언어의 길뿐 아니라 언어를 따라 사려분별하는

---

515) 행정, 209상, "結前, 法不定有故非事, 法不定無故非理. 事理不二, 一道坦然. 涅槃云, '實諦者, 一道淸淨, 無二也.'" 여기에서의 인용문은 행정이 『열반경』 권13(『대정장』 권12, 443중), "實諦者, 一道淸淨, 無有二也."에서 가져온 것으로 보인다.

516) 행정, 209중, "起信云, '眞如自性, 非有相, 非無相, 非非有相, 非非無相.'" 여기에서의 인용문은 행정이 『대승기신론』(『대정장』 권32, 576상중)에서 가져온 것이다.

마음의 길도 끊어진 곳에 있다.

　행정은 이렇게 설명한다. "사(事)와 리(理)가 둘이 아닌 문은 마음으로 생각하거나 말로 논할 수 있는 것이 아니다. 천태 지의는 '펼치면 법계에 충만하지만 어디에서 왔는지를 알지 못하고, 거두면 있는 곳을 알지 못해 어디로 갔는지를 알 수 없다'고 하였다."[517]

---

517) 행정, 209중, "事理不二之門, 匪可心思言議. 天台云, '舒之充滿法界, 不知從何而來, 收之莫知所有, 不知從何而去.'" 여기에서의 인용문은 행정이 지의의 『묘법연화경현의』 권3상(『대정장』 권33, 706하), "舒之充滿法界, 不知從何而來, … 收之莫知所有, 不知從何而去."에서 가져온 것이다.

제9장

친구에게 권하는 편지

○

친구에게 권하는 편지[勸友人書]는 현각이 친구와 주고받은 편지글
이다. 먼저 친구가 현각에게 고요한 산에서 수행하며 사는 것이 어떻
겠느냐고 편지를 보냈는데, 그 편지를 받고 현각은 그것이 바른 길은
아니라고 답한다.

행정은 "무주 포양현 좌계산의 현랑 선사가 대사를 산에서 살자
고 부르는 편지이다."[518]라고 하여 현각에게 산에서 살자고 부른 친
구가 누구인지를 밝히고 있다.

친구가 보낸 편지

영계에 도착한 이후 마음과 뜻이 편안하여 높고 낮은 산봉우리에
지팡이를 떨치면서 항상 노닐고 석실과 바위굴에 먼지 털고 조용
히 앉아 정좌하고는 합니다.

---

518) 행정, 209중, "婺州, 浦陽縣, 佐溪山, 朗禪師, 召大師山居書."

自到靈谿, 泰然心意, 高低峰頂, 振錫常游, 石室巖龕, 拂乎宴坐.

친구는 산에 기거하면서 높고 낮은 산봉우리를 찾아 거닐고 석굴 암자에 앉아 수도하며 맘 편한 생활을 하고 있음을 보여준다.

행정은 "유람을 이미 두루 마쳐서 몸도 고요하고 마음도 한가하지만 좋은 친구와 함께 오지 못한 것을 생각한다."[519]고 말한다.

푸른 소나무와 맑은 웅덩이에 밝은 달이 저절로 생겨나고, 바람이 흰 구름을 쓸어 가면 눈으로 천 리를 마음껏 바라봅니다. 이름난 꽃과 향기로운 과일을 벌과 새가 머금고 오고 원숭이의 휘파람이 길게 울리면 멀고 가까운 곳에서 다 들으며 괭이자루로 베게 삼고 가는 풀로 방석을 삼습니다.

靑松碧沼, 明月自生, 風掃白雲, 縱目千里. 名花香果, 蜂鳥銜將, 猿嘯 長吟, 遠近皆聽, 鋤頭當枕, 細草爲氈.

아름다운 자연 경치를 즐기고 있음을 보여준다. 머무르는 산의 자연경관이 아름답고 마음이 그것을 즐길 여유가 있음을 표현한 것이다.

행정은 "풍경의 형상이 자연히 그러하니, 마음 맞는 사람과 함께 바라볼 만하다."[520]고 말하며, "사물의 모습은 일상과 다르고, 정진하

---

519) 행정, 209중, "遊覽旣周, 體靜心閑, 思惟良友, 未以偕行."
520) 행정, 209중, "景像自然而然, 可共同心閱目."

는 수행은 세속과 다르다."[521)고 설명한다.

세상이 험하고 너와 나를 다투는 것은 심지가 통달하지 못하기에
비로소 그와 같이 되는 것입니다.

世上峥嶸, 競爭人我, 心地未達, 方乃如斯.

　산속에서의 생활은 자연과 하나 되어 조화롭게 지내게 되는데,
속세에서의 삶은 비교와 경쟁과 투쟁이니 그런 삶을 사는 것은 마음
자리가 바르지 못하기 때문이 아니겠는가라고 말한다. 그러니 속세
에 머물지 말고, 자신처럼 속세를 떠나 산으로 들어오라는 것이다.
　행정은 이렇게 설명한다. "이 일단의 문장은 대사를 깊이 꾸짖는
말이니, 조정이나 시장에 사는 것은 나와 남의 분별만 기를 뿐이어
서 수행하는 마음이 어두워진다는 것이다. 그러므로 이와 같이 말하
였다."[522)

혹 시간이 나면, 방문해주시길 바랍니다.

儻有寸陰, 願垂相訪.

　친구 자신도 대사가 생각나서 글을 보내니, 대사도 친구를 생각
하면서 찾아주기를 바라고 있다.

---

521) 행정, 209중, "物態殊常, 進修異俗."
522) 행정, 209하, "此之一段, 深呵大師, 謂居朝市之間, 秖長我人之道, 修心闇昧, 故曰如斯."

행정은 "같은 음성으로 서로 응하고 같은 기운으로 서로 구해 세한에 버리지 않기를 바라므로, '방문한다'라고 하였다."[523]고 설명한다.

현각의 답변

1. 인사말

헤어진 이후 이제 수년이 지나 멀리서 마음으로 그리워하다 때론 또 근심이 되기도 하였는데, 홀연히 보내온 편지를 받고는 마침내 걱정이 없어졌습니다.
自別以來, 經今數載, 遙心眷想, 時復成勞, 忽奉來書, 適然無慮.

헤어지고 나서 오랜 기간이 지나 그립기도 하고 걱정이 되기도 하였는데, 편지를 받고 보니 안심이 되었다는 말이다.

행정은 "소식 끊긴 지 아득히 십 년이 지나도록 어느 날인들 잊었겠는가? 행인이 홀연히 편지 한 통을 주니, 내가 원하던 것과 일치한다."[524]고 말한다.

모르겠는데, 편지 보내신 후 존체는 어떠하신지요? '깨달음의 즐거움'[法味]으로 정신을 키우시니 마땅히 맑고 즐거우시리라 봅

---

523) 행정, 209하, "欲使同聲相應, 同氣相求, 不棄歲寒, 故云相訪."
524) 행정, 209하, "自隔杳逾十載, 何日忘之? 行人忽附一緘, 適我願矣."

니다.

不委信後道體如何? 法味資神, 故應淸樂也.

　　편지를 보내고 다시 대사의 답장을 받기까지 어떻게 지내는지 궁금해한다. 천지자연에서 자유롭게 지내니 응당 즐겁고 평안하리라고 짐작하고 있다.

　　행정은 "심산에서 도를 음미할 줄을 이미 아니, 필히 정신을 키우고 사려를 끊을 수 있을 것이다."[525]라고 말한다.

저 현각이 잠시 시간을 내어 [그대의] 지당한 말씀을 삼가 읽어보니, 말로는 서술할 수가 없습니다.

玄覺粗得延時, 欽詠德音, 非言可述.

　　편지를 읽어보고는 친구의 말이 타당하고 합당한 말이라고 여겼음을 말한다.

　　행정은 "말은 마음을 다하지 못하고, 덕은 붓으로 다할 수 없다."[526]고 말한다.

편지를 받고 보니 절조를 지켜 그윽한 곳에 홀로 머무르며 인간세에 자취를 끊고 산골에 몸을 감추셨군요. 친한 벗과도 왕래를 끊

---

525) 행정, 209하, "已知味道深山, 必得資神絶慮."
526) 행정, 209하, "言不可盡之於心, 德不可窮之於筆."

으시니 새와 짐승이 때때로 노는 것이 밤이 새도록 이어지며 날이 다하도록 적적하군요. 보고 듣는 것이 모두 사라지고 마음의 허물이 고요해져 외로운 봉우리에 홀로 머물며 나무 아래 단정히 앉아 번뇌를 끊고 도를 음미하니, 진실로 그러함이 합당할 것입니다.

承懷節操, 獨處幽棲, 泯跡人間, 潛形山谷. 親朋絶往, 鳥獸時遊, 竟夜綿綿, 終朝寂寂. 視聽都息, 心累闃然, 獨宿孤峰, 端居樹下, 息繁餐道, 誠合如之.

친구가 인간 속세와 인연을 끊고 산에 홀로 기거하면서 자연과 하나 되어 조용히 수행하며 도를 이루어나가는 모습을 그려보고 있다.

행정은 이렇게 설명한다. "그가 세상을 버리고 도를 즐기며 절개를 지키고 생을 가볍게 여겨 영욕과 시비를 듣지 않고, 오직 새와 짐승이 왕래하는 것만을 본다는 소식을 듣고 보니, 마음을 닦는 벗이 고요한 곳에 한가로이 사는 것이 선현과 정확히 같아 더할 것이 없다."[527]

---

527) 행정, 210상. "領其遺世翫道, 守節輕生, 不聞榮辱是非, 秖見羽毛來往, 修心之侶, 靜處閑居, 雅合先賢, 無以尙也."

2. 처소와 무관한 마음의 고요

1) 바른 수행의 길

그러나 바른 도는 고요하고 쓸쓸해서 비록 수행이 있어도 만나기 어렵지만, 삿된 무리는 시끄럽고 요란해서 익히지 않아도 친해지기 쉽습니다.

然而正道寂寥, 雖有修而難會, 邪徒誼擾, 乃無習而易親.

바른 도는 수행을 통해서 비로소 어렵게 확립할 수 있지만, 삿된 사람이나 삿된 일들은 노력하지 않아도 저절로 쉽게 가까워진다. 마음의 자기단속이나 수행이 없으면 저절로 쉽게 삿됨에 빠져들게 되는 것이다.

행정은 설명한다. "'괭이자루로 베개 삼고, 가는 풀로 방석을 삼는다'는 것을 그(친구)는 수행이라고 부르지만 대사는 그렇지 않다고 한다. 진실한 부류의 수행이 아니면 진실에 계합할 수 없으니, 삿된 무리는 일부러 익히지 않아도 이롭지 않은 것이 없다."[528]

함허는 정도에 이르기는 어렵고 삿됨에 빠지기는 쉬운 이유를 이렇게 설명한다. "만물을 버리고 일심(一心)에 순응하는 자는 바르고 고요하지만, 만물을 좇고 일심을 등지는 자는 삿되고 시끄럽다. 무릇 사람의 일상의 감정은 고요함을 싫어하고 시끄러움을 좋아하며 바름을 등지고 삿됨에 뛰어든다. 그 까닭은 바름이나 적적함은 여러 생

---

528) 행정, 210상, "鋤頭當枕, 細草爲氈. 彼謂修行, 此則未可. 非眞流之行, 無以契眞, 邪徒故不習爲而無不利."

동안 익히지 않으면 생소하지만, 삿됨이나 시끄러움은 많은 생 동안 습관이 돼서 익숙하기 때문이다."[529] 우리의 습으로 인해 정도(正道)보다는 삿됨에 더 쉽게 이끌린다는 말이다. 여기서 함허는 마음의 고요함이 일심에서 비롯된다는 것을 강조하고 있다.

만약 이해가 현묘한 으뜸에 계합하고 수행이 참된 취지에 부합하는 것이 아니라면, 그윽한 곳에 거하되 졸렬함을 지니면서 스스로 '한 생애'라고 여길 수는 없을 것입니다.
若非解契玄宗, 行符眞趣者, 則未可幽居抱拙, 自謂一生歟.

그렇다면 바른 수행의 길은 어떤 것인가? 여기에서부터 현각은 바른 수행의 길인가 아닌가는 단지 산속에 사느냐 속세에 사느냐의 차이에 의해 결정되는 것이 아니라는 것을 말한다. 속세의 번잡함 안에서도 마음의 고요함을 유지할 수 있어야지 참된 수행자이지, 몸은 산속에 있어도 마음이 번잡하다면 수행과는 거리가 있다는 것이다. 바른 수행은 그 사람의 마음이 어떤 상태인가에 달린 것이지, 그 사람의 몸이 어디에 있는가에 달린 것이 아니기 때문이다. '한 생애'[一生]라는 것은 깨달음을 얻어 단 한 번의 생애로써 부처가 되어 그 후 더 이상 윤회하지 않게 되는 지위를 말하는 것 같다.

행정은 "이해가 지혜와 명합하고 수행이 진리와 만나 모든 허물

---

529) 함허, 210 중, "却萬物而順一心者, 正也寂也, 逐萬物而背一心者, 邪也喧也. 大凡人之常情, 惡寂而愛喧, 背正而投邪. 所以然者, 正也寂也, 多生不習而生, 邪也喧也, 多生慣習而熟故也." 『한국불교전서』에는 함허의 다음 주와 연결되어 있지만, 내용상 이곳이 더 적절하여 여기로 가져왔다.

이 신묘하게 끊어지면 그윽한 곳에 사는 것이 옳지만, 만약 그렇지 못하다면 무슨 이익이 있겠는가?"[530]라고 말한다. 처소가 중요한 것이 아니라는 말이다.

마땅히 선지식에게 널리 묻고 정성스러움을 가슴에 품으며, 합장하고 무릎 꿇어 뜻과 용모를 단정히 하고, 새벽과 밤에도 피로를 잊고 시종 정성으로 우러르며, 몸과 입을 절제하고 태만을 없애며, 몸 껍데기를 돌아보지 않고 오로지 지극한 도만을 닦는 사람이라야 정신을 맑게 하는 마음이라고 할 수 있습니다.

應當博問先知, 伏膺誠懇, 執掌屈膝, 整意端容, 曉夜忘疲, 始終虔仰, 折挫身口, 蠲矜怠慢, 不顧形骸, 專精至道者, 可謂澄神方寸歟.

　바른 수행은 어떻게 이루어져야 하는가를 밝힌다. 어디에 처하든 바른 마음과 바른 태도를 지녀야 함을 구체적으로 열거하였다.

　행정은 말한다. "법을 배우고 스승을 가까이하되 시작과 끝을 두려워하고, 생을 가볍게 여기고 뜻을 결단하되 이것을 생각하고 이것에 머물면서, 이해에서는 깊고 또 깊게 하고 수행에서는 덜고 또 덜어야 '정신을 맑게 하는 마음'이라고 말할 만하다."[531]

---

530) 행정, 210상, "解以智冥, 行以理會, 妙絶諸累, 則可幽捷, 脫未如然, 何益之有?"
531) 행정, 210상, "學法親師, 畏首畏尾, 輕生決志, 念玆在玆, 於解則玄之又玄, 於行則損之又損, 可謂澄神方寸歟."

무릇 신묘한 것을 캐고 그윽한 것을 탐구하고자 하는 것은 진실로 쉽지 않습니다. 이를 선택할 때에는 얇은 얼음을 밟듯이 반드시 눈과 귀를 기울여서 그윽한 음을 받들고, 감정의 먼지를 숙연하게 하여 그윽한 이치를 감상하며, 말을 잊고 뜻을 음미해야 합니다. 허물을 씻고 미묘함을 음미하고, 저녁에 생각하고 아침에 묻되 털 끝만큼도 외람되지 않아야 합니다. 이와 같으면 산골에 몸을 숨기고 생각을 고요하게 하며 무리와 왕래를 끊을 수 있을 것입니다.

夫欲探妙探玄, 實非容易. 決擇之次, 如履輕冰, 必須側耳目而奉玄音, 肅情塵而賞幽致, 忘言宴旨. 濯累飡微, 夕惕朝詢, 不濫絲髮. 如是則乃可潛形山谷, 寂慮絶群哉.

도를 추구하기 위해서는 마음이 미세한 것을 감지할 만큼 고요하고 평온하며 깊어야 한다. 그런 고요한 마음 자세를 유지하며 살 수 있다면, 무리를 벗어나 산에 은거하는 것이 의미가 있을 수 있다.

행정은 설명한다. "『시경』에서 '전전긍긍하여 깊은 못에 임하듯 하고 얇은 얼음을 밟듯이 한다'고 하였다. 토론함이 이와 같아야 그 도가 비로소 이루어져, 무리를 떠나 홀로 지내며 정신을 사물 바깥에 두는 것이 가능해지기 시작한다."[532]

함허는 수행의 마음 자체가 중요하다는 것을 강조하면서, 편지글의 전체 취지를 다음과 같이 집약하여 설명한다. "오직 바른 견해를 갖고 높이 선 사람만이 능히 삿된 습관에 의해 물들지 않고 정도(正道)

---

532) 행정, 210중, "詩云, '戰戰兢兢, 如臨深淵, 如履薄氷.' 討論如此, 其道方成, 始可離群索居, 捿神物表." 여기에서의 인용문은 『시경』 「소아 소민(小雅 小旻)」에서 가져온 것이다.

와 계합할 수 있다. 만약 견해가 무리를 넘어서지 못하고 수행이 세속을 넘지 못한다면, 비록 그윽한 곳에 거하면서도 졸렬함을 지녀 일생이 다하도록 닦고 익혀도 길에 부딪치면 막히고 대상을 따라 취착하여 삿된 습관에 의해 오염되는 것을 면치 못하고 결국 정도에 계합하는 것이 어려울 것이다. 그러므로 응당 먼저 선지식에게 널리 묻고 옳고 그름을 결택하여 바른 지견(知見)을 얻은 후에야 비로소 높이 거하고 멀리 올라가 생각을 고요하게 하고 무리와 왕래를 끊는 것이 가능해지기 시작하며, 또 범부를 따르면서도 성인과 같아져서 빛을 감춰 세속과 섞이는 것이 가능해진다. 무릇 이와 같으면 익숙한 곳이 오히려 생소해져서 삿된 견해도 허물이 되지 않고, 생소한 곳이 오히려 익숙해져서 바른 견해가 항상 현전하게 된다. 한 편의 큰 취지가 대략 이와 같다."[533]

이와 같이 함허는 현각이 편지에서 하고 싶은 말이 무엇인지를 정확하게 짚어서 제시하고 있다. 중요한 것은 그 마음이 바른 견해를 얻는 것이지, 그 몸이 어디에 있는가가 아니라는 것이다. 마음이 바른 견해를 얻어 매임이 없으면, 속을 벗어나 적적함에 머물든 또는 화광동진(和光同塵)의 자세로 범부와 더불어 속세에 머물든 상관이 없다는 것이다. 그렇지 않고 바른 견해도 없이 속을 떠나 고요한 곳에 머문다면, 그 몸만 고요함에 있을 뿐 마음은 번뇌에 싸여 있으니 얻을 것이 없다는 것이다.

---

533) 함허, 210중, "唯有正見高蹈之人, 能不爲邪習所染, 而與正道相契也. 若見不超群, 行不逾俗者, 則雖幽居抱拙, 盡一生而修習, 觸途成滯, 隨塵取著, 未免爲邪習所染, 終難契於正道也. 由是先應博問知知, 決擇是非, 得正知見然後, 始可高揉遐擧, 寂慮絕群, 亦可順凡同聖, 和光混俗者矣. 夫如是則熟處反生, 而邪見不能累. 生處反熟, 而正見常現前矣. 一篇大旨, 大畧如是."

2) 단순 은거의 의미 없음

혹 마음의 길이 아직 통하지 않아서 사물을 보는 것이 막힘이 되는데도 시끄러움을 피하고 고요함을 구하고자 한다면, 세상이 끝나도 그 방도는 있지 않을 것입니다.
其或心徑未通, 矚物成壅, 而欲避誼求靜者, 盡世未有其方.

내적인 마음이 고요하고 평정하지 못하다면, 그 몸이 아무리 시끄러운 속세를 벗어나 산중에 거한다 한들 평온함 속에서 수도를 하는 것이 불가능하다. 마음이 시끄러우면 그가 어디에 있든 그곳이 시끄럽게 다가올 수밖에 없기 때문이다. 그러므로 마음이 고요하면 세속도 산속 같고, 마음이 시끄럽다면 산속도 세속과 다를 바 없다.

행정은 "마음의 길이 통하면 수도와 시골이 어찌 다르겠는가? 마음의 길이 막히면 근(根)과 경(境)이 저절로 분별되니, 고요한 곳을 구한들 어찌 얻을 수 있겠는가?"[534]라고 말한다. 마음이 막혀 있으면 근과 경이 분리되고 주와 객이 분별된다. 주객무분별의 성성적적의 영지에 이르지 못하며, 근이 경을 좇아 분주해져 산만함을 벗어나지 못한다.

하물며 울창한 긴 숲은 높이 솟아 있고 새와 짐승은 소나무와 대나무 숲 꼭대기에서 울어대며, 물과 돌은 가파르고 바람 부는 가

---

534) 행정, 210하, "心徑通而華野何殊? 心徑壅而根塵自別, 欲求靜處, 安可得哉?"

지는 소슬하며, 등나무와 넝쿨은 얽혀 있고 구름과 안개는 끼어 있으며, 계절 따라 만물은 쇠퇴하고 번영하며 아침저녁으로 어둡고 밝으니, 이런 것들이 어찌 시끄럽고 복잡한 것이 아니겠습니까? 그러므로 견해의 미혹이 오히려 얽혀 있어서 길에 부딪치는 곳마다 막힐 뿐이라는 것을 압니다.

況乎鬱鬱長林、峨峨聳峭、鳥獸鳴咽、松竹森梢、水石崢嶸、風枝蕭索、藤蘿縈絆、雲霧氤氳、節物衰榮、晨昏眩晃、斯之種類、豈非喧雜耶? 故知見惑尙紆、觸途成滯耳.

　마음이 고요하지 못하면 산속이라도 평온을 찾을 수 없음을 말한다. 산속에도 온갖 시끄러움과 번뇌와 갈등이 함께한다는 것이다. 그러므로 중요한 것은 마음이지 거처가 아니다. 마음에 정견이 확립되어 있지 않으면, 어디에 있든 자유로울 수가 없다. 그 상태에서는 아무리 고요한 산중에 머문다고 하여도 마음의 번뇌로 인해 시끄러움을 면치 못하기 때문이다.

　행정은 "그(친구)는 산중이 극히 고요하다고 하지만, 이 사람(대사)은 산중이 극히 시끄럽다고 하여 그 일을 다 펴니, 족히 알 만하다."[535]고 설명한다. 마음이 복잡하면 산이든 마을이든 가는 곳마다 장애에 부딪치고 막히고 갈등하게 되는 법이다. 이어 "견해의 그물[網]이 넓으면 경계를 따라 집착하게 된다."[536]고 말한다.

---

535) 행정, 210하, "彼謂山中至靜, 此謂山中極喧, 盡陳其事, 足可知也."
536) 행정, 210하, "見網浩然, 隨塵取著."

3) 마음의 고요가 우선

이 때문에 우선 도를 알고 난 후에 산에 기거해야 합니다. 만약 아직 도를 알기도 전에 먼저 산에 거한다면, 단지 그 산을 보기만 할 뿐 그 도는 반드시 잊을 것입니다. 만약 아직 산에 거하지 않았는데도 먼저 도를 안다면, 단지 그 도를 보기만 할 뿐 그 산은 반드시 잊을 것입니다. 산을 잊으면 도의 성품이 정신을 기쁘게 하지만, 도를 잊으면 산의 형상이 눈을 어지럽힙니다. 그러므로 도를 보고 산을 잊으면 인간 세상도 고요하지만, 산을 보고 도를 잊으면 산속이 바로 시끄러운 곳입니다.

是以先須識道後乃居山. 若未識道而先居山者, 但見其山, 必忘其道. 若未居山而先識道者, 但見其道, 必忘其山. 忘山則道性怡神, 忘道則山形眩目. 是以見道忘山者, 人間亦寂也, 見山忘道者, 山中乃喧也.

산에 기거한다 해도 일단 마음의 평정이 먼저 갖추어지고 도를 깨닫고 나서 그렇게 해야지, 마음이 복잡한데도 산에 산다 한들 도를 얻기는 어렵다는 것이다. 마음이 복잡하면 산에 있어도 시끄럽고, 마음이 고요하면 세속에 있어도 고요하기 때문이다. 그러나 일단 마음이 평정되어 도를 깨닫고 난 후라면 또 굳이 산으로 들어갈 필요도 없다. 마음이 이미 고요하면 몸이 어디에 있든 평정이 유지될 것이기 때문이다.

행정은 설명한다. "미혹하면 산을 보고 도를 잊어 매사가 분주하지만, 깨달으면 도를 보고 산을 잊어 경계마다가 본래 고요할 것이다. 『능가경』에서 '경계가 오직 마음임을 아직 통달하지 못하면 갖가지 분별이 일어나고, 경계가 오직 마음임을 통달하면 분별이 일어나지 않는다'고 하였다."[537]

5온(蘊)이 무아(無我)임을 반드시 능히 요달할 것이니, 내가 없는데 누가 인간 세상에 머무르겠습니까? 만약 5온과 6입(入)이 공(空)과 같음을 안다면, 공의 모임이 어찌 산골과 다르겠습니까?
必能了陰無我, 無我誰住人間? 若知陰入如空, 空聚何殊山谷?

인간 세상인 속세에 머물러 있어도 무아를 깨달아서 마음이 본래의 적적함을 유지하고 있다면, 몸이 머무는 곳이 산중이든 속세이든 그것이 아무 상관 없다는 것이다. 5온과 6입처가 모두 다 공임을 깨닫고 있다면, 일체가 공이니 산속이냐 세속이냐가 다를 바가 없기 때문이다.

행정은 "5온 중의 주재를 이미 잊으면, 누가 인간 세상 또는 산야에 머무르겠는가?"[538]라고 말하고, 이어 "5온과 6입이 공의 모임과 같다는 것을 통달하면, 법마다 모두 그러하니 어찌 인간 세상이 산골과 다르겠는가?"[539]라고 말한다.

---

537) 행정, 210하, "迷則見山忘道, 事事紛馳, 悟則見道忘山, 塵塵本寂. 楞伽云, '未達境唯心, 起種種分別, 達唯心已, 分別則不生.'" 여기에서의 인용문은 행정이 법장의 『수화엄오지망진환원관』(『대정장』권45, 640상), "經云, 未達境唯心, 起種種分別, 達境心已, 分別卽不生."에서 가져온 것으로 보이다.
538) 행정, 211상, "陰中主宰旣忘, 誰住人間山野?"
539) 행정, 211상, "達陰入如空聚, 法法皆然, 豈有人間殊於山谷?"

만약 3독(毒)이 아직 버려지지 않아 6진(塵)이 아직 어지럽다면, 몸과 마음이 저절로 서로 모순될 텐데, [그것이] 인간 세상의 시끄러움이나 산의 적적함과 무슨 관계가 있겠습니까?

如其三毒未袪, 六塵尚擾, 身心自相矛盾, 何關人山之喧寂耶?

만약 산속에 산다고 해도 마음이 아직 공을 깨닫지 못해 탐·진·치 3독(毒)이 마음에 남아 있다면, 몸은 고요해도 마음은 시끄럽고 어지러우니 서로 모순된다는 것이다. 그러니 몸이 어디에 있든, 우선 마음을 적적하게 하고 탐·진·치를 멸하는 것이 필요하다.

행정은 설명한다. "몸은 그윽이 고요하고자 해도 마음이 아직 편안하고 고요하지 않은 것은 왜인가? 3독(毒)이 이미 있으니, 6진(塵)이 어찌 잊혀지겠는가? 그러므로 '몸과 마음이 저절로 서로 모순되다'라고 말한다. 모(矛)는 창이고, 순(盾)은 방패이다. 옛 사람이 두 가지 물건을 함께 팔며 각각 뛰어난 점만을 찬탄하자, 지혜로운 자가 '내가 너의 창을 사서 너의 방패를 찌르겠다' 하니, 들어가는지 안 들어가는지에 대해 그가 말이 없었다. 이로써 서로 어기는 것을 비유한 것이다."[540]

---

540) 행정, 211상, "身欲幽閑, 心未恬靜, 何者? 三毒旣在, 六塵豈忘? 故曰身心自相矛盾. 矛, 槍. 盾, 棑. 昔人雙賣二事, 各歎勝能. 智者語云, '我買汝矛, 還刺汝盾.' 入與不入, 卽無其辭. 以況相違也."

3. 속세에 머무름의 의미

1) 속세에서 지혜와 자비의 완성

또 무릇 도(道)의 성품은 텅 비어서 만물이 본래 그 허물이 되지 않습니다. 진실한 자비는 평등하니 소리와 색이 어찌 도가 아니겠습니까? 단지 견해가 도치되어 미혹이 생김으로 인해 마침내 윤회가 이루어질 뿐입니다.

且夫道性沖虛, 萬物本非其累. 眞慈平等, 聲色何非道乎? 特因見倒惑生, 逐成輪轉耳.

무아를 깨달아 마음에 탐·진·치가 없으면, 바깥의 경계로 인해 마음이 흔들리지 않는다. 그러므로 사물이 마음에 허물이 되지 않는다. 마음이 미혹되고 견해가 도치되지 않는다면, 일체 세간의 삶이 다 도(道)의 실현이 된다. 그렇지 않고 잘못된 견해에 매여 있다면, 미혹을 따라 윤회하게 된다. 그러므로 마음으로 바르게 깨닫는 것이 중요한 것이다. 유무에 집착하지 않고 공을 깨닫고 중도에 있으면 어디에도 매이지 않는 법이다.

행정은 "모든 색이 눈에 비쳐도 형상이 아니고, 8음(音)이 귀를 채워도 소리가 아니다."[541]라고 말하고, 이어 "견해가 편벽되면 미혹이 따르고 윤회가 그치지 않는다."[542]라고 말한다.

---

541) 행정, 211상, "諸色煥目而非形, 八音盈耳而非聲."
542) 행정, 211상, "見僻惑隨, 輪廻不息."

만약 경계가 유(有)가 아니라는 것을 능히 요달하면, 눈에 부딪치는 것 중 도량 아닌 것이 없습니다. 요달함도 본래 무(無)라는 것을 알면, 반연하지 않고도 비춥니다. 원융한 법계(法界)에 이해와 미혹이 어찌 다르겠습니까?

若能了境非有, 觸目無非道場. 知了本無, 所以不緣而照. 圓融法界, 解惑何殊?

경계의 공성을 깨달아 경계에 매이지 않으면 도처가 다 수행의 장인 도량이 된다. 일체 경계가 모두 마음일 뿐이며 따라서 그 자체로 있는 것이 아니라는 것을 아는 것이 필요하다. 그러나 그렇게 아는 것 또한 그 자체로 있는 것이 아니기에 본래 공한 것이다. 이것을 안다면 어디에도 매이지 않게 된다. 특별한 인연을 좇지 않고 자유롭게 된다. 그렇게 경계에 매이지 않고 마음이 자유로워지면 마음이 항상 깨어 있어 비추니 깨달음과 미혹이 둘이 아니게 된다.

행정은 "도(道)가 멀리 있겠는가? 사물과의 부딪침이 모두 참되다."[543]라고 하고, 이어 "아는 자[能知]가 존재하지 않으므로 도모함[謀]이 없이 비춘다."[544]고 말한다. 그리고 그러한 자유자재의 경지에 대해 "법계가 이미 원융하여 이해와 미혹이 분명히 둘이 아니다."[545]라고 말한다.

---

543) 행정, 211상, "道遠乎哉? 觸事皆眞."
544) 행정, 211상, "能知不存, 無謀而照."
545) 행정, 211중, "法界旣以圓融, 解惑歷然無二."

중생[含靈]에 의해 자비를 가려내고, 상념에 즉해 지혜를 밝힙니다.
以含靈而辨悲, 卽想念而明智.

중생에 대해 자비를 실현   ∴ 중생에 의해 자비의 유무를 판단
상념에 대해 지혜를 발현   ∴ 상념에 의해 지혜의 유무를 판단

수행자가 자비가 있는가 없는가는 그가 일체의 중생에 대해 마음
으로 자비행을 실행하는가 아닌가를 통해 판단할 수 있고, 그가 지혜
가 있는가 없는가는 그가 일체의 경계에 대해 마음이 자유로운가 아
닌가를 따라 판단할 수 있다. 자비는 중생 속에서 실현되고, 지혜는
상념 속에서 발현되기 때문이다. 그러므로 자비롭고자 하면서 일체
중생을 멀리하고자 한다거나, 지혜롭고자 하면서 일체 경계 내지 속
세를 벗어나려 하는 것은 말이 안 되는 것이다.

행정은 이렇게 설명한다. "자비는 중생[含生]을 교화하는 것이고,
지혜는 분별을 요달하는 것이다. 자비와 지혜는 비록 다르지만, 묘
하게도 둘이 아니다. 『화엄경』에서 '일찍이 한 법도 법성을 여읜 적이
없다'고 하였다."[546]

함허는 이렇게 설명한다. "여래의 큰 자비를 보고자 하면 중생
에 의거하여 알 수 있다. 만약 중생이 없다면, 여래는 자비를 일으
킬 이유가 없다. 여래의 큰 지혜를 보고자 하면 상념(想念)을 대하면

---

546) 행정, 211중, "悲化含生, 智了分別. 悲智雖殊, 妙期不二. 華嚴云, '未曾有一法, 得離於法
性.'" 여기에서의 인용문은 행정이 자선(子璿)의 『기신론소필삭기(起信論疏筆削記)』
권6(『대정장』권44, 328상), "華嚴云, 未曾有一法, 得離於法性."에서 가져온 것으로 보
인다. 자선(965~1038)은 장수(長水) 대사로 불리는 송나라 승려로 화엄 제6조로 간주
되기도 한다. 『수능엄의소주경(首楞嚴義疏注經)』, 『수능엄경과(首楞嚴經科)』, 『금강반
야경찬요과(金剛般若經纂要科)』, 『대승기신론필삭기(大乘起信論筆削記)』 등을 저술
하였다.

알 수 있다. 만약 상념이 없다면, 불지혜에 삿됨이 없음을 어찌 알겠는가?"[547]

지혜가 생기면 법에 상응하여 두루 비추니, 경계를 떠나 어떻게 자비를 관찰하겠습니까? 자비와 지혜는 진리에 합치하여 모두 거두어들이니, 중생을 어기고 어떻게 제도할 수 있겠습니까?
智生則法應圓照, 離境何以觀悲? 悲智理合通收, 乖生何以能度?

　지혜가 두루하면 일체 경계로부터 자유로워지고, 자비가 넘치면 모든 중생을 제도하게 된다.
　행정은 첫 문장에 대해 "자비와 지혜를 거꾸로 드러낸다."[548]고 말한다. 상념의 경계에 즉해 지혜를 밝힌다는 것에 이어, 이제는 반대로 경계를 떠나면 지혜를 밝힐 수 없다고 말하기 때문이다. 본문에서 지혜 대신 자비라고 말한 것에 오류가 있음을 아래에서 함허가 상세히 논한다. 행정은 두 번째 문장에 대해 "자비를 더하고 지혜를 더하는 것은 대립하는 행위이지 교화가 아니다."[549]라고 설명한다. 자비와 지혜가 더함으로써가 아니라 덜어냄으로써 얻어지는 것을 표현한 말이라고 본다.
　함허는 위의 문장에 다소 혼동이 있다고 여겨 이를 문맥에 맞게 다음과 같이 수정하였다.

---

547) 함허, 211중, "欲見如來大悲, 托衆生而知得. 若無衆生, 如來無因起悲. 欲見如來大智, 卽想念而知得. 若非想念, 焉知佛智之無私?"
548) 행정, 211중, "反顯悲智."
549) 행정, 211중, "悲增智增, 抗行非化."

〔지혜가 생기면 법에 상응하여 두루 비추니, 경계를 떠나 어떻게 관찰할 수 있겠습니까? 자비가 일어나면 근기에 합치하여 모두 거두어들이니, 중생을 어기고 어떻게 제도할 수 있겠습니까?〕

[智生則法應圓照, 離境何以能觀? 悲起則機合通收, 乖生何以能度?]
— 함허 수정

지혜 – 법에 상응하여 두루 비춤	∴ 경계가 있어야 지혜가 실현됨
자비 – 근기에 합치하여 두루 제도함	∴ 중생이 있어야 자비가 실현됨

　　함허는 왜 이렇게 수정해야 하는지를 다음과 같이 설명한다. "이 문장은 빠진 것, 잘못된 것이 있는 듯하다. '자비를 관찰한다'[觀悲]에서 '자비'는 잘못 들어간 것 같고, '어떻게'[何] 다음에는 '능히'[能]가 빠진 것 같다. 마땅히 '경계를 떠나 어떻게 관찰할 수 있겠는가?'[離境何以能觀]가 되어야 할 것이다. 그다음의 문장 '제도할 수 있겠는가?'[能度]와 짝이 되기 때문이다. 또 '자비와 지혜는 진리에 합치하여 모두 거두어들인다'[悲智理合通收]는 말은 전후 문장의 뜻과 서로 위배된다. 마땅히 '자비가 일어나면, 근기에 합치하여 모두 거두어들인다'[悲起則機合通收]가 되어야 할 것이다. 앞의 문장 '지혜가 생기면 법에 상응하여 두루 비춘다'[智生則法應圓照]와 짝이 되고, 또 다음 문장 '중생을 남김없이 제도해야 자비가 크다'[度盡生而悲大]와 상응하기 때문이다. 이른바 '법에 상응하여 두루 비춘다'[法應圓照]는 말은 비춰지지 않는 법이 없다는 말이다. 이른바 '근기에 합치하여 모두 거두어들인다'[機合通收]는 말은 거두어지지 않는 근기(중생)가 없다는 말이다. 비춰지지 않는 법이 없게 된 연후에야 지혜가 원만한 것이고, 거두어지지 않는 근기가 없게 된 연후에야 자비가 큰 것이다. 경계를 비춤이 아직 두루하지

못하면 지혜가 원만한 것일 수 없고, 근기를 거두어들임이 아직 다하지 못하면 자비가 큰 것일 수 없다. 경계가 이미 제한이 없어야 지혜 또한 제한이 없고, 중생이 무변이어야 자비 또한 무변이다. 이치가 합치함이 이와 같다. 경계가 이미 제한이 없는데 관찰이 유한하다면 지혜가 원만한 것일 수 없고, 중생이 이미 무변인데 제도가 한계가 있으면 자비가 큰 것일 수 없다. 지혜는 경계로 인해 생기므로 '경계를 떠나 어떻게 관찰할 수 있겠는가?'[離境何以能觀]라고 말하고, 자비는 중생으로 인해 일어나므로 '중생을 어기고 어떻게 제도할 수 있겠는가?'[乖生何以能度]라고 말한다."[550] 이상과 같은 함허의 수정은 영가집 본문의 내용뿐 아니라 그 전후 문장과의 대구까지도 생각하여 정확하게 수정한 것이라고 판단된다.

중생을 남김없이 제도해야 자비가 크고, 경을 모두 비추어야 지혜가 원만합니다. 지혜가 원만하면 시끄러움과 고요함을 동일하게 관찰하고, 자비가 크면 원수와 친구를 널리 구제합니다. 이와 같다면 어찌 산과 계곡에 오래 기거함을 빌리겠습니까? 처한 곳에 따라 인연에 맡길 뿐입니다.

度盡生而悲大. 照窮境以智圓. 智圓則喧寂同觀, 悲大則怨親普救. 如是

---

550) 함허, 211중하, "此文疑有闕誤. 觀悲之悲疑衍. 又何以下, 恐闕能字. 應云離境何以能觀, 與下文能度爲對故也. 又悲智理合通收之言, 與上下文意相違. 應云悲起則機合通收. 上與智生則法應圓照爲對, 下與度盡生而悲大相應故也. 所謂法應圓照者, 無法不照也. 所謂機合通收者, 無機不收也. 無法不照然後智圓, 無機不收然後悲大. 照境未圓, 智不能圓, 收機未盡, 悲不能大. 境旣無際, 智亦無際, 衆生無邊, 悲亦無邊. 理合如是也. 境旣無際, 觀之有限, 智不能圓, 生旣無邊, 度之有限, 悲不能大. 智由境生, 故云離境何以能觀, 悲因生起, 故云乖生何以能度."

則何假長居山谷? 隨處任緣哉.

　　지혜가 원만하면 일체 경계를 모두 포용하게 되고, 자비가 무한해지면 일체 중생을 모두 포괄하게 된다. 그러므로 지혜와 자비를 구해 도를 닦는 자는 세속 경계를 피하거나 속세의 중생을 피해 산으로 달아나서는 안 된다는 말이다. 세속의 경계에도 흔들림이 없어야 지혜가 완성된 것이고, 속세의 중생을 널리 구제해야 자비가 완성된다. 그러므로 도를 구하여 장소를 가릴 것이 아니라, 자신이 처한 바로 그 자리에서 공부해야 하는 것이다.

　　행정은 이렇게 설명한다. "중생이 무변이므로 자비도 무변이다. 경계가 끝이 없으므로 지혜 또한 끝이 없다. 지혜로써 경계를 만나면 시끄러움과 고요함이 어찌 나뉘겠는가? 자비로써 중생과 함께하면 원수와 친구가 간격이 없게 된다. 여기에서 부딪치는 길이 법계인데, 어찌 한 모퉁이만을 고수하겠는가?"551)

2) 물아명일(物我冥一), 진속불이(眞俗不二)의 경지

하물며 법마다 비어 원용하고 마음마다 고요하게 멸해, 본래 스스로 유(有)가 아닌데 누가 억지로 무(無)를 말하겠습니까? 어찌 시끄럽게 떠듦을 시끄럽다고 할 수 있고, 어찌 적정을 고요하다고 할 수 있겠습니까?

---

551) 행정, 211하, "衆生無邊, 悲亦無邊, 所境無際, 智亦無際. 智以境會, 喧寂何分? 悲以生同, 怨親不隔. 於是觸途法界, 何守一隅?"

況乎法法虛融, 心心寂滅, 本自非有, 誰強言無? 何喧擾之可喧, 何寂靜之可寂?

마음이 자재하며 일체법이 원융하니, 마음이 평안하면 일체가 적정이고 마음이 시끄러우면 일체가 번다한 법이다. 그러므로 마음을 떠나 속세는 시끄럽고 산속은 고요하다고 말할 수 없다.

행정은 "모든 법이 본래부터 항상 저절로 적멸의 모습이어서 본래 응당 유(有)가 아니니 무(無)라고 칭하지도 말아야 한다. 어찌 시끄러움과 고요함이 다름이 있겠는가?"[552]라고 말한다.

만약 사물과 내가 그윽이 하나라는 것을 안다면, 저것과 이것이 도량 아닌 곳이 없으니, 다시 어찌 인간 세상에서는 시끄러움과 복잡함을 따르고 산골에서는 적막함을 펼치겠습니까?
若知物我冥一, 彼此無非道場, 復何徇喧雜於人間, 散寂寞於山谷?

세상의 고요함과 시끄러움은 그것을 보는 마음의 고요함과 시끄러움에 달린 것이다. 그러므로 공부를 할 때는 우선 내면의 고요를 길러야 한다. 그렇지 않고 경계의 모습에만 주목하면서 세간의 시끄러움을 탓하고 고요한 산골이나 찾는다면, 이는 아직도 주와 객, 나와 세계가 하나라는 것을 알지 못하는 것이다. 주객이 미분이고, 물아가 하나라는 것을 알면, 도처가 모두 수행처인 도량이 된다.

---

552) 행정, 211하, "諸法從本來, 常自寂滅相, 本不當有, 莫謂之無. 豈有喧擾寂靜而異之乎?"

행정은 설명한다. "만약 경계와 지혜가 둘이 아니라는 것을 안다면, 눈이 부딪치는 곳마다 도가 있어 이곳도 도량이고 저곳도 도량이다. 누가 인간 세상은 시끄럽고 산은 고요하다고 하겠는가?"[553]

　　이 때문에 움직임을 버리고 고요함을 구하는 것은 형틀칼은 싫어하고 수갑은 좋아하는 것이며, 원수를 멀리하고 친구를 구하는 것은 감옥은 싫어하고 새장은 좋아하는 것입니다.
是以釋動求靜者, 憎枷愛杻也, 離怨求親者, 厭檻忻籠也.

　　중요한 것은 마음 자체이지 처한 곳이 아니다. 넘어서야 하는 것이 마음의 시끄러움인데 그것을 모르고 세상의 시끄러움만 탓하는 것은 마치 목에 채우는 칼은 싫다고 하면서 수갑을 차려 하는 것과 같고, 중생을 애증으로 분별하면서 남을 탓하는 자는 마치 가두어놓는 감옥은 싫다고 하면서 스스로 새장 속에 들어가는 것과 같다.

　　만약 시끄러운 곳에서도 고요함을 생각할 수 있다면, 시장의 가게도 편안한 자리가 아닌 곳이 없습니다. 역경계를 걷다 순경계로 바꾸면 원수나 빚쟁이도 본래 선한 친구가 됩니다.
若能慕寂於喧, 市廛無非宴坐, 徵違納順, 怨債由來善友矣.

---

553) 행정, 212상, "若了境智不二, 目擊道存, 此亦道場, 彼亦道場, 誰云人山而喧靜耶?"

환경이 어떠하든 도를 닦을 수 있어야 그 도가 완성될 수 있다. 마음이 지혜의 빛으로 평온하면 시장 한가운데에서도 마음의 평온을 유지할 수 있는 것이다. 무아를 깨달아서 마음에 걸림이 없으면 순경계나 역경계가 다를 바가 없게 된다. 그렇게 해서 마음이 자비로 충만하면 원수를 만나고 빚쟁이를 만나도 모두 평정심으로 온화하게 대할 수 있는 법이다. 이처럼 모든 인간에게 자비를 베풀 수 있을 만큼 그렇게 일체 환경의 제한을 넘어서야 바른 수행이라고 할 수 있다.

행정은 "고요함과 산만함이 서로 방해하지 않는데, 어찌 한가한 곳에 사는 것을 빌리겠는가?"[554]라고 하며, 이어 이렇게 말한다. "장자는 '나에게 잘하는 사람에겐 나 또한 잘한다. 나에게 나쁘게 하는 자에게도 나는 잘한다'고 하였다. 장자도 이러한데, 하물며 도인이야 어떠해야겠는가?"[555]

이와 같다면 겁탈이나 훼방이나 모욕이 어찌 나의 본래 스승이 아닌 적이 있겠습니까? 부름과 외침, 시끄러움과 번뇌가 적멸 아닌 것이 없습니다.

如是則劫奪毀辱, 何曾非我本師? 叫喚喧煩, 無非寂滅.

순경계나 역경계를 다 이겨낼 수 있어야 일체 경계에 매이지 않는 자유로운 자라고 할 수 있다. 그러므로 역경계로 다가오는 것도

---

554) 행정, 212상, "靜散不相妨, 何假棲閑處?"
555) 행정, 212상, "莊子云, '於我善者, 吾亦善之. 於我惡者, 吾亦善之.' 莊子尙爾, 況道人乎?"
　　　여기에서의 인용문은 『명심보감』 「계선편(繼善篇)」에서 가져온 것이다.

모두 나의 수행의 완성을 위한 인연이므로 결국 나의 스승인 셈이다. 시끄러움과 번뇌를 통해 고요함과 해탈에 이르므로, 시끄러움과 번뇌가 결국은 나를 고요함으로 이끄는 적멸의 길인 것이다.

　행정은 "극단의 역경계가 극단의 순경계가 되는 것은 밖에서부터 오는 것이 아니다. 있고 없음이 하나로 귀결되며, 훼방과 칭송이 하나로 관통한다."[556]고 말한다.

그러므로 신묘한 도(道)는 무형이지만 만 가지 모습이 그 이치에 어그러지지 않고, 진여(眞如)는 적멸이지만 뭇 울림이 그 근원과 다름이 없다는 것을 압니다.

故知妙道無形, 萬像不乖其致. 眞如寂滅, 衆響靡異其源.

　여러 가지 형상을 하고 있는 삼라만상 일체 제법이 모두 무형의 도로부터 나온 것이다. 도는 무형이기 때문에 온갖 형상의 사물들이 그 도와 어긋나지 않는다. 진여는 본래 적멸이다. 세상의 온갖 시끄러운 소리들은 그 적멸의 진여로부터 나온 것이니, 진여가 적멸인 만큼 온갖 시끄러움 또한 진여와 함께할 수 있다. 이처럼 무형과 유형, 고요함과 시끄러움이 서로를 배척하지 않는 불이(不二)를 이룬다.

　행정은 설명한다. "신묘한 도는 무엇인가? 그것을 칭할 말이 없지만, 그것과 통하지 않는 것이 없다. 그것에서 유래하지 않는 것이 없어, 만 가지 변화가 동일하게 그리로 귀결되니, 그것을 비유하여

556) 행정, 212상, "極違成極順, 靡從外來. 存沒同歸, 毀譽一貫."

도(道)라고 부른다. '진여(眞如)'라는 것은 버릴 것이 없으니 일체 법이 모두 진실하기 때문이고, 또 세울 것이 없으니 일체 법이 모두 동일 하게 여여하게 여기기 때문이다."[557]

미혹하면 견해가 도치되어 의혹이 생기며, 깨우치면 거슬림[違]과 수순함[順]이 있을 곳이 없습니다.
迷之則見倒惑生, 悟之則違順無地.

진과 속, 리와 사, 근원과 자취가 둘이 아니라는 것을 깨달아 알 면 일체 분별로부터 자유로워진다. 반면 이러한 불이를 모르면 일체 를 분별하고 집착하여 번뇌하게 된다. 분별의 경계선이 사라지면, 내 게 거슬리거나 수순하는 것이 없게 된다.
행정은 "미혹할 때는 무수한 세월을 헛되이 닦게 되고, 깨우쳤을 때는 합당한 본체가 엉기어 고요해진다."[558]고 말한다.

고요함이 있지 않지만 인연이 모이면 능히 생겨나고, 높은 산이 없지 않지만 인연이 흩어지면 능히 멸합니다. 멸(滅)이 이미 멸이 아닌데 무엇으로 멸을 멸하겠습니까? 생(生)이 이미 생이 아닌데 무엇으로 생을 생기게 하겠습니까? 생과 멸이 이미 허(虛)하므로

---

557) 행정, 212상중, "妙道者何? 無之稱也, 無不通也, 無不由也, 萬化同歸, 況之曰道. 眞如者, 無有可遣, 以一切法, 悉皆眞故. 亦無可立, 以一切法, 皆同如故."
558) 행정, 212중, "迷時歷劫浪修, 悟時當體凝寂."

실상이 항상 머뭅니다.

闃寂非有, 緣會而能生, 峨嶷非無, 緣散而能滅. 滅旣非滅, 以何滅滅?
生旣非生, 以何生生? 生滅旣虛, 實相常住矣.

　　본성이 공(空)이지만 인연을 따라 생기므로 없는 것이 아니고, 또
인연을 따라 흩어지면 없게 되므로 있는 것도 아니다. 그러므로 생과
멸은 인연 따라 있고 없고 하여 그 자체로 허한 것이다.

　　행정은 "본성이 본래 무생(無生)이지, 생을 멸해서 무생이 된 것이
아니다. 본성이 본래 무멸(無滅)이지, 멸을 멸해서 무멸이 된 것이 아
니다. 생과 멸이 원래 진실이기에, 실상이라고 말한다."[559]고 설명한
다. 본성이 무생무멸이라고 할 때, 본래 생도 없고 멸도 없다는 것이
지, 있는 생을 멸해서 무생이 되거나, 있는 멸을 멸해서 무멸이 되거
나 한 것이 아니라는 것이다. 본성은 생겨나거나 멸하는 것이 아니
며, 그 자체가 본래 무생무멸이다.

3) 자유자재의 마음

이 때문에 선정의 물이 도도해지면 어떤 망념의 먼지인들 씻지 못
하겠습니까? 지혜의 빛이 밝아지면 어떤 미혹의 안개인들 걷지
못하겠습니까? 어그러지면 6취(趣)를 순환하게 되고, 이해하면 3
도(道)를 멀리 벗어나게 됩니다.

---

559) 행정, 212중, "性本無生, 非滅生無生. 性本無滅, 非滅滅無滅. 生滅元眞, 故曰實相."

是以定水滔滔, 何念塵而不洗? 智燈了了, 何惑霧而不祛? 乖之則六趣
循環, 會之則三塗逈出.

선정이 깊어지면 일체 번뇌를 제거할 수 있고, 지혜가 깊어지면
일체 미혹을 걷어낼 수 있다. 선정과 지혜를 갖춘다면, 일체 경계로
부터 자유로워져서 6도 윤회를 벗어나게 되지만, 선정과 지혜를 갖
추지 못하면 3계의 6도를 윤회하게 된다.

행정은 "선정의 물은 망념의 먼지를 씻고, 지혜의 등불은 미혹의
안개를 제거한다. 지혜와 선정의 두 덕은 마땅히 세밀하고 상세히 살
펴야 한다."[560]고 말하며, "미혹하면 생사가 무궁하고, 이해하면 확연
히 크게 깨우칠 것이다."[561]라고 덧붙인다.

이와 같은데 어찌 지혜의 배를 타고 법(法)의 바다에서 노닐지 않
고, 산골에서 부러진 굴대의 수레를 타려고 하는 것입니까?

如是則何不乘慧舟而遊法海, 而欲駕折軸於山谷者哉?

이처럼 어디에 처하든 선정과 지혜를 닦아 신심이 자유로워져야
하는데, 왜 굳이 세속을 떠나 산간에 머물러야 한다고 생각하느냐고
반문한다.

행정은 "만약 그윽한 취지를 얻으면 곳곳이 모두 진실인데, 어찌

---

560) 행정, 212중, "定水浣於念塵, 智燈破於惑霧. 智定二德, 宜細詳焉."
561) 행정, 212중, "迷之則生死無窮, 解之則廓爾大悟."

인간 세상을 혐오하고 전적으로 산골에만 살겠는가?"[562]라고 말한다.

그러므로 사물의 종류가 어지럽게 많지만 그 본성이 본래 하나라는 것, 신령한 근원이 고요하지만 비추지 않고도 안다는 것을 압니다. 실상은 천성적으로 진실이고 신령한 지혜는 만든 것이 아닌데도, 인간이 미혹하면 잃었다고 말하고 인간이 깨우치면 얻었다고 말합니다. 얻고 잃음이 인간에 달려 있을 뿐 움직임이나 고요함과 무슨 관계가 있는 것이겠습니까? 비유하자면 배를 타는 것도 알지 못하면서, 그 물이 굽이치는 것을 원망하려는 것과 같습니다.

故知物類紜紜, 其性自一, 靈源寂寂, 不照而知. 實相天眞, 靈智非造, 人迷謂之失, 人悟謂之得. 得失在於人, 何關動靜者乎? 譬夫未解乘舟, 而欲怨其水曲者哉.

천지에 삼라만상이 복잡다단하지만, 그 근원은 하나라는 것을 말한다. 인간이 고요한 마음으로 그 근원을 깨우치면 마음이 고요해지고 일체가 평안해진다. 그러므로 인간 자신이 자신의 마음을 먼저 고요히 하는 것이 중요하지 마음 바깥의 것들이 고요하지 못하다고 걱정하는 것은 어리석은 일이다. 진리나 영지(靈知)는 그냥 그 자체로 변함없이 있을 뿐이다. 다만 인간이 그것을 깨우치는가 미혹한가에 따라 얻거나 잃거나 하니, 득실은 인간에게 나타나는 현상이지, 진리나

---

562) 행정, 212중, "若得玄旨, 處處皆眞, 詎猒人間, 專栖山谷?"

지혜 자체와는 상관이 없다는 것이다.

행정은 "장자는 '무릇 모양과 형상과 소리와 색을 가진 것은 모두 사물이다'라고 하였다. 사물은 번다하지만 본성이 항상 둘이 아니며 참된 근원이 고요하니 사물을 비춤에 무슨 차이가 있겠는가를 말한 것이다."[563]라고 설명한다. 그리고 이렇게 말한다. "선덕은 '신묘한 성품과 신령한 정신이 어찌 닦아 익힘을 받겠는가?'라고 하였다. 미혹하면 실(失)이라고 하지만 실이 어찌 일찍이 잃은 적이 있겠는가? 깨우치면 득(得)이라고 하지만 득이 어찌 일찍이 득한 적이 있겠는가? 그러므로 '얻고 잃음[得失]이 인간에게 달려 있다'고 한다."[564] 내가 깨닫는가 미혹한가가 중요한 문제인데, 그것을 생각하지 않고 내가 어디에 있는가, 고요한 산중에 있는가 시끄러운 도시에 있는가가 중요한 것처럼 주장하는 것을 비판한 것이다. 어디에 있든 바른 견해와 깨달음을 구하는 것이 급선무라는 뜻이다.

만약 현묘한 으뜸을 능히 신묘하게 알아서 빈 마음이 깊이 계합하면, 움직이든 고요하든 항상 법(法)이고 말하든 침묵하든 항상 법이어서, 고요하여 돌아갈 곳이 있어 편안함에 간극이 없을 것입니다. 이와 같으면 산골에서 소요할 수도 있고 교외와 마을을 마음

---

563) 행정, 212중하, "莊子云, '凡有貌像聲色者, 皆物也.' 謂物繁多, 性常不二, 眞源聞爾, 鑒物何差." 여기에서의 인용문은 행정이 『장자』「외편 달생(外篇 達生)」, "凡有貌象聲色者, 皆物也."에서 가져온 것이다.

564) 행정, 212하, "先德云, '妙性及靈臺, 何曾受薰練?' 迷謂乎失, 失何曾失? 悟謂乎得, 得何曾得? 故曰得失在人矣." 여기에서의 인용문은 행정이 연수의 『종경록』 권98(『대정장』 권48, 941하)에서 가져온 것이다.

대로 돌아다닐 수도 있습니다. 모습과 행동을 멋대로 해도 마음은 고요하게 머무를 것입니다.

若能妙識玄宗, 虛心冥契, 動靜常矩, 語黙恒規. 寂爾有歸, 恬然無間. 如是則乃可逍遙山谷, 放曠郊塵. 遊逸形儀, 寂泊心腑.

근원을 깨달아 마음으로 계합하면 어묵동정(語黙動靜)이 항상 자유 자재하여 진리에 어그러짐이 없게 된다. 그리고 이럴 경우에는 세속에 사는가 산중에 사는가는 전혀 문제될 바가 없고, 어디에 처하든 항상 지혜와 자비를 발하게 된다.

행정은 "말과 침묵이 항상 깊은 미묘함에 들어가고, 움직임과 고요함이 법계를 떠나지 않는다. 그러므로 '편안함에 간극이 없다'고 하였다."[565]라고 설명하며 "산천의 언덕에서 소요하든 인간 세상에서 마음대로 돌아다니든 실로 도가 없는 곳이 없다. 도시나 시골이 어찌 다르겠는가?"[566]라고 말한다.

편안함이 안에서 그치고 한가로움이 밖으로 퍼지면, 그 몸은 구속 된 듯해도 그 마음은 태연해 보입니다. 모습을 세상[寰宇]에 드러내 지만 그윽한 영혼을 법계에 잠기게 합니다. 이와 같으면 근기에 따라 느낌이 있지만 당연히 [정해진] 기준은 없을 것입니다.

恬澹息於內, 蕭散揚於外. 其身兮若拘, 其心兮若泰. 現形容於寰宇, 潛幽靈於法界. 如是則應機有感, 適然無準矣.

---

565) 행정, 212하, "語黙常入玄微, 動靜不離法界. 故曰恬然無間."
566) 행정, 212하, "逍遙乎山川之阿, 放曠乎人間之世, 良以道無不在. 華野何殊?"

마음이 고요하게 도에 이른 자는 그 몸이 어디에 있든 자유롭고 편안하다는 것을 말한다.

행정은 이렇게 설명한다. "안으로는 얻을 바가 없고 밖으로는 구할 바가 없다. 몸은 구속된 듯하여 세상에 나타나지만 마음은 너그럽고 태연하여 지혜가 법계와 명합하니, 이와 같은즉 머무는 곳에서 곧 교화하니, 어찌 항상된 기준이 있겠는가?"[567]

함허는 이렇게 설명한다. "'염(恬)'과 '담(澹)'은 모두 편안할 '안(安)'이다. 근(根)과 진(塵)이 서로 상대하면, 그중에서 식(識)이 생기므로 마음의 바다를 뇌란시키고 생사 등의 고통에 이르게 된다. 이는 모두 불안한 모습이다. 근과 진이 청정하면, 식의 풍랑이 영원히 멈추어서 생사가 자취를 끊고 몸이 한가하고 마음이 고요하다. 이것은 마음을 편안하게 한 모습이다. 수행은 마음의 안정을 기약한다. 마음이 안정되면 몸도 따라 그렇게 된다. 마음이 이미 안정을 얻으므로 '편안하고 담담하다'[恬澹]라고 말하고, 또한 그 소득을 잊으므로 '안으로 그친다'고 말한다. 몸 또한 따라서 그러므로 '한가로움이 밖으로 퍼진다'[蕭散揚於外]고 말한다."[568]

서신이라 이렇게 간략히 적습니다만, 나머지는 또 무엇을 말씀드리겠습니까? 만약 뜻의 친구가 아니라면 어찌 감히 경솔히 접근

---

567) 행정, 212하~213상, "內無所得, 外無所求. 身之似拘, 現于寰宇. 心之寬泰, 智冥法界, 如此乃所居則化, 有何常準?"

568) 함허, 213상, "恬澹皆安也. 根塵相對, 識生其中, 惱亂心海, 致得生死等苦. 此皆不安之相也. 根塵淸淨, 識浪永息, 生死絕蹤, 身閑心靜. 此安之相也. 修行期在心安. 心安則身亦隨爾. 心旣得安, 故云恬澹, 亦忘其所得, 故云息於內. 身亦隨爾, 故云蕭散揚於外."

558

하겠습니까? 그윽하고 고요한 여가에 잠시 사랑해봅니다.
因信略此, 餘更何申? 若非志朋, 安敢輕觸? 宴寂之暇, 時暫思量.

편지여서 길게 답변하지는 못했다고 말하긴 하지만, 그래도 산으로 찾아와 함께 도를 닦자는 친구의 권고에 대해 그럴 필요가 없다는 것을 성심성의껏 상세하게 답변한 글이다.

행정은 "서신이므로 붓을 적시고 종이를 잡아 탄식하며 완성하였다. 만약 '문경지우(刎頸之友)'가 아니라면, 어찌 답변의 상세함이 있었겠는가?"[569]라고 말한다.

내가 필히 합당치 못한 것을 함부로 말했을 테니, 읽고 나서는 종이땔감으로나 쓰십시오. 이만 줄입니다. 친구 현각이 올립니다.
予必詆言無當, 看竟迴充紙爐耳. 不宣. 同友玄覺和南.

편지를 마치면서 '쓸데없는 소리를 한 것 같다'라고 겸사로 말한 것이지만, 실제 내용은 진실된 마음을 담아 답한 것이다.

행정은 "앞의 말들이 장난이 아니므로, '종이땔감'은 겸양의 말이다."[570]라고 설명한다. 이어 이렇게 덧붙인다. "동문을 '붕(朋)'이라고 하고, 동지를 '우(友)'라고 한다."[571] 함께 공부한 친구는 붕이고, 함께 놀면서 뜻을 함께한 친구는 우이다. 현각 대사와 그의 친구는 어딘가

---

569) 행정, 213상, "因信染翰操紙, 慨然而成. 若非刎類之交游, 安有報章之委細?"
570) 행정, 213상, "前言不戲, 紙爐謙光."
571) 행정, 213상, "同門曰朋, 同志曰友."

에서 함께 수학한 친구가 아니라 불교에 함께 뜻을 둔 친구라는 것을 알 수 있다.

함허는 "화합하여 정면으로 서로 보는 것을 '화남(和南)'이라고 말한다. 사람이 다른 마음이 있어 불화하면 정면으로 서로 보려고 하지 않는다."[572]라고 말한다.

---

572) 함허, 213상, "和合而正面相看, 謂之和南. 人有異心而不和, 則不肯正面相看也."

제10장
발원문

○

1. 불·법·승 3보(寶)에의 귀의

원만하게 두루 알며 고요하고 평등한 본래 참된 근원[불(佛)]에게 머리 숙이니, [불은] 상호가 장엄하고 독특해서 유(有)도 아니고 무(無)도 아니며 지혜의 빛이 미진의 세계에까지 널리 비추십니다.

稽首圓滿徧知覺, 寂靜平等本眞源, 相好嚴特非有無, 慧明普照微塵刹.

여기서는 발원에 앞서 우선 불·법·승 3보(寶)에 귀의함을 표현하는데, 가장 먼저 불보(佛寶)에 귀의하고 있다. 일체 제법의 참 근원인 불타가 불보이다.

행정은 설명한다. "불타는 여기서 말하는 '깨달은 자'[覺者]이다. 각(覺)에는 두 종류가 있다. 첫째는 각오(覺悟)의 뜻이니 여리지(如理智)로서 진(眞)을 비춤을 말하며 따라서 '적정(寂靜)'이라고 한다. 둘째는 각찰(覺察)의 뜻이니 여량지(如量智)로서 속(俗)을 비춤을 말하며 따라서 '혜명(慧明)'이라고 한다."573)

불(佛) = 각(覺) :
　　1. 각오(覺悟): 여리지(如理智), 진을 비춤[照眞] ── 적정(寂靜)
　　2. 각찰(覺察): 여량지(如量智), 속을 비춤[照俗] ── 혜명(慧明)

맑고 진실된 신묘한 깨달음과 깊고 깊은 12부 경전[법(法)]에 머리
숙이니, [법은] 글도 글자도 말[言詮]도 아니지만 일음(一音)으로 부류
에 따라 모두 밝게 알게 합니다.
稽首湛然眞妙覺, 甚深十二修多羅, 非文非字非言詮, 一音隨類皆明了.

　　불보에 이어 법보(法寶)에 귀의한다. 법보는 불보인 불타가 밝힌
진리, 즉 불교의 진리인 불법이다. 이 불법이 경전에 실려 있으므로
여기서 경전에 귀의한다고 말한다. 수다라(修多羅)는 범어 수트라(sūtra)
의 음역으로 경전을 뜻한다. 경전을 12가지로 분류하였기에, 12부
경전은 곧 전체 경전을 뜻한다.
　　행정은 이렇게 설명한다. "달마(다르마)가 여기서 말하는 법이다.
법에는 대략 두 의미가 있다. 첫째는 자체를 법이라고 하니, 제법을
여실하게 증득하여 다른 성질을 멀리 떠나므로 '담연(湛然)'이라고 한
다. 둘째는 궤칙(軌則)을 법이라고 하니, 법에 궤범(軌範)이 있어 중생에
게 깨달음을 열어 생기게 하므로 '심연(甚然)'이라고 한다. 명·구·문이

---

573) 행정, 213중, "佛陁, 此云覺者. 覺有二種. 一是覺悟義, 謂理智照, 故云寂靜. 二是覺察義,
　　謂量智照俗, 故曰慧明."

아니므로 '일음으로 부류에 따른다'고 말한다."[574] 달마(達摩)는 범어 다르마(dharma)의 음역으로 법(法)을 뜻한다. 여기서는 법도 두 가지 의미로 구분한다. 첫째는 진리로서의 법 자체를 말하고, 둘째는 그것을 통해 일체 사물을 이해할 수 있게 되는 개념 내지 범주를 말한다.

법(法) :
1. 자체(自體) : 여증제법(如證諸法) ── 담연(湛然)
2. 궤칙(軌則) : 개생물해(開生物解) ── 심연(甚然)

청정한 여러 성현과 시방세계와 화합하는 응진승[승(僧)]에게 머리 숙이니, (승은) 금하는 계율을 지켜 위반하는 바가 없으며 석장을 떨치고 물병을 들어 중생을 이롭게 하십니다.

稽首淸淨諸賢聖, 十方和合應眞僧, 執持禁戒無有違, 振錫攜瓶利含識.

3보 중의 마지막 하나인 승보(僧寶)에의 귀의이다. 응진승은 아라한을 뜻한다.

행정은 말한다. "승가가 여기서 말하는 화합승이다. 승가에는 두 의미가 있다. 첫째는 '진리의 화합'[理和]이니 진제의 진리를 볼 때 마음이 비록 각각 다르지만 증득한 진리는 같으므로 '청정'이라고 한다. 둘째는 '사물의 화합'[事和]이니 네 사람 이상의 사람이 비록 각각 별개이지만 같은 것을 잡아 하나의 갈마의 일을 이루는 것을 뜻한다."[575]

---

574) 행정, 213중, "達摩, 此云法. 略有二義. 一自體名法. 如證諸法, 遠離他性, 故曰湛然. 二軌則名法. 法有軌範, 開生物解, 故曰甚深. 非名句文, 乃曰一音隨類."
575) 행정, 213중, "僧伽, 此云和合衆. 此有二義. 一理和, 謂見眞諦理時, 心雖各異, 所證理同, 故云淸淨. 二事和, 謂四人已上, 人雖各別, 同秉成一羯磨事."

여기서 갈마(羯磨)는 범어 카르마(karma)의 음역인데, 카르마는 업(業)을 뜻하거나 또는 업에 관한 참회나 징벌 등을 함께 의논하는 의식(儀式)을 뜻한다.

승가 = 화합승 :
   1. 리화(理和, 진리의 화합승) : 마음이 달라도 증득된 진리가 같음 ── 청정
   2. 사화(事和, 사물의 화합승) : 사람이 달라도 함께 수행함

행정은 이상 논의한 불·법·승에 대해 다시 총체적으로 설명한다. "불은 곧 각조(覺照)의 뜻이고, 법은 곧 궤범(軌範)의 뜻이며, 승은 곧 화합(和合)의 뜻임을 안다. 모두 다 뜻의 사용에 따라 이름을 세운 것이다. 이는 별상 3보이고, 3보의 나머지는 말할 여가가 없다."[576)

3보(寶) :
   1. 동체(同體) 3보 : 우주 본원인 진리의 본체에 존재하는 3보
   2. 별상(別相) 3보 : 불·법·승으로 각각 상에 따라 구별한 3보

난생과 태생과 습생과 화생, 유색과 무색, 상과 비상과 비유비무상 등 갖가지 종류가 6도(道)를 윤회하여 잠시도 멈추지 않습니다.
卵生胎生及濕化, 有色無色想非想, 非有非無想雜類, 六道輪迴不暫停.

```
             ┌ 무색계 ─ 천
        3계 ┤ 색계  ─ 천                            ┐ 6도
             └ 욕계  ─ 천·인·수라·축생·아귀·지옥    ┘
```

576) 행정, 213중, "故知佛是覺照義, 法是軌範義, 僧是和合義. 皆從義用立名也. 此是別相, 餘之三寶, 不暇云云."

일체 중생은 난·태·습·화의 4생 중의 하나로서, 욕계와 색계와 무색계의 3계를 윤회한다. 그중 성욕을 갖고 윤회하는 세계가 욕계인데, 욕계는 6도로 나뉜다. 각 중생의 업(業)에 따라 받게 되는 근(根)이 다르고, 각 근에 따라 그에 상응하는 세계가 서로 다르기 때문이다.

행정은 "생을 받는 것은 의보와 정보이다."[577]라고 말한다. 각 중생이 받게 되는 '근을 가진 몸'(유근신)이 정보(正報)이고, 그 근이 의거하는 세계(기세간)가 의보(依報)이다.

1. 정보 : 유근신 ── 4생의 차이
2. 의보 : 기세간 ── 3계와 6도가 구분됨

나는 이제 머리 숙여 3보에 귀의하고 널리 중생을 위해 도의 마음을 냅니다. 뭇 중생이 고해에 빠져 있으니 바라건대 모든 불·법·승의 힘에 의해 자비 방편으로 모든 고통을 제거하며, 큰 서원을 버리지 않고 중생을 구제하되 교화의 힘이 자재하여 제도가 무궁해서 항하의 모래처럼 수많은 중생이 정각을 이루기를 바랍니다.

我今稽首歸三寶, 普爲衆生發道心. 群生沈淪苦海中, 願因諸佛法僧力, 慈悲方便拔諸苦, 不捨弘願濟含靈, 化力自在度無窮, 恒沙衆生成正覺.

3보에 귀의하면서, 자신 이외에 일체 중생이 모두 불·법·승의 힘에 의해 깨달음을 얻어 해탈에 이르게 되기를 기원한다.

─────────────
577) 행정, 213하, "受生依正."

행정은 설명한다. "일체 중생이 3보의 위력을 동일하게 받기를 널리 기원한다. 모든 고(苦)는 3고와 8고이다. 큰 서원은 통원(通願)과 별원(別願)이니, 모든 성인의 인행에 모두 있지만, 응당 수행을 일으키고 원을 채워서 중생의 무리로 하여금 무상도를 이루게 한다."[578]

3고(苦) : 6도 중 3악도인 축생·아귀·지옥에 떨어지는 고
8고(苦) : 생·노·병·사·애별리고·원증회고·구부득고·오음성고

통원(通願) : 모든 보살이 공통적으로 일으키는 원(4홍서원)
별원(別願) : 각 보살마다 별도로 일으키는 원(아미타불의 48원, 약사여래의 12원 등)

2. 자신에 대한 서원

이 게송을 말하고 나서 나는 다시 머리 숙여 시방 3세 일체 모든 불·법·승에 귀의합니다. 3보의 힘을 이어받아 한결같은 마음으로 발원하여 무상보리를 닦아 금생으로부터 정각을 이루기까지 중간에 결정코 근면하게 구해 물러서지 않을 것입니다.
說此偈已, 我復稽首歸依, 十方三世, 一切諸佛法僧前. 承三寶力, 志心發願, 修無上菩提, 契從今生, 至成正覺, 中間決定, 勤求不退.

이상으로 불·법·승 3보에의 귀의와 일체 중생의 해탈을 기원한 후, 다시 자신을 위해 불·법·승 3보에 귀의함을 말한다. 불·법·승의

---

578) 행정, 213하, "普願一切含生, 同承三寶威力. 諸苦謂三苦八苦. 弘願謂通願別願, 諸聖因中盡有, 應當起行塡願, 令含識之流, 成無上道."

힘에 의지해서 자신이 무상정각을 이루어 해탈에 이르기까지 결코 물러서지 않으리라는 것을 맹세하는 것이다.

행정은 '귀의'의 의미에 대해 이렇게 설명한다. "사(邪)를 돌이켜 정(正)으로 환원함을 '귀(歸)'라고 하고, 부처의 설에 기대는 것을 '의(依)'라고 한다. 경에서 '부처에게 귀의하면, 마침내 다시 다른 외도나 천신에 귀의하지 않는다'고 하였다."[579] 이어 "정성을 기울여 부처의 지혜에 이르리라는 맹세를 세운다."[580]고 하며, "인(因. 수행)에서부터 과(果. 불과)에 이르기까지 마음이 물러서지 않기를 바란다."[581]고 말한다.

득도하기 전에는 몸에 갑자기 병이 나지 않고 목숨이 중간에 요절하지 않을지이다. 정명이 다할 때 나쁜 상이 나타나지 않아 모든 공포가 없고, 전도가 일어나지 않아 몸에 고통이 없으며 마음에 산란함이 없을지이다. 바른 지혜가 밝아 중음을 거치지 않고 지옥이나 축생이나 아귀에 들지 않을지이다. 물이나 땅이나 하늘에 다니는 것들, 천마나 외도, 저승 귀신이나 일체 잡스런 몸을 모두 다 받지 않을지이다.

未得道前, 身無橫病, 壽不中夭. 正命盡時, 不見惡相, 無諸恐怖, 不生顚倒, 身無苦痛, 心不散亂. 正慧明了, 不經中陰, 不入地獄, 畜生餓鬼,

---

579) 행정, 213하, "反邪還正曰歸, 憑佛所說曰依. 經云, '歸依於佛者, 終不更歸依其餘外道天神.'" 여기에서의 인용문은 행정이 지의의 『법계차제초문(法界次第初門)』 권상하(『대정장』 권46, 670중), "經云, 歸依於佛者, 終不更歸依其餘諸外道天神也."에서 가져온 것으로 보인다. 『열반경』 권8(『대정장』 권12, 409하)에는 "歸依於佛者, 眞名優婆塞. 終不更歸依, 其餘諸天神."로 나온다.

580) 행정, 213하, "傾誠立誓, 至佛菩提."

581) 행정, 213하, "從因至果, 要心不退."

水陸空行, 天魔外道, 幽冥鬼神, 一切雜形, 皆悉不受.

　　열심히 정진하는 동안 그리고 목숨이 다해 죽는 순간, 나아가 죽고 나서 다시 몸을 받기까지 자신에게 나쁜 일이 일어나지 않기를 희망하고 있다.
　　행정은 "무루도(無漏道)를 증득하기 전에 이 악들을 모두 받지 않기를 바란다."[582]고 설명한다.

오래도록 사람의 몸을 얻되 총명하고 정직하며, 나쁜 나라에 태어나지 않고 나쁜 왕을 만나지 않으며, 변방에 태어나지 않고 빈곤의 고통을 받지 않을지이다. 노비나 여자의 몸, 내시나 남녀추니, 노란 머리나 검은 이빨, 완고하고 어리석은 자, 어둡고 둔한 자, 못생기고 결함이 있는 자, 장님이나 귀머거리나 벙어리 등은 모두 싫어하는 것들이니, 필경 [그렇게] 태어나지 않을지이다.
長得人身, 聰明正直, 不生惡國, 不值惡王, 不生邊地, 不受貧苦. 奴婢女形, 黃門二根, 黃髮黑齒, 頑愚暗鈍, 醜陋殘缺, 盲聾瘖啞, 凡是可惡, 畢竟不生.

　　인간의 몸을 받아 태어나되 어떤 환경에서 어떤 몸으로 태어나기를 바라는지를 열거하고 있다. 여기서는 좋은 삶에 대한 일반적인 기준을 제시하기보다는 대부분의 사람들이 원하는 삶의 모습이 무엇

---

582) 행정, 214상, "未證無漏道前, 是惡皆期不受."

인가를 보여주는 것이라고 볼 수 있다. 인간으로 태어나되 좋은 나라 좋은 집안에 건강하고 잘생기고 총명한 사람으로 태어나기를 희망하고 있다.

행정은 "모든 천(天)은 락(樂)에 집착하고, 3도[악도]는 고(苦)를 받으며, 오직 인간만이 도를 닦기에 마땅하다. 무릇 싫은 모습은 모두 없기를 기원한다."[583]고 말한다. 불과에 이르기까지 수행할 수 있도록 인간으로 태어나기를 희망하는 것이다.

중원에 태어나고 바른 믿음의 가정에서 태어나며, 항상 남자의 몸을 얻어 6근(根)을 완전하게 구비하고 단정하고 향기롭고 깨끗하여 모든 허물이나 더러움이 없을지이다.
出處中國, 正信家生, 常得男身, 六根完具, 端正香潔, 無諸垢穢.

변방 아닌 중원에 남자로 태어나기를 바라는 것은 현각 자신이 중국에서 남자로 사는 것을 복이라고 생각했기 때문일 것이다. 대개의 사람들이 원하는 것을 누리는 것이 즐거움이니, 그 즐거움을 누리게 되기를 바라는 것이다.

행정은 "많은 세에 남자가 되어 근에 결함이 없기를 기원한다."[584]고 말한다. 아무리 수행자라고 해도 남녀의 성차별적 사유로부터 벗어나는 것이 얼마나 쉽지 않은지를 보여주는 구절이다.

---

583) 행정, 214상, "諸天著樂, 三塗受苦, 唯有人中, 宜修其道. 凡可惡相, 願皆無之."
584) 행정, 214상, "累世爲男, 願根無缺."

의지가 온화하고 바르며, 몸이 편안하고 마음이 고요하며, 탐하고
성내고 어리석지 않아 3독(毒)을 영원히 끊어서 어떤 악도 짓지 않
고 항상 모든 선을 생각할지이다.

志意和雅, 身安心靜, 不貪瞋癡, 三毒永斷, 不造衆惡, 恒思諸善.

이상에서는 외적 환경을 말하였다면 여기에서는 내적으로 자신
이 어떠하기를 바라는지를 말하고 있다.

행정은 이렇게 설명한다. "3독의 독(毒)은 짐새의 독이 그 뜻이다.
괴롭히고 무너뜨림이 심해서 '독'이라고 한다. 끌어다가 취해 질리지
않음을 '탐(貪)'이라고 하고, 분노하는 마음을 '진(瞋)'이라고 하고, 미혹
하여 알지 못함을 '치(癡)'라고 한다. 3독이 영원히 제거되어야 만 가
지 선이 널리 모인다."[585] 짐새의 독은 짐새의 털을 담가 만든 독을
뜻한다.

왕의 신하가 되지 않고 심부름꾼도 되지 않고, 영화롭게 꾸미기도
원치 않고 가난함을 편하게 여기며 세상을 살아갈지이다. 욕심을
줄이고 만족할 줄 알아 몸에 들이는 옷이나 음식을 오래 쌓아놓지
않고, 도둑질을 하지 않고 중생을 죽이지 않으며 어육을 먹지 않
고 중생을 공경하고 사랑함을 나와 다름없이 할지이다.

不作王臣, 不爲使命, 不願榮飾, 安貧度世. 少欲知足, 不長畜積, 衣食
供身, 不行偸盜, 不殺衆生, 不噉魚肉, 敬愛含識, 如我無異.

---

585) 행정, 214상, "毒以鴆毒爲義. 惱壞之甚, 故謂之毒. 引取無厭曰貪, 忿怒之心曰瞋, 迷惑不
了曰癡. 三毒永祛, 萬善普會."

스스로 안빈낙도하면서 자족하여 탐심을 없애고 살생이나 투도를 하지 않게 되기를 바라는 것이다.

행정은 이렇게 덧붙인다. "왕이나 제후를 섬기지 않고 할 일을 높이 숭상하며, 선을 의무로 여겨 장식하지 않고 가난을 좇으며, 중생을 자비로 유념하여 서로 잡아먹지 않는다. 『열반경』에서 '만약 누군가 무엇이 일체 제법의 근본이냐고 묻는다면, 마땅히 자비가 그것이라고 말해야 한다'고 하였다."[586]

성품과 행동이 유연해서 남의 과오를 찾지 않고 나의 선을 입에 올리지 않을지이다. 중생들과 다투지 않고 원수와 친구를 평등히 대하며 분별을 일으키지 않을지이다.

性行柔軟, 不求人過, 不稱己善. 不與物諍, 怨親平等, 不起分別.

자신의 성품에 아상(我相)이 없어서 남을 비판하거나 남과 다투지 않고 늘 공평무사하기를 바란다.

행정은 설명한다. "자신은 물러서고 남을 나아가게 하며, 남을 밀어주고 남에게 양보하니, 어찌 남의 단점을 찾고 어찌 나의 장점을 내세우겠는가? 원수에게나 친구에게나 평등하게 대하니, 어찌 다투겠는가?"[587]

---

586) 행정, 214중, "不事王侯, 高尙其事, 善以爲務, 落飾從貧, 慈念含生, 不相呑噉. 涅槃云, '若有人問, 誰是一切諸法根本, 當言慈是.'" 여기에서의 인용문은 행정이 『열반경』 권15(『대정장』 권12, 456중) "若有人問, 誰是一切諸善根本, 當言慈是."에서 가져온 것으로 보인다.

587) 행정, 214중, "退己進人, 推人讓物, 豈求彼短, 寧恃己長? 於怨於親, 等而何諍?"

애증을 일으키지 않고 남의 물건을 바라지 않으며, 나의 재물에 인색하지 않고 침범을 즐기지 않을지이다. 항상 질박함과 정직함을 생각하여 마음이 급해지지 않고 항상 겸손하게 낮추는 것을 좋아할지이다. 입에는 나쁜 말이 없고 몸에는 나쁜 행위가 없으며 마음에는 아첨으로 왜곡함이 없어 3업(業)이 청정하여 있는 곳마다 편안하고 모든 장애나 어려움이 없을지이다.

不生憎愛, 他物不悕, 自財不吝, 不樂侵犯. 恒懷質直, 心不卒暴, 常樂謙下. 口無惡說, 身無惡行, 心不諂曲, 三業清淨, 在處安隱, 無諸障難.

탐·진·치 3독에 이끌리는 신·구·의 3업을 짓지 않아서 심신이 청정하고 평안하여 막힘없는 삶을 살게 되기를 바라고 있다.

행정은 이렇게 설명한다. "만약 애증이 사라진다면, 일체가 평탄해져서 자기 물건에 인색하지 않고 남의 재물을 선망하지 않게 된다. 정직한 도를 행하며 겸손하여 빛을 더하고 3업이 이미 청정하면, 장애와 어려움이 어찌 있겠는가?"[588]

절도와 겁탈과 도둑, 국법과 감옥, 형틀칼과 곤장과 갈고랑과 쇠사슬, 칼과 화살과 창, 맹수와 독충, 산에서 떨어짐과 물에 빠짐, 불에 태워짐과 바람에 날림, 벼락에 놀람과 천둥, 나무의 꺾임과 바위의 무너짐, 집의 무너짐과 썩음, 채찍으로 맞음과 공포, 쫓김과 포위됨, 붙잡힘과 결박, 무고와 훼방, 멋대로 기록됨과 끌려감,

---

588) 행정, 214중, "憎愛若息, 一切坦然, 自物不慳, 他財不望. 行正直道, 謙而益光, 三業旣淨, 障難何有?"

이 모든 어려운 일들을 일체 받지 않을지이다.

竊盜劫賊, 王法牢獄, 枷杖鉤鎖, 刀槍箭槊, 猛獸毒蟲, 墮峰溺水, 火燒
風飄, 雷驚霹靂, 樹折巖頹, 堂崩棟朽, 摑打怖畏, 趁逐圍繞, 執捉繫縛,
加誣毁謗, 橫註鉤牽, 凡諸難事, 一切不受.

　　심신이 힘들 수 있는 온갖 외적 상황에 부딪치지 않기를 희망하
고 있다. 그런데 살기 어렵게 만드는 갖가지 환난을 이렇게 모두 구
체적으로 열거한 이유는 무엇일까? 그것은 우리 각자로 하여금 자신
의 상황을 돌아보게 하려는 것이 아닐까? 내가 현재 이런 일들을 당
하지 않고 있다면, 그것은 그저 당연한 것이 아니라 누군가의 발원이
나 보호 덕분일 것이다. 편안하게 숨 쉬고 걸어 다닐 수 있다는 것이
얼마나 많은 조건들이 충족되어서 가능한 것인지, 얼마나 감사한 일
인지를 돌아보게 만든다.

　　행정은 "이 모든 위험과 곤란이 도(道)를 깊이 방해하므로, 일들을
늘어놓고 말하면서 그 모두 받지 않기를 기원한다."[589]고 말한다.

악귀가 재앙을 퍼뜨리고 하늘에 독한 병이 횡행하는 것, 삿된 마
귀와 도깨비, 강이나 바다나 높은 산, 나무에 거하는 신, 이 모든
신령들이 내 이름을 듣거나 나의 모습을 보면, 보리심을 발하여서
모두 덮고 보호해주며 침범하여 괴롭히지 않아, 밤낮으로 안온하
여 어떤 놀라움이나 두려움도 없을지이다.

---

589) 행정, 214하, "斯諸危難, 深妨於道, 歷事言之, 願皆不受."

惡鬼飛災, 天行毒癘, 邪魔魍魎, 若河若海, 崇山穹嶽, 居止樹神, 凡是
靈祇, 聞我名者, 見我形者, 發菩提心, 悉相覆護, 不相侵惱, 晝夜安隱,
無諸驚懼.

모든 신들이 다 나를 보호해주기를 희망하는 것이다. 나의 편안
함이 하늘과 땅의 보이지 않는 온갖 신령들의 수호 덕분임을 말하고
있다.

행정은 "참는 힘이 아직 충분하지 못하므로 모든 악을 멀리하니,
어두운 세계의 잡다한 부류가 보호하며 발심한다."[590]고 말한다.

4대가 강건하고 6근이 청정하며, 6진에 물들지 않아 마음에 어지
러운 생각이 없고 혼미함에 걸리지도 않으며, 단견(斷見)을 내지 않
고 공이나 유에 집착하지 않으며, 모든 상을 멀리 떠나 부처(능인)
를 믿고 받들지이다.
四大康强, 六根清淨, 不染六塵, 心無亂想, 不有昏滯, 不生斷見, 不著
空有, 遠離諸相, 信奉能仁.

심신이 모두 건강하고 청정하며 치우친 견해가 아닌 중도에 머물
기를 바라는 것이다.

행정은 "4대가 쇠하지 않아야만 비로소 도를 행할 수 있다. 근과
진이 둘 다 청정하여 마음에 다른 인연이 없게 되고, 공(空)의 변에도

---

590) 행정, 214하, "忍力未充, 遠離諸惡, 冥間雜類, 護而發心."

머물지 않고 유(有)의 경계에도 거하지 않아 두 가지 상(相)이 자취가 사라져 부처를 믿음에 치우침이 없게 된다."[591]고 설명한다.

나의 견해를 고집하지 않아 깨우침의 이해가 밝아지며, 태어날 때마다 닦고 익혀 바른 지혜가 견고하여 마귀에 포섭되지 않을지이다. 목숨이 끝날 때에 편안하고 즐거우며 몸을 버리고 몸을 받을 때 원망하는 상대가 없어 일체 중생을 똑같이 선한 친구로 삼을지이다.

不執己見, 悟解明了, 生生修習, 正慧堅固, 不被魔攝. 大命終時, 安然快樂, 捨身受身, 無有怨對, 一切衆生, 同爲善友.

　　이 생애에서뿐 아니라 다음 생에 태어날 때에도 늘 평정한 마음을 유지하기를 바란다.

　　행정은 설명한다. "자기의 앎을 고집하지 않으므로 깨우침이 4방(方)으로 통하고 지혜가 건강하니 외마(外魔)가 어찌 포섭하는가? 일 기간의 과보가 다하면, 의지를 따라 생을 받는다. 설혹 전생의 원수가 있다 해도 친구가 되기를 기원한다."[592]

태어나는 곳마다 부처를 만나 법을 듣고 동진(童眞)으로 출가해서

---

591) 행정, 214하, "四大不衰, 方能辨道. 根塵兩淨, 心無異緣, 不住空邊, 不居有畔, 二相泯迹, 信佛無偏."

592) 행정, 214하, "無執己解, 悟須通方, 智慧堅强, 外魔何攝? 一期報盡, 隨意受生. 設有宿怨, 願成親友."

승이 되어 화합하며, 몸마다 입는 옷은 가사를 떠나지 않고 먹을 때마다의 그릇은 발우를 어기지 않으며 도의 마음이 견고하여 교만을 일으키지 않을지이다.

所生之處, 値佛聞法, 童眞出家, 爲僧和合, 身身之服, 不離袈裟, 食食之器, 不乖盂鉢, 道心堅固, 不生憍慢.

언제나 불법을 가까이하고 수행하여 깨달음에 이르기를 바라는 것이다. 불도를 이루기 위해 언제나 동진 출가하여 수행하기를 희망하고 있다.

행정은 '교만'의 뜻에 대해 이렇게 설명한다. "위를 능멸하고 아래를 천히 여김을 '교(憍)'라고 하고, 자신을 믿고 남을 경시함을 '만(慢)'이라고 한다."[593]

3보를 공경하여 존중하고 항상 청정한 행을 닦아 밝은 스승을 가까이하며, 선지식을 따라 정법을 깊이 믿고 6바라밀을 부지런히 행하며, 대승경전을 독송하고 도를 실행하며 예배할지이다.

敬重三寶, 常修梵行, 親近明師, 隨善知識, 深信正法, 勤行六度, 讀誦大乘, 行道禮拜.

불·법·승을 존중하고 6바라밀의 수행을 성실히 할 것을 기원한다.

행정은 "태어나는 세계를 좇아 3보(寶)의 이름을 듣고 옷과 음식으

---

593) 행정, 215상, "陵上賤下曰憍, 自恃輕他曰慢."

로 몸을 기르는 것은 법제를 어기지 않는다. 도의 마음이 물러나지
않고 범행을 항상 닦으며 예불하고 독경하여 밤낮으로 그만두지 않
는다."594)고 말한다.

미묘한 맛과 향기로운 꽃, 음성과 범패, 등촉과 누대와 사찰, 산과
바다와 숲과 샘, 공중과 평지, 세간에 있는 미진 이상의 모든 것,
그 모두를 가지고 공양하되 공덕을 함께 모아 보리를 도울지이다.
妙味香花, 音聲讚唄, 燈燭臺觀, 山海林泉, 空中平地, 世間所有微塵已
上, 悉持供養, 合集功德, 迴助菩提.

　　부처님께 지극 정성으로 공양하여 지혜를 얻기를 희망한다.
　　행정은 "소유를 모두 버리어 대도를 이루기를 돕는다."595)고 말
한다.

생각은 료의(了義)를 사유하고 뜻은 한가함과 고요함을 즐기며, 맑
고 소박하고 고요하고 묵묵하며 시끄럽게 떠듦을 좋아하지 않아
무리지어 사는 것을 즐기지 않고 항상 홀로 처하기를 좋아할지이
다. 일체에 구하는 것이 없고 오로지 선정과 지혜에 마음을 두며,
6신통력을 구족하여 중생을 교화 제도하고 마음이 원하는 바를

---

594) 행정, 215상, "隨所生界, 聞三寶名, 衣食資身, 不乖法制. 道心不退, 梵行恒修, 禮佛誦經,
　　不捨晝夜."
595) 행정, 215상, "所有皆捨, 助成大道."

따라 자재 무애하게 만행을 성취하며, 정묘함이 무궁하고 정직하고 원만하게 밝아 뜻이 불도를 이룰지이다.

思惟了義, 志樂閑靜, 淸素寂黙, 不愛喧擾, 不樂群居, 常好獨處, 一切無求, 專心定慧, 六通具足, 化度衆生, 隨心所願, 自在無礙, 萬行成就, 精妙無窮, 正直圓明, 志成佛道.

　　보살은 지혜와 자비를 중시한다. 스스로 부지런히 정진하여 지혜를 얻고자 하고, 일체 중생을 제도하는 자비를 실현하고자 한다. 상구보리 하화중생이다.

　　행정은 "궁구하는 것이 '료의'이므로 이단(異端)을 닦지 않고, 고요함을 힘쓰고 한가함을 탐내 군중의 무리를 스스로 멀리한다. 도(道)와 관(觀)을 함께 운행하여 널리 중생을 제도하니 본성에 맞게 형태를 나누어 '견줄 바 없는 도'[無等等]를 이룬다."[596]고 설명한다. 여기서 '무등등(無等等)'은 불도와 부처를 높인 말이다. 불도가 뛰어나 그에 비길 것이 없기에 '무등'이며, 부처는 부처들끼리 같으므로 다시 '등'을 합하여 '무등등'이라고 한다.

원하건대 이 선근으로써 시방 세계에 널리 미치되 위로는 유정천에 이르고 아래로는 풍륜에까지 닿아 천상과 인간과 6도의 모든 몸과 일체 중생에게 미쳐 내게 있는 공덕을 모두 미진겁이 다하도록 중생들과 함께할지이다. 한 중생만 나를 따라 선근을 갖는 것

---

596) 행정, 215상, "所窮了義, 不習異端, 務靜貪閑, 群類自遠, 道觀雙運, 普度含生, 稱性分形, 成無等等."

578

이 아니라 두루 모두 충분히 젖을지이다.

願以此善根, 普及十方界, 上窮有頂, 下極風輪, 天上人間, 六道諸身, 一切含識, 我所有功德, 悉與衆生共, 盡於微塵劫. 不惟一衆生, 隨我有善根, 普皆充薰飾.

　　이상의 서원과 같이 얻어진 자신의 공덕이 다시 일체 중생에게 모두 회향되기를 희망한다.

　　행정은 "공덕이 퍼져 유정에게 미치기를 총괄적으로 기원한다."[597]고 말한다.

3. 일체 중생을 위한 서원

지옥의 고뇌도 불·법·승에 귀의하여 불·법·승의 이름을 칭함으로써 모두 해탈을 얻기를 바라고, 아귀의 고뇌도 불·법·승에 귀의하여 불·법·승의 이름을 칭함으로써 모두 해탈을 얻기를 원하고, 축생의 고뇌도 불·법·승에 귀의하여 불·법·승의 이름을 칭함으로써 모두 해탈을 얻기를 기원합니다.

地獄中苦惱, 南無佛法僧, 稱佛法僧名, 願皆蒙解脫. 餓鬼中苦惱, 南無佛法僧, 稱佛法僧名, 願皆蒙解脫. 畜生中苦惱, 南無佛法僧, 稱佛法僧名, 願皆蒙解脫.

---

597) 행정, 215중, "摠願功德, 散及有情."

자신의 해탈뿐 아니라 지옥, 아귀, 축생 등 3악도의 중생들도 결국은 모두 고통을 벗어나게 되기를 서원한다.

행정은 "3악취 중생을 위하여 고뇌를 떠나도록 한다."[598]고 말한다.

천과 인간과 아수라계의 항하의 모래처럼 많은 중생들이 8고(苦)로 서로 괴롭히니, 불·법·승에 귀의하여 나의 이 선근으로 인해 두루 모든 결박을 벗어날지이다.

天人阿修羅, 恒沙諸含識, 八苦相煎迫, 南無佛法僧, 因我此善根, 普免諸纏縛.

천과 인간과 수라의 3선취의 중생들도 8고를 벗어나 해탈에 이르기를 기원한다. 6도가 모두 윤회하는 3계에 속하고 3계가 화택이니, 천이라고 해도 화택의 고통을 면한 곳이 아니다.

행정은 "3선취 중생을 위하여 화택(火宅)을 떠나도록 한다."[599]고 말한다.

3세불에 귀의하고 경전과 보살과 성문승과 수많은 모든 성인들에게 귀의하여 본래의 자비를 버리지 않고 모든 중생류를 섭수할지이다.

---

598) 행정, 215중, "爲三惡趣, 令離苦惱."
599) 행정, 215중, "爲三善趣, 令離火宅."

南無三世佛, 南無修多羅, 菩薩聲聞僧, 微塵諸聖衆, 不捨本慈悲, 攝受
群生類.

다시 또 불·법·승 3보에 귀의하면서 일체 중생이 자비의 힘으로
구제받기를 기원한다.

행정은 "모든 성인이 큰 서원을 버리지 않고 스스로 힘써 쉬지 않
고 오래도록 중생을 구도하기를 널리 기원한다."[600]고 말한다.

공(空)이 다한 모든 중생이 불·법·승에 귀의하여 고통을 여의고
3도를 벗어나 빨리 3계를 초월하며, 각각 보리심을 발휘하여 밤낮
으로 반야를 행하여 태어날 때마다 부지런히 정진하기를 항상 머
리에 붙은 불을 끄듯 할지이다. 먼저 보리를 얻을 경우 서로 해탈
제도하기를 서원할지이다.

盡空諸含識, 歸依佛法僧, 離苦出三塗, 疾得超三界, 各發菩提心, 晝夜
行般若, 生生勤精進, 常如救頭燃, 先得菩提時, 誓願相度脫.

모든 중생이 부지런히 수행하여 지혜를 얻고 또 서로 제도하여서
모두 해탈에 이르기를 서원한다.

행정은 "각각 용맹함을 마음에 품고 이것을 생각하고 이것에 머
물며, 먼저 득도할 때에는 번갈아 서로 교화한다."[601]고 말한다.

---

600) 행정, 215중, "普願諸聖, 不捨弘誓, 自强不息, 長度群生."
601) 행정, 215중, "各懷勇猛, 念玆在玆, 先得道時, 遞相教化."

내가 도를 닦고 예배하고 내가 독경하고 염불하며 내가 계·정·
혜를 닦고 불·법·승에 귀의하니, 모든 중생이 모두 다 불도를
이루기를 널리 서원합니다.

我行道禮拜, 我誦經念佛, 我修戒定慧, 南無佛法僧, 普願諸衆生, 悉皆
成佛道.

나의 도 닦음과 수행이 널리 다른 중생들에게도 두루 미쳐 모두
다 함께 성불하기를 바란다.

행정은 "자신의 공덕을 여러 중생에게 회향하여, 이 수승한 인(因)
을 받아 모두 비밀스런 창고[秘藏]에 귀의하게 한다."[602]고 말한다. 불
법의 세계가 곧 비밀스런 창고이다.

우리 모든 중생이 견고하게 보리를 구하여 머리 숙여 불·법·승
에 예배하며 빨리 정각을 이루기를 서원합니다.

我等諸含識, 堅固求菩提, 頂禮佛法僧, 願早成正覺.

모든 중생이 모두 정각을 이루기를 기원한다. 일체 중생이 모두
바른 깨달음을 얻어 생사문제를 해결하기를 바라는 것이다.

행정은 "오직 3보(寶)에 매달려 보리를 증득하기를 서원한다."[603]고
말한다.

---

602) 행정, 215하, "以自功德, 迴向群生, 承此殊因, 皆歸秘藏."
603) 행정, 215하, "唯繫三寶, 誓證菩提."

선종영가집 끝.

禪宗永嘉集 終.

색

인

〈인명〉

규봉 종밀(圭峰 宗密) 58
길장(吉藏) 322
나계 의적(螺溪 義寂) 85
담연(湛然) 111
도선(道宣), 남산율사(南山律師) 101
도원(道源) 248
법천(法泉) 24, 63
승조(僧肇) 88
영가 현각(永嘉 玄覺) 23
영명 연수(永明 延壽) 158
위정(魏靜) 24
정원(淨源) 24
지원(智圓) 172
지의(智顗) 59
징관(澄觀) 93
하택 신회(荷澤 神會) 58
함허 득통(涵虛 得通) 25
행정(行靖) 24
현수 법장(賢首 法藏) 140
혜강(稽康) 96
혜능(慧能) 23

〈개념〉

ㄱ

가관(假觀) 303, 336
견사혹(見思惑) 184, 362
견혹(見惑), 견도소단(見道所斷) 182
경식쌍망(境識雙忘) 196
경지명합(境智冥合), 경지명일(境智冥一)
    351, 473
계(戒) 98, 228, 427
고관(苦觀) 144
공관(空觀) 301, 336
공적영지(空寂靈知) 29, 211
관(觀) 48, 102
관심10문(觀心十門) 339
교만(憍慢) 96, 369, 576
구공지(俱空智) 304
구업(口業) 164
근본지(根本智) 254

ㄴ~ㄷ

능전(能詮) 174, 489
단견(斷見) 181
대치(對治) 270
두타행(頭陀行) 162

료의(了義) 70, 577

멸진정(滅盡定) 상수멸정(想受滅定) 83, 241

명합(冥合) 31, 135, 315

무명혹(無明惑) 184, 362

무아(無我) 157

무연자비(無緣慈悲) 333, 423

무한소급[無窮] 383

ㅂ

반야(般若) 240, 357

법공(法空) 282

법보(法寶) 562

법신(法身) 59, 240, 289, 357

법이(法爾) 341

변견(邊見) 484, 491

보살(菩薩) 423

보시(布施) 426

보신(報身) 251

본각(本覺) 211, 221

본체(本體) 249, 496, 509

부정관(不淨觀) 147

분단생사(分段生死) 457

불사음(不邪婬) 143

불살생(不殺生) 137

불성(佛性) 232, 481

불이(不二) 187

불지견(佛知見) 367

불투도(不偸盜) 139

비파사나(毗婆舍那, vipaśyanā) 30, 48, 101, 324

ㅅ

사념(邪念) 179

사리불이(事理不二) 51, 107

사마타(奢摩他, śamatha) 30, 47, 99, 323

사혹(思惑), 수도소단(修道所斷) 182

삼계유심(三界唯心) 178, 315

삼승점차(三乘漸次) 50, 106

상견(常見) 181

선(禪), 선정(禪定) 93, 429

선인락과(善因樂果) 310

성문(聲聞) 408

성자신해(性自神解) 28, 211

속제(俗諦) 338

수연응용(隨緣應用) 250

승보(僧寶) 563

신업(身業) 136

심사(尋伺) 232

심식(心識) 29

심층마음 29

ㅇ

아견(我見) 179

아공(我空) 282

아공법유(我空法有) 374

아뢰야식(阿賴耶識) 295

안반(安般), 안나반나(安那般那) 429

애견(愛見) 74

언전[詮] 389

여량지(如量智) 254, 345

588

여리지(如理智) 254, 345

연각(緣覺) 414

영지(靈知) 202, 213, 221, 265, 280

영지불매(靈知不昧) 202, 205

우필차(優畢叉, upekkhā) 31, 49, 103, 323

원이(圓伊) 353, 463

유식무경(唯識無境) 178, 294

유신견(有身見) 180

윤회(輪廻) 219

은덕(恩德) 251

의보(依報) 362, 364, 565

의업(意業) 177

인연(因緣) 509

일념(一念) 266, 282, 361

일념상응(一念相應) 265

일심(一心) 122, 200, 336, 350, 358

ㅈ

자비(慈悲) 543

자성본용(自性本用) 250

자수용신(自受用身) 251

적성등지(寂惺等持) 194

적적성성(寂寂惺惺) 28, 194

전식득지(轉識得智) 252

정(定) 230

정관(正觀) 186

정보(正報) 362, 364, 565

제일의제(第一義諦) 505

중관(中觀) 304

중도(中道) 31, 49, 331, 356, 484, 493

지(止) 47, 101

지경명연(智境冥然), 지경명합(智境冥合)
　　　　　289, 291, 315

지덕(智德) 251

진사혹(塵沙惑) 184, 362

진속불이(眞俗不二) 547

진여(眞如) 201, 213, 343

진여심(眞如心) 342

진제(眞諦) 338

ㅊ～ㅎ

천태 5시(時)교판 65

초심처(初心處) 224

취지[旨] 389

타수용신(他受用身) 251

해탈(解脫) 240, 357

혜(慧), 지혜(智慧) 60, 233, 543

화신(化身) 251

후득지(後得智) 254

흡흡(恰恰) 193

숫자

3견(見) 236

3견법(堅法) 153

3계(界) 113, 309

3고(苦) 566

3관(觀) 106, 299

3덕(德) 251, 347

3독(毒) 570
3명(明) 458
3보(寶) 561
3보시(布施) 142
3상(常) 46
3성(性) 227
3승(乘) 106, 442
3신(身) 251
3안(眼) 344
3업(業) 47, 133
3인불성(因佛性) 391
3자(慈) 334
3장(藏) 69
3제(諦) 255, 346
3지(智) 348
3학(學) 46
3혹(惑) 184, 465
4대(大) 155
4덕(德) 247
4무색정(無色定) 241
4법(法) 129
4사(事) 159
4생(生) 53
4선(禪) 241
4섭법(攝法) 411
4성제(聖諦) 408, 448
4위의(威儀) 82
4은(恩) 130
4지(智) 252, 255
4홍서원(弘誓願) 411
5견(見), 5부정견(不正見) 179
5념(念) 260

5온(蘊) 155, 278, 388
5종성(種姓) 41
5주지(住地) 460
6도(道) 309
6바라밀(波羅蜜) 426
6통(通) 458
6화경(和敬) 412
7정(淨), 7정화(淨華) 72
7중(衆) 87
8고(苦) 566
8부대중(部大衆) 64
8풍(風) 363
9선정(定), 구차제정(九次第定) 459
9지(地) 456
10계(界) 313, 403
10근본번뇌(根本煩惱) 179
10악업(惡業) 133
10여시(如是) 403
12지 연기(緣起) 415
62견(見) 181
98사(使) 182

한자경

이화여자대학교 철학과와 동 대학교 대학원을 졸업하고 독일 프라이부르크대학에서 박사학위(칸트철학 전공)를 받았으며, 동국대학교 불교학과 대학원에서 박사학위(유식불교 전공)를 받았다. 계명대학교 철학과를 거쳐 현재 이화여자대학교 철학과 교수로 재직 중이다.

저서로는『칸트와 초월철학: 인간이란 무엇인가』,『자아의 탐색』,『자아의 연구: 서양 근현대 철학자의 자아관 연구』,『유식무경: 유식불교에서 인식과 존재』,『동서양의 인간이해』,『일심의 철학』,『불교철학의 전개: 인도에서 한국까지』,『칸트철학에의 초대』,『불교의 무아론』,『자아를 찾아가는 21자의 여정』,『명상의 철학적 기초』,『한국철학의 맥』,『헤겔 정신현상학의 이해』,『불교철학과 현대윤리의 만남』,『대승기신론 강해』,『화두』등이 있다.

선종영가집 강해

2016년 2월 26일 초판 1쇄 발행

지은이 한자경
발행인 박상근(至弘) • 편집인 류지호 • 편집 김선경, 양동민, 이기선, 양민호
디자인 쿠담디자인 • 제작 김명환 • 홍보마케팅 허성국, 김대현, 박종욱 • 관리 윤애경
펴낸 곳 불광출판사 03150 서울시 종로구 우정국로 45-13, 3층
        대표전화 02) 420-3200 편집부 02) 420-3300 팩시밀리 02) 420-3400
        출판등록 1979. 10. 10 (제300-2009-130호)

ISBN 978-89-7479-297-8 93220

이 도서의 국립중앙도서관 출판예정도서목록(CIP)은
서지정보유통지원시스템 홈페이지(http://seoji.nl.go.kr)와
국가자료공동목록시스템(http://www.nl.go.kr/kolisnet)에서 이용하실 수 있습니다.
(CIP제어번호: 2016003841)